高利华　主编

思想与文学

走进王阳明的精神世界

ZHEJIANG UNIVERSITY PRESS
浙江大学出版社
·杭州·

图书在版编目（CIP）数据

思想与文学：走进王阳明的精神世界 / 高利华主编
. —杭州：浙江大学出版社，2022.9（2023.7 重印）
ISBN 978-7-308-22948-7

Ⅰ. ①思… Ⅱ. ①高… Ⅲ. ①王守仁(1472-1528)
—心学—研究 Ⅳ. ①B248.25

中国版本图书馆 CIP 数据核字（2022）第 152527 号

思想与文学：走进王阳明的精神世界

SIXIANG YU WENXUE：ZHOUJIN WANGYANGMING DE JINGSHEN SHIJIE

高利华　主编

责任编辑	马一萍（pym@zju.edu.cn）
责任校对	陈逸行
封面设计	周　灵
出版发行	浙江大学出版社
	（杭州市天目山路 148 号　邮政编码 310007）
	（网址：http://www.zjupress.com）
排　　版	杭州好友排版工作室
印　　刷	广东虎彩云印刷有限公司绍兴分公司
开　　本	710mm×1000mm　1/16
印　　张	22.25
字　　数	416 千
版 印 次	2022 年 9 月第 1 版　2023 年 7 月第 2 次印刷
书　　号	ISBN 978-7-308-22948-7
定　　价	108.00 元

目　录

第一辑　王阳明心学思想研究

第一辑

王阳明心学思想研究

从意念与良知之关系看王阳明的知行合一

——兼及对知识论视域下良知诠释的反思与修正

叶　晴[*]

王阳明"知行合一"说已经有过大量的探讨,其中从比较哲学角度入手是近几年研究中一个新兴的视角。比较哲学视域下对阳明的研究大致有现象学和分析哲学两种视角,后者主要表现为以知识论框架对阳明良知概念和知行关系进行分析。知识论从"知"及"知"的类型学问题切入的分析方式确实对澄清阳明思想中的重要概念有较大价值,然而将其置于西方知识论的框架中也不可避免地导致了某种程度上对阳明思想的遮蔽和格义。

冯友兰曾经指出,知识论在中国从来没有发展起来,这显然是从西方意义上以求真为目的的知识为标准做出的判断。[①] 不过这也体现出中西传统对于"知识"有着非常不同的理解。西方传统的"知识"强调对真理的追求和把握,知识形成于主体对于客体的有效认识过程中。近代以来,知识更是被定义为"得到确证的真信念"(justified true belief),从认识发生学的研究转向对知识本身为真之条件的研究。[②] 而中国传统的"知"则展现出道德面向,中国传统

　＊　叶晴,中国人民大学哲学院硕士生。

　①　冯友兰:《中国哲学简史》,北京大学出版社 1985 年版,第 32 页。

　②　陈嘉明指出:"在西方哲学中,古代与近代的哲学家有关知识论的研究主要是从人的认识能力的角度进行当代知识论的研究发生转变考察的,也就是说,把有关认识的研究建立在人的感性和理性的基础上……因此这种形态的认识理论主要是发生学意义上的,从研究认识的起源开始,到探讨认识的有效性并断定认识的范围……从认识发生学的研究转变为有关知识本身之所以为真的条件的研究,特别是有关知识的确证问题的研究。"陈嘉明:《知识与确证——当代知识论引论》,上海人民出版社 2003 年版,第 1 页。

强调"德性之知"，关心的重点是主体是否拥有道德，具体以道德行动为知的表现，并以君子人格、圣人境界为最高追求，知与行密切相关。王阳明推进了儒家哲学对知的理解，他以"良知"替代德性之知，并进一步提出了"知行合一"，把知与行在更深刻的意义上关联起来。而在吉尔伯特·赖尔提出了"knowing that"和"knowing how"的区分后①，与行为关涉的"知"也被西方哲学认可为一种知识的类型，并因此与中国视域下的"知"可以进行比较。这一方面为我们理解中国传统的"知"提供一个知识论的视角，另一方面也可以由此拓宽我们理解知识的视域。

知识论与阳明思想的比较研究方兴未艾。然而从二者的比较视野出发对阳明的良知和知行关系进行探析，却始终将其置于一个和"知识"相关的视域之中，阳明心学视域下的"行""良知"等思想被简单地化约为了某种知识的类型。以"知"统摄"行"和"良知"，容易导致对阳明良知的狭隘化理解，使其知行合一的内涵难以完整地呈现。笔者将在具体分析知识论视域下良知研究的现状及问题后，引入阳明思想中"意念"这一重要概念，从"意念"和"良知"的关系出发，重新厘清"知行合一"的思想内涵，辨清"良知"和"知识"，尤其是和赖尔能力之知的区别，并以此修正当今知识论对阳明思想的诠释模式。

一、知识论视域下良知研究的主要问题

吉尔伯特·赖尔对于"knowing that"和"knowing how"的区分很早就被引入来对阳明的"知行合一"进行分析。余英时以"知"对应"knowing that"，以"行"对应"knowing how"将赖尔的区分与儒家知行合一进行关联。② 他指出按照赖尔的区分，在我们学习的时候往往是实践先于理论，而不是先学会了理论然后依之而行。他把赖尔这一说法归结为"寓知于行"，并认为王阳明的知行合一说正是建立在这一经验基础上的。但阳明的知行合一难以简单地用"寓知于行"概括。冯耀明对此进行了批评和澄清，指出赖尔的"knowing that"和"knowing how"不能直接以"知"和"行"来区分，二者都是作为一种"知识"而存在，区别是前者是命题之知，后者是知道如何行为之知，是一种知的能力，而不是行的能力，更不是实行。③ 这一判断较余英时更为准确，其指出当

① 〔英〕吉尔伯特·赖尔：《心的概念》，徐大建译，商务印书馆 2005 年版，第 24 页。

② 余英时：《历史与思想》，联经出版事业股份有限公司 1976 年版，第 140 页。

③ 冯耀明：《中国哲学的方法论问题》，允晨文化出版公司 1989 年版，第 16-17 页。

赖尔使用"knowing"时，无论是哪一种，都首先是作为某种类型的"知"而存在。

使用赖尔的区分去分析阳明的良知和知行关系在近年也引起了争论热潮，许多学者基于赖尔的知识类型，在与阳明良知比较的基础上发展出了新的方案。黄勇将"knowing that"和"knowing how"翻译为命题性知识和能力之知。① 他指出，在赖尔的基础上引入"knowing to"，即作为"知道去做"的动力之知，才能达到对阳明良知的有效理解。与仅仅强调知道怎么做不同，阳明的良知概念还蕴含着主体有一种自觉地去做善的动力。动力之知不包含能力之知，但是能够引出能力之知。② 在黄勇的分析框架中，这种作为动力之知的良知也表现为作为"信欲"（besire，即 belief 和 desire 的统一）的心理状态。在这里的"信念"是一种规范性的信念，其伴随着按照这一信念行为的欲望，因此良知是包含了信念和欲望的单一心理状态，其必然展开为知行合一。③ 郁振华提出"道德—形而上学的能力之知"，对黄勇的"动力之知"方案提出商榷，他认为动力之知可以包含在能力之知的划分中。④ 赖尔的能力之知有非道德和道德两种类型，在道德的能力之知中，行动和能力是不可分离的，也即"知道如何"必然导向具体的行为。

黄勇强调宋明理学的知识是一种"作为道德的知识"（knowledge as virtue），不仅仅是知道什么是善恶，这种知识还包含了促使人们道德行动的必然性。而引入动力之知作为一种好是恶非的倾向去说明这种必然性，能揭示阳明知行合一的重要和独特之处，即在于行动的自觉倾向。黄勇的方案是从德性伦理学的立场出发的，强调道德知识来源于主体的德性，构成一种 world to mind 式的信念并且包含自然欲望引发的动力。这种道德知识虽然也是一种规范，但却是来自主体的规范，其本质关注的是道德主体行为和品质的整体性。郁振华则是把道德引入能力之知，而不另设一种知识类型，强调这本身是对于道德规范的实施性知识。笔者认为郁振华更偏向规范伦理学的立

① 后文延用黄勇对于 knowing that 和 knowing how 的翻译。

② 黄勇：《论王阳明的良知概念：命题性知识，能力之知，抑或动力之知？》，崔雅琴译，《学术月刊》2016 年第 1 期。

③ 黄勇：《在事实知识（knowing that）和技艺知识（knowing how）之外：信念——欲望（besire）何以不是怪物？》，《哲学与文化》2012 年第 2 期。

④ 郁振华：《论道德——形上学的能力之知——基于赖尔与王阳明的探讨》，《中国社会科学》2014 年第 12 期。

场,他对良知的界定更强调道德规范实施的能力。① 黄勇和郁振华的争论对于我们理解阳明和理解赖尔无疑都是有益的。这一讨论模式的好处在于,并非完全地套用赖尔的框架于阳明,而是基于阳明的讨论进一步扩充或者深化了赖尔区分的知识类型,这同样有助于对于阳明良知的理解。

但是如果我们按照这种知识论的诠释视角把阳明的"良知"解释为某种类型的知识,从"知识"的角度入手解释知行合一,把"知行合一"理解为"行"对于"知"的依附,将其作为某种知识状态来看,则弱化了王阳明学说中蕴含的深刻意蕴。在黄勇和郁振华的方案中,都承认良知是一种具有分辨善恶且有能力为善的道德知识,强调这种知道什么是善恶的知识能够促使人产生道德的行为。其争论的实质其实不在于对于良知理解的差异,而是在于对赖尔的能力之知的理解差异。② 但两种方案都忽视了在阳明讨论"知行合一"时,并不是首先由这种知善知恶的道德知识去驱动行为的,"行"首先作为"意念"表现出来,即"一念发动处便是行""有善有恶意之动"。在这个意义上,就不仅仅是"知必然导向行"的知行合一,而是更深刻意义上的在"意念"发动的瞬间本身知就已经和行是合一的了。从这个角度来说,"知行合一"意味着"知"和"行"就是一件事,所以"知"不仅仅是一种道德知识,更是一种和意念相关的综合意识活动;知不引发行,而是知行互相建构,这才是良知本体的展开形式。

黄勇把阳明的"一念发动处即是行"的"一念"解释为"欲望",认为阳明所表达的是欲望已经是行动,这是强调信念与欲望,知与行无法分开。③ 这种解释有待商榷,儒学语境下"意"不等于"欲","意念"与"欲望"仍然存在一定的距离:"意念"强调的是主体之心于特定情境中自然生发的意向,是一种时机化的自然化生,有思量运用之义;而欲望则已经包含了一种目的的指向,与对象相关,此时我知道我欲求什么,如我知道我应该欲求善。与其把"意念"化约为"欲望",不如在诠释阳明知行合一的过程中重新引入"意念"的概念,从而看到意念与良知的关系,知悉如何从自然所发变成择善去恶的道德欲望,导向知行合一,以达到对阳明更整全的理解。

① 郁振华对"道德——形上学的能力之知"的建构似有采于牟宗三依照康德义务论解释儒家伦理的道德形而上学,但是道德形而上学本基于"以西释中"的诠释模式,而把儒家意义的道德作为康德意义上的既定道德法则,不同于强调实践性和生活时机化的儒家道德。

② 二者的分歧集中在于这种道德知识既然能够促使人们有行为的倾向,则这一部分应该被作为动力之知还是包含在能力之知的范围中。其争论的实质其实不在于对阳明的理解,而在于对赖尔能力之知的理解不同,所以才会有把良知归为何种类型知识的分歧。

③ 黄勇:《当代美德伦理:古代儒家的贡献》,东方出版社 2019 年版,第 305-307 页。

"意念"概念的引入,也可以避免以形而上的规范性道德知识去解读阳明良知的偏颇。在中国哲学的思维方式中,并不存在普遍主义的规范,不是一套普遍的关于善的规则规定我要去做什么,而更多是一种情境式的化生,即"在具体的情境下我做什么才是善的",本质上知行在具体情境中互相建构,这恰恰可以医治西方伦理所面临的道德规则之外在性困境。在阳明心学的视域下,良知不仅表现为分辨善恶的"知识",也表现为与主体意识活动相关的"行",且前者往往依靠后者呈现。基于知行合一,不仅可以从"知"切入"行",也可以反过来从"行"切入"知",这样可以对知识论视域的诠释做出补充和修正。"良知"不仅仅是一种狭义上的关于道德善恶的知识形态,更是广义上的主体意识状态,既包括对善恶的知识,也包括和意念相关的意识活动以及在二者结合基础上好善恶恶的情感倾向和为善去恶的行为欲望,且这种意识状态不是既定的,而是生成性的。由此"知行合一"就不仅仅是一个既定的知识驱动行为的结果,而表现为由意念和良知的互动而构成的良知发用的过程性。下文将从对阳明思想本身的分析出发,从"意念"和"良知"的关系来探讨知行合一。

二、"意念"在王阳明知行合一说中的位置

在王阳明对知行合一的讨论中,可以发现实际上蕴含着两种意义上的"知行合一"。第一种强调知必然导向行,以知为行的理由、根据,以行为知的结果。这一维度上的知行合一强调的其实是"行"为"知"的具体落实,如阳明说:"知是行之主意,行是知之工夫。知是行之始,行是知之成。"[①]在这一描述中,阳明把知作为行的根据、前提,行则是知的结果。这种对知行关系的理解在阳明之前已经初见端倪。

一般认为在阳明之前,宋明儒者主张的是先知后行,但是就主体修养的一个更为完整宏观的过程而言,先知后行实际上是以知行相须的方式表现出来。程颐曾经说:"知之深,则行之必至。无有知之而不能行者。""人谓要力行,亦只是浅近语。人既有知见,岂有不能行。"[②]强调的正是知必然导向行,并以行作为知的结果,但程颐强调的是"知"的重要性,只有真知才能导向行。朱熹也

---

① 王阳明:《王阳明全集》卷一,上海古籍出版社 1992 年版,第 4 页。
② 程颐、程颢:《二程集》,中华书局 1981 年版,第 164 页。

主张在逻辑上是知先行后，"格物致知"是行为的前提，也是德性培养的前提。但从人修养自身的完整实践过程而言，朱熹强调知行相互促进："知行常相须，如目无足不行，足无目不见。"在此基础上，他也指出："致知力行，用功不可偏……论先后，知为先；论轻重，行为重。"①可见，在阳明之前，宋儒已经重视知和行之间的关联性，有知行合一的基础。这也说明，如果我们仅仅把阳明的知行合一看作在拥有"知"的前提下会有自觉去"行"的倾向，或者把知行合一理解为主体实践过程中知行的相伴而行，则无法体会阳明知行合一与前人的不同。

王阳明确地提出"知行合一"，其不同处在于，不是知导向了行这样把知、行作为一个连续过程的两件事，而是把知和行作为一件事来理解，或者说知和行是一个结构中两个不可分离的方面。这是阳明知行合一的第二重意义，也是其知行合一说的深刻所在。对于把知、行作为一个连续过程的两件事这种处理方式而言，有可能具有关于知道什么是善恶的知识，但是由于"知"与"行"是两件事，若缺乏行为的实际条件，或者是缺乏足够的动力，仍然可能"不行"，即在二者之间存在断裂的可能性。但是对于阳明而言，知、行既然就是一件事，这种情况不可能发生。一个人有真知，就已经等于他能够行，或者真行的过程中就意味着他必然是知的，知、行不是两件事，只是就一件事从不同的方面而言。他指出："知之真切笃实处，即是行；行之明觉察处精，即是知。"②"知行原是两个字说一个工夫，这一个工夫须著此两个字，方说得完全无弊病。"③当然，这都是就真知、真行而言，"懵懵懂懂地任意去做，全不解思惟省察，也只是个冥行妄作，所以必说个知，方才行得是"。④行而不知，或知而不行，则非真知真行。

这里似乎存在一个矛盾，即阳明一方面说"知是行之始，行是知之成"，似乎是在强调知是先于行的，二者有一个过程上的先后关系，但是同时王阳明说"知行合一"又在强调知和行是一件事，那么知和行之间究竟是否允许时间差的存在？在这里，前一个其实是从宏观的经验实践而言，就比如知道我要去吃饭，然后去吃饭；知道如何游泳，然后才能游泳，阳明并不否认在这个意义上知、行之间存在时间差。而知行合一当是就同一件事而言，或者说是针对主体

---

①　黎靖德：《朱子语类》卷九，王星贤点校，中华书局2004年版，第148页。
②　王阳明：《王阳明全集》卷二，上海古籍出版社1992年版，第42页。
③　王阳明：《王阳明全集》卷六，上海古籍出版社1992年版，第209页。
④　王阳明：《王阳明全集》卷一，上海古籍出版社1992年版，第4页。

做一件事时的内在意识状态而言，就如与孝顺父母之行相伴的知不是在行为之前知道我应去孝顺父母，也不是在行之后知道应当如此孝顺父母，而是在你事亲之时，就表明你有此知与此行，这一个知和行是在事亲这一件事中同时发生的，中间没有时间先后。[①] 因此这个问题使我们关注阳明对于知行关系的另一个说法，由此去看到其知行合一说更深层次的意义。

阳明曾说：

> 今人学问，只因知行分作两件，故有一念发动，虽是不善，然却未曾行，便不去禁止。我今说个知行合一，正要人晓得一念发动处，便即是行了。发动处有不善，就将这不善的念克倒了。[②]

王阳明强调"一念发动处即是行"，在这个意义上的知行展现出了更深刻的统合。许多学者认为，阳明这一命题的适用范围需要加以区分和限制，"一念发动即是行"作为阳明矫正"恶念"的主张，因此这个"一念"只是就恶念而言，而不是就善念而言，否则人的行为就只停留在一念的善而不付诸社会行动，那么道德实践就是多余的了。[③] 这种解读并没有完全切中阳明此处所论知行合一的内核，而把对"行"的理解局限在了外显的举止行为上。在阳明看来，"行"（act）恰恰不仅是外向化的"行为"（action），阳明以内在化的这种意识发动本身也作为行。他反对把行区分为内外两截，这也意味着，善念不一定要导向实际的善行才是行。比如一个人见孺子入井，他当下有了恻隐之念，要去救这个小孩，但是假设他是一个残疾人，他没有手从而没有真的伸手去救，在阳明的意义上，他并非没有行，他的行已经蕴含在他恻隐之念生发的当下了，则这个人难以受到不善的指责；而若抛除现实的不可能性，则善念发动意义上

---

① 王阳明说："要此心纯是天理，须就理之发见处用功。如发见于事亲时，就在事亲上学存此天理。发见于事君时，就在事君上学存此天理。发见于处富贵贫贱时，就在处富贵贫贱上学存此天理。发见于处患难夷狄时，就在处患难夷狄上学存此天理。至于作止语默，无处不然。随他发见处，即就那上面学个存天理。"也就是，并不是先求理而后行，而是在行之时自然发见理。

② 王阳明：《王阳明全集》卷三，上海古籍出版社1992年版，第96页。

③ 如陈来指出"如果这个一念发动不是恶念，而是善念，能否说'一念发动是善，即是行善'了呢？如果人只停留在意念的善，而并不付诸社会行动，这不正是阳明所要批判的'知而不行'吗？"陈来：《有无之境：阳明哲学的精神》，人民出版社1991年版，第106-107页。杨国荣也认同这一点，他指出："如果善念即是善行，则一切道德实践便成为多余的了。同时，将善念等于善行本身，亦易使善恶的评判失去客观的标准。"杨国荣：《心学之思：王阳明哲学的阐释》，生活·读书·新知三联书店1997年版，第209页。

的"行"必然会导向现实的行为。① 同理,恶念也是如此,所以人不能放任恶念。而此"念"生发处,实际就产生了主体着工夫的场域。

另一处,阳明说"一念动处是行":

> 门人有疑知行合一之说者。直曰:"知行自是合一。如今人能行孝,方谓之知孝。能行弟,方谓之知弟。不是只晓得孝字弟字,遽谓之知。"先生曰:"尔说固是。但要晓得一念动处,便是知,亦便是行。"②

这一处似乎更为完整,阳明强调"一念动处"便是知,也是行,即知行在"念"发动之时就是同一的。从这一视角出发,可以看到王阳明所说的知行合一,并不只在强调二者的外向统合,而更重要的是二者在主体意识活动内部的统合,在这种内部的统合基础上外向的行必然不证自明。但是意念发动本身是一个主体自然生成的意识活动,在"一念发动"之时并不必然包含已经知道什么是善恶,也因此不必然发为善念,导向善行;如果是"恶念",则不可谓有"知",则知行未能合一,所以才要把不善的念克倒了。那么在这个意义上,"念"和"良知"是什么关系?良知如何使得意念能够知善恶并发为善念从而实现知行合一?

三、"意念"与"良知"的关系

在阳明心学的视域中,"良知"不纯粹是一个知道什么是道德善恶的知识概念,而其实是一个关涉主体综合意识活动的本体概念,即不仅可以以知解行,也可以以行解知,这展开为良知和意念之间的关系。

阳明指出:"身之主宰便是心,心之所发便是意,意之本体便是知,意之所在便是物。"③在宋明理学中,"意"被认为是"心之所发也,有思量运用之义。大抵情者性之动,意者心之发……意是心上拨起一念,思量运用要恁地底"。④这里的"意"和王阳明上面所说的"念"其实可以看作是一个意思,笔者把它统

---

① 要注意,这里与行相关的准确地说是念而不是"知",诚然在赖尔的能力之知的意义上,缺乏行为的现实条件并不影响具备能力之知,但是在这里,强调的是缺乏行为的现实条件并不影响具备这样的念头,而不是具体如何行为的知识。

② 王阳明:《王阳明全集》卷一,上海古籍出版社1992年版,第1172页。

③ 陈荣捷:《王阳明传习录详注集评》,重庆出版社2017年版,第29页。

④ 陈淳:《北溪字义》,中华书局2009年版,第17页。

称为"意念"(intention),其表示的是由心所发的意识形态,是心的一部分,是主体综合意识活动的一个首要环节。"以意比心,则心大意小。心以全体言,意只是就全体上发起一念虑处。"①

那么"意念"与"良知"究竟是什么关系呢?阳明指出"意之本体便是知",如果说意念是心之发用,那么良知就是意念之本体,同时心之体就呈现为良知。我们都知道,阳明强调心即理:"心之本体即是天理,有何可思虑而得?""良知是天理之昭明灵觉处,故良知即是天理,思是良知之发用。若是良知发用之思,则所思莫非天理也。"②良知作为一个本体性的存在,其实际上统摄了心之思、心之意。情境化的意念生发的当下,便是主体意识内部的"着工夫"处,所以阳明讲:"省察克治之功,则无时而可间。如去盗贼,须有个扫除廓清之意……常如猫之捕鼠。一眼看着,一耳听着。才有一念萌动,即与克去。斩钉截铁,不可姑容与他方便。不可窝藏。不可放他出路。方是真实用功,方能扫除廓清。"③"一念"发动之际,若没有朝向作为本体良知的"致良知"之自觉而被物欲、私意侵扰,那么便可能会产生恶念;但是如果能够在意念发动的时候,随本心而发,或凭本心之良知把不善的念克倒了,就能形成善念,这时候就是在意识内部完成了"致良知"的过程。善念的生发就是知行合一,即知道良知(知道什么是善),表现为心所发之意,此时知行是同时的。

王阳明的四句教也揭示出意念与良知的这种关系:"无善无恶心之体,有善有恶意之动,知善知恶是良知,为善去恶是格物。"这里的"无善无恶"的心体,当是相对于人之私意发动而有善有恶的那个状态而言。当意念未生,人的意识不作活动,纯是良知本体之心寂然不动,廓然大公,所以说是无善无恶的。彼时"心"是一个纯粹的、无方所、无定形的精神实体。一旦人产生了意识活动,即是"行",意念发动就可能产生善恶的不同倾向,此时便是产生善恶之机的关键。如果被私意、物欲等蒙蔽,则可能流于恶,这皆是因为意念发用之时被外物牵引了;而若本体之良知一旦显用,则能够对善恶做一个分判,若符合本体之良知即为善,若是流于外物之蔽即为恶。此时,良知由本来无善无恶的心体表现为了知善知恶之用,这意味着一种超越世俗功利性的廓然大公境界在现实发用中成为一种善恶分判的知识,其中那种趋向于世俗之私的即为恶,而趋向于本心之自然的即为善。

① 陈淳:《北溪字义》,中华书局 2009 年版,第 17 页。
② 陈荣捷:《王阳明传习录详注集评》,重庆出版社 2017 年版,第 194 页。
③ 陈荣捷:《王阳明传习录详注集评》,重庆出版社 2017 年版,第 60-61 页。

　　良知的发用恰恰意味着从本心上去寻求那超越世俗价值而成道德之善的最高道德境界。在这个意义上,良知由无善无恶之体转变成分判善恶的标准,此时才有知识论视域下所谓"关于善的信念"(belief)①,这是一种规范性信念(normative belief),它的特点在于,从主体之心去保障这一信念的确证性,其符合方向是世界对心灵(world to mind)②。此时,良知作为规范性的信念确是一种道德知识,它不仅规定了心之所发意念的善恶;也潜在地约束了意念的发动自然有朝向本心之良知的倾向,只要主体能够不被外在事物侵扰跟随本心之自然,便能让意念保持在善的方向上。需要注意的是,"良知"一开始是作为无善恶的心体存在的,而在意念发动之机对其进行分判才产生了作为善恶之知的"良知",即恰恰不是知规定了行,而是知和行互相建构对方:行引发了知,知又规定了行。

　　"意念"和"良知"构成心发动的两种意向:凡是指向自身本体的自觉意向即是良知,或说知;凡是指向心向外发的意向,便是意念,或说行。如此,知行的含义就发生了变化,其是针对"心之本体"的意向方向而言的,它既可能是主观的也有可能是客观的,区别的标志在于意向的指向。而如果"知"能够克倒受到外物影响而有的不善之念或者私意,保障意念是由心之本体自然向外原发而成,即是心发用之意与心本体之知在意念发动之机实现了意向方向的统一。这就是知行在意念发动当下实现了统一,表现为共同朝向本体良知的自然倾向。由此向外发动的意念就受到了内在良知的规约,尽管这仍然是主体的意识活动,但是以心的意向指向而言,其完成的是一个"合内外"的过程。在这基础上,主体能够为善去恶,便是格物。"格物"在阳明心学的意义上即是

----

　　① 正如某个信念(belief)本身是客观的,这如同本心之体无善无恶,但是当信念与主体的意识活动、认识判断,又或者与外在客体、事物实际相关联,它就具有了正确与否、善恶与否的标准,在这个意义上,信念以 world to mind 或者 mind to world 的关联性而具有了两面性。

　　② 黄勇区分了两种信念:一种是 mind to world 的事实性信念(描述性信念),这强调的是信念是心灵对于客观世界的符合,以主体这一信念对世界的符合来获得知识的确证性,这也是传统知识论讨论信念和知识的主要模式。在此基础上,黄勇指出还有 world to mind 的规范性信念,"这个心理状态所包含的信念不是描述性的,而是规范性的,它同这个心理状态所包含的欲望一样,与世界的适合方向是从心灵到世界,即当其与世界不符时,我们不是去改变这个心理状态,使之与世界一致,而是去改变世界,使之与这个心理状态一致。"这一种信念强调的是主体自身确立道德规范,进而去在外在的符合中去印证它,黄勇引入康德来对这一区分进行说明。这强调的是主体内部对于知识确证的重要性,而阳明也确实是从作为主体内部的心之本体的良知去确立道德知识的可靠性。黄勇:《在事实知识(knowing that)和技艺知识(knowing how)之外:信念——欲望(besire)何以不是怪物?》,《哲学与文化》2012 年第 2 期。

"格意",因为"意之所在便是物","物者,事也,凡意之所发必有其事,意之所在之事谓之物"。① 阳明强调:"格物者,格其心之物也,格其意之物也,格其知之物也。"②物本身是意念创生构造的对象,在这一过程中,物就是意念所在。所以"格物"实际上还是要去"格意",这就是用返归自心良知去规范所发意念的心学工夫;而这同时就是"诚意"之工夫,因为返归自心的"格",其实就是"诚",旨在让本心之良知能够如明镜照彻。如此阳明把"格物致知诚意正心"之工夫解释为"一事"③,取消了外物与己心、己意之间隔,而把工夫全部收束于主体意识内部之中。

王船山批判阳明这里有"销行以归知"的取向④,在王船山的实学视角下,他认为"行可兼知,而知不可以兼行"。⑤ 但是从"意念"和"良知"的关系和"致良知"的着工夫去看,"一念发动即是行"却构成了阳明知行合一的根源所在。这并非在混淆知行,把客观的行化约为主观的意念,此时主体从一个血肉之躯变成了纯粹的精神实体,因此传统的知行可以从主客划分,此时是用主体之心的意向来划分,而二者的合一意味着心向外发之意与心向内之体良知的体用合一;在这一过程中,主体内部已经完成了约束己之意念的修身工夫。这是一个纯然的意识活动过程,这也是阳明"心学"与"实学""理学"的根本区别所在。

这里仍然存在一个问题,即当意念发动的时候,去克倒恶念的自觉从何而来?这似乎是阳明学中一个未能解决的问题。这种自觉本身是靠"良知"去保障的,即我要"致良知"依靠的是我具有"良知"这样的事实。阳明似乎面临循环论证的批判:当良知被私意蒙蔽的时候,我要如何去克倒这个私意或者恶念?那么就要靠良知。但是这实际上也表明了阳明良知概念的复杂内涵。一方面,它是一种分辨、规范什么是善恶的道德知识,即规范性存在;另一方面,其又表现为主体本心自然具有的德性倾向,即事实性存在。而后者是阳明讨论良知的一个基本、首先的前提。所以,作为一个事实性存在的良知使得主体自然具有受到良知驱使的倾向,类似于心理学意义上的"潜意识",良知本身是作为心之本体而存在的一样,它是构造出主体心理状态的一部分。而在意念

① 王阳明:《王阳明全集》,上海古籍出版社1992年版,第242页。
② 陈荣捷:《传习录详注集评》,重庆出版社2017年版,第201页。
③ 王阳明:"惟其工夫之详密,而要之只是一事,此所以为'精一'之学,此正不可不思者也。夫理无内外,性无内外,故学无内外。讲习、讨论,未尝非内也;反观、内省,未尝遗外也。"陈荣捷:《传习录详注集评》,重庆出版社2017年版,第201页。
④ 王夫之:《尚书引义》卷三,中华书局1962年版,第66页。
⑤ 王夫之:《尚书引义》卷三,中华书局1962年版,第68页。

发动去致良知的过程中，才把这种潜在的心理状态升华为了分判善恶的规范性信念，它是从心灵向外部的，强调对于善恶的分辨、规范的知识是来自主体内部的。

当良知和意念关联的时候，良知表现为知善知恶的道德知识，作为一种客观的道德标准、规范而存在，在这个意义上，王阳明不是道德怀疑论者，而是以良知作为判断道德善恶的标准。但是同时，良知本身又是伴随主体在具体情境下创生的意念而生，良知之体展开为良知之用，并表现为善念之发、知行合一，由此良知又有伴随情境化生的意念而产生的情境性，良知并非高高树起善的价值标准，它所导向的是人在不同的情境中能够有不同的行为，但这些行为都是善的。

在善念发动之后，才有了对于善、恶的明确欲求倾向，此时便出现了从意念向欲望的转向。即我不仅仅发动了善念，实现知行合一，并且此时我在知道什么是善的基础上产生了对善自觉欲求的倾向，从而导向了实际的行为。也可能导向对于善恶的情感认知，如阳明所说："如好好色，如恶恶臭。见好色属知，好好色属行。只见那好色时，已自好了，不是见了后又立个心去好。闻恶臭属知，恶恶臭属行；只闻那恶臭时，已自恶了，不是闻了后别立个心去恶。"①知道好与不好属于知，而展现出好恶的情感认同则是行，这其实是意念进一步呈现为一种情感倾向，而根据前文的分析，也就不难理解为什么这种好恶的倾向也被阳明成为行。总的来看，"意念"发动处实际上构成了主体好善、欲求善而为善的道德枢机，因此也是修养成为道德主体的入手之处。②

"意念"这一概念的引入，使得我们能够完整地看到主体致良知的完整过程。在这里，知行合一展开为内部和外部两个意义，外部义指向的是"知"和实际行为的连续性；而内部义是阳明心学的重要精神所在。此时"良知"不仅仅是知识论意义下知道善恶的"道德知识"，而与作为意念发动的"行"是互相建构的。"良知"成为一个包含主体综合意识活动的过程性概念，其既是无善无

---

① 陈荣捷：《王阳明传习录详注集评》，重庆出版社 2017 年版，第 26 页。

② 陈立胜在工夫论的角度把阳明的"一念发动处"解读为"入圣之机"，认为此正是阳明修身工夫的关键所在，也是为善为恶的"入处"，这强调的是致良知工夫的当下做起、干净利落；而一念之处也是入圣之把柄，因此这一刻的工夫恰恰需要谨慎之至。笔者对"意念"和"良知"关系的理解也有采于陈立胜这一工夫论的解读。陈立胜：《入圣之机——王阳明致良知之工夫论》，生活·读书·新知三联书店 2019 年版，第 133—146 页。温海明也从"实意伦理学"的角度强调"意念"发动之处的重要性："儒家实意伦理学是一种需要在产生之初着实用力的伦理观。每一个意向运动都是一个实践的过程，其间意念与情境融通为一。"温海明：《儒家实意伦理学》，中国人民大学出版社 2014 年版，第 24—30 页。

恶之体,也在意念之机展开为知善知恶之知,进而有为善去恶之行,并在善念发动处呈现为知行合一的状态,再进一步构成现实行为的欲望和倾向,导向现实实践。因此"良知"与知识论视域下的"知识"有必要做出区分,"良知"更接近于包含知识在内的精神或者观念,并且具有强烈的道德指向。

四、结语

阳明视域下的"良知"并不能完全地先设知识论的框架去分析,其与作为本体之心,作为心之意识活动的意念息息相关,表现为一种综合性的意识活动。对良知的知识论解读,可能会导致对良知的狭隘化理解;而以此理解知行合一,也会导致仅仅以知解行,失却了以行解知的面向,这显然不能形成对知行合一的整全理解。这根本上是源于中国传统讨论知的方式与西方视域下的知识论存在较大的差异,虽然二者并非完全不可通约,但是中国哲学的思维方式,尤其是心学意义上的"知"由于包含主体意识作用的复杂过程和主体自身,和情境下的意念创生息息相关,难以被单一化界定为某种西方知识论框架下的知识。

如果从阳明心学的整体性看,良知的深刻意蕴当展现为作为主体综合意识活动的广义的良知。其具体展开是一种强调于主体向内作工夫的心学工夫论和以成己成物为目标的道德哲学。知识论视域下对阳明良知和知行合一的分析,固然有合理之处,但也容易将心学的意蕴狭隘化。

笔者通过重新强调阳明的"意念"概念,对知识论视域下的阳明知行合一诠释做出了补充和修正,也更完整地展现了阳明致良知工夫论的过程性。一方面,帮助我们形成对阳明良知说和知行合一的整全理解;另一方面,也可以借助阳明的思想拓宽我们对知识的理解,对当代知识论做出补充,从而有助于拓宽当代德性知识论和德性伦理学的思路。

王阳明未发已发思想研究

张艳丽*

　　未发、已发是宋明哲学中一个非常重要的问题，它涉及不同儒家学者对心性的不同认识。关于未发、已发问题的讨论从"二程"发展到朱熹基本上有两种思路：一种是从体用的角度来讲，性体心用，未发指性，已发指心；另一种是从时间源流的角度来讲，未发是心之静，已发是心之动，未发、已发指心的不同活动阶段。总之，无论是在心性之分还是心之动静之分方面他们都是把未发、已发分为两个截然不同的阶段或状态，所以在工夫修养上也不得不分为未发时内在的修养工夫和已发时外在的修养工夫。而阳明则以良知统贯未发、已发，无前后内外而浑然一体，反对将心性分为两节，工夫分为两段的做法。

一、良知即是未发之中

　　良知概念是阳明哲学思想的重要概念，阳明自己也曾告诫弟子其一生为学宗旨不出"致良知"三字。良知概念主要为其性善论思想服务但其更多的是指道德层面的意义。阳明的良知说在理论渊源上继承了孟子的良知思想，并以良知指称心之本体，赋予了良知更加深刻、丰富的内涵。

　　阳明的"心"既是道德认知的对象也是道德认知的主体。阳明通常以"心之本体"指称心的本然状态或者理想状态，"性是心之体，天是性之原，尽心即是尽性"①。王阳明以心之本体规定性，性和心之本体是同一层次的概念，心

---

　　* 张艳丽，北京师范大学博士生。

　　① 王守仁：《王阳明全集》，吴光等编校，上海古籍出版社2017年版，第5页。

之本体即是性即是理,从而使心获得了与理同等地位的本体论意义。王阳明通过"心即理,理即性"的逻辑推演,将天理内化于心,以心为性,以心为理,将性、理都纳入心之中,解决了心物二分的问题,并且赋予心以全新的内涵。"心即理"命题的提出,使心不再局限经验层次的知觉心,而是与理为一取得了形上本体论存在的意义,人真正成为完全意义上的道德主体而不是依靠外在的道德规范、义理教化的服从者。阳明对"心即理"命题还有一个专门的描述:"心即理也。此心无私欲之蔽,即是天理,不须外面添一分。以此纯乎天理之心,发之事父便是孝,发之事君便是忠,发之交友治民便是信与仁。只在此心去人欲、存天理上用功便是。"[①]人心未受到私欲遮蔽时的本来状态即是天理,天理在人,这种纯乎天理之心自然发见遇父便知孝,事君则知忠,交友治民便会信与仁,忠孝仁信之理只是主体通过道德实践赋予事物的,当道德行为主体心中无一毫物欲掺杂其中,天理充沛,从这诚孝的心出发,遇父便自然会思量父母的冬暖夏凉,所有的节目事变、人情世故都是纳于主体的意识之下才具有实际意义。所以,阳明所说的理是具有道德规范意义的理,也即是心之本体具有道德规范的自觉能力,普遍的道德法则内化于人心的一切准则,使人们的每一观念和行为都处于道德意识的规范下,而且良知作为心之本体,不仅是人人遵循道德的原则,还具有直接现实性,能够转化为现实的道德行为。

未发、已发是阳明心性论中非常重要的两个问题,阳明不同意"二程"认为未发、已发是两个截然相对的概念或截然相对的阶段、状态,提出了良知即是未发之中的命题。"良知即是未发之中,即是廓然大公、寂然不动之本体,人人之所同具者也。"[②]王阳明曾多次明确说"良知即是未发之中",其认为良知就是未发之中,良知就是心之本体,这个人人都具有的心之本体——良知就等同于未发之中。阳明常以良知指称心之本体,良知就是一种内在超越的存在,良知作为普遍本体时,是天地万物得以存在的普遍性根源。这种内在于万物的普遍本体并不是静态的,而是在本体展现于万物的流行发用的过程中达到与万物的内在统一。王阳明从万物一体的角度出发,认为人心与天理合而为一,人们只要能够依此良知而行就自然能够达到"已发之和"。由"未发之中"发展到"已发之和"是人们所期望的一种理想状态,在此理想状态下中就是和,和就是中,中、和是心之本体,有潜在隐微之理,显现为全体大用,体用一源,显微无

---

① 王守仁:《王阳明全集》,吴光等编校,上海古籍出版社 2017 年版,第 2 页。
② 王阳明:《传习录注疏》,邓艾民注,上海古籍出版社 2015 年版,第 259 页。

间。但是在实际生活中，虽有"未发之中"但在其后天的发用中并不能达到"和"的理想状态。王阳明认为良知即是未发之中，这个天所赋予的良知是人人具有，在其理想状态下是"上下与天地和其流"，其顺之发作流行无不中节。"良知之在人心，无间于圣愚，天下古今之所同也。世之君子惟务致其良知，则自能公是非，同好恶，视人犹己，视国犹家，而以天地万物为一体。"①良知具有普遍性，是天下古今人人之所同有，具有超越时间和空间的特殊品格。在论及圣人之知与常人之知时，阳明认为圣人之知犹如青天白日；贤人之知犹如浮云天日；愚人之知犹如阴霾天日。虽然圣人与常人在先天明觉程度上存在差别，昏明有所不同，但由于人人具有能知是非的良知，所以二者无论遮蔽程度深浅都有辨别黑白的能力，都有明辨是非的内在潜能，遮蔽只是暂时的，其本然功用只能被遮蔽，但永远不会消失。

阳明曾和弟子陆澄说："在一时一事，固亦可谓之中和，然未可谓之大本达道。人性皆善，中和是人人原有的，岂可谓无？但常人之心既有所昏蔽，则其本体虽亦时时发见，终是暂明暂灭，非其全体大用矣。无所不中，然后谓之大本；无所不和，然后谓之达道；惟天下之至诚，然后能立天下之大本。"②陆澄注意到了有些人在某些事上也可以做到中和，并且提出了一时一事上的中和和本体上的中和是否一致的问题。阳明认为良知即是未发之中，是人人具有的，其认为常人在偶尔的一时一事上可以达到中和的状态，即当怒则怒，而怒不过分，好恶一循于天理，但常人偶尔的中和并不是大本达道，大本达道是适合世间一切事物的终极存在，只有在一切未发时能无所不中才能谓之大本。无论是潜在的隐微思维活动还是现实一切行为动作的已发都能达到无所不和才能谓之达道，常人之心只要有物欲、私意等一切小心思掺杂其中，本体之发见总是暂明暂灭不能达到始终如一的中的状态。常人和圣人虽然在本性上无差，但因其有所遮蔽，所以难以保持本体的时时显现。

阳明从本体上论未发即是未发之中，是指完完全全的心性理合一的心之本体，且这个心之本体又是恒动恒静的。在阳明的哲学语言体系下，恒动恒静并不是对立的概念，就恒动而言，与之相对的是无生命、无知觉的槁木死灰；与恒静相对的是受私欲物欲干扰的妄动。良知本体是超越永恒的存在，不分古今，无间圣愚，阳明还以易来说明良知的变动不居，周流六虚，所以良知是恒动

① 王阳明：《传习录注疏》，邓艾民注，上海古籍出版社2015年版，第159页。
② 王阳明：《传习录注疏》，邓艾民注，上海古籍出版社2015年版，第54页。

的。但就其时刻一循于理而言又可以说是静的。正是良知这种恒动恒静的存在给人们为善去恶、学以成圣提供了一个超越的保证。

二、未发异于未发之中

阳明认为良知即是未发之中，是人人都具有的，但他又说"不可谓未发之中，常人俱有。盖体用一源，有是体即有是用，有未发之中，即有发而皆中节之和。今人未能有发而皆中节之和，须知是他未发之中亦未能全得"。① 从体用一源的角度阳明认为有未发之中自然会有已发之和，但是其还进一步从已发不和的角度倒推出未发之不中的结论，"不可谓未发之中常人俱有"②，意思即是不可以说每个人都具有良知，这显然与阳明的良知是至善的心之本体思想相矛盾，那么这里就面临一个未发是否等同于未发之中的问题。根据阳明未发之中即良知的基本说法，阳明一方面把未发之中等同于良知，是人人都有的，具有超越时空的永恒性，但阳明又说未发之中不是常人俱有的，从体用一源的角度，常人在已发时表现不中节则可推知其未发之中未能全得，这显然与阳明哲学的基本义理相悖。但通过分析阳明的整个思想就可以发现，这看似矛盾的两个观点并不矛盾，反而体现了其思想的精微性。阳明认为性或者心之本体是人人都具有的，无分于圣人常人，既然又说常人存在未发之不中的情况，那么其心中之天理必没有完全充盈其间，不是天理的浑然全体的显现。阳明心学虽以良知本体为人人具有的天性本源，但其更注重个体的生命体验。阳明从体用一源的角度由已发之不和推出未发之不中的存在，更突出了其心性体用思想的统贯性。

阳明心学不仅是针对作为类概念的人心的描述，还关注作为个体的现实的活生生的人而言。作为类概念的人心是天道天理在人身上的下贯，是生生不已的天理在人身上的体现，是有机整体宇宙论基础上的类概念，所探讨的是禀赋天道的生生之德的共性。阳明引入良知、天理概念赋予人心，这个人心便直接与天道相通。阳明以心之本体即良知指称作为有机整体宇宙论基础上的类概念的人心，那么这种良知自然就是作为人所本具有的且是至善的。在其思想中不论本体论上还是工夫论上都强调人的现实性，天泉证道强调圣人和

---

① 王阳明:《传习录注疏》,邓艾民注,上海古籍出版社 2015 年版,第 41 页。
② 王阳明:《传习录注疏》,邓艾民注,上海古籍出版社 2015 年版,第 41 页。

常人两种不同教法,工夫论上注重修养各随人分限所及。所以阳明思想中的已发主要就是从现实的人心入手,现实的人心首先是一个具有知觉作用的知觉心。"心者人之主宰,目虽视而所以视者心也,耳虽听而所以听者心也,口与四肢虽言动,而所以动者心也。"①"心不是一块血肉,凡知觉处便是心,如耳目之知视听,手足之知痛痒,此知觉便是心也。"②从这两句看王阳明对心的描述可知,阳明认为心是身之主宰,并且具有知觉作用,心的知觉作用要通过耳目口鼻等感官来实现。朱子也曾认为知觉之心是心之主宰,但朱子严格区分心性之别。而王阳明的心本论思想中并没有对心性进行如此划分,反而认为心性在本体上是统一的,心之本体就是性,性就是理,天理在人身上的充盈体现为良知,良知的发用流行也就是天理的完满实现,所以在王阳明这里就不存在气质之性来扰乱理的发用流行。阳明承认心具有知觉作用,但是耳目之官之所以能视听言动也是因为人心具有相应之功能,这也是人之为人生而具有的生理功能,但总体来说其哲学的整个思路更加倾向心的道德价值维度。

程朱理学承认天理即人性,但在人性与人心的关系上却主张相对分离,认为只有经过转化的人心才能与天理为一,他们的人心不是孟子的本心,而是天理和思虑心、情欲心的合一,表现出他们更重视人心的个体性及其带来的对至善天理人性的遮蔽。③陆王心学认为天理与本心人性一体,人性在人显现为人情,在理想的状态下,心、性、情是完全统一的,人心就是至善的;而程朱理学虽主张天理即人性,但在与人心的关系上却认为人心中不仅有天理之性还有气质之性的存在,天理之性是至善的,但气质之性却因其有轻重厚薄的区别而有善恶之分,所以在程朱理学的哲学建构下,人心就是一个天然具有善恶的存在,其灵魂深处就有恶的因素,所以在工夫修养上不仅要变化内在的气质还要去除外在的习染才能向天命之性复归。但王阳明不仅认为心即性即理,而且还从体用一源的角度说明即体而言用在体,即用而言体在用。阳明所说的心体在无一般之发用的时候体上原有用,阳明以虚灵明觉形容心,"心者身之主也,而心之虚灵明觉,即所谓本然之良知也"。④阳明所说的心不仅是能觉还是所觉,心之虚灵明觉即良知。用根于天理之体,即使此用未显,此天理上仍

① 王守仁:《王阳明全集》,吴光等编校,上海古籍出版社 2017 年版,第 104 页。
② 王守仁:《王阳明全集》,吴光等编校,上海古籍出版社 2017 年版,第 106 页。
③ 李祥俊:《性善何以可能——儒家性善论的概念内涵、论证路径与价值信念探赜》,《学习与实践》2020 年第 6 期。
④ 王阳明:《传习录注疏》,邓艾民注,上海古籍出版社 2015 年版,第 104 页。

具此用。另一方面，从理之本身看，其也是虚灵明觉的。照一般的看法理总有一定的规则、条理，像事父孝、事君忠之类的道德规范，但对理之表现，通常都是说昭昭，而不说虚灵。对于理之本身，我们通常理解为所觉而不能自觉，但阳明以太极生生之理，妙用无息而常体不易说明理本身就是生生之理，理具有实在的内容，其内容必要表现出来或其本身能表现，这种表现能力就是理本身应有之义，不然理就不能称为生生之理，所以不止心是活物，理也是活物，变动不居。心有所觉，是因为有使心能觉之理，则心有此所觉，则心之理有此所觉，这个心能觉，则说心之理亦可说能觉。所以心上可说理，理上可说心，自理上说心，天理之昭明灵觉即良知；自心上说理，心之本体即天理。所以阳明使心理合一无间。

儒学的目的就是学以成圣人，但是实际生活中毕竟还是圣人少，常人多。天泉证道的时候，对于两位弟子的争论，阳明就表示四句教针对两类人，"利根之人，直从本原上悟入，人心本体原是明莹无滞的，原是个未发之中；利根之人一悟本体即是工夫，人己内外一齐俱透了。其次不免有习心在，本体受蔽，故且教在意念上实落为善去恶，工夫熟后，渣滓去得尽时，本体亦明尽了"。① 即圣人、凡人同具有心之本体，区别就在于有无习心遮蔽。圣人能够直接悟入本体，其在已发、未发时都能紧随良知方向发见，时刻在良知之光的照耀下而无一毫偏倚；而常人由于习心的遮蔽，不能觉悟到自己的心之本体就是至善的天理，所以在意念上教为善、去恶的工夫。良知落实到现实人性层面，常人由于人欲、私意的遮蔽，欲为之蔽，习为之害，无法觉悟到先天良知。对于利根之人，一悟本体即良知，皎如明镜，毫无纤翳遮蔽，其言行举止皆为顺其天理之发动；对于根性较差或是受物欲影响的人，其心之本体被遮蔽，其已发就会有过或不及的地方。阳明明确人人具有心之本体，但在现实中由于受物欲的遮蔽，心之本体并不能时刻保持中和的状态，所以必须经得一番事上磨炼，致良知的工夫，养得心体有未发之中，从而点明了为学的必要性。

在阳明思想中意念与良知是不同的。根据阳明体用一源的思想，即使是主体初萌未形的思虑不易发现，但是从已发行为中的不和就可以判断其未发有不中，且阳明认为圣人是时时刻刻、随时随地都能够使良知发见无碍，时时顺良知而行。譬如日光照物，是其本体合该如此，没有一毫意必固我参与其中，日光无意照物而无物不照，良知也是无时不在无时不明，良知本体即是廓

---

① 王阳明：《传习录注疏》，邓艾民注，上海古籍出版社 2015 年版，第 258 页。

然大公、物来顺应。所以阳明的未发之不中有两种意思。一是思虑未发时只能暂时地保持中,但是遇事又会中断,不能一直依循良知发用,此时的"中"是暂明暂灭的,不能时时刻刻全盘呈现良知,因此其不同于圣人超越内在的良知之"中",也可以说圣人的超越永恒的"中"比常人一时一事上暂明暂灭的"中"更高一层,常人的未发之中只是一种暂时的而非彻底的状态。二是指意念未发即未着相时。阳明认为人心中诚意与私意的区别,当有私意产生时,即二其心,此时已是不中。"'如好好色,如恶恶臭',安得非意? 曰:'却是诚意,不是私意。诚意只是循天理。虽是循天理,亦着不得一分意,故有所忿愤好乐则不得其正,须是廓然大公,方是心之本体。知此即知未发之中。'"①

王阳明一生戎马,居夷处困有着深刻的人生感悟,他已经认识到人生的真谛、心灵的本质就是扩充推至心中的良知天理得到浑然全体的实现。但是现实中的人心不仅包括作为心之本体的良知还有作为心之发用的意念,就是因为常人的心不是完全纯洁至善的良知,所以其在起念时的思虑就容易背离良知的方向。正如阳明批评其弟子将气定认中,单纯的气定只是通过静坐的方式将私欲杂念沉淀下来,使其处于一种隐而未发,没有表露的状态,但其欲念并没有从根子上清除,仍然不能随顺良知而发。这两种情况都是未发之不中。虽然常人有未发之不中的情况,但并不妨碍阳明提倡的未发之中人人具有命题的成立,良知本体的未发之中作为天理的体现是永恒超越的存在,只会被遮蔽永远不会消失,未发之不中的情况也并不是阳明良知思想体系的异化,而是其实践道德哲学的题中应有之义。阳明经常告诫人要认得自己的良知明白,显然他就是认为现实中有已发之不和。根据其体用一源的思想,良知本体显现为用,心中之理从隐微到明显的发见,"即体而言,用在体,即用而言,体在用"②,"知体之所以为用,则知用之所以为体者矣"③,二者是相资为用,互相成就。良知本体的未发之中是超越内在的,也是人们可以学以成圣的内在根基,但是对现实中未发之不中的情况更加强调现实道德修养的必要性。

三、致良知——统贯未发已发的修养工夫

儒学以成德为人生目的,其本体论的理论建设只有落实到现实的道德修

---

① 王守仁:《王阳明全集》,吴光等编校,上海古籍出版社 2017 年版,第 26 页。
② 王守仁:《王阳明全集》,吴光等编校,上海古籍出版社 2017 年版,第 28 页。
③ 王守仁:《王阳明全集》,吴光等编校,上海古籍出版社 2017 年版,第 127 页。

养才具有真正的意义。良知命题的提出贯穿阳明整个思想学说的核心内容。致良知是对所有人都有效的工夫，上自圣贤、天子，下至愚夫愚妇、贩夫走卒，都可以以致良知作为修身工夫。阳明赋予良知以超越的本体论意义，为工夫修养上致良知得以可能提供了本体论依据，能够切实致良知才是阳明哲学的最终目的，阳明的良知学说既是本体论又是工夫论，是其体用一源思想的灵活运用，即本体即工夫、工夫即本体。致良知作为一种现实的实践工夫修养，一方面要即用见体，消解一切私欲可能对良知造成的遮蔽，使良知在无蔽的状态下完美实现自身，从而彻底证悟良知本体；另一方面要依体起用，良知在人心中只是一种微弱的道德萌芽，要不断地扩充至溥博如渊，推至心中的良知于事事物物，则事事物物皆在良知本体的映照下成为天理的显现，从而真正地将良知之知转化为良知之行。

在阳明看来"未发之中，即良知也，无前后内外，而浑然一体者也"。[①] 王阳明反对以动静划分未发与已发。未发之中即良知，天理作为究极的存在是浑然一体无所谓前后内外之分，良知即是天理自然也没有内外之类的划分；只有对事从无到有的产生、运用可以说是有动、静，但良知不能分为有事、无事，自然也就无所谓动、静。阳明认为静动之间只有在未发之中和已发之和的意义上才存在着体用关系，心虽然可以分为体用，但不能以动静分体用，因为动静只是一种时间状态，只能区分不同的意识状态。"未发在已发之中，而已发之中，未尝别有未发者在；已发在未发之中，而未发之中，未尝别有已发者存，是未尝无动静，而不可以动静分者也。"[②]在工夫修养上，阳明在回答弟子和上用功还是中上用功时指出，"中和一也。内无所偏倚，少间发出，便自无乖戾。本体上如何用功？必就他发处，才著得力。致和便是致中。万物育，便是天地位"。[③] 阳明认为工夫修养就要在意识发见处用力，体用一源，和上用功，摒除私欲，无一毫留滞，即是复其本然之良知。阳明从体用一源的角度出发，认为未发之体与已发之用是不可分割的，二者是一而二，二而一的整体，未发之体发而为已发之用，已发之用昭明未发之体。良知恒在，即使是妄念发动的时候，以至背理乱常之极，人们依然潜存着是非之心，只是人们受气拘物蔽的影响，导致良知的这种能力没有办法完全展现出来，但是只要人们在一念之间觉察良知，就此一念下工夫，扫除物欲，扩充良知之明，自然就能够达到廓然大

① 王阳明：《传习录注疏》，邓艾民注，上海古籍出版社 2015 年版，第 132 页。
② 王阳明：《传习录注疏》，邓艾民注，上海古籍出版社 2015 年版，第 133 页。
③ 王守仁：《王阳明全集》，吴光等编校，上海古籍出版社 2017 年版，第 966 页。

公、物来顺应，这一念之明就是人心之一点灵明，乃阳明所说的入圣之机。良知并不是完完全全的宇宙根本法则，而是处于萌芽状态，是人心之一点灵明，只有通过扩充至极、推致于万物的修行工夫，使事事物物都统摄到人的良知之下，使道德理性得到扩充和发展，养的良知完全只是其本体，便自然学成圣人，所发莫非天理流行。良知愈思愈精明，愈发掘愈灵敏，今日良知在此有所感悟，便随今日所知扩充到底，明日又有所开悟，便随明日良知所知扩充将去，若不精思漫然随顺事物而行，良知便粗了，非其廓然大公。所以阳明的致良知工夫不仅无分未发已发，致和还是致中，而且还是活泼泼的、不间断的。所以王阳明强调内外一贯的修养工夫。

　　"戒慎""恐惧"出自《中庸》"戒慎乎其所不睹，恐惧乎其所不闻"①，强调个人道德修养要时时省察自己，特别是在不与外物相接，无所闻见的时候内心更应该注意人欲的干扰。王阳明在与弟子黄洛村讨论"独知"时认为独知是别人不知，只有自己知道的心理状态，并且指出"戒慎、恐惧"和"慎独"二者就是一种工夫，将"己所不知"和"己所独知"工夫打并为一。"只是一个工夫，无事时固是独知，有事时亦是独知。"②阳明认为"己所不知"是意念之未起或未发，但是良知恒在，无论心处于何种状态，良知朗照的作用永远存在，所以思虑虽未萌，但是良知在此也必自知其意念之未发，戒惧就不属于完全的未发。唐君毅先生评价阳明和朱子关于"慎独"工夫修养时道："此中朱子与阳明之异，乃在于朱子分己所不知和己所独知为二，是自意念之未发与方发上分。此意念之有未发与方发之分，阳明亦不能加以否认。阳明之进于此者，乃在言此意念之未发与方发，同为此良知之所知。此能知之良知，乃在此所知意念未发或方发之上一层。在下一层之所知上看为二者，在上一层之能知者上看，则统于一。而朱子则未进至此一义。故阳明与朱子于此只有毫厘之别。"③而且阳明认为戒惧、慎独都属于念虑，人心自朝至暮，都没有无念之时，人心自朝至暮没有绝对不动的时候。戒慎恐惧就是要保持心的昭明灵觉，保持良知的充塞流行，所以戒慎恐惧也即是致良知，戒慎恐惧工夫也不可分为动静，人心没有无念的时候，戒慎恐惧工夫也不能有一切停息，这样无论动或静、有事无事的时候都能达到动无不和，静无不中。

　　阳明反对朱熹在本体上心性二分造成的未发时居敬涵养已发是格物致知

---

　　① 朱熹：《四书章句集注》，中华书局 2011 年版，第 20 页。

　　② 王阳明：《传习录注疏》，邓艾民注，上海古籍出版社 2015 年版，第 79-80 页。

　　③ 唐君毅：《中国哲学原论·原教篇》，中国社会科学出版社 2006 年版，第 204 页。

的工夫修养论,倡导致良知,即求致吾心之良知,"以诚意为主,去用格物致知的工夫,即工夫始有下落,即为善去恶无非是诚意的事"①。致良知要以诚意为主,心中有主,工夫才不会出现偏差。阳明曾以行道来譬喻君子之学要以诚意为主,譬如大都是人们所要前往之地,如果不知道大都的具体位置,贸然前行,只是欲往而不是真往,所以阳明认为"诚意"是圣门教人用功第一义。在阳明思想中关于诚意问题有两种不同的意思。首先阳明认为"着实用意便是诚意"②,"着实用意"也就是不自欺,真实无妄,如好好色,如恶恶臭,就像我们发自内心的自然的喜爱美色、厌恶恶臭一样,完全依照自己的本心去做,阳明所说的"着实用意"还有另外一层意思即主一,主一并不是专心一致在某件事上,因为若对事而言,专心在读书上是主一,专心在好色、好货上也是主一,这些对声名利欲的追求显然有违儒家的伦理道德,所以阳明对其弟子陆澄强调主一是专主一个天理,着实去致其良知而无一毫意必固我,也即是"正心",如大臣格君心之非正其不正以归于正之意,"诚意"的第二种意思即是知善知恶并进而能为善去恶的知行合一之意。阳明在与弟子论为孝的时候区分了意与诚意,意是意欲温清、意欲奉养,而诚意则是意欲温清,并且采取实际行动让父母体验到冬温夏清;意欲奉养,在行动上便去奉养父母。知之并实致之才是诚意之功,诚意就是依照好善恶恶的良知本体而采取为善去恶的实际行动,也就是说这个意义上的诚意也即是行,这与阳明的知行合一思想是相贯通的。阳明提出知行合一思想的目的是打破世上知而不行和行而不知这两种弊端,若是真知自然会行,不行亦不可谓之真知。当然,阳明的知行合一思想不仅包括主观意识与外在行为之间的关系,也包括主观意识之内的知与行的关系,这一点也是阳明所特意强调的知行合一思想的宗旨,当人们接触一个事物的时候,不仅会认识到这个事物的好坏,并且在价值上对这个事物做了善恶、好坏的评价,意念上的知与行可以说是同时发生的,知就是行,行就是知,诚意也是合知行为一体的工夫。

阳明也以诚为心之本体,诚意就是致良知,诚就是工夫的最终追求,"诚字有以工夫说者:诚是心之本体,求复其本体,便是思诚的工夫。明道说'以诚敬存之',亦是此意。《大学》'欲正其心,先诚其意'"③。诚即真实无妄,是事物如是存在的天道法则。诚是心之本体,是人们心性修养所要达到的一个至善

---

① 王阳明:《传习录注疏》,邓艾民注,上海古籍出版社2015年版,第88页。
② 王阳明:《传习录注疏》,邓艾民注,上海古籍出版社2015年版,第78页。
③ 王守仁:《王阳明全集》,吴光等编校,上海古籍出版社2017年版,第31页。

境界，使人的行止语默都达到一种极致，立诚则是使心中有主从而复其心之本体的工夫修养的一个重要环节。阳明是从本体与工夫的角度来说诚。在阳明哲学思想中，心体至善，意念发动才有善恶的产生，正如阳明四句教所揭示的"无善无恶心之体，有善有恶意之动"①，所以道德修养就要先立诚，立诚在诚意。"意念之发，吾心之良知既知其为善矣，使其不能诚有以好之，而复背而去之，则是以善为恶，而自昧其知善之良知矣；意念之所发，吾之良知既知其为不善矣，使其不能诚有以恶之，而复蹈而为之，则是以恶为善，而自昧其知恶之良知矣。"②阳明将"诚意"与"致良知"看作一事，只有诚意才能真实地致良知之所真知。良知具有知善知恶的是非判断能力，意念有所发，良知即能够对此作出判断，若自知意念善恶之后不能好善恶恶，就是自昧其良知，只有意诚之后才能够真正地知善知恶继而才能为善去恶。有诚意达到诚的境界也即是致良知后良知本体的实现。

四、结语

心性问题是中国哲学中一个非常重要的问题，也是历代哲学家哲学思想的基础。王阳明作为明代心学思潮大盛的领军人物，其哲学思想是在人生实践基础上建立的心性本体论。他赋予良知概念更加丰富的内涵，使道德意识、道德实践的能力以及成圣的依据由外在的天理转化为内在的良知，只要致良知，求之以心之本体，人人皆可成圣。在阳明的哲学思想中，心性不再二分，并从体用一源的角度说明心性的未发已发问题，从本体看，心之本体即天理即是未发之中，其作为超越的本体存在是人人都具有的，但是从心之发用看，阳明立足现实的个体人心出发，从现实中确实存在的已发之不和的情况推出未发之不中，从心之发用的层面看现实人的未发之中就不同于本体上人的理想状态下的未发之中，从而引出了对未发之中的两种不同的解释，正是由于现实中有已发之不和与未发之不中的情况，才需要有贯穿未发已发思想的修养工夫论，从而强调工夫论的必要性。

---

① 王阳明：《传习录注疏》，邓艾民注，上海古籍出版社2015年版，第257页。
② 王守仁：《王阳明全集》，吴光等编校，上海古籍出版社2017年版，第802页。

工夫路径还是本体开显？

——基于对知行合一例证的考察

赖雅真 *

学界对知行合一命题的研究，重点关注其内涵，阳明论证此命题所用的例证既涉及道德实践又涉及经验认识，内容杂糅。学界从认识来源于实践的角度论述了这类经验认识类事例的有效性，但并未对道德实践与经验认识中的知行关系做进一步说明。[①]

从阳明对知行合一的论证来看，知、行概念虽然在道德实践与经验认识中具有不同内涵，但都是"知行本体"在实践中的展现。区别于宋儒的知行二分，知行合一命题基于阳明"心即理"的逻辑理路而来，在"心"作为形而上学本体的保证下，知行关系展现于主体自身的生存境遇中，在道德实践中展现为道德本心的自然流露，在经验认识中展现为主体与心念投射之物的存在关系。

一、良知在道德实践中的展开

知行合一的论证事例集中在《传习录（上）》徐爱所录内容与《答顾东桥书》中，其中道德实践类事例较多。就道德实践论知行，契合先秦以来儒家的道德

---

* 赖雅真，南京大学哲学系博士生。

① 如陈来在说明"食物之美味""道路之平坦"例证时指出："……王守仁的这些说法，作为认识来源的讨论，强调人的认识来源于实践，这是正确的。"（陈来：《宋明理学》，北京大学出版社 2020 年版，第 314 页）"从认识的意义说，知是行的主意……这个命题的合理性是十分明显的。"（陈来：《有无之境：王阳明哲学的精神》，北京大学出版社 2019 年版，第 94 页）杨国荣同样认为阳明"知行合一"在经验认识领域有重要意义，但经验认识领域的例证并不能服务于良知本体绝对无条件性的论证。（杨国荣：《心学之思——王阳明哲学的诠释》，生活·读书·新知三联书店 1997 年版，第 196 页）

传统,体现以自我德性修养为人格养成之必然要求。

以下是《传习录》首段论"知行本体":

> 爱因未会先生知行合一之训,与宗贤、惟贤往复辩论,未能决。以问于先生。先生曰:"试举看。"爱曰:"如今人尽有知得父当孝,兄当弟者,却不能孝,不能弟。便是知与行分明是两件"。先生曰:"此已被私欲隔断,不是知行的本体了。"①

徐爱以"孝""悌"在理论与实践上的二分询问阳明,阳明以"知行本体"回应,"知行本体"在此指知行合一。知行既是合一,又如何能够被"私欲隔断"分为两截?徐爱所言"知与行分明是两件"是宋儒所言"知行二分"吗?陈来认为宋儒的"真知"思想是阳明知行观的出发点。②"阳明使用'知行本体'代替真知行的意义在于,在这个说法下,'晓得当孝悌而不能孝悌'的人就不是知而不行,而根本上被认为是'未知',这个态度对于道德践履的要求就更严厉了。"③照此说法,知行合一与宋儒知行观并没有本质差别,只是在道德要求的程度上有所区别。而考察知行观的提出背景,这一说法未能尽合"知行合一"之义。

知行合一命题产生于阳明"悟格物致知之旨"后,也就是说,格竹式的"向事物求理"并非阳明"知"的方式,"知的意义仅指意识或主观形态的知"④,阳明正是在这个意义上认为知行本就不可分——"此不是小病痛,其来已非一日矣。某今说个知行合一,正是对病的药。又不是某凿空杜撰,知行本体,原是如此"⑤。从此处可知,"知行本体"与宋儒的"真知"之间的区别体现在知行关系是"应当"合一还是"本就"合一。宋儒肯定知行"应当"合一、真知必有真行与阳明知行本体之间仍存在理论差距。"应当"虽然从应然层面肯定了"合一"的关系,但知行毕竟分作两段,而"本就"则是在事实层面说二者合一,这里的知行关系呈现出本然与现实两种层次。在此借《与陆原静书》中相关内容进行说明:

> 若是知行本体,即是良知良能,虽在困勉之人,亦皆可谓之"生知

---

① 王守仁:《传习录(上)》,《王阳明全集》,上海古籍出版社 2014 年版,第 4 页。

② "他说'未有知而不行者,知而不行只是未知',就是把程朱关于'真知必有行,不行不足谓之知'的思想作为知行合一学说的一个起点。"陈来:《有无之境——王阳明哲学的精神》,北京大学出版社 2019 年版,第 88 页。

③ 陈来:《有无之境——王阳明哲学的精神》,北京大学出版社 2019 年版,第 89 页。

④ 陈来:《有无之境——王阳明哲学的精神》,北京大学出版社 2019 年版,第 88 页。

⑤ 王守仁:《传习录(上)》,《王阳明全集》,上海古籍出版社 2014 年版,第 5 页。

安行"矣。①

知行本体是"良知良能"，类似孟子"心"的概念，孟子以四端之心为人本有的善端，"人之所不学而能者，其良能也；所不虑而知者，其良知也。孩提之童，无不知爱其亲者；及其长也，无不知敬其兄也"（《孟子·尽心上》）。因此，上一段材料虽以徐爱提问知行二分为始，知行范畴却已在阳明的回应过程中转化为其心中的"知行本体"，"知行合一"从前提上就否定了徐爱提出的知行二分，表现为良知体用一体。以孟子"见孺子入井"为例，当下瞬间的行为即是良知自觉之发用，由此为孝悌实践提供了内在动力。然而，本心良知并非时刻清明，常因私欲夹杂而昏暗不显，由此造成现实中的知行二分。

综上，阳明知行合一并非仅在道德要求的程度上区别于宋儒，它关联本心良知，展现由本心良知开显的道德境界。阳明的"知"是本心良知，"行"是良知发用，知行关系展现为体用不离。"知行本体"的实质就是"知行合一"。但诸如欲望、偏好等"私欲"遮蔽这一道德本心，故而知行本体也可能失落为二分状态。

二、良知在经验认识中的展开

接上述"孝""悌"事例，阳明又举"好好色""恶恶臭"论证"知行合一"。

（一）对"好好色"的现象学方法解读

《传习录（下）》中阳明以"人但得好善如好好色，恶恶如恶恶臭，便是圣人"论述"诚意"，此处"好好色""恶恶臭"作为好善、恶恶的类比出现。"好好色""恶恶臭"作为人的自然反应，无需造作，阳明以此类比心体即良知若能随感而发，无一丝人欲之掺杂，便能做到"诚意"。张祥龙从现象学角度对知行合一作了深入分析，其中正是以"意诚"作为"知行合一"的要求。② 但《传习录（下）》的类比用法显然是从善恶的伦理角度论述诚意，而张祥龙的"意诚"更加突出"一种内在的、原发的认知模式"③。

---

① 王守仁：《传习录（中）》，《王阳明全集》，上海古籍出版社 2014 年版，第 78 页。

② "也就是说，只要我的内心自由自在地运作，或处在所谓'意诚'的状态中，不受外在欲望、目的、功利等控制的时候，就会自发地切中当下的事理。"参见张祥龙：《儒家心学及其意识依据》，商务印书馆 2019 年版，第 346 页。

③ 张祥龙：《儒家心学及其意识依据》，商务印书馆 2019 年版，第 346 页。

张祥龙从"好好色、恶恶臭"事例入手展开对阳明知行合一的解读。依据汉语叠字用法,他分析"好好色"中第一个"好(去声)"是动词,也即认知行为,第二个"好(上声)"是形容词,代表着一种价值。他强调了前后两个"好"字之间蕴含着"音"和"意"的一种游移,同一个字在动词和形容词、行为与价值之间游移,反映出其中不可分割的亲缘关系。

通过这种分析,张祥龙把"好好色"案例纳入了现象学"意向晕圈"的解释框架当中。"好"作为"喜欢"本身是一种行为,这种行为带有如好、恶的情感趋向。同时,这种"好与好""行为与价值"具有同时性,正是这种同时性反映出儒家伦理学与本体论相互交融的特点,这一道德观点具有真诚性、自发性、情境性和时机性四个特点。道德的自发性在阳明那里对应的是本体的心,在现象学中则对应着意向性主体;情境性反映了当下发生的现实情况,在阳明是"好好色"或"见孺子入井"当下显现的心,在现象学中则反映一个完整的意象结构的发生,是胡塞尔"生活世界"、海德格尔"在世存在";时机性体现在"知行"的"合一"状态中,在现象学则揭露了胡塞尔"意象性的内时间意识框架"以及海德格尔在世存在的"时间性结构"。事实上,较之胡塞尔,张祥龙本人更加倾向舍勒的价值理论。他认为,舍勒的"价值"与阳明"知行合一"中的"知"具有一种共同特性——既具有超出个人主观的客观性,同时又不是完全客观的;既蕴含于我的生存活动和意识活动,又参与了对于价值本身的构造。同时,他认为,舍勒因为打通了对象与价值,主张价值的构造不晚于甚至要先于对客体对象的构造,因此具有特殊意义。

这些分析确实触及了阳明知行合一的本质内容,并将对"知行合一"的关注重点从道德问题引向了更为本质的生存实践。因而不仅是道德实践,人的认识活动本身也成为人本真存在的一种展现。下面我们从现象学视角对我们的"生存视域"这一维度再作进一步探讨。

(二)"意"展现"心"与"物"的原发关系

历来争议多集中于阳明以"好好色""恶恶臭"、痛、饥、寒等事例论证"知行本体"。明末陈龙正曾作《知行有难一处》:

> 言"知行一"不如言"知能一",俗称"能"为"会",如"能歌"云"会歌"……"行"字则有时属心,有时属身,如知之未尝复行,又是属心处,掩鼻而过便是属身处。属心止是好恶,好恶与知觉可以言一;属

身便是运动，谓知觉与运动为一，即有未安。①

陈龙正认为，应该用"知能一"代替"知行一"。"行"既可以指心，也可以指身，知觉到却没有产生直接行为，称为"属心"，"掩鼻而过"既是行动，又是"属身"，属身的运动与知觉后的情绪合一并不恰当（"有未安"）。而若以"能"解，见好色，闻恶臭同属人的能力，"掩鼻而过"为能力的丧失，能力既丧失，则知觉也不曾发生。吴震也认为"阳明在此所使用的比喻性说法，并不严密"②。质疑围绕"知行"概念的使用展开，知、行概念的不明晰造成了理解障碍，针对这一问题，现象学方法对这类例证的发生过程能够给予更为清晰地说明。

"好色"作为"知"，与"好"的情感倾向不能二分，感官接触事物的瞬间自然产生一种情感倾向，在这个过程中"知"何为"好色"自然发生，同样"恶恶臭"也是如此。饥、寒、痛是当下我受到感官刺激的自然反应，对于三者的"知"经由自我体验所获得。

不可否认，这里确实涉及认识来源问题。所谓饥饿、寒冷、疼痛、好色、恶臭都在这一过程中上升为抽象概念，即基于经验获得对某事某物的客观认识。基于此，我们也可以认为这类论证涉及良知的另一层含义——感觉知觉，借由感官知觉，好色、恶臭、饥饿、寒冷的感受得以被主体获知。从认识来源上说，这一点类似于威廉·詹姆斯的"纯粹经验"。"所谓纯粹经验（Pure Experience）即是无智识底知识之经验。在有纯粹经验之际，经验者，对于所经验，只觉其是'如此'，而不知其是'什么'"。③ 纯粹经验并不能为所经验之内容找到"是什么"的对应关系，展现的是事实先于概念、知识。在强调这种"纯粹经验"的获得过程中，这一发生过程又区别于一般意义上概念化的认知，而意在表现原初性的、先于概念的个我体验。

但事实上，因为认识来源的过程展开仍然在认识主体与认识对象的关系框架下发生，其中过程性的强调仅仅体现为认识主体与客体发生的首次关联，强调经验的初次获得。因而，认识来源的说法也并未从根本上区别于知识论

---

① 陈龙正：《几亭外书》卷一，影印北京大学图书馆藏明崇祯刻本。

② "'见'应是动词，不应作名词的'知'字解。如此，阳明的上述比喻就失去了有效性。还有一种解释，'见'和'知'都是动词，'知'是指感觉知觉，此说也许符合阳明的愿意。但是仔细一想，还有问题。如果说'见好色'是知觉运动，那么这已然属于行为，而不能是知识。若是，则阳明的下一步推论则失去了根据。所以，阳明的这一比喻并不贴切。"吴震：《王阳明著述选评》，上海古籍出版社 2004 年版，第 92 页。

③ 冯友兰：《中国哲学与未来世界哲学》，北京出版社 2020 年版，第 80 页。

式的认知方式。

接下来我们尝试引入《答顾东桥书》中的经验例证以进一步说明。《答顾东桥书》写于嘉靖四年(1525)，邓艾民标注"此不见于《传习录(上)》，系晚年对'知行合一'说的深入阐发"，[1]据此而言，此处对"知行合一"的论述是阳明心学成熟后的表达。

> 既云……知食乃食等说，此尤明白易见。但吾子为近闻障蔽自不察耳。夫人必有欲食之心，然后知食，欲食之心即是意，即是行之始矣；食味之美恶，必待入口而后知，岂有不待入口而已先知食味之美恶者邪？必有欲行之心，然后知路，欲行之心即是意，即是行之始矣：路岐之险夷，必待身亲履历而后知，岂有不待身亲履历而已先知路岐之险夷者邪？知汤乃饮，知衣乃服，以此例之，皆无可疑。[2]

阳明友人认为，"知食乃食""知汤乃饮"应是先有是物，后有是事，事与物有先后，因而知与行不能无先后。此处的"知"是关于食物与汤的知识。在阳明的论证中，"欲食之心""欲行之心"作为"意"，已经是"行之始"，并由此引出"意"的问题。

"身之主宰便是心，心之所发便是意，意之本体便是知，意之所在便是物"[3]，该句是阳明对心、意、知、物四者关系的直接说明。张祥龙认为，王阳明说"意之所在便是物"，"理"与"物"都是"心之所发"的那个"意"所参与构造出来的，王阳明重视"诚意"，只要保持心诚的原发状态，对象与价值的意义就能够互相贯通，所以诚意就是格物，格物就是诚意。

相较于"好好色""恶恶臭""饥饿"之类偏重主观感受，"食物之美味""路岐之险夷"在我们看来更具备客观之"物"的特质，感受类的"知"强调主体的感知、知觉，后者的"知"更偏重由实践所得的客观认识。值得注意的是，阳明引入"意"并将其作为"行之始"，在事实上重构了"物"的概念，在"好好色""恶恶臭"的事例中"意"作为囊括"心"与"物"的一种发生结构还未凸显，而"食物之美味""路岐之险夷"，不仅将这种发生结构显现出来，并根据这一结构给予了"心"作为本体的地位，在此意义上，"心"与"知"同一，一者强调认识来源，一者强调经验行为。物本身不作为主客二元关系中的对象，概念化的知识也不存

---

① 王阳明：《传习录注疏》，邓艾民注，上海古籍出版社 2015 年版，第 95 页。
② 王守仁：《传习录(中)》，《王阳明全集》，上海古籍出版社 2014 年版，第 47 页。
③ 王守仁：《传习录(上)》，《王阳明全集》，上海古籍出版社 2014 年版，第 6 页。

在于物之中。"意"作为沟通心与物的桥梁，体现自我主观意识的作用，也即为意欲、意念或行为的倾向。同时"行之始"说明"意"不直接等同于"行"，而是作为过程的"行"开始或发生的条件。有"欲食之心"而后知食，有"欲行之心"而后知路，知的获得在于主体产生的行的冲动，也即类似现象学所言的意向行为。因此阳明这里强调的不是客观形态的行为实践，而是使行为实践得以可能的"意"本身。

综上，经验认识问题中的知行合一不是知识论式的理论说明，并不表明实践出真知，也并不仅仅在强调经验知识的来源上区别于宋儒知行二分，而是知行本身的发生过程即展现为主体的意向行为，而"知"为良知，是具有存在论意义的"虚灵明觉"的"心"，通过此心，对象物照见于主体，展现为主体自身与作为感官对象之间的原发关系。

三、格"物"诚"意"——从"真知真行"到"本心良知"

考察阳明知行说提出的背景可知，心即理、知行合一是在对宋儒"格物致知"论的反思过程中逐渐形成的，从早年"格竹"到后来的"龙场悟道"，对朱子学术"向外求理"的质疑贯穿了阳明的思想发展过程。

（一）道德本心与经验主体的合一

阳明论知行是道德本心与经验主体的合一。

其一，就"良知"为道德实践所需层面，以道德本心为"知"，以良知的实现为"行"，以知行合一为"本体"，以"二分"为主体出于"私欲"不能实其心之所发而产生的本体失落之现象，从本然层面肯定"知行合一"，"行"是在先天之"知"的保证下主体在道德实践领域的本然展现，是道德本体的作用流行。

其二，就良知展现自我与世界的原发关系层面，"行"为感官系统受外来刺激作用的过程，也可指涉自觉产生的情感倾向（如"好好色"中的"好"）。"知"是经由感受过程对某物（如饥、痛、冷、好色）的切实了解。这类"随感而发"并有所"知"的过程面向经验世界，虽以自我感受为架构，但所感对象、获知的来源都属经验中事。在这个意义上，"知""行"有些类似宋儒以"知"为对某物认识之"知"，实践过程之为"行"的内容，区别在于，阳明的"知"是经由"随感而发"的当下之知，是基于主体原初感受的真切的知，相应的"行"也是由主体自身所发，而不限于可被观察的行为动作的产生，例如意念、行为倾向等心理活动都可称为"行"，而宋儒对知行概念有严格区分，"知"更多被认为是独立于主体而为事物所具有,因而"知"的来源具有多样性,书本所知、他人授予、自身实践等都可以带来"知"。

阳明还引入"意"论证"知行合一",以"意"为"行之始",为主体的心念投射,所接为物,作为沟通心物的桥梁和知行合一得以实现的条件。在这一过程中,"行之始"作为"意欲",是混杂情感与行为倾向的复杂概念,是行为得以实现的可能性所在。因此,与知行过程的"随感而发"相似,以"意"作为"行之始"的知行论证中,"知"都内涵为对某物的"真切"的知。这里的"某物"虽然在事例中展现为对具体的客观事物的认识,它不仅限于客观之物,还包括非具体形态的对象,如某段回忆的展现之类也可作为一物存在,实际上,阳明以"意"为"知行合一"论证中沟通心物的重要中介,虽涉及主体与经验事物之关系,但论证的真正中心仍在于主体的心念投射,也即联结心物关系的可能性条件。

其三,就知行本体在两类事例中的共同特征而言,无论是道德实践还是生活实践,良知本心不仅仅具有伦理内容,知行合一论证的合理性本身建立在"心"这一被赋予形而上学意义的特殊语境下,心既是良知本心,也是日用经验之心,毋宁说社会生活本身也包含伦常实践当中。

不可否认,知行概念的复杂性是造成理解障碍的重要原因,尤其在经验认识中。对于某物的真切的知虽然是从主体的原发经验入手,但很容易将之引向纯粹的认识论问题。同时,在对经验事例的说明上,阳明以"知"为真切的知,却并未说明其与道德实践中良知之知的关系,虽都是对于"知行本体"的论述,但经验认识与道德实践中知行概念的相关性却并未得到清晰说明。这一方面与"言难尽意"的语言局限性有关,另一方面也与中国哲学自身强调随机教化的特质相关。

(二)工夫修养与本体明觉的分歧

通常认为,阳明的"知行合一"与宋儒的"真知""真行"的说法具有相似性,后者的"知"来源于外在之物自身。例如在道德实践中,"知"意味着对"何为善,何为不善,何为有道德的人"等问题的了解,在此基础上使行为符合道德标准,知行实现过程体现为"由知识化修养"。但这一转化能否实现或如何实现,宋儒并未给予更有力的证明。由此,也为心学提供了思考的方向。阳明以"本心良知"为"知","知"内在本有,实践行为的展现是良知的自觉发用,由此为实践行为提供了内在的根源和动力。在这个意义上,阳明以"知行本体"论述知行关系,转"外在的知"为"内在本有的知",为道德实践提供了更为坚实的基础。

在认识问题上,朱熹的"外在求理"更易为常人接受,求理过程体现为对事物的客观认识。朱熹认为,事物禀受同一个理,经由认识事物的分殊之理可以通达这最高的"天理"。朱熹"求理于事事物物"是求对事物之"理"的认识,但求"理"的第一步却以肯定外在事物有"理"为基础。如朱熹主张"礼者,理也",对礼的条目、节文的认识虽然是具有伦理意义的活动,但诸如丧礼、祭礼应当遵循的规则也在这一过程中被作为客观存在的知识被接受。但阳明的知行论证以"心"为基础,心体既为一道德本心,也为一感应心、知觉心,可随感而发,虚而应万物,在主体的感受过程中获得真切的认识,这一过程的展开是本心的开显,是心体诚明下对事物的关照,是自上而下的本体观照。

朱熹、阳明在知行关系上的不同侧重实则基于双方对于最高范畴"理"的认识差异。简言之,理是内在于人心还是外在于人心,在知行关系中这一区别则具体表现为"知"是某一种外在于人的据"理"之存在还是本体之良知。《传习录上》行孝悌才可称知孝悌;《答顾东桥书》中引"夫物理不外于吾心,外吾心而求物理,无物理矣。遗物理而求吾心,吾心又何物邪?……外心以求理,此知行所以为二也。求理于吾心,此圣门'知行合一'之教,吾子又何疑乎?"①阳明求之于心,"知"是良知,是孟子"知是知非",因而能自觉给出主体实践道德的直接动力,使知行在实践领域借由良知本体的保证而合一,同时,以主体当下的感受为认识之基础,以由心所发动的"意"联结自我与他物,突出表现了自我的主体性地位;朱熹分"人心""物理",心虽具众理,但还需要求理于外来启发心中之理,故而在知行问题上表现出认识论倾向,是"化知识为修养""自明而诚"的工夫路径。而阳明知行合一是在"心即理"框架下,先立本体之心,是本心良知在道德与认识实践中的展开,是由诚而明的本体明觉。

四、结语

阳明的知行观建立在反思现实存在的知行二分基础上,在对道德实践和经验问题"知行本体"的阐发中,形成了区别于宋儒的独特的知行观。以道德实践观之,道德本心为"知",本心的发用为"行",充分说明了道德实践是自诚其意、发明本心的过程,"知行本体"展现为本心良知开显之道德境界;以认识实践观之,"知"是主体自身的原发经验,"知行本体"呈现"虚灵明觉"之心与意

---

① 王守仁:《传习录(中)》,《王阳明全集》,上海古籍出版社2014年版,第48页。

向投射之"世界"的存在关系，展现了主体自身的生存境界。事实上，知行合一或知行本体始终是基于"心即理"而来，是以心体之诚明言说日用伦常的生活实践，既是"发明本心"之境界开显，也是"直指本心"于日用之间的工夫修养。因此，"经验认识"不仅是为了说明认识来源，澄清认识对象之理，而更重要的是于本质中展现为良知本体开显下的生存活动本身。

进一步说，阳明以"心"为体，以"意"作为"行之始"，联结自我与意识投射对象，以主体的经验认识活动为根据，从价值论层面肯定了万物之存在，并由此突出"我"之主体性存在。"知行合一"并不处理独立于知行过程或已经成为某种定理或准则的客观知识，而是将主体作为给出意义世界的中心，如"山中观花"，"你未看此花时，此花与汝心同归于寂。你来看此花时，则此花颜色一时明白起来。便知此花不在你的心外"①。事实上，阳明以"心"为基础，建构出了一个意义世界，并以此凸显作为行为意识的主宰——良知的主体性地位，"知行合一"也展现出与传统知行观的差异。因此，阳明的知行合一本质上不是以知识论方式讨论认识之可能与来源，并以之化为修养的条件，而是借由良知本体开显出主体自身的生存实践。在这个意义上，生存活动本身即是自身存在的意义源头。

知行合一基于对现实的反思而来，李承贵总结知行合一对治"外心求理""沉湎经书""言行不一""轻忽念头"与"冥行虚知"的五种病症，具有强烈的现实关怀精神。② 阳明教人"直指本心""自诚其意"，以良知本体开显之境界言人之生存活动，并由此赋予人以存在价值，这一创造性诠释，同样对当代身处不同价值观念的人的个人选择与发展提供了借鉴。

---

① 王守仁：《传习录（下）》，《王阳明全集》，上海古籍出版社 2014 年版，第 122 页。
② 李承贵：《王阳明"知行合一"论五种旨趣》，《天津社会科学》2021 年第 1 期，第 56-62 页。

"经学即心学"

——王阳明心学与其经学的互证与会通

钟　纯[*]

有明一代,经学虽式微,但并非就此萎靡,而是以心学的姿态仁立于学林。经学本是以儒家典籍作为研究对象的一门学问。广义上,对儒家经典进行训诂、注疏、章解、考据的学问,都可以视为经学,也即儒家经学的诠释传统。汉代是经学发展的顶峰时期,自汉以降,经学发展逐渐衰微。至清代,考据学兴起,似有回归汉代经学之势。因而,在狭义上,经学具体指的是训诂、考据之类的"小学"。不过,宋明时期的经学已经形成一种新形态的学问——道学。而作为道学的分支,心学亦可以从经学中寻找契理契机。也就是说,继陆九渊心学之后,阳明提出了"经学即心学"的观点,从而使心学与经学的辩证统一关系得以确立。进一步,追本溯源可知,心学是源于经学的。因为阳明所言"圣人之学,心学",其实质是"经学即心学"的变相表达,因而经学与心学的互动、会通都是在"经学即心学"的前提下进行的。

近些年,学界对阳明学的研究重点关注于阳明心学思想体系、阳明文化的海外传播以及阳明心学诠释学的建构,而忽视其经学与心学的辩证关系。尽管已有部分学者尝试从比较学、诠释学、方法论原则等角度对阳明经学进行了研究,有较为明显的西学诠释痕迹,致使传统儒学诠释进路被遮蔽,从而让阳明学自身的经学、心学底色模棱两可,似是而非,亦无法使二者关系被准确厘

＊　钟纯,南京大学哲学系博士生。

清。① 甚者，有学者以"鱼筌糟粕"之辩论阳明经学②，使得其经学过于单一，仍未说明阳明心学与经学有何种联系，二者又是如何互动、会通的。笔者尝试从心学与经学双向互动的视角，以儒学传统诠释法来考察阳明经学与心学的关系。

一、"以心释经"与"以经证心"："六经"与"吾心"的互证

"以心释经"与"以经证心"，是阳明心学诠释学最为突出的特色、亮点，反映了心经关系的双向互动。从方法论意义上言，即"我注六经，六经注我"。"经"的本义在发明本心，因而在阳明看来，读经、看经的目的就在于"致良知"，而非拘泥于对经的文义、注解。阳明的这种论断是建立在其"心即理"的基础上，来洞彻圣人的作经之意，强调人的道德主体价值与道德意识自觉。但在龙场悟道期间，阳明在没有经书的情况下，默记五经之言以证本心，以体悟"圣人之道，无性自足"的格物致知本旨。这为"以经证心"的解经模式拓展了新的空间。

（一）"以心释经"

"以心释经"是以心学为中心来阐释儒家经典。李承贵教授指出，阳明所谓"以心释经"是基于"心即理"之上的"心学解经模式"③。为了区别以往求索经书、文字训诂的解经，阳明的这种解经模式重点在于强调人的主体性与能动性。阳明在经典的解释中阐明心学的发明与成立，采用了化繁为简的方法使得"心之理"明朗、清晰，亦即以简易直接的方式来洞悟、体证圣人的作经之意，以期回归至经典之本身。

第一，"心即理"是阳明阐发"孔子删述六经，以明道"的理论根基，将圣人因忧世道文盛实衰而删述"六经"之意图置于人心上发明大义。阳明说："孔子述六经，惧繁文之乱天下，惟简之而不得，使天下务去其文以求其实，非以文教

---

① 蒋国保、阎秀芝：《王阳明经学思想散论》，《浙江社会科学》2015 年第 10 期；陆永胜：《以心释经与明心立经——王阳明的经学观》，《浙江社会科学》2018 年第 4 期。

② 李明友：《"得鱼而忘筌，醪尽而糟粕弃之"——再论王阳明的经学观》，《中共宁波市委党校学报》2006 年第 3 期。

③ 李承贵：《心理学视域中的王阳明心学研究》，《学术界》2021 年第 6 期。

之也。"①世道衰微的根本原因在于"虚文胜而实文衰"。因此,在阳明看来,
"六经"不仅是实文,而且是简易的实文。阳明说:

> 天下之大乱,由虚文胜而实行衰也。使道明于天下,则六经不必
> 述。删述六经,孔子不得已也。自伏羲画卦,至于文王、周公,其间言
> 易如连山、归藏之属,纷纷籍籍,不知其几,易道大乱。孔子以天下好
> 文之风日盛,知其说之将无纪极,于是取文王、周公之说而赞之,以为
> 惟此为得其宗。于是纷纷之说尽废,而天下之言易者始一。②

阳明认为孔子删述"六经"的根本原因是:"虚盛实衰"的文风。这集中体
现在"美其言辞"的拟经著述上。显然,阳明在借古讽今,提倡去繁就简以回归
于圣人作经之意。

对于孔子删述六经。阳明认为,这是孔子不得已的行为,并且认为"圣人
只要删去繁闻",并不增添其他内容。阳明说:

> 书、诗、礼、乐、春秋皆然。书自典、谟以后,诗自二南以降,如九
> 丘、八索,一切淫哇逸荡之词,盖不知其几千百篇;礼、乐之名物度数,
> 至是亦不可胜穷。孔子皆删削而述正之,然后其说始废。③

孔子所删述"六经"仍是先秦留下来的经文,并未有自己的发明创造。因
此,在阳明看来,孔子删述"六经"之举动,实际上是在治"繁文之乱",以追求简
约之风。但是,后世儒者多有附会"六经"之意,已非孔门旧本"六经",导致繁
文胜而实文衰,天下之文益乱,这是阳明所要批评的。

第二,从"六经"与"吾心"的关系中,阳明主张以"吾心"之实行来体证"六
经"之意,批判了以考索、文义、训诂解经之风,强调了人解经的主体价值。读
六经的目的,不仅仅是对其章解,知其义,而是要知其所以然,也即"六经注我"
的心之理,要发挥"吾心"的道德主体能动性和觉悟性。阳明指出:"六经者,吾
心之记籍也,而六经之实则具于吾心,犹之产业库藏之实积,种种色色,具存于
其家。其记籍者,特名状数目而已。而世之学者,不知求六经之实于吾心,而
徒考索于影响之间,牵制于文义之末,硁硁然以为是六经矣。"④在阳明看来,

① 王守仁:《王阳明全集》,吴光等编校,上海古籍出版社 1992 年版,第 8 页。(以下仅标书名、卷
数及页码)。

② 《王阳明全集》卷一《传习录(上)》,第 7-8 页。

③ 《王阳明全集》卷一《传习录(上)》,第 8 页。

④ 《王阳明全集》卷七《稽山书院尊经阁记》,第 255 页。

"六经"是"吾心"的典籍、簿书，其实际内容指向的是"吾心"。"六经"所记载的真实文义都是在简洁地解释、说明"吾心"，即与"吾心"相印证，而非徒劳无功地在著述上求索。

无破不立。对于"六经"而言，阳明"破"的是"乱经""侮经""贼经"的行为；"立"的是"尊经"行为。阳明指出其时经学的流弊，并批判社会不良的解经之风："尚功利，崇邪说，是谓乱经；习训诂，传记诵，没溺于浅闻小见，以涂天下之耳目，是谓侮经；侈淫辞，竞诡辩，饰奸心盗行，逐世垄断，而自以为通经，是谓贼经。若是者，是并其所谓记籍者而割裂弃毁之矣，宁复知所以为尊经也乎！"[①]"六经"不明于当世，并非一时之功，而是由崇尚功利邪说的"乱经"行为、传习训诂记诵的"侮经"行为、追逐淫辞诡辩的"贼经"行为等多种不正当的读经、解经的方式所造成的。这些解经方式既无益于"圣人述六经，只是要正人心"[②]的目标，又助长了不切实际、虚胜实衰的文风。

如何"尊六经"？去繁就简，回归圣人原旨。圣人述"六经"的经义是微言大义，例如，孔子作《春秋》实质上是"正名"。心正则名正，故根本在于"正心"。但后世却出现了各种解释《春秋》的"传"，以至于《春秋》之大义不明，成为"歇后谜语"，需要人去猜测揣度《春秋经》到底是何意。所以，阳明指出，"凡看经书，要在致吾之良知"[③]，在阳明看来，"六经"本是"吾心"的典籍文献，其实质内容是解释证明"吾心"，其目的在于"正人心"。说到底，阳明解释"六经"都指向心学，并提出"六经"即"吾心"，"尊经即尊心"的经学观。可见，阳明对"六经"的理解都是采用"心学解经"诠释进路。也即：良知即心体，因而看经书的目的在于让遮蔽不见的良知之心呈现，不能拘泥于文义。

（二）"以经证心"

"龙场悟道"是阳明早期初入佛老而形成自己心学思想体系的重要标志，是阳明学术思想的重要转向。在居夷处困期间，阳明著《五经臆说》以阐明心与经关系。对此，关于阳明到底是"以心释经"还是"以经证心"学界莫衷一是，众说纷纭。笔者以为，二者在《五经臆说》一文中都有体现，但更侧重后者。因为，阳明在体悟"圣人之道，吾性自足"后，说了"乃以默记五经之言证之，莫不

---

①　《王阳明全集》卷七《稽山书院尊经阁记》，第255页。

②　《王阳明全集》卷一《传习录（上）》，第9页。

③　《王阳明全集》卷六《答季明德》，第214页。

吻合,因《五经臆说》"。① 因被贬贵州无法携带经书,阳明所默记五经里面的内容无不印证了自己的本心,所以"以经证心"更为贴切阳明诠释经典的本意。

第一,"以经证心"的前奏之音。这与阳明所著《五经臆说》相关联。正德元年(1506),阳明 37 岁,因上疏营救言官戴铣等人而得罪刘瑾,贬谪于贵州龙场。龙场的自然环境恶劣,万山丛林,毒蛇出没,瘴气弥漫,且他与当地人言语不通。但是阳明结合自己的遭遇,日夜反省,终于领悟到"圣人之道,吾性自足,向之求理于事物者误也"②。"龙场悟道"是阳明反叛朱子"格物"的总结,亦是确证"心即理"的根本。谪居龙场两年后,阳明作《五经臆说》四十六卷。阳明在《五经臆说序》中曰:"夫说凡四十六卷,《经》各十,而《礼》之说尚多缺,仅六卷云。"③此后,阳明自觉其学日益精,工夫益简易,于是将其手稿烧毁不复示人,只提"致良知"之学。弟子钱德洪在《年谱》中记载:

> 师居龙场,学得所悟,证诸五经,觉先儒训释未尽,乃随所记忆,为之疏解。阅十有九月,五经略遍,命曰臆说。既后自觉学益精,工夫益简易,故不复出以示人。洪尝乘间以请。师笑曰:"付秦火久矣。"洪请问。师曰:"只致良知,虽千经万典,异端曲学,如执权衡,天下轻重莫逃焉,更不必支分句析,以知解接人也。"后执师丧,偶于废稿中得此数条。④

"默记旧所读书而录之。意有所得,辄为之训释。期有七月而《五经》之旨略遍,名之曰《臆说》"⑤。"臆说"是以己之意来揣度圣人作经之意,因而阳明认为此说大可不必合于圣贤之意,仅作为抒发己见,以娱情养性。

第二,"以经证心"是体证心之道。心之道,是阳明"心即理"⑥的说法。相比宋儒"性即理"而言,"心即理"是理在内心,无需外求,即从心上体悟"格物致知"而来。换言之,心之道是阳明抵达龙场后,彻夜反思,最终领悟"格物致知"之旨的结果。据钱德洪编撰的《年谱一》记载:

---

① 《王阳明全集》卷三十三《年谱(一)》,第 1228 页。
② 《王阳明全集》卷三十三《年谱(一)》,第 1228 页。
③ 《王阳明全集》卷二十二《五经臆说序》,第 876 页。
④ 《王阳明全集》卷二十六《五经臆说十三条》,第 976 页。
⑤ 《王阳明全集》卷二十二《五经臆说序》,第 876 页。
⑥ 关于"心即理"的义理阐释,可参见李承贵:《"心即理"的构造与运行》,《学术界》2020 年第 8 期;《"心即理"的效应——兼及"心即理"的意识形态特性》,《社会科学研究》2021 年第 3 期;《"心即理"的奥义》,《社会科学战线》2021 年第 10 期。

> 忽中夜大悟格物致知之旨，寤寐中若有人语之者，不觉呼跃，从
> 者皆惊。始知圣人之道，吾性自足，向之求理于事物者误也。①

阳明所体悟"格物致知"之旨，不再是宋儒所谓向外求理的"格物致知"，而是向内求理，从"心"上作为学工夫，因为"圣人之道，吾性自足"，即"格物致知"之理本具于人之内心。若一味在事物上探究其理，仅仅得到只是"见闻之知"，不能得到"德性之知"。而"德性之知"是"良知"，是道德理性，亦是具足完满的。因而，获取"德性之知"，不是外在的"格物"，而是内在的"正心"。阳明将"格"训"正"："格者，正也，正其不正以归于正之谓也。"②可见，龙场悟道是阳明创立心学并与程朱理学分庭抗礼的分水岭。需要注意的是，阳明所悟"圣人之道"的源头还是《五经》，只不过他没有像以往的儒者那样以训诂、辞章来解经，而是以"吾心"来印证《五经》，来体证《五经》，从而达到"经心一体"的境界。看似以己臆附会圣人之意，殊不知却是促成新的解经之学的诞生，即"以经证心"。如何"以经证心"？阳明借助"鱼"与"筌"、"醨"与"糟粕"的关系来诠释"以经证心"，认为解经关键之处是要领会经义，并与"心"相印证，即心领神会。

> 得鱼而忘筌，醨尽而糟粕弃之。鱼醨之未得，而曰是筌与糟粕
> 也，鱼与醨终不可得矣。五经，圣人之学具焉。然自其已闻者而言
> 之，其于道也，亦筌与糟粕耳。窃尝怪夫世之儒者求鱼于筌，而谓糟
> 粕之为醨也。夫谓糟粕之为醨，犹近也，糟粕之中而醨存。求鱼于
> 筌，则筌与鱼远矣。③

"得鱼忘筌"语出《庄子·外物》："筌者所以在鱼，得鱼而忘筌；言者所以在意，得意而忘言。"筌，捕鱼的工具，即得到鱼而忘了捕鱼的工具。糟粕，是除去酒醨的工具，醨糟除尽而抛弃糟粕。二者所反映的是目的与手段、对象与工具的关系。在阳明看来，工具本是实现目的的手段或途径，但过于依赖工具反而目的难以实现，即被工具奴化。正如"圣人之学"要靠学"五经"来体悟，但学"五经"来获取"圣人之学"又难以实现。阳明认为，"五经"与"圣人之学"无所谓工具与目的、途径与结果、方法与效果，而是要"得其心"，若"不得其心，以为是亦筌与糟粕也，从而求鱼与醨焉，则失之矣"。④

---

① 《王阳明全集》卷三十三《年谱一》，第 1228 页。
② 《王阳明全集》卷二十六《大学问》，第 972 页。
③ 《王阳明全集》卷二十二《五经臆说序》，第 876 页。
④ 《王阳明全集》卷二十二《五经臆说序》，第 876 页。

综上所述，自龙场悟道后，阳明"致良知"学说更加简易。老子说："为学日益，为道日损，损之又损，以至于无为。"(《道德经·第四十八章》)阳明的简易之道与老子的"无为之道"极其地相似，不过这里的"无为之道"是指削减烦琐的辞章训诂对经文的"支分句析"，回归到简易的为学工夫，即心学。"五经，圣人之学具焉"①。圣人之学本是心学，亦囊括"五经"，但是"自程、朱诸大儒没而师友之道遂亡。六经分裂于训诂，支离芜蔓于辞章业举之习，圣学几于息矣"②。因而，阳明担忧其所著《五经臆说》亦使"圣学几于息"，故将其付于秦火。事实上，这与阳明在讨论孔子删述"六经"，以实现"去繁就简"之目的，具有高度的一致性。这也反映阳明心学简易的文风。简易到什么程度？依阳明之见，世间学问千万，只需致吾心之良知，即"致良知"。

二、"经学即心学"：由经明心与经心会通

从"以心释经"与"以经证心"的双向互证中，可以将阳明所论及心与经的关系，提炼为"经学即心学"。前文已从方法论意义上，为此观点提供了可行性的论证。那么如何对此观点进行可操作性的分析？这便要从"由经明心"和"经心会通"的路径入手。前者是"经学即心学"的动态过程；后者是"经学即心学"的理论境界。接下来作分析论证。

（一）由经明心

经本常道。在阳明看来，心之道亦是心之常理、常道。若欲得心道，需由经入手。所以，经的目的在于"明道"，也即明心，发明本心。嘉靖三年(1524)，阳明54岁，在浙江绍兴讲学。其时，出任绍兴知府的南大吉(1487—1541，字元善，陕西渭南人)，修复扩建稽山书院，并创建尊经阁，续刻《传习录》，以兴讲学论道之风。阳明应弟子南大吉之邀，为稽山书院尊经阁作记。记文作成之后，阳明将《稽山书院尊经阁记》寄给挚友湛若水看，欲与他共倡"尊经"之学。但遗憾的是，湛若水并未领会阳明作《尊经阁记》的用意。在"记"中，阳明重申了"六经"与"心"的关系，认为"六经"是"吾心"的恒常不变之道。

> 经，常道也……以言其阴阳消息之行焉，则谓之易；以言其纪纲
> 政事之施焉，则谓之书；以言其歌咏性情之发焉，则谓之诗；以言其条

---

① 《王阳明全集》卷二十二《五经臆说序》，第876页。
② 《王阳明全集》卷七《别三子序》，第226页。

理节文之著焉,则谓之礼;以言其欣喜和平之生焉,则谓之乐;以言其诚伪邪正之辩焉,则谓之春秋。是阴阳消息之行也,以至于诚伪邪正之辩也,一也。皆所谓心也,性也,命也。通人物,达四海,塞天地,亘古今,无有乎弗具,无有乎弗同,无有乎或变者也,夫是之谓六经。六经者非他,吾心之常道也。①

由"常道"到"吾心"的逻辑论证,这是典型的循环解释论证,即"经—心—经"的诠释模式。阳明先提出"经是常道"的观点,再分析"六经"作为"常道"的具体内容,而将"经"的内容统一于道中,最后再与"心"产生关联。正是此种循环解释论证,但其根本内容是"经是常道"。这是历来注家对此的共识。例如,朱熹注曰:"经,常也,万世不易之常道也。"②阳明亦不例外,亦将经视为常道,并且在此基础上统合了儒家的心、性、命,并将心、性、命统一于"道"中,以经典的方式呈现。而关于"六经"与"吾心"的关系,阳明认为心即道,明心即明道。具言之,所谓"常道"是《易》之阴阳、消息、进退、增减的变化;《诗》之"歌咏性情"的表达,《书》之"纪纲政事"的实施,《礼》之"条理节文"的标准,《乐》之"欣喜和平"的产生,《春秋》之"诚伪邪正"的辨别,这些"常道"都是记载着"吾心"的不同内容。而相对于"六经"(物)而言,阳明更加重视"以心观物"的思维模式。如此,才能借助"六经"之外壳,以成就"良知"之内核,即"六经"服务于心学,为解释心学提供文本依据,为领悟"致良知"的圣域提供工具意义上的方法论。虽然阳明论"六经"仍是心学的诠释进路,但其终极旨趣却是"以经明心"。即是如何通过"六经"来呈现其"心即理"的义理,亦即如何将人所具足之良知呈现,解蔽人欲之私的障碍。在阳明的解经系统中,"六经"的诠释价值始终指向良知本心,这种"以经明心"的目的论在于以经心关系为核心来建构阳明心学思想体系。

(二)经心会通

作为儒家经典文本,《大学》是儒家政治哲学的重要理论依据。南宋朱熹将《大学》并入"四书"当中,随后成为科举入仕的必要书目,其经学地位和价值不言而喻。直到元明时期,由于统治集团采用经学取仕,颁布《四书五经大全》,《大学》作为其中之一,其经学价值更是有了明显的提升。阳明心学学说是围绕《大学》而谈,故而《大学》便是阳明作为"经心会通"的重要面向。

---

① 《王阳明全集》卷七《稽山书院尊经阁记》,第254-255页。
② 朱熹:《四书章句集注》,中华书局1983年版,第376页。

第一，阳明对《大学》极其重视，主张恢复《大学》古本。徐爱为《传习录（上）》作序开篇就提到："先生于《大学》'格物'诸说，悉以旧本为正，盖先儒所谓'误本'者也。"《大学》是阳明论学的主要文本依据。但在考证《大学》文本之时，阳明不认同朱子所言古本大学存在脱文错简，亦不赞同他为"格物致知"作传，而是认为应当恢复古本大学的原貌。他说：

> 大学古本乃孔门相传旧本耳。朱子疑其有所脱误，而改正补缉之。在某则谓其本无脱误，悉从其旧而已矣。失在于过信孔子则有之，非故去朱子之分章而削其传也。夫学贵得之心。①

明代士大夫关于《大学》文本的讨论，不仅仅是限于其政教功用之上，而且将其作为自身理论建构的理论来源。但阳明却是在反对程朱理学权威，即质疑朱子对《大学》的经、传区分，并拟圣人之意补传的做法。在阳明看来，实际上，这已经改变了孔圣人之原旨。古本大学本就是圣人密授，学者不必过于相信孔子有脱误而妄加补正，亦不必以朱子"分章作传"为蓝本，即既不以孔子是非为是非，又不以朱子分经传为是非，而是从《大学》上求个心理，以"吾心"来印证《大学》，以"吾心"来诠释《大学》。

第二，徐爱再问"知止而后有定"，认为此"定"是朱子所言事事物物皆有定理，如"一草一木，皆涵至理"，与其师之学背道而驰。阳明回答："于事事物物上求至善，却是义外也。至善是心之本体。"②也就是说，朱子所谓"格物"是外求事物之理，难以达到"至善"之地。若想达到"至善"之地，应省察内心，反求诸己，即"至善只求诸心"③。这便是阳明"心即理"的立论之基。阳明所谓"求诸心"是内心应有的道理，如事父之孝、事君之忠、交友之信、治民之仁，"都只在此心，心即理也"④，天下岂又有心外之理，心外之物？若有父而不行孝父之事、有君不行忠君之事呢，阳明认为，这是"此心"被私欲所遮蔽，除去心的私欲，便是天理。说到底，阳明反对朱子在事物上求理，实质上他对"格物致知"的理解是从内心的角度，即"正人心"的角度。朱子训"格"为"至"；而阳明训"格"为"正"，即"格者，正也。正其不正，以归于正也"⑤。"格物致知"也即通

---

① 《王阳明全集》卷二《传习录（中）》，第75—76页。

② 《王阳明全集》卷一《传习录（上）》，第2页。

③ 《王阳明全集》卷一《传习录（上）》，第2页。

④ 《王阳明全集》卷一《传习录（上）》，第2页。

⑤ 《王阳明全集》卷二十六《大学问》，第972页。

过正心诚意以扩充自我良知。因此,"格物"的根本不再是外求于事物之理,而是"在内心上简易工夫"①。

第三,在讨论"格物"上,徐爱向其师请问"止至善"如何与"格物"相结合。阳明答曰:"格物是止至善之功,既知至善,即知格物矣。"②从工夫论上讲,"格物"是工夫,"至善"是本体,工夫所致,即是本体。所以,"止至善"与"格物"是通过工夫论来架起二者沟通的桥梁。徐爱虽闻阳明先生"格物之教",但他仍不明白、不清楚朱子训《尚书》之"精一"、《论语》之"博约"、《孟子》之"尽心知性"等明明都有了证据,却与先生之"格物说"不相吻合。阳明曰:

> 子夏笃信圣人,曾子反求诸己。笃信固亦是,然不如反求之切。今既不得于心,安可狃于旧闻,不求是当?就如朱子,亦尊信程子,至其不得于心处,亦何尝苟从?"精一""博约""尽心"本自与吾说吻合,但未之思耳。朱子格物之训,未免牵合附会,非其本旨。精是一之功,博是约之功。③

显然,阳明在批评朱子"格物说"是外求理于事物,不得于心,认为"精一""博约""尽心"本与"心体"相吻合,而不见经典之真义是因为未在良知、本心上流行发用之思。"良知流行发用之思"是领悟经典本旨的工夫。因此,朱子所谓格物之训对于解释经典仍不尽其真义在于"心体"不明。所以,阳明所论格物是从心上说的,"身之主宰便是心,心之所发便是意,意之本体便是知,意之所在便是物"④,心、意、知、物的根本在于"心"。从"心"扩充到"物"的逻辑进路上言,求事物之理应回到本心,即"心即理",如《中庸》之"不诚无物","诚"是"诚意之心"。

由上观之,阳明的"心即理"是建立在《大学》经典文本之上。通过与朱子训《大学》的比较,阳明对"格物"提出了不同看法。朱子重"格物致知",而阳明却重"诚意正心",并且明确指出,"《大学》之要,诚意而已"。⑤由"诚意"论"格物",阳明最终旨归于"心",从而经心会通。

---

① 钟纯:《王阳明"简易"工夫论发微》,《周易研究》2021 年第 2 期。
② 《王阳明全集》卷一《传习录(上)》,第 5 页。
③ 《王阳明全集》卷一《传习录(上)》,第 5 页。
④ 《王阳明全集》卷一《传习录(上)》,第 6 页。
⑤ 《王阳明全集》卷七《大学古本序》,第 242 页。

三、结语

王阳明一生推崇儒家经典,精通四书五经。尽管关于经学的传世著作并不多,但在《传习录》《五经臆说》中仍可以管窥其经学观。在《传习录》中,阳明与弟子讨论"孔子删述六经"时,对其时文风进行了批判,并指出文教不在于求索经书,著述解经,而在于化繁为简,回归圣人作经之意,明"正人心"之道。因而,阳明以"孔子删述六经以明道"作为言说对象,意在整顿"虚文胜而实行衰"的解经之风,主张"以心解经"以发明本心、良知,求得内心的安稳与充足,追求简易质朴、崇尚心悟之文风。阳明在与弟子徐爱讨论《大学》古本问题时,与其说阳明不赞同程朱之"格物穷理"之说,还不如说他在扬弃程朱于事事物物上寻求"理"的同时,亦发展了从内心求事物之理的"格物说",从而使得"格物说"在本质上发生改变。而在龙场悟道后,阳明经学与心学关系十分明显。其《五经臆说序》中,直接表明"以经证心"的态度,认为儒家"六经"是作为印证本心、良知的存在,为"吾心"服务。可见,阳明继承了陆学"六经注我"之文风,主张内求于心,去繁就简。如此一来,"以心解经"与"以经证心"便构成了经学与心学双向诠释方式,互证会通,你中有我,我中有你的关系。阳明这种解释传统,上承陆学,不依文字,发明本心,虽与禅学类似,但仍存在本质区别:禅学悟空,心学悟良知,因而仍不能将阳明心学归结为禅学之末流,而应注重其儒学心学的传承血脉。更不能以存在论诠释阳明的"良知",因为阳明的"良知"是在儒家经典诠释中发明其心学要义,离开经典,陷入形而上本体,则无法体会心学的诀要。因为阳明"良知"学说是在经学和心学互证会通中生成,具有儒家经学传统之特色,而强行注入西学解释学,恐怕有失其本。另外,相比于程朱理学从义理方面来治经,阳明强调心之外无学,"六经"是"吾心"的记籍,是阐释心之理。从这个意义上,阳明是对旧学程朱理学的突破,重新确立了心学的标准,为拯救明代理学日益凸现的流弊埋下了伏笔。因为,在阳明之前,程朱一派以官学立世,其治经、解经强调疏解著述,训诂辞章,过多的华丽辞藻反而遮蔽圣人作经之简易良知。阳明认为,经书的目的在于致吾心之良知,是为清晰、明确地呈现具足完满的"吾心"服务,这充分肯定了人的主体性和能动性,对解放思想具有重大的意义。

王阳明的"未发"与"已发"

——兼论与程朱一派的比较

闫　伟[*]

《礼记·中庸》有言:"喜怒哀乐之未发谓之中,发而皆中节谓之和。中也者,天下之大本;和也者,天下之达道。致中和,天地位焉,万物育焉。""中和"之说,虽始于《中庸》,却在宋明儒学中成为重要的讨论议题。对宋明儒家而言,"中和"思想的核心在于辨析"未发"与"已发"及其两者之间相互关系,涉及儒学心性论、境界论、工夫论等诸多方面。自程颐时起,以体用关系解释"未发""已发"成为儒者的常谈。

一

按照《中庸》的传统说法,"中和"之"中"是指情感未发作的心理状态,而"和"则是情感由内心发作于外的中节(和谐)状态。可见,"未发""已发"都与心有关,是内心情感的不同状态表现。程颐曾谓"凡言心者皆指已发而言",后来考虑到此语与《中庸》之"喜怒哀乐之未发谓之中"原义不合,故又云:"'凡言心者,指已发而言',此固未当。心一也,有指体而言者,有指用而言者,惟观其所见如何耳。"[①]述"中和"时,程颐说:"'喜怒哀乐之未发谓之中',中也者,言'寂然不动'者也……'发而皆中节谓之和',和也者,言'感而遂通'者也。"[②]在

---

* 闫伟,同济大学哲学系博士生。

① 程颢、程颐:《二程遗书》卷二《二程集》,王孝鱼点校,中华书局1981年版,第277页。

② 程颐、程颢:《二程遗书》卷二十五,王孝鱼点校,中华书局1981年版,第319页。

程颐看来,心有体用之分,心之体为"未发",是"寂然不动";心之用为"已发",是"感而遂通"。

受程颐的影响,其弟子杨时非常重视"未发之中",将"未发之中"与《尚书》中的"道心"视为一物。他说:"道心之微,非精一,其孰能执之?惟道心之微而验之于喜怒哀乐未发之际,则其义自见,非言论所及也。尧咨舜,舜命禹,三圣相授,惟'中'而已。"①又云:"学者当于喜怒哀乐未发之际以心体之,则中之义自见,执而勿失,无人欲之私焉,发必中节矣。"②杨龟山重于心之"未发",即心之体的一面。而曾受学于杨时的胡宏却认为"已发"为心,而"未发"为性。他说:"窃谓未发之可言性,已发乃可言心,故伊川曰'中者所以状性之体段',而不言状心之体段也。"③胡宏以"已发"为心,"未发"为性,故实质上是将心性看成是两个事物。由于先儒(程颐、杨时等人)皆以体用贯通"中和"学说,故胡宏又提出性为心之体,心为性之用的理论。其言:"圣人指明其体曰性,指明其用曰心。性不能不动,动则心矣。"④胡宏的这一思想与程颐早期所持观点类似,俱是将心看成"已发",这对朱熹早年的心性观影响颇大。朱熹早年深受胡宏学派的影响,将心视为"已发",而性则为"未发",实际上还是以性为体,以心为用。然而到了后期,朱熹提出"心统性情"说。所谓"心统性情",朱熹认为性为心之"未发",情为心之"已发"。朱熹曾说:"性是体,情是用,性情皆出于心,故心能统之。统如统兵之统,言有以主之也。"⑤至于心性情与"未发""已发"的关系,朱熹亦云:"性情一物,其所以分,只为未发已发之不同耳。若不以未发已发分之,则何者为性,何者为情耶?"⑥"情之未发者性也,是乃所谓中也,天下之大本也。性之已发者情也,其皆中节则所谓和也,天下之达道也。"⑦显然,朱熹认为性是"未发",情为"已发",而两者皆出于心,是一物的两个不同状态而已。朱熹综合前人思想,将"未发"与"已发"联系起来,是为"心统性情"。

从程颐到杨时、胡宏,再到朱熹,"中和"学说具有一脉相承的发展趋向。在这一思想脉络中,"已发"与"未发"之关系,不管是被界定为心与性,还是被认为是性与情,两者俱是立足于体用关系而言的。从体用的角度讨论"中和"

---

① 黄宗羲:《宋元学案》卷二十五,中华书局2013年版,第951页。
② 黄宗羲:《宋元学案》卷二十五,中华书局2013年版,第952页。
③ 胡宏:《与僧吉甫书第二首》,《胡宏集》,吴仁华点校,中华书局1987年版,第115页。
④ 胡宏:《知言疑义》,《胡宏集》,第336页。
⑤ 朱熹:《朱子语类》卷九十八,黎靖德编,王兴贤点校,中华书局1986年版,第2513页。
⑥ 朱熹:《答何叔京十八》,《朱文公文集》卷四十。
⑦ 朱熹:《太极说》,《朱文公全集》卷六十七。

之说,必然存在一个无法回避的矛盾:"未发"之"中"发而有不"和",则体用独自为二;若"未发"之"中"发而皆"和",则其用不明。① 为此,朱子之学的后辈学者罗钦顺就曾试图化解这一理论矛盾。罗钦顺说:"道心,性也;人心,情也。心一也,而两言之者,动静之分,体用之别也。"②罗钦顺提及《尚书》中的"道心"与"人心",主张人心为用,为"已发";道心为体,为"未发"。而朱熹早年原以为道心、人心都属于心,道心为"已发",故并未是"未发"之性。至于道心、人心与体用的关系,罗氏有云:"道心以体言,人心以用言,体用原不相离,如何分得?"③又言:"道心性也,性者道之体。人心情也,情者道之用。其体一而已矣。"④由此可见,罗钦顺与朱熹的不同在于他不支持朱熹将人心、道心并立,这是思想方法上的区别,而两人在伦理意义上(以道心为代表的道德理性主宰感性情欲)却是一致的。罗钦顺以"体用不分"来解释心(道心与人心)与性情,与他的一元论思想有关,这可看作罗氏化解以往"中和"学说的理论矛盾的一种方式。其实,除罗钦顺之外,王阳明从"体用一源"的原则出发,以"良知"论体用,以"致良知"论工夫,不但对"中和"问题涉及的体用、工夫给出了较好的解释,而且在义理架构上更加清晰直观。

二

　　王阳明之前的儒者对"中和"思想的理解基本上是将"未发"与"已发"看成是具有时间先后关系的两个不同阶段,即使是以体用通贯,但也还是分而论之。若以时间先后看待"未发之中"与"已发之和",则必有一个分隔,即"中"与"和"的分裂,就算贯以体用,也容易造成由体及用的先后感觉。所以,王阳明借用程颐"体用一源"的理念,将体与用、"未发"与"已发"、"中"与"和"、"性"与"情"联系起来,将其视为一体的两个方面。这样,"未发之中"与"已发之和"就不再具有时间上的先后,而是相互包含,互为一体了。
　　对于儒家传统的性情之说,阳明以一"良知"概念通贯之。首先,阳明指出"良知即是未发之中"。《传习录》云:"性无不善,故知无不良。良知即是未发

---

① 体相同而用不显,即忽视了现实存在"不和"的实际状况。
② 罗钦顺:《困知记》卷上,中华书局 2013 年版,第 1 页。
③ 罗钦顺:《答林次崖第二书》,《困知记》附录,第 158 页。
④ 罗钦顺:《答黄筠谿亚卿》,《困知记》附录,第 115 页。

之中,即是廓然大公,寂然不动之本体,人人之所同具者也。"①王阳明明确提出"良知"即"未发之中"。此外,在阳明看来,"良知"不仅是"未发之中",还是"已发之和"。阳明曾说:"未发在已发之中,而已发之中未尝别有未发者在;已发在未发之中,而未发之中未尝别有已发者存。"②"未发""已发"并非二物,不是"已发"之外别有"未发",而是如一物之隐现。"未发"是无形无相的一面,"冲漠无朕";"已发"是见诸形容的一面,"万象森然"。故《传习录》有云:"万象森然时亦冲漠无朕。冲漠无朕,即万象森然。冲漠无朕者,一之父;万象森然者,精之母。一中有精,精中有一。"③阳明之言,显然袭自程颐。伊川《二程遗书》之言,也是袭自佛门,盖主体用之论。佐藤一斋云:"心之本体,寂然不动,即冲漠无朕也。心之大用,感而遂通,即万物森然也。一中有精,本体工夫也。精中有一,工夫本体也。"④所谓本体合与工夫,即体用合一也。在阳明看来,"良知"贯通体用,自然也可与"已发之和"与"未发之中"联系起来。阳明曾说:"体即良知之体,用即良知之用,宁复有超然于体用之外者乎?"⑤阳明将"中"与"和"即"已发"与"未发"视为一体。既然"良知"即是"未发之中","已发"就是良知之发用。"未发"恒与"已发"同在,二者如一物之表里,"中"即是"和","和"即是"中"。"未发"与"已发"即"中""和"为一,是王阳明的新见,显然与程朱不同,因为"中和"为一个概念就意味着"已发"与"未发"没有了时间的先后顺序,没有了先后,也就没有了差别。

　　阳明以"良知"统"未发"与"已发","良知"即心之本体,故"良知"至善。然人之为恶的根源在哪里呢?阳明认为人之为恶在于行,其根源在于"已发"之不当。故言:"喜怒哀乐,本体自是中和的。才自家着些意思,便过不及,便是私。"⑥王阳明没有沿顺宋儒性善情恶的二分说,认为"已发"并非不是"良知","已发"也是"良知",人之为恶只是因为"发"的不够恰当。依阳明,"良知"不但是心之发用、流行的根源,还具有判断见闻、七情诸事的主动能力,是一切闻见、言行自然发而中节的内在掌舵者。《传习录》曰:"若主意头脑专以致良知为事,则凡多闻多见,莫非致良知之功。盖日用之间,见闻酬酢,虽千头万绪,

---

①　王守仁:《传习录》,《王阳明全集》,吴光等编校,上海古籍出版社2011年版,第71页。
②　王守仁:《传习录》,《王阳明全集》,吴光等编校,上海古籍出版社2011年版,第72页。
③　王守仁:《传习录》,《王阳明全集》,吴光等编校,上海古籍出版社2011年版,第28页。
④　陈荣捷:《王阳明〈传习录〉详注集评》,重庆出版社2017年版,第86页。
⑤　王守仁:《传习录》,《王阳明全集》,吴光等编校,上海古籍出版社2011年版,第71页。
⑥　王守仁:《传习录》,《王阳明全集》,吴光等编校,上海古籍出版社2011年版,第22页。

莫非良知之发用流行,除却见闻酬酢,亦无良知可致矣。"①一切发用之所以能中节,都在于其从"良知"发出,将一切行为表现都与"良知"联系起来,使人没有推诿的借口。同时,见闻、七情皆是"良知"妙用的说法表明世俗生活不但不是罪恶的,而且还是修养上进的好所在,这是纠正儒学修行走向禁欲主义,无疑有积极价值。阳明除了在"已发"层面论述人之为恶的缘由外,还从"未发"层面寻求。在阳明看来,"中""和"为一体,"已发""未发"亦为一体。所以,人之恶的根源一旦涉及"已发",那么,势必会与"未发"有关。

在阳明的思想体系中,似乎存在着这样一个矛盾点:"良知"实为"未发",也是"已发",两者随"良知"的至善而推至"未发之中"与"已发之和"。在论及人之为恶的一面时,阳明却又将"未发""已发"置于"不中""不和"的可能中。换言之,阳明在遇知其"中和"理论的矛盾之处时,又严格区分了"未发"与"中"。其言:"心不可以动静分体用,动静时也,即体而言用在体,即用而言体在用,是谓体用一源。若说静可以见体,动可以见用不妨。"②阳明之言,在于以"动静"与体用的关系说明"未发"与"中"的非必然性。依传统儒家(程朱及其阳明复陆澄之言),"未发"之"中"为体,"已发"之"和"为用,"未发"非动为静,而"已发"非静属动,一静一动方现体用之分。而依阳明回答薛侃的话来看③,静非心之体,动非心之用,动特指"已发"之"和",静专谓"未发"之"中"。且阳明在《〈传习录〉拾遗》中也说:"又思知寒觉暖,则知觉著在寒暖上,便是已发。所谓有知觉者,只是有此理,不曾著在事物,故还是静。"④阳明之言说明"已发"未必是动,而"未发"未必为静,故"未发"与"中"亦有差异。由此可知,静并非皆为体,同时亦可意味着"未发"并非全为"中"一样。所以,"未发"与"中"并非有必然的联系。此外,阳明不但区分了"未发"与"中",而且又强调了两种"中"的不同。"中"原指"未发"之状态,但阳明却析辨"中"的两种含义:性善之"中"与全体大用之"中"。在阳明看来,性善之"中"为人人具有,诚如"良知"一般,虽时时可见,但非其全体;而全体大用之"中"是指"中和"之境界,唯圣人所具,非常人所有。于此,在阳明思想体系中,虽有诸多方面的前后不合之处,但似乎也只是阳明为统合义理所求而已。

---

① 王守仁:《传习录》,《王阳明全集》,吴光等编校,上海古籍出版社 2011 年版,第 80-81 页。

② 王守仁:《传习录》,《王阳明全集》,吴光等编校,上海古籍出版社 2011 年版,第 36 页。

③ 《传习录》记载:侃问:"先儒以心之静为体,心之动为用,何如?"先生曰:"心不可以动静为体用,动静时也。即体而言用在体,即用而言体在用,是谓'体用一源'。若说静可以见其体,动可以见其用,却不妨。"

④ 陈荣捷:《〈传习录〉拾遗》,《王阳明〈传习录〉详注集评》,重庆出版社 2017 年版,第 325 页。

三

在宋儒看来,"中和"不仅仅是情感之"未发"与"已发",是与心性修养有关的理想境界,而且也是达到这一境界的工夫之一,即推致"中和"的修养实践。王阳明深受宋儒"中和"思想的影响,也将"致中和"作为修养实践的工夫。阳明认为"中和"之说涉及"未发"与"已发"两个方面,因此,"致中和"的实践工夫也相应与两者有关。

(一)心之"已发"层面上的静坐息虑、省察克治

阳明以"未发"与"已发"为体用一如的关系,实为"体用一源"也。然"未发"毕竟无形无相,不可着力,故工夫方在"已发"上较为合理。他说:"体微而难知也,用显而易见也。"①"用"与"体"相比,较为明显,故在"用"的一面用功为好。当刘观时问阳明"未发之中"如何时,阳明则趣言"哑子吃苦瓜,与你说不得"。在阳明看来,"已发"之"和"是"未发"之"中"的效果。所以,在"已发"上就可求得"未发"之"中"。在"已发"上作为,较"未发"具有渐进的过程,遂为适合"下根"之人的修行方式。

王阳明主"未发""已发"皆为"良知",故"未发"之"中"与"已发"之"和"是必然得出的结论。不过,在论及"恶"的来源时,阳明却又认为"未发"未必为"中","已发"亦未必为"和"。于此,这就形成一个自相矛盾的观点。由于对"中和"的理解有了不一致的说法,其推致"中和"的工夫也就出现了顿修与渐修的不同。"利根之人,直从本源上悟入人心。本体原是明莹无滞的,原是个未发之中。利根之人,一悟本体,即是工夫,人己内外,一齐俱透了。其次,不免有习心在,本体受蔽。故且教在意念上实落为善去恶。工夫熟后,渣滓去得尽时,本体亦明尽了。"②利根之人,"良知"自现,"未发"皆"中",而有习心之人,私欲遮蔽本体,故"未发"未"中","已发"未"和"。在这里,阳明显然已经意识到了他的"良知"之学以及"中和"之说的理论矛盾,故援引禅宗教义中的"人有利钝,悟有顿渐"的思想来化解之。依阳明之见,利根之人,世亦难遇,故渐修之法成为现实为学的必经之路。《传习录》有曰:"故凡可用功可告语者皆下学,上达只在下学里。凡圣人所说,虽极精微,俱是下学。学者只从下学里用

① 王守仁:《答汪石潭内翰》,《王阳明全集》,吴光等编校,上海古籍出版社 2011 年版,第 165 页。
② 王守仁:《传习录》,《王阳明全集》,吴光等编校,上海古籍出版社 2011 年版,第 133 页。

功，自然上达去，不必别寻个上达的工夫。"①"下学"直至"上达"是在显中(已发)现微(未发)的过程，而这一过程也是有进阶次第的。王阳明曾说："初学时心猿意马，拴缚不定，其所思虑多是人欲一边，故且教之静坐，息思虑。久之，俟其心意稍定，只悬空静守如槁木死灰，亦无用，须教他省察克治。"②在不同的阶段，进学的形式具有种种差别，但要旨主于存天理去人欲。所谓"存天理，去人欲"是宋明儒学中心性修养的目的，亦是"致中和"的最终价值取向。然而，常人实现这一目的绝非易事，是需要一定的修行实践的。通过阳明论为学工夫一节，可知为达"中和"之境，学人需要经历"静坐息虑"与"省察克治"两个步骤。阳明倡言"知行合一"，故"知"之所思所虑与"行"之所省所察俱是属于心之"已发"的维度。

　　王阳明教人为学之初时要静坐息虑，偏离人欲。静坐之法，与佛老相近。不过，佛老的静坐、参禅在阳明那里被视为是一种"顽空虚静""徒知养静"的刻意工夫。为此，阳明认为静修只是"蹄筌"，遇事心定方为"鱼兔"，才是目的。所以，当学生问："静时亦觉意思好。才遇事，便不同。如何？"阳明回答说："是徒知养静，而不知克己工夫也。如此临事便要颠倒。人须在事上磨，方立得住，方能静亦定，动亦定。"③所谓"事上磨"无疑是在"已发"上下工夫，这既是对"静坐息虑"效果的检验，也是阳明所谓进一步为学的方法即"省察克治"的开始。关于"省察克治"，阳明论及较多，但要旨俱是指在"事"上去除私念从而存天理，灭人欲。阳明谓"省察"曰："省察是有事时存养，存养是无事时省察。"④谓"克治"曰："人若真实切己用功不已，则于此心天理之精微，日见一日，私欲之细微，亦日见一日。若不用克己工夫，终日只是说话而已，天理终不自见，私欲亦终不自见。"⑤"克治"即为"克己"，与"省察"一样，皆为静坐工夫之后的灭私欲之法。在《〈传习录〉拾遗》中，孟源问自己思虑繁杂而无法禁绝时，王阳明说："纷杂思虑，亦强禁绝不得，只就思虑萌动处省察克治。则天理精明后，有个物各付物的意思，自然精专无纷杂之念。"⑥综合而论，阳明认为"静坐息虑""省察克治"是为学的两个阶段，因为这个过程的关键在于对"事"中的欲念、私情的抑制与克服，故属于心之"已发"层面上的工夫。诚如阳明自

①　王守仁：《传习录》，《王阳明全集》，吴光等编校，上海古籍出版社 2011 年版，第 14-15 页。
②　王守仁：《传习录》，《王阳明全集》，吴光等编校，上海古籍出版社 2011 年版，第 18 页。
③　王守仁：《传习录》，《王阳明全集》，吴光等编校，上海古籍出版社 2011 年版，第 14 页。
④　王守仁：《传习录》，《王阳明全集》，吴光等编校，上海古籍出版社 2011 年版，第 17 页。
⑤　王守仁：《传习录》，《王阳明全集》，吴光等编校，上海古籍出版社 2011 年版，第 23 页。
⑥　陈荣捷：《〈传习录〉拾遗》，《王阳明〈传习录〉详注集评》，重庆出版社 2017 年版，第 333 页。

已所言:"事变亦只在人情里。其要只在致中和。致中和只在谨独。"①所谓"谨独",实为"慎独",《大学》之旨也,也是与"事"相关的修养法门之一。"致中和"要在"事变"中实现,也就意味着要在心之发用的角度即"已发"上求得。

(二)在心之"未发"层面上的戒慎恐惧、戒私去欲

在"已发"上寻"中和"之境界是较为实际且相对容易理解的,而阳明又有在"未发"的层面"致中和"之说。由于阳明以"良知"统心之"未发"与"已发",那么,"致良知"也相应与两者相关。在王阳明看来,"致良知"与"致中和"在本质内涵与实践工夫的角度都具有相通的一面,抑或在一定的境遇下,"致良知"与"致中和"是完全一致的。与在"已发"上的工夫相照,在"未发"的层面上工夫则与心性情欲更为接近。王阳明认为"未发"工夫虽然重在个人体会,不好言说,但从心性修养的视角来看,它甚至比"已发"工夫还要重要。阳明曾说:"人只要成就自家心体,则用在其中。如养得心体果有未发之中,自然有发而中节之和,自然无施不可。"②"圣人到位天地,育万物,也只从喜怒哀乐未发之中上养来。后儒不明格物之说。见圣人无不知,无不能。便欲于初下手时讲求得尽,岂有此理。"③对后儒"格物"的论说,王阳明始终认为有失偏颇,故常以"正"训"格",以"事"训"物",皆从心上说,故"格物"就是"正心",就是"诚意",就是"未发"之工夫。

阳明之前的儒者多将"未发"的工夫定位于涵养性情,具体表现为去私节欲的内省之法。此外,程朱一派特别注重"持敬""诚意",周敦颐还提出"主一"的修养方法。到阳明之时,部分学者掺以禅宗"无念"来解释理学家的"居敬涵养"。针对学者以"无念"理解程朱"涵养"与"居敬"的工夫,阳明为之穷源究底,指出"涵养"与"敬"之为工夫,正在于其一天理,而绝非"无念"④。《传习录》云:"就穷理专一处说,便谓之居敬;就居敬精密处说,便谓之穷理;却不是居敬了别有个心穷理,穷理时有个心居敬;名虽不同,工夫只是一事。"⑤穷理与尽性在阳明的理论中具有分隔的一面,故他又注穷理与"居敬"关系密切,也可算作心之居静的状态⑥,属"未发"之列。

---

① 王守仁:《传习录》,《王阳明全集》,吴光等编校,上海古籍出版社2011年版,第17页。
② 王守仁:《传习录》,《王阳明全集》,吴光等编校,上海古籍出版社2011年版,第24页。
③ 王守仁:《传习录》,《王阳明全集》,吴光等编校,上海古籍出版社2011年版,第16页。
④ 孙占卿:《王阳明论未发已发》,《孔子研究》2011年第6期,第39-48页。
⑤ 王守仁:《传习录》,《王阳明全集》,吴光等编校,上海古籍出版社2011年版,第38页。
⑥ 按理学思想,敬与静有联系,敬可生静而静不可生敬,只讲静未免陷于佛老之学。

除"居敬"的修养外，阳明特别重视去私念、戒私欲的工夫。在《传习录》中，九川问："近年因厌泛滥之学，每要静坐，求屏息念虑，非惟不能，愈觉扰扰，如何？"先生曰："念如何可息？只是要正。"曰："当自有无念时否？"先生曰："实无无念时……戒惧之念是活泼泼地，此是天机不息处，'惟天之命，于穆不已'，一息便是死，非本体之念即是私念。"①阳明之谓"无念"是指人的情念不可断灭，但私念不可有。戒慎恐惧之为念，是本体之自然，非出人欲，实为"本体之念"。"本体之念"与人欲有别，属至善之列，故与"良知"有关。阳明曾说："盖不睹不闻是良知本体。戒慎恐惧是'致良知'的工夫。"②"戒慎恐惧"出自《中庸》，原为"是故君子戒慎乎其所不睹，恐惧乎其所不闻"。王阳明立足于"中和一也"的缘故，主张"戒慎恐惧"是"和"上用功，属"已发"之列。他说："中和一也，内无所偏倚。间发出，便自无乖戾。本体上如何用功？必就他发处，才著得力。致和便是致中。"③王阳明始终坚持"体用"不分，认为"未发"与"已发"一体，故将"戒慎恐惧"也归于"已发"的范畴。实际上，"戒慎恐惧"在于内心情感的控制与调节，并未落实于阳明所谓"事"上，界定为"未发"范围是较为贴切的，但阳明主"体用不离"且"知行不分"，遂才有此言。对于"戒慎恐惧"的目的，阳明说的清楚，"亦是戒慎不睹，恐惧不闻。就已心之动处，辨别出天理来。'得一善'，即是得天理"④。说来说去，"戒慎恐惧"是"未发"也好，是"已发"也罢，无疑都是"致良知"的手段。

"戒慎恐惧"是"致良知"的工夫，是心性修养的法门之一，自然也是直达"中和"境界的实践方式。"戒慎恐惧"是为了避免放纵情欲而致为恶，情欲之困是理学工夫论的重要消除对象，故戒除私欲也是阳明推致"中和"的要旨之一。在阳明看来，无欲之欲是指私欲，无私欲即是本体廓然大公，寂然不动。因为物欲与私意是"致良知"的大敌，是"中和"显现之障碍，所以需要克服。阳明曾说："良知在人，随你如何，不能泯灭。虽盗贼亦自知不当为盗。唤他做贼，他还忸怩。"其弟子会意曰："只是物欲遮蔽，良心在内，自不会失。如云自蔽日，日何尝失了？"⑤在阳明师徒看来，至善无恶的"良知"人人本有，只因无欲私情遮蔽而无法显现。同理，心之"未发"与"已发"在人身上亦本是"中"与

---

① 王守仁：《传习录》，《王阳明全集》，吴光等编校，上海古籍出版社 2011 年版，第 103-104 页。
② 王守仁：《传习录》，《王阳明全集》，吴光等编校，上海古籍出版社 2011 年版，第 139 页。
③ 陈荣捷：《〈传习录〉拾遗》，《王阳明〈传习录〉详注集评》，重庆出版社 2017 年版，第 326 页。
④ 陈荣捷：《〈传习录〉拾遗》，《王阳明〈传习录〉详注集评》，重庆出版社 2017 年版，第 327 页。
⑤ 王守仁：《传习录》，《王阳明全集》，吴光等编校，上海古籍出版社 2011 年版，第 105 页。

"和"的,只因私欲所困而有"不中""不和"。所以,在"未发"的时候,能够及时去除私欲、戒除私念是"致中和"工夫的关键。在《传习录》中,王阳明与陆澄曾就"中和"问题进行过讨论。阳明云:"人性皆善,中和是人人原有的,岂可谓无? 但常人之心既有所昏蔽,则其本体虽亦时时发见,终是暂明暂灭,非其全体大用矣。无所不中,然后谓之大本;无所不和,然后谓之达道。"①"未发"不"中"并非其实,只是私欲所致。当陆澄问及何为"中"、天理为何、天理何以为"中"时,阳明答曰:"天理为中""去得人欲,便识天理""天理无所偏倚故为中"②。"无所偏倚"意为心体的无尘、莹彻。陆澄又问:"偏倚是有所染著。如著在好色、好利、好名等项上,方见偏倚。若未发时,美色名利未相著。何以便知其有所偏倚?"陆澄此问在于心之"未发"时何以知"偏倚"以及如何克服"偏倚",恢复"中"的原本状态。阳明答曰:"虽未相著,然平日好色、好利、好名之心,原未尝无。既未尝无,即谓之有,则亦不可谓无偏倚……须是平日好色、好利、好名等项一应私心,扫除荡涤,无复纤毫留滞。而此心全体廓然,纯是天理,方可谓之喜怒哀乐未发之中,方是天下之大本。"③此段算是王阳明对心之"未发"层面上如何用功的系统性论述,无外乎在于戒私去欲,戒除私欲就是先儒所谓"存天理,灭人欲"。

王阳明对"致中和"的实践工夫的阐发,与其对"中和"思想本质内涵的理解是相互贯通的,基本上分"未发"与"已发"两个方面。其中,对私欲的戒除,在阳明那里既是"未发"工夫,也是"已发"工夫。之所以如此,源于王阳明思想中之"中"与"和"、"未发"与"已发"的统一。

总之,"未发之中"与"已发之和"是理学家、心学家心性修养的理想境界,这在王阳明的哲学著作《传习录》中表现得尤为突出。在阳明的思想体系中,"良知"既是"未发",又是"已发",两者是"体用一源""显微无间"的互含关系。与对"中和"概念的理解相应,阳明以推致"中和"作为心性修养的实践工夫,在"已发"与"未发"的层面上用功方可戒慎恐惧,去私节欲,至于程朱所谓"存天理、灭人欲"的至极境地。阳明关于"中和"思想的实质与原则的讨论,对整合前儒本体论、修养论与工夫论等诸多方面具有积极的价值。

---

① 王守仁:《传习录》,《王阳明全集》,吴光等编校,上海古籍出版社 2011 年版,第 26 页。
② 王守仁:《传习录》,《王阳明全集》,吴光等编校,上海古籍出版社 2011 年版,第 26-27 页。
③ 王守仁:《传习录》,《王阳明全集》,吴光等编校,上海古籍出版社 2011 年版,第 27 页。

论"知行合一"对德育的启示

吴　卿*

德育,是中国当代教育讨论的一个热点。许多学者从王阳明的"知行合一"思想出发,试图为当代德育注入新的内涵。如陆文敏[①]、谭秋浩[②]等学者将王阳明的"知行合一"看成是道德认识和道德行为的关系,由此从认识与实践的关系角度来讨论"知"与"行"的"合一"。张锡勤[③]、李敏[④]等学者虽然从中国哲学的立场出发分析了王阳明的"知行合一"是以"行"来贯彻道德本体的展现,但是在谈及对当代德育的启示时,依旧遵循了实践与认识的分裂立场。王阳明的"知行合一"与现代教育理念中的知识在先,行动检验知识的原则不同,它强调个人通过道德的行为来唤起自己内心道德自觉的同时,还要以此道德自觉来指导和修正自己的行动,由此展现出"体"与"用"的统一。

王阳明认为"善"早已先验地存在于人的内心之中,道德行为不是将外在的道德理念深化成为人的内心准则,而是去除外在物欲对人心的遮蔽让"善"的本体(良知)自我呈现出来。"善"的本体(良知)不是孤立于行为之外的知识理论,它必须在行为中体现自己的存在与意义。王阳明以道德之"行"为载体,将超越道德的"善"本体(良知)重新注入生活之中,使得道德不仅是人伦关系的反映,更成为值得人们追求与实现的终极意义。因此,只有明白了王阳明的

---

*　吴卿,苏州大学政治与公共管理学院博士生,现为巢湖学院马克思主义学院教师。

①　陆文敏:《"知行合一"思想政治教育模式及其实现路径》,《当代教育理论与实践》2013年第4期。

②　谭秋浩:《知行合一:大学生社会主义核心价值观教育的第一要义》,《高教探索》2015年第9期。

③　张锡勤、关健英:《从中国古代的知行学说论及德育的内涵》,《道德与文明》2012年第5期。

④　李敏:《"知行合一"思想观照下的大学生诚信教育问题探析》,《思想政治教育研究》2015年第3期。

"知"与"行"是不可分离的一个整体,在当代德育的背景下来谈"知行合一",才能真正发挥其启迪作用而不至于使之沦落为道德的口号。

一、"体用一源"中的"知"与"行"

王阳明是明代著名的心学家,他的"致良知"说一扫程朱理学的流弊,将儒家道德人伦的意义从外在拉回到人心之中。他以先天的"良知"本体作为个人道德行为的起点,主张人们应该在日用生活中体会自己内心"良知"的召唤,将"良知"作为各人行动的准则,同时,各人也因为自己道德的行为而自证"良知"的存在。

当代人在解读王阳明"知"的概念时,往往会将"知"与"行"分开理解,于是"知"与"行"也变成了理论与实践的关系。实际上,王阳明的"知"并非一般的理论知识而是特指人之"良知"。王阳明承接孟子"人之所不学而能者,其良能也,所不虑而知者,其良知也"[①]的路线,认为人存在先验的道德本体,"是非之心,不待虑而知,不待学而能,是故谓之良知"[②]。在他看来,"良知"是人与生俱来的"天命之性"。正是因为有了"良知",我们可以自觉到好与坏,善与恶;也正是有了"良知",我们才可以上"俯天之高",下"仰地之深"。但王阳明的"良知"与西方哲学中的"理念"却非一回事。"理念"是知识的对象,这也决定了它相较于具体事物的超越性,人必须通过抽象的方式使得"理念"从具体的事物中脱离出来才能认识它,于是人的认知能力与"理念"就成了追求与被追求的关系。"良知"却不是知识的对象,它并不需要超越具体的事物,恰恰相反,它必须通过赋予具体事物以道德的意义从而凸显自身的存在,于是人的"良知"只能体认与彰显。

"知"与"行"的不可分离,正是王阳明"知行合一"的关键之处。在他看来,"良知"本体不是一个静止不动的超越,而是落实在事事物物之中需要人心时刻体会的存在。这一存在需要个人通过具体的道德行为在内心深处反省其超越与神圣的一面,同时又要求冲破个人的自身局限通过道德行为将其所生存的客观世界点化为一个道德价值的理想世界。对于二者的关系,王阳明如是说道:"知是行之始,行是知之成。若会得时,只说一个知,已自有行在。只说

---

① 孟轲:《孟子译注》,杨伯峻译注,中华书局 1988 年版,第 307 页。

② 王守仁:《王阳明全集》,吴光等编校,上海古籍出版社 1992 年版,第 971 页。

一个行,已自有知在。"①这与现代人对于知行关系的理解是不同的。即便将"知"与"行"局限在道德的领域之内,现代人在讨论知行关系的时候仍然离不开这样一个模式,"知"与"行"是可以分开的。于是我们解读"知行合一"的时候往往会从"知"与"行"这二者如何匹配来下手,却忘记了王阳明"知行合一"的本意。实际上,王阳明曾经将自己的学问总结为"致良知"三个字:"良知"者,内存于人心的先天至善之体;"致"者,以道德之行为磨除人欲,使此至善之体彰显出来。需体认此"良知"本体就不能离开道德之"行",同样,道德之"行"也因为"良知"之体而具有价值。由此,王阳明的"知"与"行"乃是一个不可分离的整体。

这一整体实际上是王阳明对"体用一源"的深刻把握,反映了他对程朱理学的反思。朱熹强调外在人心是一个气化流行的世界,这背后是由"理"支撑起来的,"未有天地之先,毕竟也只是理。有此理,便有此天地;若无此理,便亦无天地,无人无物,都无该载了。有理,便有气流行,发育万物"②。人心因秉承"天地之气"而能认识"理"的存在,于是人生活的意义就在于认识外在的"理",通过这种认识来变化气质,去除人欲以致成为"圣人"。然而这种将"理"外置的做法导致了认识上"理"与"气"的分离,朱熹自己也承认,"理与气本无先后之可言,但推上去时,却如理在先,气在后相似"③。由于朱熹训"格"为"至",认为"格物致知"就是人心认识外在事物中的"理",再变化自身之"气质"的过程,由此奠定了"知"先"行"后的认识原则。这一原则与现代人的认识论相似,于是也导致了现代人所出现的"知""行"分离的困扰。王阳明发现了这种认识倾向的危险性。毕竟,从传统儒学的角度来看,道德的意义不仅在于规范社会,名定次序,更重要的是,儒学一直将道德看成是个人内心的觉悟,以一种"舍我其谁"的担当正视生活的挫折与挑战,用内心的高尚品行与超越的境界来指导自己的言行以点化这无情的物世界,使之成为一个价值的精神世界。所以"知"与"行"应当是一个统一的过程,"即体而言,用在体;即用而言,体在用;是谓'体用一源'"④。

由此,"理"的存在不应外在于人心。王阳明承接孟子之说认为"知"与"行"不是相互分离的过程,先天于人心的"良知"既是人"行"的开始,又是人

①　王守仁:《王阳明全集》,吴光等编校,上海古籍出版社 1992 年版,第 4 页。
②　黎靖德编:《朱子语类》卷一,王星贤点校,中华书局 1988 年版,第 1 页。
③　黎靖德编:《朱子语类》卷一,王星贤点校,中华书局 1988 年版,第 3 页。
④　王守仁:《王阳明全集》,吴光等编校,上海古籍出版社 1992 年版,第 31 页。

"行"的目的。人能否成为"仁人"的关键就是"良知"的自明,而人的"行"恰恰又是"良知"的发用。由此,"知"与"行"构成了一个动态的循环:良知本体在实现自己。只有通过不断的"行",良知本体才能表现出自己的存在。它没有孤立于人心、事物之上来等待人们的追寻,而是积极地投入人心之中,通过人在赋予世界价值的同时,彰显自己的存在。正是因为体认到了这一点,王阳明才会这样感慨道:"良知是造化的精灵。这些精灵,生天生地,成鬼成帝,皆从此出,真是与物无对。"①

由此不难发现。不同于现代人将"知"与"行"分作两件事,王阳明的"知"与"行"是一个整体。其背后,展现了贯彻形上与形下"体用一源"的原则。当我们在讨论王阳明的"知行合一"时,这一整体性是不能回避的。

二、"知行合一"的整体呈现对道德内驱力的构建

实际上,从"体用一源"来讨论"知行合一",有助于我们反思现代德育思想中的一些弊端。它能让我们跳出理性的窠臼来寻找道德的超越性,从而为人心构建一个超然的精神境界。它让每一个人都有机会以此精神境界为蓝图来创造属于自己的道德世界,而非单纯的遵守规则。它也能将一个被知识化的道德变成生活之中的点点感悟,在为肆意宣泄的欲望套上链子的同时,给人设定一个可以实现的幸福目标。

现代的德育体系建立在理性认知的基础上,强调将外在的道德知识通过学习内化为人的行为准则。如前所述,这样的预设使得"知"与"行"被先天地割裂开来,于是如何处理这二者的关系成为现代人的困扰。而这一困扰对于王阳明却并不存在,"知之真切笃实处,既是行。行之明觉精察处,即是知。知行工夫,本不可离,只为后世学者分作两截用功,失却知行本体,故有合一并进之说。真知即所以为行,不行不足谓之知"②。从"体用一源"的原则出发,"知"与"行"的分裂既是不必要的,也是没有意义的。正是因为将"知"与"行"分别预设为分开的本体,所以无论怎么讨论两者的关系都不可能达到圆满与和谐。王阳明强调"真知即所以为行,不行不足谓之知",就在于其"良知"不是一个静止且超然于事物之上的"实体"。想要展现"良知",既不可以离开人的

---

① 王守仁:《王阳明全集》,吴光等编校,上海古籍出版社 1992 年版,第 104 页。

② 王守仁:《王阳明全集》,吴光等编校,上海古籍出版社 1992 年版,第 42 页。

内心去向外追求，也不可以仅仅只从理性上来获得，更重要的是个人的感悟与体认。这种感悟与体认不是一种神秘主义的认识，而是要通过具体的"行"来获得的。"良知"不是推理出来的形而上学，而是落实在人的生活中，时时刻刻决定着个人行为的动力，也是个人时时刻刻都能体验得到的。它并不是人需要追求的东西，而是早已经隐藏在了个人的内心之中。由于物欲的遮蔽，我们无法认识到它，因此需要我们"知之真切笃实""行之明觉精察"，在行为中自觉"良知"的发用，才能将盲目的行为转变成"良知之行"。由此，自己不再是一个遵守道德的人，而成为一个实现道德的载体。正是因为看见了"良知"对于每个人在道德方面的指导意义，王阳明才会发出"满街皆是圣人"的感慨。然而，王阳明也认识到，尽管每个人都有"良知本体"，却不可以说人人都已经是圣人了，因为"良知本体"显现不是突然的，对它的体悟之路是需要一个"行"的过程，"真知即所以为行，不行不足谓之知"。由于"良知"是一个既"知"既"行"的统一体，所以对"良知"的感悟之"知"就不存在先于"行"或者后于"行"的问题。"行"是"知"的自我呈现，而"知"的存在就是要赋予"行"以价值的意义。王阳明曾用孩童之心来诠释这种关系，"孩提之童，无不知爱其亲，无不知敬其兄。只是这个灵能不为私欲遮隔，充拓得尽，便完。完是他本体，便与天地合德。自圣人以下，不能无蔽。故须格物以致其知"①。儿童一开始就有"良知"的存在，"良知"是保证其"爱其亲""敬其兄"的根本，然而"良知"终会被物欲所遮蔽，于是就要不停地通过"行"来扩充它以克服物欲，这一过程又被称之为"格物致知"。"格物致知"是儒家一直提倡的修养论，王阳明训"格物"为"正心"，这不意味着他放弃了人外在的客观世界。王阳明在面对朋友"人未见花而花何在"的问题时曾用了"寂灭"一词来回答②。"寂灭"，在王阳明看来不是否认外在世界的存在，而是将外在世界的意义交还人心。开花是植物繁衍的一个环节，就其自身而言不存在美丽与鲜艳的说法，之所以认为花是美丽与鲜艳的，在于欣赏它的人内心的感受。这种感受一方面离不开对花的欣赏，另一方面却也是人内心"良知"的自省。没有了赏花之"行"，自然也不会有这种感受，而没有人心之"知"，花也就失去了美丽、鲜艳的意义归于"寂灭"。由此可见，"良知"不是一个静态的存在，它的存在需要通过不断揭示并修正"行"来表现，所以说"盖体用一源。有是体，即有是用"③。

---

① 王守仁：《王阳明全集》，吴光等编校，上海古籍出版社 1992 年版，第 34 页。
② 王守仁：《王阳明全集》，吴光等编校，上海古籍出版社 1992 年版，第 107-108 页。
③ 王守仁：《王阳明全集》，吴光等编校，上海古籍出版社 1992 年版，第 17 页。

　　从这一点出发来看现代人的德育，就会发现，尽管我们多次强调德育的重要性并批判其形式化的缺点，但我们仍旧处在"知"与"行"相分的框架下。德育的关键，在于让受教者发现自己内心深处的"良知"，从而成就自己，在生活中做自己德行的主人。想要做到这一点，就有必要离开西方理性教育的模式，回归到中国传统的儒家文化之中。王阳明"知行合一"思想告诉我们：道德不是被动的约束与管教，而是自觉的创造与启发。我们不应该预设一个理性的道德体系来限定受教者，而是要让他们无限的可能性得以发展，在这一过程中要让他们体悟到自己的道德立足点，并以此为基础来创造属于自己的道德世界。不可否认的是，现在人的德育，在借鉴以儒家为代表的传统文化时，简单地将穿汉服、学书法、诵读章句看成是受传统文化熏陶，却忽视了这些行为背后儒家精神的发现与感悟。王阳明曾批判这种做法，他认为"若近世之训蒙稚者，日惟督以句读课仿，责其检束而不知导之以礼；求其聪明而不知养之以善，鞭挞绳缚，若待拘囚"①。简单地将道德知识化，认为只要学习了礼仪、诗歌中蕴含的道德知识就能成为一个有道德的人，这样的做法只能是用外在的规矩来抹杀个人的"良知"，结果无外乎"彼视学舍如囹狱而不肯入，视师长如寇仇而不欲见，窥避掩覆以遂其嬉游，设诈饰诡以肆其顽鄙，偷薄庸劣，日趋下流"②。学习礼仪、诵读章句，所学到的仅仅是知识而已，现代人如果只是在知识的领域追求道德，道德也始终只是道德的知识而非道德的全部。王阳明认为学习诗歌、礼仪的作用不在于获得知识本身，而是为了"发其志意""开其知觉"，即通过学习的行为来体悟和扩充自身之"良知"。在他看来，"良知"对于儿童就是其自然的本性，这一本性不是被压制的对象，正相反，它作为孩子成长的基础有必要得到维护，"大抵童子之情，乐嬉游而惮拘检。如草木之始萌芽，舒畅之则条达，摧挠之则衰痿"③。学习礼仪与诗歌的意义不在于知识的获得，而是维护孩子"良知"的成长，让孩子认识到自己内心深处的个性。如果将"良知"比作个人内心的种子，那么学习礼仪与诗歌就是浇灌种子成长的源泉，"良知"的成长将会影响孩子的行为，最终通过孩子的言行来构建属于他们的世界。因此，从德育的角度看，道德的获得不在于学习外在的规范，而在于通过学习来激发他们内心深处的至善"良知"，将其转化成自己行为的动力之源，主动地去发现"良知"所赋予这个世界的美丽。除此以外，王阳明还看到了

---

① 王守仁：《王阳明全集》，吴光等编校，上海古籍出版社1992年版，第88页。

② 王守仁：《王阳明全集》，吴光等编校，上海古籍出版社1992年版，第88页。

③ 王守仁：《王阳明全集》，吴光等编校，上海古籍出版社1992年版，第87页。

规范化带来的一个严重后果，那就是物欲的失控。因为遵守规定，就意味着约束自己，而约束带来的往往是欲望不能被满足的痛苦，于是逃避约束以满足自己被压抑的物欲也就不可避免。人人皆如此，我们的社会就会堕落成为"偷薄庸劣，日趋下流"的局面。对于人的物欲，不是一个约束和否定的过程，而是在"致良知"的且"知"且"行"中逐步将其归于"良知"的统摄之下成为个人发展的动力。以"体用一源"为前提，王阳明的"知"与"行"处在一个动态的循环之中，礼仪、诗歌等活动不再是单纯的知识学习，"凡此，皆所以顺导其志意，调理其性情，潜消其鄙吝，默化其粗顽，日使之渐于礼义而不苦其难，入于中和而不知其故，是盖先王立教之微意也"①。

三、总结

王阳明从"体用一源"的原则出发，以"致良知"为起点，借由人心的自觉来代替规范的约束，在"知"与"行"的相互循环中使得道德跳出了知识的领域，不再是人们追求的目标，而成为其实现的过程。这对于现代人因为道德理性化而导致的"知""行"分离的困境而言是有所启迪的：道德不仅仅只是一种理论知识，还是一种行为的方式、生活的态度。道德是人所特有而又植根于人心之中的，只有将其重新放回人心的土壤，在个人的一言一行中呵护与培养它的能动性，最终才会结出让人幸福的德行之果。

---

① 王守仁：《王阳明全集》，吴光等编校，上海古籍出版社 1992 年版，第 88 页。

再论阳明对孝的接续性诠释

——从儒家对"短丧"的批评及其辩驳的理由说起

张乾礼[*]

一、引言

不可否认，当我们把目光投向先秦儒家的面孔上时，无意当中一种"父慈子孝，兄友弟恭"的人间图景便温情脉脉地在我们眼前铺陈开来，而此一图景直观地表现为父母与子女之间的交互关系。张祥龙先生曾说"要返回到并在天地间建立此身，就要去经历亲子关系中的原本时间性和空间性，由此而揭示出家的生生道性"①。言外之意，即指明"身"所具备的功能与肩负之责任，进而反身于家当中求得"生生"之理得以流贯。依此，就"身体"而论，也应于"尽伦"之中实现其充分意义。故而"修身"所指，无关乎穷达贱贵，无别乎天子庶人，皆都需笃实力行。② 尽管在荀子那里，政治国家意义上礼则法度的冷峻、神圣和威严，给予这种温情前所未有的肃穆庄重，并要求此"身"修之与否必当从属于政治秩序。但至少来说，在面对"慎终追远"的问题，孟荀共同继承了孔子言丧的微言大义，彰显了"丧"背后所蕴含的人道意识（孝）和超越意味（仁）。

* 张乾礼，中山大学哲学系硕士生。

① 张祥龙：《家与孝：从中西间视野看》，生活·读书·新知三联书店 2017 年版，第 43 页。

② 关于"修身"问题，陈立胜先生将其作为一重要理路指出："儒家所理解的'身'一定是'身世'之身，它与其所在社群（'血缘''宗族'）、天地万物存在着千丝万缕的联系。"参阅陈立胜：《从"修身"到"工夫"——儒家"内圣学"的开显与转折》，台湾大学出版中心 2021 年版，第 71 页。

明此,在着眼家庭关系、提倡孝道以及重视丧事的脉络之下,儒家言丧行丧背后所同属之共识转进至于阳明,其举纲目"良知不由见闻而有,而见闻莫非良知之用,故良知不滞于见闻,而亦不离于见闻"①,更进一步言孝为良知生生发用流行,独辟蹊径地将孝与良知相合,在经由感应与感通的路径之下,承续起先秦孔孟言丧行孝之深意。② 审如是,笔者将梳理分析先秦儒家何以念兹在兹于"三年之丧",并就其于"短丧"之事何以批评辩驳加以说明,从丧之"曲通"以见孝之呈现,为阳明论孝提供一历史谱系与基源。另外,通过对阳明言孝的阐述,试图说明阳明不仅接应了儒家言丧行孝之传统,而且他将"孝"纳入"致良知"的范畴当中所体的方法,更进一步丰富和发展了儒家"孝"的内涵和意义。

二、礼以情显:先秦儒家言丧论孝之理路

《论语》当中,孔子对"丧"并未做节目上的说明,与《礼记》的详细备至有所不同,而只以"戚"之微言大义点出。"林放问礼之本。子曰:'大哉问! 礼,与其奢也,宁俭;丧,与其易也,宁戚。'"(《论语·八佾》)朱子注云:"在丧礼,则节文习熟,而无哀痛惨怛之实者也。戚则一于哀,而文不足耳。礼贵得中,奢易则过于文,俭戚则不及而质,二者皆未合礼。然凡物之理,必先有质而后有文,则质乃礼之本也。"③朱子此处于"戚"之理解,在其"心统性情"的理路当中呈现。依朱子,"情"虽然无法充当"本体"的角色,但"戚"所指的悲痛情感,却是本体的外露与表现。麦金太尔亦说"丧葬礼仪与丧葬游戏乃是道德体系中的关键环节,而被理解为哀悼能力的悲伤则是人的一种根本情感"④。换言之,

---

① 王守仁:《王阳明全集》,吴光等编校,上海古籍出版社 2012 年版,第 62 页。
② 就"感应"和"感通"之意而言,其在本质上亦无区别,然后世大多以董仲舒之学为感应斥其陋,乃因为一宇宙论之视阈,此多在劳思光先生。然本文所谓阳明之感应,与感通连说,不作分割。关于此牟宗三先生谈道:"阳明从良知(明觉)之感应说万物一体,与明道从仁心之感通说万物一体完全相同,这是儒家所共同承认的,无人能有异议。从明觉感应说物,这个'物'同时是道德实践的,同时也是存有论的,两者间并无距离,亦并非两个路头。这个物当该不是康德所谓现象,乃是其所谓物自身。从明觉感应说万物一体,仁心无外,我们不能原则上说仁心之感通或明觉之感应到何处为止,我们不能从原则上给它画一个界限,其极必是以天地万物为一体。这个'一体'同时是道德实践的,同时也是存有论的——圆教下的存有论的。"参见牟宗三:《从陆象山到刘蕺山》,《牟宗三先生全集》第 8 册,联经出版事业股份有限公司 2003 年版,第 185-186 页。
③ 朱熹:《四书章句集注》,中华书局 2011 版,第 62 页。
④ 〔美〕麦金太尔:《追寻美德:道德理论研究》,宋继杰译,译林出版社 2003 年版,第 161 页。

尽管朱子指出"戚"与"哀"存有区别,但仍然强调"戚"之意终囊括于"哀"之中,只是其"文"略有不足而已,且二者都是人情的自然呈现。与朱子分判"戚"与"哀"相比,《礼记》则将"哀"与"戚"视作一事:"丧礼,哀戚之至也。节哀,顺变也;君子念始之者也。"①就"哀"一义而论,孔子说:"居上不宽,为礼不敬,临丧不哀,吾何以观之哉?"(《论语·八佾》)如是,则孔子已然指明"言丧行丧"背后蕴含的是生者对于逝者的惋惜、悲痛和怀念。刘述先补充说"葬礼最重要的是心中的悲戚之情。礼是后起外面的表现,仁是礼乐背后的精神"②。由此,我们大致可以认为言丧行丧之中有"(戚、哀)情—礼—仁"的三层内在结构。余英时曾指出:"孔子仍然关怀作为整体(宗教—政治—伦理)秩序的'礼',所以提出'道之以德,齐之以礼'(《为政》)的积极改革方案,合理的'礼'治秩序便是他所向往的'天下有道'。"③换言之,就"丧"而论,当主体身处逝者的场域,触动激起主体对于自我生命的反思以及对逝者深沉的追念。在此时此地的感发中,不仅仅彰显着自我德性的流露和展开,而且冥冥之中还存有着一种不可逾越的律则。

此一意义,在孔子行丧之时表现得尤为明显。《论语》记载:"子食于有丧者之侧,未尝饱也。子于是日哭,则不歌。"(《论语·述而》)邢昺云:"此章言孔子助丧家执事时,故得有食。饥而废事,非礼也。饱而忘哀,亦非礼。故食而不饱,以丧者哀戚,若饱食于其侧,是无恻怆隐痛之心也。"④此处所言"恻怆隐痛"与前文朱子言"哀痛惨怛",皆是主体心灵外在的彰显流露。孔子既已点出丧所重乃在于一"哀",而此一义其弟子诚有续继。如"士见危致命,见得思义,祭思敬,丧思哀,其可已矣。"(《论语·子张》)"丧致乎哀而止。"(《论语·子张》)"吾闻诸夫子:人未有自致者也,必也亲丧乎!"(《论语·子张》)以上,子张以其为"士"之德目、德行的张露,语脉之中含有"应该……"之意;子游强调的是行丧的程度问题与普遍意;而曾子则突出"亲丧"为"哀"之终极,与"他丧"有所不同。不管怎样,子张、子游以及曾子言"丧"虽有侧重,但大体还是顺着由"戚"到"哀"这一条线路展开,而此一旨趣的先导,在孔子和宰我论"三年之丧"那里得到了淋漓尽致的说明。

---

① 孙希旦:《礼记集解》,沈啸寰、王星贤点校,中华书局1998年版,第252页。
② 刘述先:《儒家哲学研究:问题、方法及未来开展》,东方朔编,上海古籍出版社2010年版,第153页。
③ 余英时:《论天人之际:中国古代思想起源试探》,中华书局2014年版,第98页。
④ 何晏注、邢昺疏:《论语注疏》,中国致公出版社2016年版,第99页。

宰我问:"三年之丧,期已久矣。君子三年不为礼,礼必坏;三年不为乐,乐必崩。旧谷既没,新谷既升,钻燧改火,期可已矣。"子曰:"食夫稻,衣夫锦,于女安乎?"曰:"安。""女安则为之! 夫君子之居丧,食旨不甘,闻乐不乐,居处不安,故不为也。今女安,则为之!"宰我出。子曰:"予之不仁也! 子生三年,然后免于父母之怀。夫三年之丧,天下之通丧也。予也,有三年之爱于其父母乎?"(《论语·阳货》)①

宰我所问,基于实际利益(生济)之考量,欲以减短守丧之时间。孔子则问其于守丧之时"食稻、衣锦"之事是否心安。孔子问此,实是试探宰我有无"戚、哀"之情,以为点醒,若其有之,则自可提撕精神以观其过。然宰我之言,终未能是。故而夫子明言当应"食旨不甘,闻乐不乐、居处不安",与前文"未尝饱也""是日哭而不歌"同出一理。等到宰我出,夫子语意深长而颇有无可奈何之感,慨叹其"不仁"无爱于父母。朱子补充道:"'圣人寻常未尝轻许人以仁,亦未尝绝人以不仁。'所谓'予之不仁'者,便谓他之良心已死了也。前辈多以他无隐于圣人而取之。盖无隐于圣人,固是他好处,然却不可以此而掩其不仁之罪也。"②朱子此处所言"仁"之含义,实顺"戚、哀"而发,与宋儒主张的"麻痹不知痛痒"并无二致。就"三年之丧"而论,夫子亦只是陈袭往旧,言其为天下时久以来之定法,未尝再做解释。但此事进转到孟子,孟子在辩驳墨家"薄丧"一事上,做了更进一步的说明。面对墨家的"薄丧"之说,孟子举证说:"盖上世尝有不葬其亲者。其亲死,则举而委之于壑。他日过之,狐狸食之,蝇蚋姑嘬之。其颡有泚,睨而不视。夫泚也,非为人泚,中心达于面目。盖归反虆梩而掩之。掩之诚是也,则孝子仁人之掩其亲,亦必有道矣。"(《孟子·滕文公上》)③依照孟子,作为与"禽兽"相别的人而言,感官(视觉)信息的接收对心灵的境况能够产生影响。就在一"视"之间,人内心当中会油然生发出一种对亡者不容已的触动之情。对此朱子解释说:

视,正视也。不能不视,而又不忍正视,哀痛迫切,不能为心之甚也。非为人泚,言非为他人见之而然也。所谓一本者,于此见之,尤为亲切。盖惟至亲故如此,在他人,则虽有不忍之心,而其哀痛迫切,

---

① 何晏注、邢昺疏:《论语注疏》,中国致公出版社 2016 年版,第 284 页。
② 朱熹:《朱子语类》,黎靖德编,王星贤点校,中华书局 1986 年版,第 1190 页。
③ 杨伯峻:《孟子译注》,中华书局 1998 年版,第 123 页。

不至若此之甚矣。于是归而掩覆其亲之尸，此葬埋之礼所由起也。此掩其亲者，若所当然，则孝子仁人所以掩其亲者，必有其道，而不以薄为贵矣。①

在朱子看来，人"见"其父母暴尸荒野沟壑，猛兽狐禽走而残之，腐烂糜臭而蝇虫食之，在不能不视之中却有一不忍直视之行为，此诚可见良心之呈现，进而生发出哀痛迫切之情感。孟子坚信人与人之间能够建立起这样的情感，而这种情感在丧失父母之时表现得最为强烈。仅就作为同类的感受而言，孟子认为"凡同类者，举相似也，何独至于人而疑之？圣人与我同类者"（《孟子·告子上》）。孟子言心所同然者谓之"理、义"，其实与"仁"归旨相同。朱子强调"不忍"之意当为"所贵"，此"所贵"之意发而为实，则自有礼节进而充达落实，并不一定皆要同一化和均等化。故而焦循解释说："见其亲为兽虫所食，形体毁败，中心惭，故汗泚泚然出于额。非为他人而惭也，自出其心，圣人缘人心而制礼。"②相较朱子言哀痛迫切，其举人见此情景之"惭"有汗出于额之生理反应，反之得乎于心，与孟子思想之基底实际无异。

到了荀子那里，他对于为何取"三年之丧"做了概要式的说明。荀子言丧虽以"痛"为先，但仍旧亦在心灵的感受上而言。荀子云：

> 创巨者其日久，痛甚者其愈迟，三年之丧，称情而立文，所以为至痛极也。齐衰、苴杖、居庐、食粥、席薪、枕块，所以为至痛饰也。三年之丧，二十五月而毕，哀痛未尽，思慕未忘，然而礼以是断之者，岂不以送死有已，复生有节也哉！（《荀子·礼论》）③

在荀子看来，创伤越重痛苦愈深的人，恢复到正常的心理状态所需要的时日就越长久，故而"三年之丧"，作为一种"礼"恰好能够给这种心理的动态化提供一定的仪式和场合以消融之，这也是其言"丧礼者，以生者饰死者也"（《荀子·礼论》）"饰"之缘故。尽管其中可能还会存在"哀痛未尽，思慕未忘"的现象，但人总要从这种情绪当中脱离出来，故而"三年之丧"是对人情感常态化的肯定。在此意义上荀子总结说："三年之丧，何也？曰：称情而立文，因以饰群，别亲疏贵贱之节，而不可益损也。故曰：无适不易之术也。"（《荀子·礼论》）④结合前

---

① 朱熹：《四书章句集注》，中华书局 2011 年版，第 245 页。
② 焦循：《孟子正义》，沈文倬点校，中华书局 1987 年版，第 405 页。
③ 王天海：《荀子校释》，上海古籍出版社 2016 年版，第 795-796 页。
④ 王天海：《荀子校释》，上海古籍出版社 2016 年版，第 795 页。

文所述，在儒家之外，于"三年之丧"的问题上，存在所谓的"损益""更易"的现象。但到荀子那里，"三年之丧"既然成为分别亲疏贵贱，涵养情志的群体化活动，便意味着一种不可颠破的秩序建构。故荀子在说明君主之丧时，言语当中立场决断而有威严肃穆之感。

综上，在先秦的脉络当中，言"丧"首先基于人的"戚""哀"之情，人在逝者的场域当中表现出来的悲痛和不忍，是作为同类的基本要求。由是，儒家"亲亲尊尊"的差等关系要求对此"戚、哀"之情表现出不同的程度。而在象征着政治国家权力交接的丧葬时刻，接班人的"戚、哀"表现直接关系到能否有资格继承和担负起先人留下的政治遗产。尽管儒家念兹在兹的"三年之丧"自始至终面临着不同势力的挑战，但似乎正是其尽己所能伸张维护，才使得"三年之丧"成为后来儒家用之衡量"个人"（君主）是否具有德性的重要标志。即便有时候，是否行"三年之丧"在更高的价值标准那里，可以做出妥协和让步。因故，我们回看先秦的脉络，其言"三年之丧"背后所蕴含的孝意识，皆在"心"上而发，是否行"三年之丧"成为判定是否能"孝"的根本依据。孔子言对父母之爱有无"心安"，孟子言其于心不忍而要求"求之在我"，而荀子言丧紧握缘心制礼而求得此心之"饰"，皆在"戚、哀"之痛感当中予以呈现。

三、理不离心——阳明对孝的理解

阳明论孝时，紧紧围绕其致良知的教法展开。诚然，"良知"作为阳明学的关脉所在，它的流行是成就道德实践和伦理行动的根本，道德主体的尊严和神圣皆从此开出。钱穆就曾说阳明"他讲'明明德'与'亲民'，内外交融，体用一贯，而以灵昭不昧的良知为分善别恶的准绳，即为'至善'之极则"[1]。换言之，在"良知"的判摄与呈露之中，它指引下的本心具备感通万物，理解事变而自觉行动的能力。陈立胜对此解释道："在良知所指点的本心全体之中，真诚恻怛是奠基性的，本心在根本上乃是浑然与物同体之感通、感应的觉情与能力；以'是非之心'指点本心乃是王阳明基于修身工夫之考量，点出一'知'字，工夫始有下落处、入手处。"[2]顺此，"良知"包含了"知孝知弟"的"知"和"真诚恻怛"的"情"，而在言行丧言孝当中主体的知觉反应和流露而出的"戚、哀"之情亦是二

---

① 钱穆：《阳明学述要》，《钱宾四先生全集》第 10 册，联经出版事业股份有限公司 1998 年版，第 98 页。

② 陈立胜：《知情意：王阳明良知论的三个面向》，《贵阳学院学报》2018 年第 4 期。

者交相作用的结果。换言之,阳明以"心即理"证成良知之颠扑不破,则可言良知亦是此心之理,而孝父事亲之情、之理亦莫不从此而出。依是,可以说阳明对孝的理解表现为"理不离心"①之模式。在阳明与徐爱的对话当中,曾记载:

> 先生曰:"心即理也。天下又有心外之事,心外之理乎?"爱曰:"如事父之孝,事君之忠,交友之信,治民之仁,其间有许多理在。恐亦不可不察。"先生叹曰:"此说之蔽久矣。岂一语所能悟?今姑就所问者言之。且如事父,不成去父上求个孝的理。……此心无私欲之蔽,即是天理。不须外面添一分。以此纯乎天理之心,发之事父便是孝。发之事君便是忠。发之交友治民便是信与仁。只在此心去人欲存天理上用功便是。"②

依照徐爱所问,心善无法于每一事理都有所周到,但阳明答复万事万物皆都出于此心之发用,特举"孝父事亲"言其只在主体此心。阳明此论,点出孝之理求之在我。阳明认为"夫求理于事事物物者,如求孝之理于其亲之谓也。求孝之理于其亲,则孝之理其果在于吾之心邪?抑果在于亲之身邪?假而果在于亲之身,则亲没之后,吾心遂无孝之理欤?"③亦即说,尽管孝之为孝是子女对其父母生前的态度和对待的方式,但孝本身并不仅仅在一个对象物上叠加诸多的情感,而是存有和生发在主体自我内心之中的赤诚。这种纯净无私的当下念想不会因父母离去而消亡,恰恰是在对父母的怀念追思之中流露呈现。在阳明看来,心承当了此一情感活动的场域和载体,阳明认为"物理不外于吾心,外吾心而求物理,无物理矣;遗物理而求吾心,吾心又何物邪?心之体,性也,性即理也。故有孝亲之心,即有孝之理,无孝亲之心,即无孝之理矣"④。对于弟子徐爱所执念的"理在而不可不察",亦即"温清定省"行为的恰当性与

---

① 就"理不离心"而言,《传习录》中记载:"澄在鸿胪寺仓居。忽家信至,言儿病危。澄心甚忧闷不能堪。先生曰:'此时正宜用功。若此时放过,闲时讲学何用?人正要在此等时磨炼。父之爱子,自是至情。然天理亦自有个中和处。过即是私意。人于此处多认作天理当忧,则一向忧苦,不知己是"有所忧患,不得其正"。大抵七情所感,多只是过,少不及者。才过便非心之本体。必须调停适中始得。就如父母之丧。人子岂不欲一哭便死,方快于心?然却曰"毁不灭性"。非圣人强制之也。天理本体,自有分限。不可过也。人但要识得心体,自然增减分毫不得。'"王守仁:《王阳明全集》,吴光等编校,上海古籍出版社 2012 年版,第 15-16 页。此一例最能直观地表现出此一特征,情从心理之中和,使得情服从心理的规定而制裁情的展开,对忧(情)的某种调停正是工夫的表现。
② 王守仁:《王阳明全集》,吴光等编校,上海古籍出版社 2012 年版,第 2 页。
③ 王守仁:《王阳明全集》,吴光等编校,上海古籍出版社 2012 年版,第 29 页。
④ 王守仁:《王阳明全集》,吴光等编校,上海古籍出版社 2012 年版,第 37 页。

否一事上,阳明认为其只能扮演"诚孝的心发出来的条件"的角色。陈来解释说"在阳明看来,人们只要能真正保有笃实的道德意识及情感,他们自然能够选择对应具体情况的适宜的行为方式"①,正是对于心与理有这样的认识,所以在阳明那里,他肯认德性之良知不从见闻而出。由此,在阳明论孝当中,此心已然潜在具备发用之时便可以认知体察事理的能力,杨国荣引申道:"作为'心即理'的内涵之一,心的外化或对象化当然并不仅仅表现为心(主体意识)在道德实践中展示为一般的行为规范(理);在更深层的意义上,它同时涉及外在世界(首先是道德世界)中理性秩序的建立。"②既然心之所发要在道德世界当中建立一个必然的秩序,那么一定涉及心何以能够建立秩序的问题,亦即说心何以能够做出道德行为的问题,由此有徐爱问"知行"之问题。

> 爱曰:"如今人尽有知得父当孝,兄当弟者,却不能孝,不能弟。便是知与行分明是两件。"先生曰:"此已被私欲隔断,不是知行的本体了。未有知而不行者。知而不行,只是未知。圣贤教人知行,正是要复那本体。不是着你只恁的便罢。……就如称某人知孝,某人知弟。必是其人已曾行孝行弟,方可称他知孝知弟。不成只是晓得说些孝弟的话,便可称为知孝弟。……知行如何分得开? 此便是知行的本体,不曾有私意隔断的。圣人教人,必要是如此,方可谓之知。不然,只是不曾知。"③

在这里,徐爱指出存在"知得父当孝,兄当弟者,却不能孝,不能弟"等"知而不能"的现象,涉及道德动机、动力(有无、强弱)之问题,阳明断此并非"真知",言其并非知行的本体。陈立胜先生就阳明体用大义指出:"在阳明体用一元论思维架构下,并不存在一个寡头的本体,任何针对本体的工夫必在发用上面入手。本体作为天理、良知、性体本身,即是一生生不息的力量,无时无刻不处在'发用流行'之中。"④依此,一方面知行的本体为良知本身,另则良知则处于无时不在,永不止息的状态。阳明对此解释说:

> 良知者,心之本体,即前所谓恒照者也。心之本体,无起无不起,

① 陈来:《有无之境——王阳明哲学的精神》,北京大学出版社 2006 年版,第 26 页。
② 杨国荣:《心学之思:王阳明哲学的阐释》,生活・读书・新知三联书店 1997 年版,第 83 页。
③ 王守仁:《王阳明全集》,吴光等编校,上海古籍出版社 2012 年版,第 3-4 页。
④ 陈立胜:《王阳明思想中的"独知"概念——兼论王阳明与朱子工夫论之异同》,《中山大学学报》2016 年第 5 期。

虽妄念之发，而良知未尝不在，但人不知存，则有时而或放耳。虽昏塞之极，而良知未尝不明，但人不知察，则有时而或蔽耳。虽有时而或放，其体实未尝不在也，存之而已耳；虽有时而或蔽，其体实未尝不明也，察之而已耳。若谓良知亦有起处，则是有时而不在也，非其本体之谓矣。①

依阳明，良知作用之处便可即知即行，人之所以不能"事亲孝父"一方面是人不知察识妄念而有所蔽，另则是其不知存养良知而放矢的缘故，与前文言良知作用之时心具备主动意和认知意相合。对此牟先生认为阳明之"良知既只是一个天心灵明，所以到致良知时，知识便必须含其中。知识是良知之贯彻中逼出来的"②。牟先生所谓的"逼出来"，并不是言有强迫和服从之意，而是在良知的真实涌发下主体"不容已"而开出的。阳明对此说道："知是心之本体。心自然会知。见父自然知孝，见兄自然知弟，见孺子入井，自然知恻隐。此便是良知。不假外求。若良知之发，更无私意障碍。即所谓'充其恻隐之心。而仁不可胜用矣'。"③以上脉络，是阳明借用"事亲孝父"言良知而处理"知行"问题之大概，阳明就此论孝，并未从言丧行丧的仪式当中所表现出来的悲戚之情而论，而是将"孝"纳入"良知"的范畴之中，以明良知显现澄出，自是孝心发用之时之意，致知格物亦为要良知能够充塞流行。尽管阳明未曾特别着意就具体日常赡养父母的表现以及临丧之情态言孝之意义，他却依旧立足于良知，言我于父母之间感通和接应的可能。在此过程当中，"仁""良知"和"孝"三者都得到了呈现和彰露。在阳明看来，天地万物都存在可以感通的可能，这种感通与理性的认知完全不同。在此之中，主体的境界和内在的感受要远远超过客观认知得来的事理。就万物一体一义而言，《传习录》记载：

> 问："人心与物同体，如吾身原是血气流通的，所以谓之同体。若于人便异体了，禽兽草木益远矣，而何谓之同体？"先生曰："你只在感应之几上看，岂但禽兽草木，虽天地也与我同体的，鬼神也与我同体的。"请问。先生曰："你看这个天地中间，甚么是天地的心？"对曰："尝闻人是天地的心。"曰："人又甚么教做心？"对曰："只是一个灵

---

① 王守仁：《王阳明全集》，吴光等编校，上海古籍出版社 2012 年版，第 54 页。

② 牟宗三：《从陆象山到刘蕺山》，《牟宗三先生全集》第 8 册，联经出版事业股份有限公司 2003 年版，第 212 页。

③ 王守仁：《王阳明全集》，吴光等编校，上海古籍出版社 2012 年版，第 6 页。

明。"可知充天塞地中间,只有这个灵明,人只为形体自间隔了。①

此处,阳明言心之灵明与否,只在于是否被"形体""私意"所隔阂。就此而言,阳明论述万物一体确然不仅只在心境当中而发,亦在客观的实存世界当中得以证成。陈立胜解释说:"一体之仁不只是一个精神境界的问题,一体不是人的精神的产物,甚至也不是神秘的体验的结果,而是一个存在论的问题。"②除此之外,阳明更进一步言"真诚恻怛"当中的良知朗现,为以上的这种感通提供了可能。阳明认为:"父子兄弟之爱,便是人心生意发端处,如木之抽芽。自此而仁民,而爱物,便是发干生枝生叶……孝弟为仁之本,却是仁理从里面发生出来。"③依阳明,在真诚恻怛当中,人心之德便能够如同草木蓬勃而出,舒怡生长枝丫而生生不息。此处阳明言父母兄弟之爱,乃是人心生意发端之处,与孔子问宰我有无"戚、哀"而心安于父母无爱同理,"仁、理"不仅能够生发出行孝的动机,而且充当了行孝的理由,"仁"与"孝"是合一的。对此,牟先生就认为"仁是全德,是真实生命,以感通为性,以润物为用;它超越乎礼乐(典章制度、全部人文世界)而又内在于礼乐;在仁之通润中,一一皆实"④。牟先生以"仁"言价值生命所以开源之处,顺承了阳明言"良知"为道德行为(孝)所以成就之原因,亦都突出了"仁"与"良知"在真实的个体生命当中润泽感应,周游流贯。

四、结语

在时空构成的宇宙当中,人对自我存在的感知,一方面来源于时间的消逝和空间的转变;另一方面,主体心灵的状态在年岁的流逝与经历诸如生离死别、疾苦悲欢当中得以置换。人在各种现实的场域和关系之间,不仅仅是在思索本身存在的意义和价值,而且也不可避免地涉及对他者的瞩目和关心。就

---

① 王守仁:《王阳明全集》,吴光等编校,上海古籍出版社 2012 年版,第 109 页。

② 陈立胜:《王阳明"万物一体"论——从"身一体"的立场看》,华东师范大学出版社 2007 年版,第 46 页。就存有或者存在一义而言,牟先生亦谈道:"'良知是造化的精灵',这是存有论地说。'人若复得他'以下是实践地说。'复得他完完全全,无少亏欠',即涵着圆顿之教。这同于孟子所说:'万物皆备于我矣。反身而诚人乐莫大焉。'从'复'转下'致良知'。"参见牟宗三:《从陆象山到刘蕺山》,《牟宗三先生全集》第 8 册,联经出版事业股份有限公司 2003 年版,第 188 页。

③ 王守仁:《王阳明全集》,吴光等编校,上海古籍出版社 2012 年版,第 23 页。

④ 牟宗三:《心体与性体》,《牟宗三先生全集》第 5 册,联经出版事业股份有限公司 2003 年版,第 258 页。

"孝"而言,在儒学的传统当中它被规定为子女对父母应当和必当的一种伦理规范,其能够证立的理由乃是人对自我生命来源、方向和意义的某种先行肯定。在先秦的脉络当中,孔子以"心安"之微言大义指出"孝"在"三年之丧"的形式意义中,凸显的是"戚、哀"之情背后所蕴含的人文意识;孟子接续孔子,言"三年之丧"为其"不忍之心"而以明"人禽之别";而荀子在建构政治国家秩序,调养人情的层面以言"三年之丧",虽或多或少减杀"孝"之背后的主体意志,然其以不可"损益、更易"确定起"三年之丧"的形式理由,亦不可不言其贡献。在此基源铺陈之下,转进至于阳明,其将"孝"与"良知"并合,不仅仅在"形式"意义蠢掣起行孝的必要,更直接在自我心灵生命成长、完善和自我德性的圆满上,给予儒家言孝以超越的度向诠释。

王阳明《中庸》学研究

杨宁宁*

  明初以程朱理学为官学,《四书章句集注》是官方教科书,囿于科举取士的学者们以此为经典,趋之若鹜,一方面推动程朱理学达到了极盛;另一方面学者的盲目推崇必然导致思想的僵化,使之流于形式化的空谈。立志成圣的王阳明经历了格竹的失败体验之后,对程朱理学埋下了怀疑的种子,随着龙场悟道的体验,始悟吾性自足,从心学立场出发建构了思想体系。缘因此,面对空谈性理之学的时代乱象,起而纠偏,从心学立场出发解经,以发明本心、致良知为治经学的旨归。同时,王阳明也借用了经学来阐发其心学思想,在诠释经典的过程中论述了自己的心学主张,在发展心学理论的同时也丰富了经典的诠释维度,为后世解经进路的发展留下了可借鉴的经验。

  王阳明对儒学传承谱系的基本看法是:"颜子没而圣人之学亡,曾子唯'一贯'之旨,传之孟轲终,又二千余年而周、程续。自是而后,言益详,道益晦;析理益精,学益支离无本,而事于外者益繁以难……今之所大患者,岂非记诵词章之习,而弊之所从来,无亦言之太详、析之太精者之过欤。"①这是说,在王阳明看来,圣人之学自颜回殁后已经消逝,曾子以一贯之旨勉强传承给了孟子,北宋思想家周敦颐和二程还可以勉力延续一贯之旨,自此之后愈加失其真义。与他同时代的学者更加陷溺于词章之学,过分追求外在的支离之学,丧失了对光明本心的自觉体认。王阳明为救时代之弊提出了化繁就简发明本心的学问路径。在诠释《中庸》思想的过程中,王阳明也自然地秉承了这一为学理念。

---

 * 杨宁宁,陕西师范大学哲学与政府管理学院硕士生。
 ① 王守仁:《王阳明全集》,吴光等编校,上海古籍出版社2014年版,第257页。

以往的学者大多专注于研究王阳明对《大学》的诠释,而较少关注其对《中庸》思想的诠释,殊不知"子思括《大学》一书之义,为《中庸》首章"①。由此可以看出,王阳明认为《中庸》首章的思想里面蕴涵着《大学》的主旨。换言之,《中庸》首章在王阳明的思想体系中发挥了重要的作用,研究其对首章思想的诠释具有重要意义。深究王阳明对《中庸》首章诠释的独特性,则主要集中在其对首句和"未发——已发"的解读中。

一、王阳明对《中庸》首句的诠释

(一)"天命之谓性"的人性论

王阳明言:"子思性、道、教,皆从本原上说。天命于人,则命便谓之性。"②也就是说,天就是万事万物的本原,天之所命在于人即为人的本性,道和教都是随着天之所命而延伸出来的。由此我们可以看出,"何为天"在这里具有重要意义。从思想史的发展脉络来看,"天"的概念经由夏商周三代的发展,虽然保留了"天"的权威性,但在儒家的思想体系中,"以德配天"的道德主宰之天具有了普遍性,"天"与人有了关联,能够赋予人德性。《中庸》之"天"沿袭了这一思想,肯定了"天"与人性之间的联系,为其赋予了道德主宰之天的内涵,使其为人性善奠定了形而上的基础。王阳明显然继承了这一传统,作为万事万物的本原,"天"在其思想体系中具有形而上的道德主宰色彩。这样天之所命的"命"里面就蕴涵了与"天命"相关的道德意志,"五十而知天命"③处的"命"体现着天对人的限制,意味着一种非人力所能左右的力量加诸人之身,促使人将外在的道德约束内在化,使其超越于日常生活的经验之上。就此而言,自觉到天命的人自然会具有担当意识,从而对自身存在的境遇产生无限的责任感和使命感,这是人之所以为人的本质特征。王阳明敏锐地意识到《中庸》的"天命"具有道德内涵和价值意蕴,是人之所以为人的责任感与信心所在。在这里"性"应当从"天命"的角度进行诠释,如"性自命出,命自天降。道始于情,情生于性"④,由此可以看出"天""命""性"三者之间的联系,即"命"来源于"天"且下贯于"性"。《中庸》所强调的"性"正是这种上通天命下贯于人的"性",天命

① 王守仁:《王阳明全集》,吴光等编校,上海古籍出版社 2014 年版,第 19 页。
② 王守仁:《王阳明全集》,吴光等编校,上海古籍出版社 2014 年版,第 43 页。
③ 《论语注疏》,阮元校刻,影印清《十三经注疏》,中华书局 1980 年版,第 2461 页。
④ 李零:《郭店楚简校读记》,北京大学出版社 2002 年版,第 136 页。

下贯为人性，人承天命之性并以此作为自身区别于它物的本性，这份本性并不是天给定的，而是承续了天命创生不已、生生不息的特点。王阳明精准把握了《中庸》在此意义上的天人合一思想，将天之所命的生生不已之性内化为人的本质属性，确认为道和教的本质来源，为人性善确立了不可动摇的根基。

王阳明认为："心即道，道即天，知心即知道、知天。"①在这里，王阳明还承续了孟子尽心、知性、知天的思想，将形而上的义理之天落实为具体的人心，使心具有了本体论的意涵，这样就可以将道纳入心体之中，使其具有了普遍必然性。同时王阳明还主张："心即性，性即理。"②这样就将当时成为滥觞的程朱理学体系中的天理纳入了心体之中，由此可以看出，以心体为道德实践的本体根据，就体现为人性，是天之所命的人之本性，在此基础上心体就具有了价值意涵。基于这两点，王阳明建构了不同于程朱理学的心学体系。因此，我们可以认为王阳明所诠释的"天命之谓性"中的性是天理，是人人本有的没有差别的心之本体，这就使得王阳明的人性论既区别于朱熹善恶二分的天命之性和气质之性，也区别于告子的"生之谓性"的食色之性。从本质上来说，王阳明认为："天理即是良知，千思万虑，只是要致良知。"③同时还主张："无善无恶是心之体，有善有恶是意之动，知善知恶是良知，为善去恶是格物。"④这也就是说，王阳明的天理即是知善知恶的良知，是具有是非判断能力的是非之心，能够好善恶恶，因此人性是以良知为头脑的，是至善的。当然阳明也看到了现实生活的不完满，纯然至善的人性并不能合理地解释现实世界的种种缺陷。于是王阳明借鉴了朱熹善恶二分的天命之性和气质之性建构了"先天之气"与"后天之气"。"先天之气"可分为组成万物形体的"物质之气"和"精神之气"，其中"精神之气"又可细分为含有恻隐、羞恶、辞让、是非的"四端之气"，以及因气质差异而不同的"力气之气"和"刚柔之气"。"后天之气"指因习染产生的私欲、客气。⑤ 这样阳明就为现实人性中的种种缺失和不完满提供了合理的解释。"性一而已。仁义礼智，性之性也；聪明睿智，性之质也；喜怒哀乐，性之情也；私欲客气，性之蔽也。"⑥由此可以看出，王阳明还进一步将性划分为不同的层

①　王守仁：《王阳明全集》，吴光等编校，上海古籍出版社 2014 年版，第 24 页。

②　王守仁：《王阳明全集》，吴光等编校，上海古籍出版社 2014 年版，第 17 页。

③　王守仁：《王阳明全集》，吴光等编校，上海古籍出版社 2014 年版，第 125 页。

④　王守仁：《王阳明全集》，吴光等编校，上海古籍出版社 2014 年版，第 133 页。

⑤　陈清春、巩理珏：《先天与后天——王阳明哲学中"气"的含义》，《山西高等学校社会科学学报》2016 年第 28 期。

⑥　王守仁：《王阳明全集》，吴光等编校，上海古籍出版社 2014 年版，第 77 页。

面,为其赋予了丰富的呈现向度,同时也强调了后天之气对人性的遮蔽。

(二)"率性之谓道"的工夫论

王阳明认为:"率性而行,则性便谓之道……率性是'诚者'事。"①诚是具有本体意味的形而上的概念,是天本来所固有的真实无妄的天道,王阳明认为率性意味着天道与人道的合一,是人的至善之性的实现,圣人率性而行合于道即意味着人道与天道的合一,因此"'率性之谓道'便是道心"。② 在这里道心就是指去除了人的后天之气的私欲客气地障蔽之后实现的廓然大公的清明境界,与之相对照的就是被私欲遮蔽的人心。就其本质而言,道心与人心本是一心,因为有了人伪而有了区别,也就是说道心会因为私欲而下坠为人心,人心去其私欲以归于正而成其为道心。"道心者,良知之谓也"③,可以说在阳明的心学体系中,道心就是良知,率性就是遵循良知来实践,即道心为体,率性是即体即用,道心要通过率性而行表现出来。因此,在某种程度上,王阳明的"天命""性"与"道"是同一本质在不同层面的具体表达。这也是说,率性而行的主体是受天之所命的圣人,"圣人率性而行,即是道"④,只有圣人率性而行才能够贯通天道与人道,实现天人合一的理想。

关于圣人率性而行的工夫论何以可能的问题,王阳明基于以上的理解给出了独树一帜的解释。可以说,王阳明面临的是一个意义的世界,他释"格物"为:"物者,事也,凡意之所发必有其事,意所在之事谓之物。格者,正也,正其不正以归于正之谓也。正其不正者,去恶之谓也。归于正者,为善之谓也。"⑤在这里,有事和无事两种状态是生活在此世界中的人的最基本的状态,也是衡量能否率性而行的标准。"省察是有事时存养,存养是无事时省察"⑥,也就是说,通过格物之为善去恶的工夫,去除心里的私欲杂念,通达天理之境后,还需要在应事接物和心中无事时存养省察,因此"格物即慎独,即戒惧"⑦。在《中庸》的文本中慎独与戒惧是同一工夫的两个不同方面,都内含内心专一、存养天理并时时省察的修养精义,以诚其好善恶恶之意。遵循此修养工夫达到的

---

① 王守仁:《王阳明全集》,吴光等编校,上海古籍出版社 2014 年版,第 43 页。
② 王守仁:《王阳明全集》,吴光等编校,上海古籍出版社 2014 年版,第 116 页。
③ 王守仁:《王阳明全集》,吴光等编校,上海古籍出版社 2014 年版,第 58 页。
④ 王守仁:《王阳明全集》,吴光等编校,上海古籍出版社 2014 年版,第 43 页。
⑤ 王守仁:《王阳明全集》,吴光等编校,上海古籍出版社 2014 年版,第 1076 页。
⑥ 王守仁:《王阳明全集》,吴光等编校,上海古籍出版社 2014 年版,第 17 页。
⑦ 王守仁:《王阳明全集》,吴光等编校,上海古籍出版社 2014 年版,第 138 页。

理想人格是王阳明思维认知里的圣人:"心之良知是谓圣。圣人之学,惟是致此良知而已。"①良知是人人本具的,于圣人和普通人而言都无差别,普通人修习的最终旨归在于致良知,即达至依良知率性而行的圣人之境。这就意味着普通人的工夫进路有两个层面,一是在自己的心体上体认良知,"自己良知原与圣人一般,若体认得自己良知明白,即圣人气象不在圣人而在我矣"②,于普通人而言,只是由于私欲遮蔽了良知而尚未抵达圣人之境;二是将自己的良知扩充到极致,"我辈致知,只是各随分限所及。今日良知见在如此,只随今日所知扩充到底;明日良知又有开悟,便从明日所知扩充到底"③,在王阳明看来,不同的道德主体在不同的境遇中有不同的人格境界,每一人格按照其当下的境界将自己的良知扩充到极致即可,量力而行不可用力过猛。也就是说,普通人要想实现率性而行的圣人之境,就需要时时刻刻在事上磨炼,在事事物物中存养省察逐步精进,随着分限扩充良知渐趋圣人之境。

(三)"修道之谓教"的教化说

关于"修道之谓教"王阳明解释为:"修道而学,则道便谓之教……此'教'字与'天道至教'、'风雨霜露,无非教也'之'教'同。'修道'字与'修道以仁'同。"④王船山在《说文广义》中解释"修"为:"修,饰也。饰以文者,去陋增美。"⑤根据这一解读我们可以认为在这里"修"就意味着既去其缺陷又增其优长,这样"修道"就可以理解为去除私欲的遮蔽、存养良知的光明灵觉。王阳明认为修道的基本旨归就是以仁通达天理化育万物的至教,天道本身蕴涵着万事万物变化运行的自然法则和仁义礼智圣的道德律令,人需要以万物一体的胸襟来存养省察良知本体。同时,春夏秋冬的变换、风霜雨露的交替作为自然规律,于人而言本身就是一种教化,人应该顺应自然,去其私欲,成就自身的良知本体。此外,王阳明认为:"道即性即命,本是完完全全,增减不得,不假修饰的,何须要圣人品节?"⑥这是心学与程朱理学的本质区别。根据前文所述,"天命"和"性"都内蕴人人本具的良知,人只需要体认并扩充即可达至圣人之境,不需要向外求索,因此也不需要圣人的品节教化。尽管如此,王阳明还是

①　王守仁:《王阳明全集》,吴光等编校,上海古籍出版社 2014 年版,第 312 页。
②　王守仁:《王阳明全集》,吴光等编校,上海古籍出版社 2014 年版,第 66 页。
③　王守仁:《王阳明全集》,吴光等编校,上海古籍出版社 2014 年版,第 109 页。
④　王守仁:《王阳明全集》,吴光等编校,上海古籍出版社 2014 年版,第 43 页。
⑤　王船山:《说文广义》,《船山全书》第九册,岳麓书社 1996 年版,第 162 页。
⑥　王守仁:《王阳明全集》,吴光等编校,上海古籍出版社 2014 年版,第 42 页。

认为："'修道之谓教',道即是教……道即是良知……这良知还是你的明师。"①从本质上来说,教就是天理,既然良知是能够知善知恶、好善恶恶的是非之心,人之为人的根本就在于致此良知。因此,良知是人能够明辨是非的根据,人遵从良知而行,本质上就是良知对人教化的结果,从这个层面来讲良知就是人的明师,戒慎恐惧、存养省察的工夫就是通达良知之教的进路。在这里,"教"就可以分为自我教化和教化他人,内含修己化人的成己和成物两个层面。就成己而言,既然良知人人本具,则人可以通过体认良知并推扩至极致,回复此心光明的境界;就成物而言,人在尽其性之后,可以参赞化育,尽人之性且尽物之性,成就万物一体的廓然大公之境。因此"修道是'诚之者'事"②,是需要普通人上下求索以去其私欲的人之道,是择其良知之善而固执之的孜孜不倦地由教通达道的进路。

本质上,我们可以认为王阳明对《中庸》的诠释与注解《大学》的思路是一以贯之的,基于以上对"修道之谓教"的理解,可以合理地解释其"亲民说"。王阳明认为:"明明德者,立其天地万物一体之体也。亲民者,达其天地万物一体之用也。"③在这里,明明德就是体认并扩充自己的良知本体,明明德者就是实现了与天地万物为一体的圣人,圣人先明己德就可以感召人民来践行其明德之道,从而为天下的人民树立切实可依的行为典范。当然,还可以根据《孟子》的文本,认为"亲民"就是"亲亲而仁民,仁民而爱物"④,即亲之于民之意,这是明德的具体实践过程,就此而言亲民者是实现了明明德后成己成物的主体,究其本质,亲民包含了教与养双重含义。在阳明看来率性而行的圣人是可以成己成物的,从而实现对不同分限的普通人的教化,在这个层面,"亲民"与"新民"基本一致。另外,王阳明在教化之余还强调在生活上施以仁政来养育百姓,使人民处在风俗淳厚的社会里,用仁爱之心来善待人民,从而实现教养相长。

二、王阳明对"未发—已发"的诠释

王阳明对《中庸》首章的诠释的独特性还体现在其从心学本体论视角来解

---

① 王守仁:《王阳明全集》,吴光等编校,上海古籍出版社 2014 年版,第 120 页。
② 王守仁:《王阳明全集》,吴光等编校,上海古籍出版社 2014 年版,第 43 页。
③ 王守仁:《王阳明全集》,吴光等编校,上海古籍出版社 2014 年版,第 1067 页。
④ 《孟子注疏》,阮元校刻,影印清《十三经注疏》,中华书局 1980 年版,第 2771 页。

释"未发—已发"。他认为："喜怒哀乐之未发，则是指其本体而言，性也……喜怒哀乐之与思与知觉，皆心之所发。心统性情。性，心体也；情，心用也。"①在这里，王阳明将未发视为心之本体，已发诠释为心之发用，未发和已发可以从体用关系来理解，可以将其诠释为本体的发用流行。但阳明还认为："'未发之中'即良知也，无前后内外而浑然一体者也。"②这是说，王阳明将未发之中界定为良知本体，已发为良知天理感通之用，在这里未发和已发即体即用，体用一源，这就在某种程度上淡化了未发和已发的区别，而突出了"中"的本体性。阳明在答陆澄之问时说："'中'只有天理。"③因此，在阳明看来，未发之中不是应事接物时的情绪反应，而是无论有事无事时，都需要戒慎恐惧、存养省察工夫的良知，这是去除私欲廓然大公的心体。于道德主体而言是念头起处的一个纯然至善的是非标准，是真实存在没有办法欺瞒的标准，顺着这个标准自然的发用流行就通达了道，实现了"中"。基于此，阳明反对用传统的动静来解释未发与已发，只坚持就去人欲的层面来诠释求中的工夫，这就意味着未发之中必然与外在的四肢无关，是心灵的一种状态，阳明将其界定为气象。"天理何以谓之'中'？曰：'无所偏倚。'曰：'无所偏倚是何等气象？'曰：'如明镜然，全体莹彻，略无纤尘染着。'"④这是说在阳明的思想世界中未发之中的气象并不是槁木死灰式的不起心动念，而是不执着于一己之私的杂念，是随顺天理的教化成己成物使廓然大公之心朗现的境界。

王阳明用良知来界定未发之中，并不意味着人人都可达至未发之中的气象，他认为："不可谓'未发之中'常人俱有。盖体用一源，有是体即有是用，有'未发之中'，即有'发而皆中节之和'。今人未能有'发而皆中节之和'，须知是他'未发之中'亦未能全得。"⑤根据前文所述，在阳明这里，尽管良知人人本具，但是因为人欲的遮蔽，所以有分限的不同，不是所有人都可以恰如其分地彰显其本有的良知，普通人还需要体认并扩充其良知。因此，常人并不必然具有未发之中并呈现未发之中的气象，只能通过戒慎恐惧、存养省察的工夫实实在在地为善去恶才可以全得良知的光明灵觉。同时，能够全得也就意味着人的私欲对良知的遮蔽并不会损伤良知本体，人只需要念念存天理、去人欲就可

---

① 王守仁：《王阳明全集》，吴光等编校，上海古籍出版社 2014 年版，第 165 页。
② 王守仁：《王阳明全集》，吴光等编校，上海古籍出版社 2014 年版，第 72 页。
③ 王守仁：《王阳明全集》，吴光等编校，上海古籍出版社 2014 年版，第 21 页。
④ 王守仁：《王阳明全集》，吴光等编校，上海古籍出版社 2014 年版，第 27 页。
⑤ 王守仁：《王阳明全集》，吴光等编校，上海古籍出版社 2014 年版，第 20 页。

以使良知本体呈现。

既然未发与已发是体用不二的关系,在某种程度上"已发之和"就意味着"未发之中","中"与"和"也是一种气象,"中和一也,内无所偏倚。少间发出,便自无乖戾。本体上如何用功? 必就他发处,才著用力"。① 这是说,作为天理本体的"中"必然会流行发用于事事物物,发见于一念发动的思虑上,所以致中的工夫必须在致和上呈现,必须于喜怒哀乐之已发上用力。也就是说,致和就是指应事接物时的动心起念,致中和就是在事物感应之本体发见处做工夫,以实现"未发之中"之全体,顺着中而发则自然中节,此便是和。这种基于心学本体的诠释,与王阳明对首句的解释一以贯之,形成了其诠释《中庸》的基本思路与体系,打破了程朱理学的桎梏,注入了新的生命力。

三、致良知

王阳明言:"心之良知是谓圣,圣人之学,惟是致此良知而已。"② 段玉裁注"圣"曰:"圣,通而先识。《洪范》曰:'睿作圣。'凡一事精通,亦得谓之圣。从耳。圣从耳者,谓其耳顺。《风俗通》曰:'圣者,声也。'言闻声知情。"③ 由此我们可以认为,心之良知之圣就是良知对天命的通达和对事物的先识,在阳明看来,以此心之良知之圣为主体的圣人人格是我们学习的主要目标,圣人人格一旦实现,则动心起念的思虑和应事接物的实践都是至善的。因此以良知为心之本体的心学,最终旨归必然是致良知,换言之,其《中庸》首章诠释的落脚点也必然是致良知。

由前文所述我们可知,王阳明认为良知是人人本具的,但分限不同,有生而知之者,有学而知之者,有困而知之者,圣人生知安行自然符合良知本体,因此致良知的主体是学而知之和困而知之的普通人。在这里,学习就是一个重要环节,是伴随着普通人体认和扩充良知始终的过程,是自觉良知本体的致知。尽管致良知是道德主体的实践过程,但致良知何以可能却是知行合一的结果,在其中必然蕴涵着致知。良知是知善知恶、好善恶恶的是非之心,是具有普遍性的先验存在的本体,是推动普通人学习认知的原动力,同时也对格物起到了范导作用,使人免于支离的训诂之学,形成统一的道德意识。就这个层

---

① 王守仁:《王阳明全集》,吴光等编校,上海古籍出版社 2014 年版,第 1290 页。
② 王守仁:《王阳明全集》,吴光等编校,上海古籍出版社 2014 年版,第 312 页。
③ 许慎:《说文解字注》,段玉裁注,上海古籍出版社 1988 年版,第 592 页。

面而言,致知与致良知是不可分割的,知识是良知呈现得以可能的前提,良知是求知的明师。这就涉及了知行本来的状态,也就是王阳明强调的"知行本体",即其本来状态是:"知行工夫本不可离。只为后世学者分作两截用功,失却知行本体,故有合一并进之说。"①换言之,在王阳明看来,知行的自性本来就是合一的,只是因为人欲的染污才导致知行割裂。同时王阳明还将知行看成一个贯穿于过程始终的整体,"某尝说知是行的主意,行是知的工夫;知是行之始,行是知之成"②,知对行有引导和规范作用,行是知的具体落实,就这个层面来讲,知行也必然是一个合一的整体。有些时候,王阳明也常常将这种知行合一表述为学行合一,"夫学问思辨行,皆所以为学;未有学而不行者也"③,道德主体体认并扩充良知的过程,说到底其实就是一个博学、审问、慎思、明辨、笃行的过程,阳明将问、思、辨统一于学,此学就是行,概言之,致良知就是学行合一基础上的穷理、尽性、至命。学行合一中的问就是实际去问,思就是实际去思,辨就是实际去辨,也就是在行之中穷尽良知天理,通达天命之性,为善去恶实现廓然大公的心体朗现。当然这并不是说王阳明的圣人是无所不知、无所不能的,圣人只是精通于良知天理而已,就外在的事物知识,圣人也需要向人学习和请教。由此我们也可以看出,在致良知的修养工夫上,王阳明延续了子思诚之者的修身工夫,将《中庸》的思想贯彻在致良知的始终。

四、结语

王阳明对《中庸》首章的诠释蕴涵着以良知为心之本体、未发之中为心体朗现的廓然大公之境,已发之和为心体发用流行见诸现象界的合秩序状态。究其本质,这是一种体用不二的思想进路。良知本体人人本具,但是普通人容易被私欲遮蔽,从而导致知行二分落入支离的状态,基于此王阳明主张致良知,使吾心之良知扩充至事事物物,实现穷理尽性以至于命的成己成物工夫,达至廓然大公的天理浑熟气象。

王阳明通过诠释《中庸》首章融合了致良知的简易之学,力求直指人心,发明本心,让人在日常生活中去充分发挥自己的主体性精神去体认和扩充良知。在王阳明看来,于日常生活中体认和扩充良知就需要戒慎恐惧和存养省察,需

① 王守仁:《王阳明全集》,吴光等编校,上海古籍出版社 2014 年版,第 47—48 页。
② 王守仁:《王阳明全集》,吴光等编校,上海古籍出版社 2014 年版,第 5 页。
③ 王守仁:《王阳明全集》,吴光等编校,上海古籍出版社 2014 年版,第 51 页。

要人时时对天理保持敬畏之心,于事事物物中去存养省察吾心良知所蕴含的天理,使其昭明灵觉。阳明通过这种道德情感的注入,激发了人的热情,将工夫修行落实到具体的应事接物之中,使人脱离了静坐枯寂的状态,为生命确立了价值与意义。正是在这个意义上,王阳明对《中庸》的诠释树立了心学解经的典范,值得后世研究者不断叩问和探究。

论王阳明视域下的儒家"爱有差等"原则

蒋佳俊[*]

关于儒家爱有差等观之讨论,学界聚讼纷纭。从批判的角度看,首先,有学者认为由于这一原则,儒家没能达成使社会趋于和谐的理想,同时流弊至当代,认为如何走出爱有等差之困境,仍然是值得我们探索的重大课题。① 其次,是将爱有差等原则与墨家"兼爱"思想进行比较,认为后者"逐渐取代了不平等的爱而成为今人之共识"②。最后,认为如果依据爱有差等原则,则儒家学说自身会出现理论问题,如孟子"推恩说"将陷入深度悖论。③

但是从有些学者对爱有差等这一原则进行的阐述中,我们可以发现为这一原则提供的辩护。首先,儒家学者们正是在对"爱有差等"原则的坚持中,保持了儒家立场的统一性而有别于其他学派。④ 其次,儒家的仁爱思想具有多重维度,爱有差等与"天下为公"是有机结合的,"一个具备君子人格的人,必然会将亲情之爱扩展到所有人,乃至事事物物"⑤。最后,从实践角度看,作为常人爱自己亲近的人是普遍的心理事实,故爱有差等原则相较于"兼爱"就是合乎人情的。⑥

---

* 蒋佳俊,贵州大学哲学与社会发展学院硕士生。

① 邹兴明:《和谐社会:走出"爱有等差"之困境》,《学理论》2008 年第 2 期。

② 江汛清:《国际志愿服务及其对中国社会建设的启示》,《中国青年政治学院学报》2008 年第 3 期。

③ 刘清平:《论孟子推恩说的深度悖论》,《齐鲁学刊》2005 年第 4 期。

④ 吴根友:《儒家"仁爱"的秩序观及其当代启示》,《社会科学战线》2008 年第 2 期。

⑤ 干春松:《多重维度中的儒家仁爱思想》,《中国社会科学》2019 年第 5 期。

⑥ 王志捷:《体用兼赅:贺麟会通西学的理念与方法》,《孔子研究》2020 年第 2 期。

王阳明作为心学的集大成者,学界已经注意到从王阳明角度来考察爱有差等的必要性。有学者认为王阳明虽然有"一体之仁"的境界,但其爱有差等的主张仍然局限在封建等级制度的范围内。① 但是有观点认为王阳明对爱有差等的肯定乃是基于从内心生起的仁是"渐"与"根"的组合的工夫体会。② 陈来从对待物的厚薄差等的不同态度是良知的自然条理这条王阳明对心与理关系的基本规定出发,认为王阳明视域下的爱有差等乃是由于"伦理实践主体对于对象的不同的现实感受性",同时他认为具有厚薄条理的良知之发用带来的现实性爱之差等"使得儒家伦理不会走到'太高'的极端",如达到基督教"爱你的敌人"。③ 笔者在诸贤研究的基础上,首先阐述儒家爱有差等原则之表现,然后围绕阳明对爱有差等原则的论述,分析阳明认同此原则的二重原因,一是爱有差等原则乃是人与禽兽相分的人伦的重要保证,二是此原则乃属于心之本体即良知上的"自然条理"。由此,笔者进一步展示此原则在阳明"一体之仁"境界中的一贯性。

一、"爱有差等"之意涵

儒家经典《论语》中并无"差等"二字,更无"爱有差等",但孔子确有表露出对于不同对象而有爱之程度深浅之不同。

第一,在人与动物这一方面自然不需多论。《论语·乡党》记载,孔子退朝后,得知马厩被焚,孔子只问人受伤否而不问马。孔子这样当然是以人为贵的表现,这里要注意,并不是说孔子不在乎马。马虽然与人相比是低一等,但仍然是有生命之物。圣人"见一物之摧伤,犹恻然伤感",马自然不属例外,只是在仓促之间,以人的情况更为急切。④ 由此可见,仁人在人与物之间,爱前者更深。

第二,在人群内部也有爱之程度的差别。最典型的是《论语·学而》中针对弟子的"泛爱众"和"亲仁"的讲法,这当中就体现出差别。在教育弟子中,强调弟子对于众人是"泛爱",但是对于有仁德的人则要亲近。因为在孔子看来众人的本性其实是相近的,只是由于后天的行为之熏习而相差愈大。孔子要

---

① 王国凤:《王艮的"百姓日用即道"思想及其影响》,河南大学硕士学位论文,2011年。

② 向世陵:《王阳明议墨子的兼爱》,《中州学刊》,2018年第6期。

③ 陈来:《有无之境——王阳明哲学的精神》,北京大学出版社2013年版,第251-253页。

④ 程树德:《论语集释》,程俊英、蒋见元点校,中华书局1990年版,第714页。

弟子受到仁爱之人的熏陶,培植善的根底,同时泛爱他人就是要让弟子从内心对他人有种关爱,这些都是仁人养成之道。

第三,爱有差等之表现除了上述二种外,还有一种出于人伦要求上的表现。首先,孟子就是紧扣住人伦这个维度,来批评墨家"兼爱"思想的。其次,从后面的分析中,我们将看到阳明对于人伦的重视,故有必要来考察一下"人伦"观念。《毛诗正义》有言"'厚人伦'者,伦,理也",认为人伦主要内容有四个方面即君臣、父子、朋友、男女,这些都被认为是人之常理,背离这四种伦常关系就偏离了人道。① 除此之外还有兄弟一伦,合称五伦。只要在天地之间,人的社会关系就会受这五种伦常关系调和。《论语·学而》中有若在谈到孝弟与仁的关系时,有言:"孝弟也者,其为仁之本与!"对于这句话,自古就有不同见解,不过肯定的是,单这句话就体现出仁与人伦的一种密切相关性。这一点尤为重要,人伦的重要性不仅在于其是调和社会关系的规范,更在于是人与禽兽分际之保障。《孟子·滕文公(上)》中孟子谈到人若仅吃饱穿暖而"无教"就与禽兽相近了,所以圣人教人们以"人伦"。人与禽兽之别就在于人之群体内部有礼,男女有别,关系不乱,实践五伦,才超然殊绝于禽兽而由此有了文明。②

由此就不难理解孟子对墨家"兼爱"之说提出的激烈批评,直言此说导致无父无君,其言曰:"墨氏兼爱,是无父也。无父无君。是禽兽也。"[《孟子·滕文公(下)》]这种行为是周公要伐击的,所谓"无父无君,是周公所膺也"[《孟子·滕文公(下)》]。在孟子看来墨子之"兼爱",将路人和父亲同等地爱,取消了爱有差等原则,对伦常造成了破坏,这使人走向禽兽之维。自此以后这种对于人伦的强调一直被儒家重视,而作为其原则的爱有差等也被继承。王阳明在此文化氛围中,对人伦也持重视和认同态度。这首先表现在阳明对教育子弟的要求上。他认为古代教授众人,以教人伦为重要任务,后来之教育逐渐转向教人"记诵此章",这导致"先王之教亡"。他认为教童子应该"以孝、弟、忠、信、礼、义、廉、耻为专务"。③ 也就是说孩童教育就是要以学人伦为重要内容。其次,人伦日用是阳明强调事上磨炼的一个重要方面,所谓"不离日用常行内,直造先天未画前"④。当然这也是宋明儒家的基本共识,如在事奉双亲时,要求此心纯乎天理而无一毫人欲之私来做到孝,在这个过程中砥砺心性。

---

① 李学勤主编:《十三经注疏(标点本)毛诗正义》,北京大学出版社 1999 年版,第 10—11 页。
② 曹元弼:《周易集解补释》(上册),吴小锋整理,上海人民出版社 2019 年版,第 44 页。
③ 王阳明:《王阳明全集》(新编本全六册),吴光等编校,浙江古籍出版社 2010 年版,第 95 页。
④ 王阳明:《王阳明全集》(新编本全六册),吴光等编校,浙江古籍出版社 2010 年版,第 828 页。

总而言之,儒家仁爱中"爱有差等"之原则在孔子之时即已蕴含,包含多重维度,其中最重要的是人与禽兽分际这一维。孟子正以此批评墨子"兼爱"之说。阳明"五溺"之后,汇通儒释道三家而归于儒,自然是接受了此原则。但是从一定程度上看,这种文化渊源上之原则继承对于阳明以良知为师的"狂者胸次"来说还是外部原因。阳明对于"爱有差等"之认可还有更深层次的原因。

二、"理也者,心之条理"

我们首先来考察墨子的"兼爱"思想。《墨子·法仪》表达了这样的观点,上天一定会降福于爱护、施利于他人的人,一定会惩罚害人之人。天在墨子看来是个能降祸福于人的人格神,要人们相爱的要求来自于天。质言之,就是墨子依靠天的威严来使人们相爱。人们相爱则天福之,人们相恶,则天祸之。这无疑是一种功利的想法。我们实行爱,只是由于天能降福给我们,而不是基于人情感的自然流露。功利的态度在墨子那里到了无以复加的地步,墨子言:"虽有慈父,不爱无益之子。"(《墨子·亲士》)墨子看来父亲不爱对自己没有益处的孩子。在此基础上,墨子在《墨子·兼爱(下)》提出的"兼爱"就是要教人从爱别人的父母开始,这样别人都能爱我的父母,他认为"必吾先从事乎爱利人之亲",然后他人受到感召"报我以爱利吾之亲"。儒家对于此种讲法当然不能接受,因为这显然与人之常情不符,人之常情是人生下来就对父母有种亲近感而首先爱自己的父母。

阳明对于墨子"兼爱"思想的批判也继承了这一点。阳明认为墨子将自家父子兄弟和路人看成一样的,这样而形成的对他人的爱是没有发端处的。阳明认为这种爱并不能持久,无法做到"生生不息"①。这是有道理的,作为人当然要广泛地爱自己的同胞,但是这种爱不能依据在功利的基础上,为得到回报而爱。否则,若人不予以回应,则建立在功利互爱基础上的行仁便会动力不足。按阳明之意只有顺乎父子兄弟之爱这种自然之情才会笃实深厚,再以此情感对待他人,则自然能长久而有恒。

考诸阳明良知学说,我们将发现"爱有差等"原则深层次的本体论依据。众所周知,阳明良知说简易直截,概言之,此心纯乎天理而无人之私欲遮蔽则为良知。要注意的是,在阳明看来良知与心不是两个东西,只是一个心,心被

---

① 王阳明:《王阳明全集》(新编本全六册),吴光等编校,浙江古籍出版社 2010 年版,第 28 页。

遮蔽即是人心,不被遮蔽就是道心也就是良知,"道心者,良知之谓也"①。阳明对良知极为重视,他将他的整个知行都置于良知的审视和觉润朗照之下,或者说他是以这个能知是非的"昭明灵觉"来应接事物的。阳明认为良知就是我们自己的准则,当我们遇事时,判断该做还是不该做,我们都可以完全依凭我们的良知,而良知足以担此重任,因为事之是非"更瞒他一些不得"。② 这明确表明阳明完全以良知作为其生命实践之抉择的依据,并且他在此种实践中获得了安心快乐。那么阳明在审视"爱有差等"之论争时,固然因为当时社会以儒家爱有差等原则为常道,阳明不免受到影响,但阳明绝不会由于学派之别或前人循常提倡而断然下结论,必是自己有所体会。那么这就意味着,阳明在以良知感应不同人或物时,真切笃实地感受到了这种"爱有差等"。

这从阳明相关论述中可以看出,阳明认为"道理自有厚薄",这表现在许多方面,种种情形都向人们表明人的本心自带有一种厚薄之理。譬如,虽然人们对于万物都是普遍关爱的,但是用草木来养禽兽,并不会觉得有什么不妥。进言之,人们对于将有血气的禽兽用来奉养双亲、祭祀和招待宾客,此心亦安。阳明还举出一种极端情况,当至亲和路人在面对生存危机时,现在有"箪食豆羹"等救命之物,"宁救至亲,不救路人,心又忍得"③。这里阳明举出一系列人之常情。人固然是对于万物有一种广泛的爱,但是在面对一些迫切抉择之时,不是靠理性计度能够做出决定的。如决定人物之生死取舍,唯有依靠良知才能做到问心无愧。这里更为重要的是,阳明把这种取舍之根由归结为"道理自有厚薄"。这里的道理,显然指良知自然发用流行之理,也就是说是良知本有的。王阳明认为对于这种厚薄之理,人们是不可逾越的。所谓的礼就是顺着这个条理而行事,对这种本心上的条理知晓通达就可以称为智。④ 良知自身就有条理,这就从良知本体层面为"爱有差等"原则确定了根据。阳明直言:"理也者,心之条理也。"⑤这里的心指本心。

概言之,阳明对于"爱有差等"的认同和对"兼爱"的批评乃是根于人人固有的良知其自身就有的"厚薄之理"。但是阳明关于良知本身就有"厚薄之理"的论述并非仅限于此,在其高妙笃实的万物一体的境界中,我们将进一步领会

① 王阳明:《王阳明全集》(新编本全六册),吴光等编校,浙江古籍出版社 2010 年版,第 56 页。
② 王阳明:《王阳明全集》(新编本全六册),吴光等编校,浙江古籍出版社 2010 年版,第 102 页。
③ 王阳明:《王阳明全集》(新编本全六册),吴光等编校,浙江古籍出版社 2010 年版,第 118-119 页。
④ 王阳明:《王阳明全集》(新编本全六册),吴光等编校,浙江古籍出版社 2010 年版,第 119 页。
⑤ 王阳明:《王阳明全集》(新编本全六册),吴光等编校,浙江古籍出版社 2010 年版,第 294 页。

关于良知发用流行这种"厚薄"特征的重要意义。

三、"一体之仁"的境界

爱有差等的原则实际上贯穿了阳明的整个思想体系,这不仅表现在他将此原则归结为良知固有,同时也体现在其"一体之仁"的境界中。王阳明汲汲于"一体之仁"之用意在于呼唤起人们对于同胞的关爱和对万物的一种责任。阳明认为圣人之心是与天地万物为一体的,苍穹之下只要有血气之物,圣人都想让他们生生不息,"安全而教养之",由此达成圣人的"万物一体之念"。① 在这种仁民爱物之心中,既成就了万物,更成就了自己。

对于"一体之仁"的理解关键在于"一体"。从相关材料看,阳明将人与万物在物质这个层面看成一体,他认为自然之物,不管是日、月、星、辰,还是禽、兽、草、木,它们与人本来就是一体的。正因为这样"五谷禽兽"才能养人,药石才能治疗人之疾病对人有所裨益。"只为同此一气,故能相通耳",也就是说由于天地万物都是由气构成,所以能相通而成为一体。② 但就人之常情来讲,显然无法认同我和外物共同构成一个身体。按照阳明的讲法,那这样我们就是被私欲间隔了,所以不能体会到。那么就是说即使是在物质层面上的万物一体,其实也还是基于良知的自然发用流行。

考察阳明其他相关论述,则知"万物一体"无疑仍是基于良知之感应万物而成。对于"万物一体"之证阳明有这样的讲法,他认为当我们看到孺子坠入井中会生起一种"怵惕恻隐之心",这时我们的仁爱之心与孺子是一体的;当我们听见鸟兽之哀鸣,我们也会有一种不忍之心生起,这时我们的仁心与鸟兽是感应在一起的。如果说这两类都是有血气之物,人们产生这种情感不足为奇,但是在阳明看来这种情感之产生并不局限于此。人们见到草木折断,也会生起一种"悯恤之心",甚至见到被毁坏的瓦石也会产生一种"顾惜之心"③。这种种表现都说明人与天地万物存在一种感应,人对于万物都可以产生一种情感,在这种人与对象之间的感应之中,人与物成了一体。单单是有一种感应就

---

① 王阳明:《王阳明全集》(新编本全六册),吴光等编校,浙江古籍出版社 2010 年版,第 59 页。
② 王阳明:《王阳明全集》(新编本全六册),吴光等编校,浙江古籍出版社 2010 年版,第 118 页。
③ 王阳明:《王阳明全集》(新编本全六册),吴光等编校,浙江古籍出版社 2010 年版,第 1015 页。

成了一体，在此意义上，如龚晓康先生所认为的，天地万物为一体并不是指将天地万物纳入人之躯壳，而是指人心与天地万物存在着感应。① 从阳明的表述来看，这个感应在程度上是不同的。良知对于孺子来说是一种恻隐，而对于瓦石则是一种顾惜，总的来说从孺子到瓦石其感应程度递减。那么就是说在"一体之仁"的境界中，其实蕴含有"爱有差等"之原则。

王阳明此种观点具有重要意义。成就一体之仁固然不能离开良知流行发用之无碍，举例来说，见孺子入井若无恻隐之心生起，则其良知为私欲遮蔽；见活物遭遇痛苦如被虐待而无怜悯之心则其良知亦被遮蔽，如此皆不能有所成就。但虽然良知在不同对象上流行都是无碍的，我们却不能说由于在对不同对象上都是流行无碍，所以我们对于这些对象的生死取舍是平等视之的。人以良知感应万事万物，在其中成就"一体之仁"，此时我与万物一体，已无物我之别，此谓之"真己"。但是王阳明达到此成就乃是从"百死千难"中得来，其中磨砺曲折何可胜道？而常人往往被私意执着遮蔽，对物的喜爱有时会超过对人的关爱，甚至出现如孟子所言"率兽食人"的现象，这就将动物之生死摆在人之生死之上。而其人或自辩：既然万物一体，良知发用流行于物同是感应，则舍人而取物有何不可？这就是没有体认到良知发用流行的"厚薄"和差等。更有甚者，或认为厚薄差等之说也是人欲之私，而欲格去之，若此则可能出现视人如草芥而犹自视对万物平等而自得的情形。

四、结语

儒家爱有差等原则具有深厚的文化根源，我们需要在充分了解的基础上展开批评。爱有差等原则既体现人与动物之分野，同时也是儒家泛爱众人的内在逻辑，一个人只有对自己亲人或亲近的人能够有爱，才能培养起一种深厚的爱心，并持久地以这种爱来爱众人。这些都对王阳明产生深刻影响。

在分析王阳明对爱有差等之看法中，我们发现爱有差等还起到一种提醒作用：在仁者与天地万物为一体的这种高妙境界中，良知自然无碍地发用流行于人与物，但是万物不由于此而得以被无差别对待，此种境界中仍然有以本心的自然条理为本体依据的价值取舍判断。这就避免了一种将人与物看成都是

---

① 龚晓康：《"此心光明"：王阳明的生死觉化与良知体证》，《中国哲学史》2020 年第 3 期。

我心中之物,而人与物的成毁取舍不足论的飘幻玄想。总的来说,王阳明对儒家爱有差等之根据作了本体论上的阐述,并将此原则一贯于万物一体的境界当中,这对当今学人深入理解爱有差等原则具有重要启发借鉴作用。

王阳明《拔本塞源论》思想探析

李朋涛*

"拔本塞源论"是阳明晚年时期与学生论学时提出的思想,其构成了阳明"良知"思想的后期内容,也是"致良知"思想的理论指导,也在阳明思想中占据根本地位。关于拔本塞源论的具体论述,集中体现在《传习录》中《答顾东桥书》和《答聂文蔚》两封书信上,虽是两篇书信,但其思想价值颇为丰厚,其中都是关于阳明先生对于儒家"仁"思想的继承与发扬,其高度的理论自觉与自信正是我们现如今弘扬优秀传统文化所需要的文化精神来源。

一、何为"拔本塞源"?

(一)"拔本塞源"的溯源

"拔本塞源"一词最早见于《左传·昭公九年》,其语:"我在伯父,犹衣服之有冠冕,木水之有本原,民人之有谋主也。伯父若裂冠毁冕,拔本塞源,专弃谋主,虽戎狄,其何有余一人?"①这句话的意思是说晋惠公勾结阴戎侵犯周土,周大夫詹桓伯斥责他,说他这是在拔本塞源,属于专弃谋主的行为,其意思是拔除树根,塞住水源,是指要拔除作恶的根源,从源头上来断绝作恶的念头,以此来纠正错误,这里就具体指出了"拔本塞源"的意思。而到宋代,理学家程颐说过:"天下只是一个利,孟子与周易所言一般。只为后人趋着利便有弊,故孟

---

* 李朋涛,安徽师范大学马克思主义学院硕士生。

① 洪亮吉:《春秋左传诂(下)》,中华书局1987年版,第689页。

子拔本塞源,不肯言利。"①由此可知,他是赞成孟子关于崇义而贬利的思想的,即反对人们追逐私利,对有害于人们思想的作恶行径表示厌恶。后来他也肯定过"拔本塞源"对于抵制社会邪说,恢复先王之道的重要作用,他说:"孔子之时,道虽不明,而异端之害未甚,故其论伯夷也以德。孟子之时,道亦不明,异端之害滋深,故其论伯夷也以学。道未尽乎圣人,则推而行之,必有害矣。故孟子推其学术而言之也。夫辟邪说以明先王之道,非拔本塞源不能也。"②他也多次用这个词来发扬圣人之学,反对当时社会的不良风气,由此可以看出"拔本塞源"是针对社会弊病而开出的一剂良药,希望以此来唤醒人们内心的良知道德,恢复良好的社会风气。

(二)王阳明解"拔本塞源"

"拔本塞源论"原是王阳明在《传习录》中《答顾东桥书》中的最后一段,后被其学生独立出来作为一篇,命名为《拔本塞源论》。而《答顾东桥书》则根据《阳明年谱》中记载,是在嘉靖四年九月,按此推算当时阳明应当是54岁,应该说是阳明晚年思想中继"致良知"思想之后,最重要的一则思想。关于何时被加以命名的,陈来先生认为至少在嘉靖十六年薛侃所刻《阳明则言》中,已经将此命名为《拔本塞源论》。在《答顾东桥书》中,他这样写道:

> 夫圣人之所以为圣者,以其生而知之也。而释《论语》者曰:"生而知之者,义理耳。若夫礼乐名物,古今事变,亦必待学而后有以验其行事之实。"夫礼乐名物之类,果有关于作圣之功也,而圣人亦必待学而后能知焉,则是圣人亦不可以谓之生知矣!谓圣人为生知者,专指义理,而不以礼乐名物之类,则是礼乐名物之类无关于作圣之功矣。圣人之所以谓之生知者,专指义理而不以礼乐名物之类,则是学而知之者,亦惟当学知此义理而已,困而知之者亦惟当困知此义理而已。今学者之学圣人,于圣人之所能知者,未能学而知之,而顾汲汲焉求知圣人之所不能知者以为学,无乃失其所以希圣之方欤?凡此皆就吾子之所惑者,而稍为之分释,未及乎"拔本塞源"之论也。③

这里以及所论前面的内容正是阳明提出"拔本塞源"之论的原因,阳明认为圣人并非生而知之,关于礼乐名物也是要在学习之后方能懂得,但圣人应该

---

① 程颢、程颐:《二程集》,王孝鱼点校,中华书局1981年版,第215页。
② 程颢、程颐:《二程集》,王孝鱼点校,中华书局1981年版,第275页。
③ 王守仁:《王阳明全集》,吴光等编校,上海古籍出版社2014年版,第60页。

专注于自己内心的道德义理。阳明心学也是对朱子之学的批判继承与发扬,但阳明还是坚持尊道德对于道问学的领摄作用,不否定后天的学习与实践对个人发展的积极影响。阳明看到当时社会中的众人对于自己内心的良知不明,对圣人道德的追逐超过了对于自己道德良知的认识,认为这样就会导致良知不明于天下,则天下日渐昏晦,社会道德逐渐沦丧,于是便提出此"拔本塞源"之论。《拔本塞源论》的主题是辨别本末,区分复心体之同然的心学与追逐名物知识的支离之学。① 关于"拔本塞源"的具体论述是在此之后展开论述的,前面不涉及"拔本塞源"的思想,但阳明在这里也表示了"拔本塞源"对于前面所论及的思想起到本根的作用。接着,他就引出自己的拔本塞源的观点:

> 夫拔本塞源之论不明于天下,则天下之学圣人者将日繁日难,斯人沦于禽兽夷狄,而犹自以为圣人之学;吾之说虽或暂明于一时,终将冻解于西而冰坚于东,雾释于前而云滃于后,呶呶焉危困以死,而卒无救于天下之分毫也已!②

这便是阳明先生拔本塞源之论的开头部分,他在这里面就旗帜鲜明地提出了自己的拔本塞源之论的重要性,点出了此论对于圣人之学以及对于后世社会的重要影响,也看到了此论对于自己的良知思想的扩充以及推广作用,在这里就把拔本塞源论提高到了极高的地位。

二、王阳明论"拔本塞源"为何

(一)明体:人与天地万物一体

在《答聂文蔚》中,他这样写道:

> 夫人者,天地之心。天地万物,本吾一体者也,生民之困苦荼毒,孰非疾痛之切于吾身者乎? 不知吾身之疾痛,无是非之心者也。是非之心,不虑而知,不学而能,所谓良知也。良知之在人心,无间于圣愚,天下古今之所同也。世之君子惟务致其良知,则自能公是非,同好恶,视人犹己,视国犹家,而以天地万物为一体,求天下无治,不可

① 陈来:《仁学本体论》,生活·读书·新知三联书店2014年版,第293页。
② 王守仁:《王阳明全集》,吴光等编校,上海古籍出版社2014年版,第60-61页。

得矣……鸣呼！圣人之治天下，何其简且易哉！①

此段中阳明明确地提出了人与天地万物一体的思想，他认为人是天地之心，这自然就解释了人为何与天地万物是一体。然后，他说人与天地万物是一体的，所以看到生民遭受困苦，犹如自己遭受切肤之痛，能感受到切肤之痛，则能知是非，能知是非，则能知良知，良知人人皆有，不分圣人与愚顽。世人应该努力做到致良知，则能够辨别是非，分清好恶，把别人的国家当作自己的国家看待，把别人的亲人当作自己的亲人看待，把天地万物视为与自己是一体的，这样天下的治理，就会简单而易得。

（二）发用：务本勤家自成一体

> 学校之中，唯以成德为事，而才能之异或有长于礼乐，长于政教，长于水土播植者，则就其成德，而因使益精其能于学校之中。迫夫举德而任，则使之终身居其职而不易。用之者唯同心一德，以共安天下之民，视才之称否，而不以崇卑为轻重，劳逸为美恶；效用者亦唯知同心一德，以共安天下之民，苟当其能，则终身处于烦剧而不以为劳，安于卑琐而不以为贱。当是之时，天下之人熙熙皞皞，皆相视如一家之亲。其才质之下者，则安其农、工、商、贾之分，各勤其业以相生相养，而无有乎希高慕外之心。其才能之异若皋、夔、稷、契者，则出而各效其能。若一家之务，或营其衣食，或通其有无，或备其器用，集谋并力，以求遂其仰事俯育之愿，唯恐当其事者之或怠而重己之累也。故稷勤其稼，而不耻其不知教，视契之善教，即己之善教也；夔司其乐，而不耻于不明礼，视夷之通礼，即己之通礼也。②

学习如何成德之是学校的根本，能够养成良好的德行，比那些崇尚礼乐教化、政治行政和水土播植之人更能够有所成就。阳明认为学校应该把培养有德行的人作为第一等事，这样才会精通于其他技艺，人人都能圆熟于自身，从而能够天下人同心同德，使天下百姓能够安分守己，以道德崇高为至上者，这样人民生活才不会因日常烦劳而累心，也不会因处于下层而感到卑微。这样的时代，人人都能视他人为一家，有才能且道德高尚者，不会因而产生骄傲之心。若才能只能专业一项，则应该因自己的职分不同，而有所分工与合作，这样

---

① 王守仁：《王阳明全集》，吴光等编校，上海古籍出版社2014年版，第89—90页。
② 王守仁：《王阳明全集》，吴光等编校，上海古籍出版社2014年版，第61—62页。

各治其身，各安其分，各守其家，社会就会流通于一体，达到人与万物一体之境。

（三）析辨：学霸之分

> 三代之衰，王道熄而霸术焻；孔、孟既没，圣学晦而邪说横；教者不复以此为教，而学者不复以此为学。霸者之徒，窃取先王之近似者，假之于外，以内济其私己之欲，天下靡然而宗之，圣人之道遂以芜塞。相仿相效，日求所以富强之说，倾诈之谋，攻伐之计，一切欺天罔人，苟一时之得，以猎取声利之术，若管、商、苏、张之属者，至不可名数。既其久也，斗争劫夺，不胜其祸，斯人沦于禽兽夷狄，而霸术亦有所不能行矣。①

阳明在这里认为，三代之后，世代衰微，其原因在于推崇霸术而致使王道丧失。自孔孟之后，圣学日渐消弭，而邪说横行，天下充满攻伐倾诈之人，靠邪说骗术来蛊惑世人，像苏秦、张仪之类，多到数不胜数，赢得一时功利名声，久而久之，斗争愈加持续，其引发的祸乱愈多，而最终沦为与禽兽一般的人，从而霸术也将不能发挥其效用了。这里能够看出阳明先生对于自孔孟之后的霸术之风是严厉批判的，认为此法有违圣人之风，致使圣人之学逐渐消失。阳明之所以批判功利主义，主要是他认为这样的道德风气，不会对人们的良知产生有益影响，只会把社会的良知逐渐掩盖，这样的严重有损社会良知道德的建设。接着阳明又提道：

> 世之儒者，慨然悲伤，搜猎先圣王之典章法制，而掇拾修补于煨烬之余；盖其为心，良亦欲以挽回先王之道。圣学既远，霸术之传积渍已深，虽在贤知，皆不免于习染，其所以讲明修饰，以求宣畅光复于世者，仅足以增霸者之藩篱，而圣学之门墙遂不复可睹。于是乎有训诂之学，而传之以为名；有记诵之学，而言之以为博；有词章之学，而侈之以为丽。若是者纷纷籍籍，群起角立于天下，又不知其几家，万径千蹊，莫知所适。②

面对此种现象，大批儒者开始反思儒学的发展路径，试图挽回先王的圣人之学风，于是自孔孟之后，就有部分儒者发展出了训诂之学、词章之学、记诵之学等，阳明认为这些都是空洞虚浮之学，背离了古圣人之学。这是阳明对于这

---

① 王守仁：《王阳明全集》，吴光等编校，上海古籍出版社 2014 年版，第 62 页。
② 王守仁：《王阳明全集》，吴光等编校，上海古籍出版社 2014 年版，第 62-63 页。

一时期学术之风气的批判态度。由此可见,阳明一直在极力推崇的是三代之学,反对的是自孔孟之后的流于形式的泛滥之学。"尽管经学内部也有学说不同,治经也颇有创获,但却严重约束了人的精神及思想的自由发展……因而,在经学统治下,人必然逐渐丧失自我,迷失本性,并最终失去所具有的自信与自主精神……它所体现的已非原始儒家道德所含有的主体精神和自律精神,而是一种客体精神和他律精神。因而,其道德学说的实质已不再是一种自然道德论,它已成为一种天启道德论。"①这里藤先生就把古代经学的有害之处揭示出来了,认为古代经学严重背离了人的精神自由发展的基本道德原则,严重抹杀了人性,并非原始儒家道德的本真显现,这是经学带给当时的人的最大危害。

(四)祛毒:去除唯功利之毒

> 世之学者,如入百戏之场,欢谑跳踉,骋奇斗巧,献笑争妍者,四面而竞出,前瞻后盼,应接不遑,而耳目眩瞀,精神恍惑,日夜遨游淹息其间,如病狂丧心之人,莫自知其家业之所归。时君世主亦皆昏迷颠倒于其说,而终身从事于无用之虚文,莫自知其所谓。间有觉其空疏谬妄、支离牵滞,而卓然自奋、欲以见诸行事之实者,极其所抵,亦不过为富强功利五霸之事业而止。圣人之学日远日晦,而功利之习愈趋愈下。其间虽尝瞽惑于佛、老,而佛、老之说卒亦未能有以胜其功利之心;虽又尝折衷于群儒,而群儒之论终亦未能有以破其功利之见。盖至于今,功利之毒沦浃于人之心髓而习以成性也,几千年矣。②

此段点明了此不正之学术风气对于当时的学者的不良影响,即如戏场之角,争名夺利,献媚争艳,精神恍惑,日夜游离,如丧心病狂之人,最终却荒废了自己的家业。终身从事于这些无用之学,致力于谋求功名富利,致使圣人之学距离真实的人们越来越远,而其功利追逐之心越发彰显。此功利之心就连佛老之学也无法救治。他们也曾折中于儒学不同派别的学说,儒家各派都是排斥功利心的,但群儒之论最终也未能破除他们的功利之见。直至今日,功利之学的毒害深入人的心髓,习惯影响本性,已经有千年之久了。③ 在这里阳明先

---

① 藤复:《王阳明的拔本塞源论》,《宁波大学学报》1989 年第 2 期。
② 王守仁:《王阳明全集》,吴光等编校,上海古籍出版社 2014 年版,第 63 页。
③ 陈来:《王阳明拔本塞源的思想》,《贵州文史丛刊》2017 年第 1 期。

生指出了"唯功利主义之风盛行"对当时学者的毒害,注重批判了当时的崇尚虚无的学术风气,批判了唯功利的社会不良习气。可以看出,阳明是绝对不能容忍这种对圣人之学有任何毒害的思想的存在,这不仅是对圣人之学的败坏,更是对人性道德的摧残,阳明先生立足于大本,关切整体社会人心道德的良性发展,显而易见其圣人之心。

三、王阳明论如何"拔本塞源"

(一)立圣人之心

夫圣人之心,以天地万物为一体,其视天下之人,无外内远近,凡有血气,皆其昆弟赤子之亲,莫不欲安全而教养之,以遂其万物一体之念。天下之人心,其始亦非有异于圣人也,特其间于有我之私,隔于物欲之蔽,大者以小,通者以塞,人各有心,至有视其父子兄弟如仇仇者。①

此段阐明了拔本塞源第一步便是要立圣人之心,圣人之心就是把天地万物看作是一个整体,不论内外远近,凡是有血有肉的人,都应该把他当作兄弟亲戚来看待,要常怀人与天下万物是一体的观念。然后解释了此关怀天下之心,每个人都有,不是只有圣人才有此心,但由于有你我的分别,受到物欲的遮蔽,原来大的变成了小的,通达的变成了堵塞的,若人人都有这样的一个私心,甚至会把自己的兄弟父母当成仇人看待。这一段是阳明关于圣人之心的论述,他强调了人人都有圣人之心,但由于受到自我私欲的堵塞,外界物欲的遮蔽,使得自己的圣人之心消失不见了,于是接着分析了失去圣人之心对人的危害,并认为立圣人之心就是恢复人与万物一体之同然,教导人要常怀与万物一体的观念,立圣人之心。《拔本塞源论》写得痛快淋漓,一气直下,说明它体现了阳明真实思想与感情。② 阳明真切地体悟到此一体之心就是一体之仁的外观表达,也是拯救世道人心的真实传达,不得不由此而接着论述下去。

(二)行圣人之教

圣人有忧之,是以推其天地万物一体之仁以教天下,使之皆

---

① 王守仁:《王阳明全集》,吴光等编校,上海古籍出版社 2014 年版,第 61 页。
② 陈来:《仁学本体论》,生活·读书·新知三联书店 2014 年版,第 294 页。

有以克其私,去其蔽,以复其心体之同然。其教之大端,则尧、舜、禹之相授受,所谓"道心惟微,惟精惟一,允执厥中"。而其节目则舜之命契,所谓"父子有亲,君臣有义,夫妇有别,长幼有序,朋友有信"五者而已。①

阳明在这一段中提出要行圣人之教。圣人之教就是教人认识并做到"天地万物是一体",如此便是做到了仁,在这里,阳明把仁的意义理解为了仁者是于天地万物为一体的一体之仁。然后说到行此圣人之教能够使得人人克服自己的私欲,除去遮蔽圣人之心的外境遮蔽,来达到心体与万物同体。并具体提出了圣人之教的内容有二。一是大端,即尧舜禹代代相传的美好品德;"道心惟微,惟精惟一,允执厥中",这三句话原出自于《尚书·大禹谟》,道心是发之于本心的原始状态,即本性的意思,是说本心很精微,惟一是指专心于本心的状态,执中是说持守不息,也就是说要坚持本心,持守不二。二是节目,即舜命于契的五教:"父子有亲,君臣有义,夫妇有别,长幼有序,朋友有信。"后《孟子》把它作为五种人伦和规范,认为这样便是达道了,达道就是能够遵守住一般的伦理规范。②

唐、虞、三代之世,教者惟以此为教,而学者惟以此为学。当是之时,人无异见,家无异习,安此者谓之圣,勉此者谓之贤,而背此者虽其启明如朱,亦谓之不肖。下至闾井、田野,农、工、商、贾之贱,莫不皆有是学,而惟以成其德行为务。何者?无有闻见之杂,记诵之烦,辞章之靡滥,功利之驰逐,而但使之孝其亲,弟其长,信其朋友,以复其心体之同然。是盖性分之所固有,而非有假于外者,则人亦孰不能之乎?③

唐、虞、三代教人皆以此教法为教,学人皆以此学法为学,使得当时社会人人都没有私我的看法,家家都没有追逐功利的习惯,能够做到这些便可以称之为圣人了,以此作为勉励者也可以成为贤人了,有违背此理者便是不肖了。阳

---

① 王守仁:《王阳明全集》吴光等编校,上海古籍出版社2014年版,第61页。
② 见《重修山阴县学记》:"惟一者,一于道心也。惟精者,虑道心之不一,而或二之以人心也。道无不中,一于道心而不息,是谓'允执厥中'矣。一于道心,则存之无不中,而发之无不和。是故率是道心而发之于父子也无不亲;发之于君臣也无不义;发之于夫妇、长幼、朋友也无不别、无不序、无不信;是谓中节之和,天下之达道也。放四海而皆准,亘古今而不穷;天下之人同此心,同此性,同此达道也。舜使契为司徒而教以人伦,教之以此达道也。"(《王阳明全集》,286页)。
③ 王守仁:《王阳明全集》,吴光等编校,上海古籍出版社2014年版,第61页。

明认为当时上至士人，下至农夫、商人都以道心精一、五伦和顺来作为学习的内容，都把这种践行当做养成德行的本身任务，这便是圣人之学问了。其下论述认为能够做到这些，则可以消除闻见的杂事、记诵的烦恼、词章的靡滥、功利的追逐，全社会都努力做到五伦和顺，道心精一，则社会便能够恢复到心之所同然的状态。由此可以看出阳明对于靡烂的闻见之学、记诵之学、词章之学和功利之学的批判。"是盖性分之所固有"此句出自朱子的《大学章句序》，原文是"是以当世之人无不学。其学焉者，无不有以知其性分之所固有"，很明显阳明论述当时的学风与教习是受到朱子的影响，朱子用《大学》来论述圣人之学、圣人之教，阳明则在此基础上提出了不同的看法，即以圣人之学为主题，以道心精一、五伦和顺为方法，来论述了当时社会教与学的现实状况，开启了当时教学之新的社会气象。

（三）致圣人之学

> 盖其心学纯明，而有以全其万物一体之仁，故其精神流贯，志气通达，而无有乎人己之分，物我之间。譬之一人之身，目视、耳听、手持、足行，以济一身之用。目不耻其无聪，而耳之所涉，目必营焉；足不耻其无执，而手之所探，足必前焉；盖其元气充周，血脉条畅，是以痒疴呼吸，感触神应，有不言而喻之妙。此圣人之学所以至易至简，易知易从，学易能而才易成者，正以大端惟在复心体之同然，而知识技能非所与论也。[1]

心学的纯明是指纯净本心的学问，这也就是古人能够达到一种安分的境界，就是源自于纯净此心，以天地万物为一体的仁者心境，做到这些，则人皆能精神流通，贯行一气，志气也能够通明显达，以至于没有人我的分别、物我之间的对立。就像人的身体与四肢的关系一样，贯通一体，流行不备。又说明此圣人之学问对于每个人来说就是这么简单与容易，能知能行，所以成圣人，而最终达到一种大端，即在于能够恢复此心体之同然，即人与天地万物一体，而不是知识与技能所能够达到的。立圣人之心、致圣人之学和行圣人之教可以说是分别对应于天命之谓性、率性之谓道、修道之谓教的具体开显，这就是从更高的、更根本的角度上来发挥了其思想价值与理论意义。

---

① 王守仁：《王阳明全集》，吴光等编校，上海古籍出版社2014年版，第62页。

四、结论

阳明在其《拔本塞源论》的结尾这样写道：

> 呜呼！以若是之积染，以若是之心志，而又讲之以若是之学术，宜其闻吾圣人之教，而视之以为赘疣枘凿，则其以良知为未足，而谓圣人之学为无所用，亦其势有所必至矣！呜呼，士生斯世，而尚何以求圣人之学乎！尚何以论圣人之学乎！士生斯世而欲以为学者，不亦劳苦而繁难乎！不亦拘滞而险艰乎！呜呼！可悲也已！所幸天理之在人心，终有所不可泯，而良知之明，万古一日，则其闻吾"拔本塞源"之论，必有恻然而悲，戚然而痛，愤然而起，沛然若决江河而有所不可御者矣！非夫豪杰之士，无所待而兴起者，吾谁与望乎？①

阳明为他的圣人之学疾呼，他认为若是天下人丧失了良知，就会出现这样的结果：天下人都会被此种推崇霸术的不良习气所积染，都以唯功利为心志，都以崇尚虚无的训诂词章为学风，虽然期间有见闻古圣人之教，但却视之为无用之学。因此他又感叹，生于这样一个昏暗不明的时代，如何学习圣人之学呢？又如何评论圣人之学呢？要做到这些，就应该不怕劳苦和艰难，不应有所犹豫而退却，如今天下人却做不到，真是可悲。可幸的是天理始终存在于人心之中，未曾泯灭，良知之学日后必定明于世间，那时，人们听到"拔本塞源"论，必定心中有感而触发悲痛之情，必愤然而起，犹如江河之水奔流不息，不可阻挡。所以，只能寄希望于有感于良知之说的有志豪杰之人。阳明最后发出这样的感叹，全然出于其对自己"拔本塞源"之论的自信，他相信此"拔本塞源论"必将昭明于天下，希望能让天下之人意识到良知的作用，真切地从致良知做起，以走向人人成圣之路。总体来说，阳明先生的人与天地万物为一体的思想继承了宋儒张载的"民吾同胞，物吾与也"（《西铭》）与程颢的"仁者与天地万物为一体"（《识仁篇》）的思想，是对二者思想的极大发挥与弘扬。

阳明先生的"拔本塞源论"是其晚年思想的重要部分，对于其"致良知"思想来说具有统摄根本的意义，而其中包含的圣人之心、圣人之教、圣人之学都是此论的具体内容。其中最重要的就是圣人之心，此圣人之心也就是前面提

---

① 王守仁：《王阳明全集》，吴光等编校，上海古籍出版社 2014 年版，第 63-64 页。

到过的"人者，与天地万物一体"的思想，这与当下时代提倡的人类命运共同体思想是相契合的，人与万物一体，常怀圣人之心，由此，把圣人之心推廓及他人，便可以做到人与万物同为一体。而成用、辨学与祛毒则是针对当时社会上流行的不良风气而言的，对于社会中个人私欲的蒙蔽与膨胀，唯功利的邪恶思想是有警示与压制作用的。由于阳明把"仁者与天地万物为一体"与《大学》三纲领之一的"亲民"联成一体，比起孔子的博施济众和孟子的仁民爱物，更加凸显出儒学诚爱恻怛的悲悯情怀和对于社会的责任感与使命感。[1] 提倡"人者，与天地万物一体"的思想，对于建设社会的良好个人道德与社会公德具有重要的启示与建设作用，将这种万物一体，仁爱一体的思想与去除私欲与过分功利的思想相结合，可广泛地运用于当下社会中的各个领域。

---

[1] 陈来：《仁学本体论》，生活·读书·新知三联书店 2014 年版，第 292 页。

对《拔本塞源论》的考察

王闻文[*]

王阳明作为中国哲学史上最重要的哲学家之一，其思想极为丰富，他所开创的心学体系作为与程朱理学相对的思想，在哲学界独树一帜。学术界对阳明哲学思想的研究主要集中于他的"心即理""知行合一""致良知"等思想，特别是集中于他的"心学"思想，而对其"理欲"关系鲜有研究，而从《拔本塞源论》的视角研究这一问题的相关著述与论文更是少之又少。但"作为理学家的王阳明，其理字内涵的重要性丝毫不逊于心字的内涵"，[①]并且他对理欲关系的论述俯拾即是，在他的哲学体系中是一个极为重要的概念。《拔本塞源论》作为阳明晚年重要的论述之一，本是《答顾东桥书》中的一节，是阳明回答顾东桥诸疑问的结语部分，不过这一段话对阳明整个哲学体系都有所触及，除了对"万物一体""圣人之学"等思想的论述外，对理欲关系的论述又是非常的切中与精练，在《拔本塞源论》中他通过与他的其他思想相联系来论述理欲关系，不仅使这一思想阐释得更加通透，而且亦反映出和他其他思想的关系，并且最终导归圣人之途。笔者在前人对阳明思想研究的基础上，从《拔本塞源论》这一视角来论述阳明的理欲关系及其与他其他思想的关系问题，更加全面了解阳明的哲学体系。

---

[*] 王闻文，山东大学儒学高等研究院硕士生。

[①] 沈顺福:《论王阳明之理》,《中国文化论衡》,2016 年第 1 期。

一、理欲关系总述

(一)宋明理学—理欲关系

"理欲"作为一对对立的哲学范畴使用,最早出现于《礼记·乐记》:"人生而静,天之性也。感于物而动,性之欲也。物至知知,然后好恶形焉。恶无节于内,知诱于外,不能反躬,天理灭矣。夫物之感人无穷,而人之好恶无节,则是物至而人化物也。人化物也者,灭天理而穷人欲者也。"[①]《礼记》主要从人之性对外界事物的动静来论述天理人欲,认为人如果不能对外在诱惑做出正确的选择与反思,就会导致天理的覆灭,人欲的猖獗。在此之后,有诸多思想家都触及这一思想,但着笔最多的便是宋明理学家们,如蒙培元先生所说:"'理欲'是理学家使用最多最广泛的一对范畴。按照理学家心性论的逻辑结构,许多范畴都和'理欲'有关。从某种意义上说,它们是理学人性论、人生论的最后总结。"[②]这确实是对宋明理学诸子思想的一个概括,无论是理学家、气学家、抑或是心学家,他们或多或少都对这一关系做了探讨。

"理欲"关系作为宋明理学的一个重要内容,一般认为是程朱理学的核心思想。二程、朱熹都对这一思想做了比较详尽的论述,二程认为"人心,私欲,故危殆;道心,天理,故精微。灭私欲则天理明矣"。[③] 他们是从道心——人心的架构来论述"天理人欲"的关系,认为人心不可靠,有流向恶的危险,道心则是天理所在。人之天理的丧失在于人有欲望,人之心受到外物引诱,"人之为不善,欲诱之也。诱之而弗知,则至于天理灭而不知反"。[④] 而天理的覆灭意味着道心的丧失,"不是天理,便是私欲"。[⑤] 由此,私欲盛行,在二程看来则人已不为人,"人只有个天理,却不能存得,更做甚人也"?[⑥] 只有去除人欲、复归天理才能为圣为贤。朱熹继承了二程有关天理人欲的思想,并在这一基础上进行了系统、全面的论证,他通过对先前儒家有关理欲关系思想的论述,进行高度的概括而提出"存天理,灭人欲"的思想。"孔子所谓'克己复礼';《中庸》

---

① 戴圣:《礼记译解》,中华书局 2001 年版,第 529 页。
② 蒙培元:《理学范畴系统》,人民出版社 1989 年版,第 299 页。
③ 程颢,程颐:《二程遗书》,上海古籍出版社 2000 年版,第 369 页。
④ 程颢,程颐:《二程遗书》,上海古籍出版社 2000 年版,第 376 页。
⑤ 程颢,程颐:《二程遗书》,上海古籍出版社 2000 年版,第 190 页。
⑥ 程颢,程颐:《二程遗书》,上海古籍出版社 2000 年版,第 265 页。

所谓'致中和''尊德性''道学问';《大学》所谓'明明德';《书》曰:'人心惟危,道心惟微,惟精惟一,允执厥中''。圣贤千言万语,只是教人明天理,灭人欲"。① 即在朱熹看来诸子百家论学的宗旨无非是教人明天理,灭人欲,"是以圣人之教,必欲其尽去人欲,而复全天理"。② 同时,朱熹认为人之人心听命于道心,虽天理人欲都是此心所有,"人之一心,天理存则人欲亡,人欲胜则天理灭,未有天理人欲夹杂者,学者须要于此体认省察之"。③ 二者的分别在于天理和人欲的强弱关系,一者存,则另一者则会消亡,不会存在同时并立的情况,总之,朱熹理学的大要便是教人"革尽人欲,复尽天理"。这一观点同时也被王阳明所吸收。

（二）阳明—理欲论述探本

学术界普遍认为理欲关系的问题是理学家所讨论的重点,而心学家（阳明）对此并不是很重视,但是通过梳理阳明相关著述（这里以《传习录》为例）就会发现,阳明对理欲关系的论述并不少,其对理欲关系的重视并不亚于理学家们,甚至比他们更加重视这一概念,正如任文利先生所说:"理欲之辨同样构成了阳明心学的核心要义。有学者已指出,若要在阳明早期心学中找到一个足以和其晚期心学中的'致良知'相抗衡的话头,恐怕只有'存天理、去人欲'具备这样的特征。"④也即是说阳明有关"存天理、灭人欲"的思想在其哲学体系中,亦是一个极为重要的思想。通过探析阳明的著作,就可以很清楚地看到这一点。

笔者通过统计研究阳明思想最为重要的《传习录》等著述,发现文本中关于理欲关系论述的地方极多,兹述于下。

《传习录》中提到"理"字处凡369例,阳明在使用"理"时,总的来说有两种意思,一为作为动词"调理"用,一共有六处:

1.调理其性情,潜消其鄙吝,默化其粗顽。（《右南大吉录》）

2.自省念虑,或涉邪妄,或预料理天下事,思到极处。（《陈九川录》）

3.孔子气魄极大,凡帝王事业,无不一一理会,也只从那心上来。（《黄省曾录》）

---

① 朱熹:《朱子语类》第1册,黎靖德编,崇文书局2018年版,第154页。
② 朱熹:《朱子语类》第1册,黎靖德编,崇文书局2018年版,第170页。
③ 朱熹:《朱子语类》第1册,黎靖德编,武汉:崇文书局2018年版,第167页。
④ 任文利:《心学的形上学问题探本》,中州古籍出版社2005年版,第50页。

4. 我须是将圣人许多知识才能,逐一理会始得。(《薛侃录》)

5. 夫我则不暇。公且先去理会自己性情。(《薛侃录》)

6. 其出而仕也,理钱榖者则欲兼夫兵刑,典礼乐者又欲与于铨轴,处郡县则思藩臬之高。(《答顾东挢书》)

在上述六例中,不是作为"天理"或"理论"讲,而是作为动词使用,表示一种治理的动作,这符合《说文解字》:"理,治玉也,从玉声。是之谓善治"[1]的原初之意。

除了上述作为动词使用的六例外,其余都是作名词使用,但也是从几个意思上使用,细分为"天理""道理""条理""实理""常理"五种:

1. 向晦宴息,此亦造化常理。(《黄省曾录》)

2. 惟是道理自有厚薄。比如身是一体,把手足捍头目,岂是隔要薄手足,其道理合如此。(《黄省曾录》)

3. 顺言个牒理,便谓之礼;知此条理,便谓之智;终始是这个条理,便谓之信。(《黄省曾录》)

4. 诚是实理,只是一个良知。实理之妙用流行就是神,其萌动处就是几。诙神几曰圣人。(《黄省曾录》)

5. 夫物理小外于吾心,外吾心而求物理,无物理矣。遗物理而求吾心,吾心又何物邪?(《答顾东挢书》)

6. 故《论语》曰"生而知之"者,义理耳。(《答顾东挢书》)

而作为"天理"讲得最多,共一百三十处,分布于十四章节中,具体如下:

1. 《徐爱录》——26 处

2. 《陆澄录》——34 处

3. 《薛侃录》——33 处

5. 《答顾东挢书》——6 处

6. 《答周道通书》——4 处

7. 《答陆原静书》—— 4 处

8. 《答欧阳崇一》——5 处

10. 《答聂文蔚》—— 1 处

12. 《陈九川录》——2 处

13. 《黄直录》—— 10 处

---

① 许慎:《说文解字》,中华书局 2014 年版,第 6 页。

14.《黄省曾录》——5处

这些论述都是从与人欲相对的层面来讲,如"天理人欲不并立。安有天理为主,人欲又从而听命者"。[①] 即是《说文解字注》引戴震《孟子字义疏正》里的释义:"古人之言天理何谓也。曰理也者、情之不爽失也。未有情不得而理得者也。天理云者、言乎自然之分理也。自然之分理。以我之情洁人之情、而无不得其平是也。"[②]这也是后来学者对"理"字释义多用之意,同样也是程朱理学,阳明理欲关系所重视的意思,不过相较程朱理学之理,"王阳明的理专指天理",[③]"它贯通于自然与人类社会,属于普遍于宇宙万事万物的天理,也主要指事物的所以然者、事物的道理、事物存在的根据"。[④]

同样,阳明关于"欲"的论述也很多,在《传习录》中凡166处。和理之释义一样,阳明也是在两种意义上使用"欲"字,一是作为"想要"来用,一是作为"欲望"使用。意思为"想要的"的共有71例,如:

1.如五伯以下事,圣人不欲详以示人。则诚然矣。至如尧舜以前事,如何略不少见。(《徐爱录》)

2.今诚欲求豪杰同志之士于天下,非如吾文蔚者,而谁望之乎?(《答聂文蔚》)

3.如欲孝亲生知,安行的只是依此真知落实尽孝而已。(《黄省曾录》)以上是作为动词"想要"用,除了这些之外,都是以"欲望"的意思使用,而"人欲"二字直接连用的凡39例,具体分布如下:

1.《徐爱录》——14处

2.《陆澄录》——9处

3.《薛侃录》——10处

4.《答陆原静书》——4处

5.《陈九川录》——1处

6.《黄省曾录》——1处

《说文解字》释义为:"欲,贪欲也。"[⑤]段玉裁进一步解释道:"感于物而动,

① 王守:《王阳明全集》,仁陈恕编校,中州古籍出版社2016年版,第7页。

② 段玉裁:《说文解字注》,上海古籍出版社2012年版,第15页。

③ 沈顺福:《论王阳明之理》,《中国文化论衡》,2016年第1期。

④ 沈顺福:《论王阳明之理》,《中国文化论衡》,2016年第1期。

⑤ 许慎:《说文解字》,中华书局2014年版,第176页。

性之欲也。欲而当于理,则为天理。欲而不当于理,则为人欲。"①阳明有关人欲得论述,也是从这方面来说的,"圣人述六经,只是要正人心。只是要存天理,去人欲。于存天理去人欲之事,则尝言之"②,"去其人欲而归于理,则良知之在此事者,无蔽而得致矣。此便是诚意的功夫"。③ 在《传习录》中,阳明在连用"天理、人欲"的时候,多从批判人欲,即"欲而不当于理"处来说,这也表明阳明对理欲关系的态度。

(三)阳明理欲关系分析

通过对上述材料的梳理,我们可以看出,阳明对天理人欲这一思想极其看重,在他的其他诸思想中,亦可以看到理欲的影子。阳明对天理的论述继承了程朱理学的相关思想,但又有所区别。在阳明看来所谓天理就是"人欲去尽处","曰:'何者为天理'? 曰:'去得人欲,便识天理'"。④ 阳明之所以如此定义天理在于他的"心即理"的思想,他不同意程朱"心一理"二元论的逻辑架构,因为程朱是把心分为道心和人心,人心是指私欲所在,而道心则是天理流行处。阳明对此批评道:"人心之得其正者即道心,道心之失其正者即人心,初非有二心也。程子谓人心即人欲,道心即天理,语若分析而意实得之。今日道心为主而人心听命,是二心也。天理人欲不并立,安有天理为主,人欲又从而听命者?"⑤即他认为以"人心"听命于"道心"的说法是错误的。进而阳明认为心外无理,"心即理也。天下又有心外之事,心外之理乎?"⑥即一切都是由心而发,心就是理,因此不存在人心—道心二元对立的情况。心即是一个心,只是存在状态的不同而已,"此心无私欲之蔽,即是天理。不顶外面添一分"。⑦ 当心没有私欲的时候便是天理的呈现;相反,私欲猖獗之时,则天理覆灭。因此,人只是一心,以此心之满贯天理处行孝尽忠便自然会是孝忠的体现,"以此纯乎天理之心,发之事父便是孝。发之事君便是忠。发之交友治民便是信与仁"。⑧ 想要得到这样的效果,唯一要做的便是"在此心去人欲存天理上用功

---

① 段玉裁:《说文解字注》,上海古籍出版社 2012 年版,第 411 页。
② 王守仁:《王阳明全集》,陈恕编校,中州古籍出版社 2016 年版,第 8 页。
③ 王守仁:《王阳明全集》,中州古籍出版社 2016 年版,第 80 页。
④ 王守仁:《王阳明全集》,陈恕编校,中州古籍出版社 2016 年版,第 21 页。
⑤ 王守仁:《王阳明全集》,陈恕编校,中州古籍出版社 2016 年版,第 6-7 页。
⑥ 王守仁:《王阳明全集》,陈恕编校,中州古籍出版社 2016 年版,第 2 页。
⑦ 王守仁:《王阳明全集》,陈恕编校,中州古籍出版社 2016 年版,第 2 页。
⑧ 王守仁:《王阳明全集》,陈恕编校,中州古籍出版社 2016 年版,第 2 页。

便是"。① 只要保持"此心若无人欲",自然就会合乎天理。

阳明的天理不同于程朱理学之处在于,除了他是以"一心"来论证天理人欲的关系外,还在于他认为"良知"即为天理,"吾心之良知,即所谓天理",②"良知是天理之昭明灵觉处,故良知即是天理"。③ 而他所谓的良知,就是承接孟子的良知说而来:"人之所不学而能者,其良能也;所不虑而知者,其良知也。"④也亦是阳明所说的"心之本体",是人生而所具有的,是一种本善的状态。所以阳明在论述人心之时,不同于程朱理学对于心的二重划分。二程在对《尚书·大禹谟》中:"人心惟危,道心惟微;惟精惟一,允执厥中"十六字心传作解释的时候,就是如上述所说的从道心——人心的架构来论述"天理人欲"的关系。而阳明则是从心理同一、良知是心之本体的角度出发阐述十六字心传的时候只取了其中十二字"道心惟微,惟精惟一,允执厥中",而把"人心惟危"删去了,原因在于上述提到的阳明对于理欲关系的阐发,源于一心而非二心,这"一心"即是"昭明灵觉"之心,不存在原是浑然的状态。

阳明对天理人欲的关系的看法是"天理人欲不并立。安有天理为主,人欲又从而听命者"。⑤ 他认为之于一人之心,从不是程朱理学所说的人心听命于道心,而是人心道心为一,而只是心的状态不同,是道心还是人心,在于此心是满于天理,还是塞于人欲。同时,他也并没有否定人欲的存在,只是不同意人欲和天理同处于一样的情况。而人要想达到他说的圣人之境,只需要在此心(一心)上下功夫,去正心便是,"圣人述六经,只是要正人心。只是要存天理,去人欲。于存天理去人欲之事,则尝言之",⑥并且他把圣人著书立说的宗旨归于"正人心","正人心"也可以说是"存天理,去人欲",通过如此功夫,便可以恢复心之天理状态。

二、拔本塞源:去人欲复以归圣

明晓了阳明所讲的理欲,我们接下来从《拔本塞源论》中继续分析这一思

① 王守仁:《王阳明全集》,陈恕编校,中州古籍出版社 2016 年版,第 2 页。
② 王守仁:《王阳明全集》,陈恕编校,中州古籍出版社 2016 年版,第 41 页。
③ 王守仁:《王阳明全集》,陈恕编校,中州古籍出版社 2016 年版,第 63 页。
④ 朱熹:《新编诸子集成 四书章句集注》,中华书局,2018 年版,第 366 页。
⑤ 王守仁:《王阳明全集》,陈恕编校,中州古籍出版社 2016 年版,第 7 页。
⑥ 王守仁:《王阳明全集》,陈恕编校,中州古籍出版社 2016 年版,第 8 页。

想。阳明对理欲关系的论述在其著作中俯拾即是,但显明与其他思想一起论述的则体现在《拔本塞源论》中。"《拔本塞源论》那一篇文章的骨干,正面是天地万物一体之仁,反面是功利之私,论其大体,仍不出北宋以来理学家传统所争的天理、人欲之辨。"①在《拔本塞源论》中,阳明并不是单单谈及"理欲"关系,而是以一种逻辑,并通贯其他思想进行论述,具体表现为"万物一体——立论根基"→"私欲横行——立论之由"→"圣人之学——立论之法"→"超凡入圣——立论之向"的逻辑架构。而这些问题的核心所在即是"理欲"关系,或者说都是围绕理欲关系展开的,方法即是他所说的"拔本塞源"。

"拔本塞源"语出《左传·昭公九年》:"我在伯父,犹衣服之有冠冕,木水之有本原,民人之有谋主也。伯父若裂冠毁冕,拔本塞源,专弃谋主,虽戎狄,其何有余一人?"②在《左传》文本中的"拔本塞源论"本来是消极意义,但在阳明这里显然不是在这个意义上使用,正如陈荣捷先生所说:"其拔本塞源,已非《左传》'专弃谋主'的消极意义,而是克私去蔽以复心体之同然。"③他对"拔本塞源"解释为:"拔去木之本,充塞水之源。"④陈来先生也是从这个意义上论说的,他认为"阳明的'拔本塞源'主要是就'私己之欲''功利之毒'而发的,而正确的拔本塞源的方法在他看来就是真正的、没有受到曲解的圣人之学"。⑤ 即是说阳明的拔本塞源所针对的问题即是宋明理学一向所重视的话题——理欲关系,并且阳明理欲关系的阐述又较前人进了一步,"是先前儒学道欲之辨、义利之辨、公私之辨的进一步发展。存天理、去人欲是阳明早期心学的头脑,理与欲虽是一体之两面,但早期阳明学更侧重去人欲。而在提出致良知学说后,则更注重存天理,其以良知为天理、为理之灵,致良知就是胜私复理、推致吾心天理自然之条理于事事物物的过程",⑥也和他的良知说、心一理说联系在了一起。

阳明拔本塞源论的立论根基是承接中国思想史上的一个重要的命题,即"万物一体"思想。这个思想可以追溯到先秦时期,不过在那时还只是万物一体思想内涵的表述,并没有直接把"万物一体"具体阐述出来。而宋明理学家

① 钱穆:《阳明学述要》,九州出版社 2015 年版,第 87 页。
② 洪亮吉:《春秋左传诂》,中华书局 1987 年版,第 689 页。
③ 陈荣捷:《王阳明传习录详注集评》,重庆出版社 2017 年版,第 155 页
④ 陈荣捷:《王阳明传习录详注集评》,重庆出版社 2017 年版,第 155 页。
⑤ 陈来:《王阳明的拔本塞源论》,《学术界》2012 年第 11 期。
⑥ 吴庆前:《王阳明的天理人欲观小议》,《湖北经济学院学报》2015 年第 1 期。

则在继承前人思想的同时，予以更透彻、详尽地论述，正如杨国荣教授所说"万物一体的命题，几乎为理学家所普遍认同"。① 宋明理学家中最早明确提出"万物一体"思想的是程明道："医书言手足痿痹为不仁，此言最善名状。仁者，以天地万物为一体，莫非己也。认得为己，何所不至？若不有诸己，自不与己相干。如手足不仁，气已不贯，皆不属己。"② 张横渠也在其著作《西铭》中提出这一思想："天地之塞，吾其体；天地之帅，吾其性。民吾同胞，物吾与也。"③ 在他们看来人与万物是一体的，人与人，乃至人与物的关系是亲如一家或犹如自身一般。阳明在继承这些思想的基础上，进一步从"圣人之心"的角度谈论这一问题，并且作为论证理欲关系的起点。"夫圣人之心，以天地万物为一体，其视天下之人，无外内远近；凡有血气，皆其昆弟赤子之亲，莫不欲安全而教养之，以遂其万物一体之念。"④ 阳明的论述和前人很相似，即认为天下之人都是一样的，扩而言之，只要有血气的生物都可以看作是自己的兄弟姐妹，没有远近亲疏之别。所不同的是阳明把这一特点归为圣人之心，并且认为之所以有后来的差别是因为"特其间于有我之私，隔于物欲之蔽，大者以小，通者以塞，人各有心，至有视其父、子、兄、弗如如仇雠者"，⑤ 也即是欲望的产生，使人们本来和圣人无异的本心受到污染，遂以和圣人有了差别，正是由于此，阳明提出"拔本塞源"之学说，以"使之皆有以克其私，去其蔽，以复其心体之同然"，以恢复人们心之理的一面。

阳明认为"大人者，以天地万物为一体者也，其视天下犹一家，中国犹一人焉。大人之能以天地万物为一体也，非意之也，其心之仁本若是，其与天地万物而为一也"。⑥ 造成二者分离的原因，即是上述所说的"有我之私"，在阳明看来私欲表现在社会层面即是"圣人之学"的疲敝，具体的表现是"王道熄而霸术倡，孔、孟既没"，从而造成"圣学晦而邪说横"。因为邪说盛行，所以"圣人之道遂以芜塞"，结果便是人们私欲的昌盛，"日求所以富强之说，倾诈之谋，攻伐之计，一切欺天罔人，苟一时之得，以猎取声利之术；若管、商、苏、张之属者，至

① 杨国荣：《仁道的重建与超越—理学对天人关系的考察及其内蕴》，《江苏社会科学》1993年第5期。

② 程颢，程颐：《二程遗书》，上海古籍出版社2000年版，第65页。

③ 张载：《张子正蒙》，上海古籍出版社2000年版，第231页。

④ 王守仁：《王阳明全集》，陈恕编校，中州古籍出版社2016年版，第48页。

⑤ 王守仁：《王阳明全集》，陈恕编校，中州古籍出版社2016年版，第48页。

⑥ 王守仁：《王阳明全集》，吴光等编校，上海古籍出版社2011年版，第968页。

不可名数。既其久也，斗争劫夺，不胜其祸，斯人沦于禽兽、夷狄"。① 人们尽用权谋、攻伐之计以博取名闻利养，于人伦道德全然不顾，甚至沦于禽兽之类。

阳明认为"圣人之学日远日晦，而功利之习愈趋愈下"，到现在社会更是如此，他在《拔本塞源论》中对此有详细的说明：

盖至于今，功利之毒沦浃于人之心髓，而习以成性也，几千年矣。相矜以知，相轧以势，相争以利，相高以技能，相取以声誉。其出而仕也，理钱谷者则欲兼夫兵刑，典礼乐者又欲与于铨轴，处郡县则思藩臬之高，居台谏则望宰执之要。故不能其事则不得以兼其官，不通其说则不可以要其誉。记诵之广，适以长其敖也；知识之多，适以行其恶也；闻见之博，适以肆其辨也；辞章之富，适以饰其伪也。是以皋、夔、稷、契所不能兼之事，而今之初学小生皆欲通其说，究其术。其称名僭号，未尝不曰"欲以共成天下之务"，而其诚心实意之所在，以为不知是则无以济其私而满其欲也。②

他说论述的这些现象既是社会问题的表现，也是学术问题的表现，因为社会上的人已被"功利之毒"所浸染，本来的善性、良知都受到污染；而在学问层面则表现为"学者如人百戏之场，欢谑跳踉、骋奇斗巧、献笑争妍者，四面而竞出，前瞻后盼，应接不遑，而耳目眩瞀，精神恍惑"。③ 学者所学所教已经不是"为己之学"，而是"为人之学"，知识成为炫耀的玩物。为了补救这一现象，阳明遂阐述"圣人之学"，在他看来三代社会之所以能如此和谐，就是在于圣人施教之方，施教的内容即是"十二字心传"，"其教之大端，则尧、舜、禹之相授受，所谓'道心惟微，惟精惟一，允执厥中'：而其节目，则舜之命契，所谓'父子有亲，君臣有义，夫妇有别，长幼有序，朋友有信'五者而已"。④ 这些在阳明看来即是儒家道义的精神所在，是最为核心的内容。不仅圣人以此为教，而且学者也是以此为学，由此而产生的效果，他进一步做了论述：

当是之时，人无异见，家无异习，安此者谓之圣，勉此者谓之贤，而背此者，虽其启明如朱，亦谓之不肖。下至闾井、田野、农、工、商、贾之贱，莫不皆有是学，而惟以成其德行为务。何者？无有闻见之杂，记诵之烦，辞章之靡滥，功利之驰逐，而但使孝其亲，弟其长，信其朋友。⑤

① 王守仁：《王阳明全集》，陈恕编校，中州古籍出版社 2016 年版，第 48 页。
② 王守仁：《王阳明全集》，陈恕编校，中州古籍出版社 2016 年版，第 50-51 页。
③ 王守仁：《王阳明全集》，陈恕编校，中州古籍出版社 2016 年版，第 50 页。
④ 王守仁：《王阳明全集》，陈恕编校，中州古籍出版社 2016 年版，第 49 页。
⑤ 王守仁：《王阳明全集》，陈恕编校，中州古籍出版社 2016 年版，第 49 页。

在阳明看来,上古时代的所有人都是以"以道心精一、五教和顺为学"①,人们追求的是成圣为贤,"惟以成其德行为务",其所以如此在于当时人们没有功利杂见之心,"社会文化环境只是敦促人们孝顺父母、尊敬兄长、诚信朋友,以便恢复人的本心"。②而现在的情况却是私欲横行,把圣人的教育当做"赘疣柄凿",不认可良知之说,认为圣人之学乃是无用的学问,这是阳明所痛心的,也是他欲救治的,因为不加以救治,那么社会必将陷入黑暗之中。

当面对私欲横流、人心不古的社会时,阳明是非常痛心疾首的,因此他大呼"拔本塞源",以力正人心,光复圣人之学,复现圣人之世,如果不如此做,或不痛陈"拔本塞源",那后果就是他所疾呼的"夫拔本塞源之论不明于天下,则天下之学圣人者,将日繁日难,斯人伦于禽兽夷伙,而犹自以为圣人之学。吾之说虽或暂明于一时,终将冻解于西而冰坚于东,雾释于前而云滃于后,呶呶焉危困以死,而卒无救于天下之分毫也已"。③不仅圣人之学不复为学,而他的学说亦最终不会为人们所接受,所以他在晚年又提出了"良知""致良知"的学说,而欲使"致良知"思想能够顺利施教,关键即在如何去除人欲,"这样看来,他的拔本塞源论在实践的意义上已成为王阳明良知思想能够传播、流行于天下的关键"。④因此在《拔本塞源论》的结尾,阳明感叹道:"所幸天理之在人心,终有所不可泯,而良知之明,万古一日,则其闻吾'拔本塞源'之论,必有恻然而悲,戚然而痛,愤然而起,沛然若决江河而有所不可御者矣!非夫豪杰之士无所待而兴起者,吾谁与望乎?"⑤从这也可以看出,阳明对人心还是存有希望,并且期待通过拔本塞源论而使人们最终恢复本然之心。

三、理欲通贯:良知圣体

如前所述,阳明从万物一体的角度来论证理欲关系的时候,其实也是基于他的"心即理"的思想,以及他所说的"满街皆圣人"的思想,并从致良知入手去恢复心之本体。因为万物一体,所以人与物都是一个心,此心本然为善,良知

---

① 陈来:《王阳明的拔本塞源论》,《学术界》2012第11期。
② 陈来:《王阳明的拔本塞源论》,《学术界》2012第11期。
③ 王守仁:《王阳明全集》,陈恕编校,中州古籍出版社2016年版,第48页。
④ 陈来:《王阳明的拔本塞源论》,《学术界》2012第11期。
⑤ 王守仁:《王阳明全集》,陈恕编校,中州古籍出版社2016年版,第51页。

自是呈现,没有分别,"人的良知,就是草、木、瓦、石的良知",①而阳明的"天理"在一定程度上即是他所说的"良知",吴震教授也认为"阳明心学的一个最大特点就在于将外在的天理转化为内在的良知"。② 良知即是天理,天理即是良知,"良知是天理之昭明灵觉处。故良知即是天理,思是良知之发用。若是良知发用之思,则所思莫非天理矣"。③ 他的门人朱得之也说:"阳明始教人存天理,去人欲。他日谓门人曰:'何谓天理?'门人请问,曰:'心之良知是也。'他日又曰:'何谓良知?'门人请问,曰:'是非之心是也。'"④可以看出他的理欲观与其良知说紧密相关,而致良知的思想又是拔本塞源的体现。

如果说理欲关系是通贯阳明哲学思想的核心观念,那么拔本塞源就是去人欲复天理的补救之方,而与之相关的"致良知"的思想则是拔本塞源的表现之一。"先生教人吃紧在去人欲而存天理,进之以知行合一之说,其要归于致良知。"⑤这也就说阳明论学以去人欲存天理为核心,通过知行合一的实践功夫,最后导向良知说。为了达到恢复良知的目的,他又提出了"致良知"的思想。所谓致良知就是对良知的归复过程。阳明认为所有的功夫的最后指向都只是致良知而已,除了此事更无别事,若不知致良知反而是未达知之真切处。又加之阳明认为良知即是天理,那么致良知也是复归天理。

而致良知、复天理的最终目的指向即是阳明自幼一直追求的"成圣"思想,根据王阳明年谱记载:"先生感其言,自后每对书辄静坐凝思,尝问塾师。曰:'惟读书登第耳'。先生疑曰:'登第恐未第一等事,或读书学圣贤耳'。"⑥阳明在小时候就已立了成圣的志向,并且又被娄谅"圣人必可学而致"思想所激励,他一生都在为成为圣贤而不懈努力,他认为"圣人之所以为圣,只是其心纯乎天理,而无人欲之杂。犹精金之所以为精,但以其成色足而无铜铅之杂也。人到纯乎天理方是圣,金到足色方是精"。⑦ 所谓圣人,并非与凡人有太多差别,不过在于圣人没有人欲之杂,而凡人由于私欲隔蔽,也即是他在《拔本塞源论》所说的:"天下之人心,其始亦非有异于圣人也,特其间于有我之私,隔于物欲之蔽"才会有了凡圣之别。因此,为了消去此种差别,他高倡圣人之教、致良

---

① 王守仁:《王阳明全集》,陈恕编校,中州古籍出版社 2016 年版,第 95 页。
② 吴震:《〈传习录〉精读》,复旦大学出版社 2011 年版,第 219 页。
③ 王守仁:《王阳明全集》,吴光等编校,上海古籍出版社 2011 年,第 63 页。
④ 黄宗羲:《明儒学案》,中华书局 1985 年版,第 590-591 页。
⑤ 刘宗周:《刘宗周全集》第 5 册,浙江古籍出版社 2007 年版,第 1 页。
⑥ 王守仁:《王阳明全集》,吴光等编校,上海古籍出版社 2011 年版,第 1221 页。
⑦ 王守仁:《王阳明全集》,陈恕编校,中州古籍出版社 2016 年版,第 25 页。

知、拔本塞源等学说,欲要恢复圣之本体。如何去做,在他看来不过是去人欲,存天理罢了,"学者学圣人,不过是去人欲而存天理耳"。① 只要人人去除己之私欲,那么离"人皆可以为尧舜"的时代就不远矣。

四、结语:道统的承继

综上所述,通过对阳明理欲思想的梳理、探析,我们可以看出理欲关系在阳明哲学体系中,并非一个无可紧要问题,而是其思想的一个通贯的核心概念,在他的其他思想中都可以找到这一学说的痕迹;同时,《拔本塞源论》对理欲关系的阐释又是在其著述中最为通透的,因为"《拔本塞源论》成书于阳明晚年思想成熟的关键期(1524),不仅在阳明整体思想中有着重要的地位和意义,而且在古代中国同样有着非凡的学术地位和价值"。② 如冈田武彦所说《拔本塞源论》把"王阳明学术思想几乎毫无遗漏地记录在其中",③可以说在一定程度上此论是阳明全部思想的一个概括,而表现在理欲关系上即是以理欲为线,串接万物一体,心即理,致良知,成圣贤等思想,正是由于《拔本塞源论》论述思想之丰富,因此阳明在阐释理欲关系的时候也更加深入与横贯。

此外,更为重要的是阳明由"拔本塞源"等功夫所要达到成圣的目的。阳明提倡"拔本塞源"的原因主要在于他要除去人之私欲,并且由此达到圣人之境,在阳明看来,圣人是可学而致,因为普通人和圣人都皆具此心,此心又是理之当然,都具有良知之本,而良知又是"天理和吾心的合一"④,良知"本就有知善知恶的能力,但这种天赋之知,一开始处于自在状态"⑤,人虽然本然具有,但仍需一个"养"的过程,此"养"乃是指其"致良知"的手段,即是说"理"乃是"良知","致"乃是"去欲",这和孟子的修养功夫相似,孟子认为"四端"乃人之所有,"恻隐之心,仁之端也;羞恶之心,义之端也;辞让之心,礼之端也;是非之心,智之端也。人之有是四端也,犹其有四体也。"⑥善性也是人之所有,"人性之善也,犹水之就下也。人无有不善,水无有不下",⑦但由于受到外在环境的

---

① 王守仁:《王阳明全集》,陈恕编校,中州古籍出版社 2016 年版,第 25 页。
② 许宁,秦蓁:《论〈拔本塞源论〉的三个维度》,《孔学堂》2016 年第 3 期。
③ 冈田武彦:《王阳明大传 知行合一的心学智慧》,杨田等译,重庆出版社 2018 年版,第 303 页。
④ 杨国荣:《王学通论—从王阳明到熊十力》,华东师范大学出版社 2009 年版,第 61 页。
⑤ 杨国荣:《王学通论—从王阳明到熊十力》,华东师范大学出版社 2009 年版,第 62 页。
⑥ 朱熹:《新编诸子集成 四书章句集注》,中华书局 2018 年版,第 248 页。
⑦ 朱熹:《新编诸子集成 四书章句集注》,中华书局 2018 年版,第 328 页。

影响，会出现本然和应然不一致的情况，因此孟子主张"求放心""养气"等，而阳明作为心学的集大成者，他有关去欲恢复天理的主张，亦是对孟子这一思想的发挥，而其最终目的则在回归到孟子所言之"圣人"——以此来承继儒家道统。并且在这一思想的指引下，阳明通过知行合一、致良知的实践功夫，最终成为中国哲学史上，乃至中国历史上为数不多的集"立德、立言、立功"三不朽于一身的思想大家。

王阳明平定桶冈史事再探

李　平[*]

后人更多地关注王阳明的"心"而忽略"物",关注王阳明的"知"而忽略"行",并进而视其为"唯心"且"主观"。但是,王阳明的学术从来就是与其功业相互激发的。在王阳明的身上,其学术即"心学",是为立言;其功业即实践,是为立功;其气节即担当,恰恰是立德。这才是王阳明的真"三不朽"[①]。平定桶冈是王阳明实现"三不朽"勋业的重要组成部分,在其一生所指挥的六大战役中占有十分重要的地位。经由此役,王阳明一举平定了"茶寮、桶冈群盗"[②],推进平定南赣(闽粤赣湘四省边区)进程,并通过立崇义县、置巡检司、把守关隘、凿山开道、安置新民、兴办社学、推行保甲乡约、培育弟子等一系列举措实现了"稳定社会和安抚人心"[③]。囿于史料,学界未厘清此役中的一些历史节点,也较少从王学中更为根本的"亲民"[④]思想出发来研究王阳明的具体军政

---

　* 李平,赣南师范大学王阳明研究中心硕士生。

　① 方志远:《"知行合一"与王阳明的"三不朽"》,《中华传奇》2018年第25期,第23页。

　② 谈恺、陈灿,等:《虔台续志》卷之一《舆图记》,第14页。

　③ "稳定社会和安抚人心"为伯恩斯和拉尔夫的卓识,(见〔美〕菲利普·李·拉尔夫、罗伯特·E. 勒纳、斯坦迪什·米查姆、爱德华·伯恩斯:《世界文明史》(上、下卷),赵丰,等译,商务印书馆1998年版,第197页。)

　④ "'亲民'为王阳明政治思想的核心命题,既是其对心学的重要贡献,也是王阳明心学区别于程朱理学的重要特征,体现着王阳明一生的执政理念。……在王阳明自己看来,无论是'知行合一'还是'致良知',都是为着'亲民',并特别提出'政在亲民'……'亲民'、'政在亲民'……却往往为后人所忽略。……一方面,所谓'亲民',就是孟子'亲亲仁民'之意,'亲之'即'仁之','亲民'也就是'仁者爱人'。……所谓'亲民',就是'爱民'、安百姓,就是关心百姓的生计疾苦。"参方志远:《"亲民":王学要义所在》,《光明日报(理论版)》2020年12月28日14版。

实践，①另针对后人多仅以事功来评判王阳明巡抚南赣的历史性贡献，笔者在多次田野调查的基础上，拟对王阳明平桶冈全过程进行初步还原，探析王阳明的军政思想与社会治理思想，以及王学经过战火磨砺后的前进发展——"破山中贼易，破心中贼难"的提出，致力于促进以区域的、个案的、具体事件的实证研究来增加对王阳明与南赣的整体理解。②

—

弘治末至正德初，在谢志珊、蓝天凤的纠合下，"盗乱"流民占据了江西省南安府大庾、南康、上犹三县大块地盘，建立了约 90 多个山寨，其总面积和人口按当时的情况看都不亚于一个中等县。③ 众多山寨依山傍势，据险立隘，作为屏障拱卫在"南安三巢"——横水、左溪、桶冈核心大寨周边。这些山寨特别是桶冈一带与湖广桂阳、桂东、鱼黄、聂水和广东乐昌等贼巢相连盘踞，贼众互为声援，造成"处处山田尽入畲，可怜黎庶半无家"的局面，正如王阳明《平茶寮碑》所言："正德丁丑，瑶寇大起江、广、湖、郴之间，骚然且四、三年"。正德十二年（1517）五月初，王阳明平定福建漳南后，即开始谋划围剿横、左、桶。最终在半年后，王阳明一举攻克横水、左溪，旋即展开桶冈之战。

蓝天凤，系弘治、正德间自广东流徙至桶冈的畲民，后据桶冈称王。数年后，其部壮大至数千人，其中畲民是其主体，强悍勇猛。依靠有利地形和畲民

① 相关研究有唐立宗：《在"盗区"与"政区"之间：明代闽粤赣湘界的秩序变动与地方行政演化》，台湾大学文史从刊 2002 年版；黄志繁：《"贼""民"之间：12—18 世纪赣南地域社会》，生活·读书·新知三联书店 2006 年版；周建华、徐影《王阳明与崇义》，江文仁主编，中共党史出版社 2009 年版；徐影：《王阳明军事思想研究——以王阳明征剿横水、桶冈为例》，中国明史学会、中共赣州市委宣传部；《第二届阳明文化国际论坛论文汇编》，中国明史学会、中共赣州市委宣传部、崇义县人民政府，2019 年；黄家强：《王阳明南赣社会治理研究》，赣南师范大学硕士学位论文，2018 年；陈海斌：《王阳明与南赣地方社会秩序的重建》，《赣南师范大学学报》2021 年第 2 期。

② "……研究者在心智上和感情上尽量置身于地域社会实际的历史场景中，具体地体验历史时期地域社会的生活，力图处在同一场景中理解过去……置身于历史人物活动和历史事件发生的具体的自然和人文场景之中"。（黄志繁：《"贼""民"之间：12—18 世纪赣南地域社会》，陈春声《走向历史现场》，第 2-5 页。）

③ 对参与民变的所谓"山贼""土贼"中的各族民众，和蓄意发动兵变的"叛贼"，王阳明是区别对待的，我们更不应该混为一谈。（参方志远、李伏明《治事阳明——一生精神在江右》，江西教育出版社 2020 年版，导言，第 7 页。）自宋至清，由于各种复杂原因，赣南的边界山区便动乱不断。（参黄志繁：《"贼""民"之间：12—18 世纪赣南地域社会》，第 105 页。陈森甫：《宋元以来江西西南山地之畲畲》，第 172-174 页。）

的支持,蓝天凤屡败进剿之官军。从军事部署角度看,桶冈东有横、左之谢志珊,西依郴州之龚福全作为战略屏障。横水距桶冈百余里,道路险峻如鸟道,[①]湖广上章地势则相对平坦便于布防,[②]二者构成了桶冈较为宽阔的战略纵深。为呼应蓝天凤并试探王阳明主力动向,谢志珊在六至八月间先后攻打南康县城和南安府城。同时广东浰头池仲容也时常声援蓝天凤,而蓝天凤则重点防御桂东方向。桶冈不仅四面青壁万仞,连峰参天,深林绝谷,不睹日月,而且还是一处中间产粮的地方,"中所产旱谷、薯芋之类,足饷凶岁。往者亦尝夹攻,坐困数月,不能俘其一卒,竟以招抚为名而罢。"其仅有锁匙龙(今上峙杨梅塅)、葫芦洞、茶坑、十八磊、新地五处天险作为入口,五大隘口之内便是纵横二百里天险。

风闻王阳明意先取桶冈,后打横、左的作战部署后,蓝天凤一面向湖广连界大山等处转移家属,一面凿山开堑道,砍木伐竹加固寨堡,修缮烽火台,以及在官军必经之地挖陷阱,埋竹签,张套索,刊崖倒树以设置滚木礌石等机关,并为部众装备强弓药弩等武器。特别是蓝天凤在十八磊[③]一带设置飞梯,企图一旦战败就由飞梯进入延袤千里的范阳大山,而后断飞梯阻止官军。同时他又集众掠夺百姓钱粮财物作为补给。蓝天凤原以为因南安、赣州二府兵力寡弱,王阳明也会如之前的南赣巡抚一样,征调湖广、广西的土狼兵来围剿自己。然而等到土狼兵调集,自己的部下早就化整为零不见踪影了,时间一久官军因粮草不济必将无功而返。

王阳明是善于制心的典范。[④] 为孤立谢志珊、蓝天凤,王阳明根据三省之贼"利则相趋,患不相顾"的习性,采取多种措施分化瓦解了郴州龚福全部、浰头池仲容部以及乐昌高快马部,截断了他们相互支持的渠道。王阳明还令广东兵在赣湘二省夹攻横、桶时需到粤北仁化县堵截贼众。

地处湘赣二省交界处的桶冈易被二省夹攻,贼众早已据险严防。另外,受郴州战局影响,与湖广兵夹攻桶冈的时间难以确定。且相对桶冈而言,横、左

---

① 通往桶冈峡谷的公路在 20 世纪 80 年代才开建,并于 90 年代建成,此前人们都是走山腰上的狭窄小道。

② 今为湖南省桂东县普乐乡新庄村上庄组,与桶冈仅一山之隔。

③ 据 1984 年《江西省崇义县地名志》第 43 页:"站在村后山顶,可见十八座山峰,名十八磊。"

④ 临危不乱是由于平时在"良知"上用功的结果。王阳明曾道:"人之性刚者亦能履险不惧,但其心必强持而后能。即强持便是本体之蔽,便不能宰制庶事。孟施舍之所谓守气者也。若人真肯在良知上用功,时时精明,不蔽于欲,自能临事不动。不动真体,自能应变无言"(管敏义:《从平宁藩之役看王守仁的军事思想》,《宁波大学学报(人文科学版)》1998 年第 2 期,第 1-7 页。)

才是三巢腹心之地,因此为成功地关门捉贼,王阳明最终决定先打横、左,次攻桶冈。照此方略,王阳明在战前故意放风要征调土狼兵来夹剿桶冈,同时派舒富等率重兵扼守上犹金坑、营前等要隘,佯装要出击桶冈,使蓝天凤不敢轻举妄动。鉴于南安府三县民、贼杂处的状况,为防止玉石俱焚,王阳明特意下令拨兵护守百姓。

十二日召集各路打到横、左的官军后,王阳明令士兵就地休整。次日起至十五日都是瘴雾阴雨天气,咫尺难辨,王阳明一边等待补给,一边下令各营继续休整备战,并分派乡导探查残贼动向及其他贼巢动静。① 十五日,王阳明挥兵攻横、左外围。以二十七日郑文破长河洞巢为标志,官军基本扫清了横、左外围并打通了进攻桶冈的通道。此外,王阳明还俘获了贼魁谢志珊,并顺势完成了对桶冈的合围。这就使横、左成为官军较为牢固的根据地,为全力进军桶冈奠定了基础。

二

(一)攻心为上,劝降招抚

"善战者,其势险,其节短。"二十七日,各营官兵请求乘胜进攻桶冈,王阳明却清醒地提出先以智取、后以武攻的正确方略。因为强攻桶冈天险,必然损失惨重。绕道湖广上章进攻又需时半月,必定会延误战机。另外已经与湖广约定在次月初一夹攻桶冈,若提前进攻,贼寇溃往湖广难以追击。且此次进剿主力为江西兵,湖广兵协作从桶冈另一端来,江西兵若再贸然前往追剿,由于互不了解易造成误杀。王阳明最终决定先屯军至离敌人不远处并宣扬官军声威,给贼众讲清祸福关系以劝降他们,使之有所忌惮并主动受降。即便对方不降,其军心也会逐渐涣散,到时举兵则可成事。

于是王阳明释免了素与贼通的义官李正岩、医官刘福泰,并释放抓到的桶冈贼钟景,令他们三人给蓝天凤带去招降信。此三人在二十八日夜攀崖进入桶冈,告知贼众必须在十一月初一日早到锁匙龙集中受降。这是因为二十八日及以后,王阳明将派大军进屯过步、芒背等地,并逐步向思顺、铁木等战略要

① 据光绪《思顺何氏族谱》,在横、桶之役中,思顺(何屋湾)何氏在六世祖何景端的带领下,整族数十人毅然参军,皆勇当乡导随军杀贼。桶冈一战,有名有姓的何家乡导就阵亡多达17人,包括何景端、何珊、何瑚父子三人,此战之惨烈由此亦可见一斑。

地进逼，做好招降不成则进兵包抄的准备。而五大险隘中最东端的锁匙龙距官军最近，更便于招降，即便招降不成也能吸引贼众的注意力，从而掩护官军自葫芦洞等地隐蔽进军。惶恐之贼见到三位故人不禁大喜，他们忙派人请示蓝天凤并连夜召集各巢首领前来锁匙龙聚会商议。蓝天凤对此惊疑不定，惊的是领教了王阳明攻杀谢志珊的凌厉迅猛，疑的是王阳明用兵诡计多端，这亦难保是假招降、真剿杀。直到此时，蓝天凤也还没摸清王阳明的意图及其军队实力。他自己对桶冈之险仍抱有幻想，从横、左、过埠等地逃来的核心骨干势力又极力反对投降，认为即便投降也难逃一死，据险抵抗消耗官军粮草才是上策。

蓝天凤至少已错过了四次招降的时机：攻横、左之前，蓝天凤未降；横、左覆巢后，他未降；清剿横、左外围时，他仍未降；尤其打到眼前，王阳明派人劝降之时，他还是迟疑不决。眼看对"负固逆命者"招降无望，王阳明顾不上挥泪锋镝，[①]决定先发制人。考虑到在十一月初一上午进攻有备之敌将万分艰难，王阳明于是决定趁初一日凌晨敌人防备松弛时发动总攻。各贼巢首领向锁匙龙集中使得西山界、葫芦洞、茶坑等要地均处于群龙无首之状，使官军有了可趁之机。二十七、二十八两日，王阳明派遣八路官兵隐蔽进发，分四路从过步、麟潭、上保方向进逼桶冈五个出口。王阳明一面派舒富率数百精壮敢死之士进屯锁匙龙边缘一带的香炉坝临河一带促降，[②]同时令王天与部紧随舒富军以作为后继部队。这是因为早有准备的蓝天凤必定会在锁匙龙附近集聚重兵，待双方开战时，舒富、王天与部恰好能与自葫芦洞等地进兵的前山部队一道形成包围圈，从而防遏溃贼东逃。

与此同时，王阳明指派伍文定进屯西山界，张戡进屯葫芦洞，准备让这两路先前破横水时负责"遏奔冲"的机动部队转为破桶冈的主力军。王阳明则亲率中军与邢珣、唐淳以及郯文部入桶冈西部。唐、郯进屯十八磊，王阳明中军与邢珣部则屯茶坑。王阳明吸取漳南之役因未能亲临一线而导致首战受挫的教训，决定亲率中军向两省交界处的交通要道茶寮一带进发，一来便于协调二

---

① "其去小人也，必使有自容之地；罪人也，必使有可赎之路；杀人也，必有哀怜恻怛，求其生不得之心。"（《魏叔子文集外篇》卷八《四此堂摘钞叙》）魏礼称此叙中评论阳明的文字都是"人髓人神之言"。王阳明"于盗贼中括尽拔本塞原之要"（彭士望评语）。

② 谢志珊、蓝天凤结盟之地，处于桶江河与新地河汇合处，因河中一土墩形似香炉，故名。此地较为宽阔平坦，山势不高，能驻扎招降大军。且距离锁匙龙有七八里，较为安全。而蓝天凤聚众商议之地在今龙潭瀑布上方附近，在香炉坝对面，属于锁匙龙的龙头，易守难攻，能防止官军包抄。

省兵力夹击贼众,二来占据茶寮所在的桶冈大巢这一战役最核心位置,能及时处置瞬息万变的战况。在邢、伍、唐、张这四路主攻的大军中,除唐淳专于攻打十八磊并负责堵截奔往湖广的溃贼外,其他三路军马都要分兵围剿主战场锁匙龙,以务求擒斩贼首蓝天凤。郏文负责支援唐淳,同时分兵断位于湖广桂东与桶冈交界处的下章;季敩率军屯聂都防止贼众南逃;许清、余恩分别留屯横、左以稳定后方;杨璋、黄宏则监督各军并押运粮饷。

(二)合攻锁匙龙,大战西山界

十一月初一黎明前,趁敌人军心涣散,在雨幕掩护下,各路官军疾速攀登各个山头,对茶坑、西山界、葫芦洞等巢几乎同时发起进攻。蓝天凤正在锁匙龙聚众议降,突然听说多路官兵都已攻入他们险要的防线,大惊之余仍令其千余部下据内隘绝壁,隔着宽深的河流布阵设防以作鱼死网破之斗。"邢珣之兵渡水前击,张戬之兵冲其右,伍文定之兵自张戬右悬崖而下,绕贼傍击。"作为距离锁匙龙最近的一路军队,邢珣部是特意率先去突袭并震慑蓝天凤的一路奇兵。邢珣之兵强渡桶江河,冒雨向崖上的蓝天凤发起正面猛攻,令自以为桶冈西部防御坚固的蓝天凤措手不及。同时张戬之兵迂回冲击贼的右翼,伍文定之兵从张戬部右边攀崖而下,绕开贼众进攻蓝天凤侧翼。合攻之下,贼众逐渐不支,且战且退守十八磊方向。双方在大雨中展开激烈的拉锯战,一直鏖战至中午大雨消停,各路官兵鼓奋而前将贼众一线阵地击溃。锁匙龙激烈的战况也惊动了舒富、王天与军,二人得知邢、伍等前山官军已经对蓝天凤发起进攻后,也立即率军攻上锁匙龙。各路官军乘胜追击,败贼全部逃往十八磊。这是因为处于湘赣二省交界处的十八磊易守难攻,既可抵挡官军,战败还能乘飞梯逃奔湖广桂东连界大山等地。

战后王阳明在茶寮巨石上所留下的《平茶寮碑》载:"十一月癸酉(初一),攻桶冈,大战西山界。"①西山界战役当十分激烈。西山界是桶冈"南大门",是蓝天凤重兵固守之地和退守之地。一旦官军攻不下此寨,在西山界众贼的接应下,蓝天凤可从西山界南逃,在崇山峻岭间再度占山为王。因此王阳明命实力保存更完整的伍、张二军合攻极其险要的西山界巢,并亲率中军前来督战。然而途经西山界之地多为悬崖峭壁,而且贼众早已重兵布防,层层设卡,遍伏机关,天又下雨,官兵铳炮不能用,贼众可谓占尽天时地利。在邢珣等部猛攻

① 王阳明:《王阳明全集》卷二十五《外集七·平茶寮碑》,吴光等编校,浙江古籍出版社 2010 年版,第 992-993 页。

锁匙龙等地时,王阳明也率中军抵达西山界战场前线亲自督阵以振奋士气。不久蓝天凤率众自锁匙龙败退到西山界,为了挽回局势,他率众凭险拼死抵抗。双方作战都空前激烈,也都伤亡惨重。最终,贼众不支并败走十八磊。

锁匙龙、西山界等地的溃贼却又陷入唐淳军的埋伏,大败。初一晚上,各贼众仍然据险顽抗。初二日早上,王阳明指挥各路官军密切配合,再次合势击贼。他们的战线错落有致,灵活穿插包抄,大大加快了战斗进展。邢珣兵乘势攻破桶冈大巢、梅伏巢(今三江)、乌池巢,这就为唐淳等全力攻破十八磊提供了安全的右翼阵地保证。与此同时,张戬兵以葫芦洞为依托,连破西山界、锁匙龙、黄竹坑(今黄竹垄),这条东南至西北走向的战线大致与邢珣的战斗阵线走向一致,并几乎相连,这有效地配合了邢珣军。此时,伍文定兵连破铁木里巢、土池(今上峙村)巢、葫芦洞巢,其战线走向也大体是东南至西北走向,且这条战线末端连接着张戬首先攻克的西山界,这样一来,就使得葫芦洞贼无法回援西山界、锁匙龙、黄竹坑。另外,王天与破员分巢、背水坑巢,舒富破太王岭巢,从而进一步廓清了外围,确保了思顺这一后方阵地的稳固。①

败贼退往十八磊等地,钻进了官军设好的"口袋"。双方激战许久,官军最终消灭了十八磊之贼以及从西山界等地逃来的散寇。官军两天之内相继攻占桶冈大巢、西山界、锁匙龙等十三巢。为乘胜消灭蓝天凤溃散残部,必须及时会合湖广兵。就在初二这天,得知湖兵将要夹攻而来,驻军茶寮前线的王阳明当机立断,命邢珣分兵屯葫芦洞,唐淳屯十八磊,伍文定屯大水(今上堡白水),郏文屯下新地,张戬屯磜头(今上堡磜头脑),舒富屯茶坑,姚玺、王天与屯板岭;并令副使杨璋巡行磜头、茶坑诸营,监督各路大军进止,以继其粮饷。为保证粮饷自聂都运往桶冈,王阳明又令参议黄宏留扎南安供给粮饷。王阳明亲率中军屯驻茶寮,以便指挥各营分兵守住已破巢穴防止贼众重新集结,并准备与湖兵相会夹剿遁贼。对下新地、板岭等残存的贼巢,官军亦是采取以围促降之术以尽量减少杀伤,"穷巢容有遭驱胁,尚恐兵锋或滥加"②。

初一、初二两日鏖战,奠定了桶冈之役胜利的基础。初三、初四日,王阳明一面准备迎接湖广兵并夹剿残贼,一面做适当的休整。初五到十三,桶冈之役

---

① 思顺古时为边陲重镇,东进思顺河通往唐江,南往麟潭、古亭通广东,西至湖南郴州,北往上犹遂川,自古为兵家必争之地。思顺何家二世祖于1369年自唐江迁来此地发家奠基。(光绪《思顺何氏族谱》)

② 丁涛、钟少异:《试论王阳明军事思想的学术价值与影响》,《贵州文史丛刊》2018年第1期,第32-34页。

以利于官军的形势持续。邢珣在初五以势如破竹之势连破上新地、中新地、下新地；两天后，配合邢珣的唐淳连下杉木坳、原陂（今笔猩坑）、木里三巢；十一日，张戬一举攻克了板岭（今石门框）与天台庵二巢；十三日，桶冈境内仅剩的东桃坑、龙背也被攻破。自此官军基本上荡平了桶冈各处二十多个巢穴，消灭了桶冈贼主力。

而此前因部分残贼逃入桂东县连界大山躲藏，官军四处搜剿都不见敌影。王阳明于是在十一日下令湘赣粤三省全力搜剿。王阳明为此专门派此前就已分兵断下章的郏文部，以及久经战阵，更为熟悉当地情况的杨璋等率军前往上章等地追剿。为防止尚不清楚桶冈剿贼战况进展的湖兵劳师远征，王阳明在十一日又告知湖广兵只需留扎在其原来营寨，以避免其过境扰民。同时奖赏其将官，以旌勤劳。杨璋、郏文等部最终在十五日与湖广兵会合于上章，并尽歼散寇。然而就在次日，王阳明得知被湖兵攻破的桂阳鱼黄等地的千余残贼，近日已突出包围向邻近的桶冈新地、南康鸡湖以及大庾稳下、朱雀坑等处逃奔。王阳明分兵追击，"尽平"之。

从十月十五日发起围剿桶冈之战起到十二月初三，在不到五十天内，王阳明歼灭了以蓝天凤为首的桶冈之贼，取得了桶冈之役的全面胜利，从而最终实现了其以赣湘之兵夹攻桶冈的战略意图；自十一月初一至年底，王阳明指挥湖兵平定了以龚福全为首的郴州贼，取得了湖广战场平贼战役的胜利；至此年闰十二月上中旬，广东也取得乐昌战场平贼战役的胜利。从十月初十发动横、桶之役到是年年底，南安、郴州、乐昌三地贼寇皆被王阳明一一平定。自此闽赣湘粤四省五股山贼已被王阳明剿灭了四股，仅剩下广东浰头池仲容一部。《明史·王守仁传》："桶冈既灭，湖广兵始至……守仁所将皆文史及偏裨小校，平数十年巨寇，远近惊为神。"且如方宁指出，王阳明平定"贼"乱不同于一般的武将，王阳明是始终坚持以安民为本并取得了稳定社会的良效的，[①]王阳明将亲民思想贯彻到戡乱等事的方方面面。

三

为确保"奸宄屏息，民获宁宇"，在十二月初九班师前，王阳明强撑病体，马

---

① 方宁：《南赣农民暴动与王阳明的军事行为评析》，《新余学院学报》2012年第4期；管敏义：《从平宁藩之役看王守仁的军事思想》，《宁波大学学报（人文科学版）》1998年第2期，第1-7页。

不停蹄地为实现桶冈、横水等地的长治久安奔忙不已。① 为早日恢复当地生产,王阳明将被胁从的一千余人释放归田;为防范四方散寇,王阳明留兵二千余人分屯茶寮、横水等隘,为防扰民,王阳明又将其余人马分遣到上犹、南康等地休整。此外,王阳明还坚持实施了一系列德泽久远的安民举措。

(一)建县设司,立隘开道

为防止三省残孽聚合和奸逆逃遁,早在十月二十七日,王阳明即派人在横水建立城隘。后来王阳明又听取民意,反复勘察比较,决定在三县适中去处,又是谢志珊总寨,属于上犹崇义里的横水建立县城以作久远之规。战后,王阳明便奏析南安三县之地建立新县,两年后,崇义新县正式成立。随同出征的新城知县黄文鹜称赞王阳明道:"经纶更有安民术,立县居民在左耕。"②

为保证横、桶等地的长治久安,王阳明亦奏请在长龙、上保、铅厂三要地设立巡检司。早在十一月初三及此后等待湖广兵的数日,王阳明就令人先行在茶寮起盖营房。十一月十四日,王阳明最终决定在扼湘赣粤三省要冲的茶寮设立隘所,并将皮袍洞隘兵尽数改移茶寮驻扎,而后又从邻近的上保、古亭、赤水、鲜塘、金坑等寨抽选壮丁充实茶寮隘所,同时也设法充实其他隘所的守备力量。此外,王阳明还派官兵伐木越崖,凿山开路,以加强对外联系。无怪乎王阳明部下皆盛赞王阳明"作新是邑"和"创造兹土"之功:"三十年前荆棘地,明春好种我春耕""渠寇灭剿奸雄绝,百姓田归黎庶耕。"③王阳明成功推动横水、茶寮等地由"处处山田尽入畲,可怜黎庶半无家"向"渠寇灭剿奸雄绝,百姓田归黎庶耕"的局面转变。

(二)推行保甲乡约,兴办社学

为有效安定并恢复地方,王阳明在崇推行已被证明颇为有效的保甲制度,为保障顺利编排户甲,建立互相扶持监督的高效系统,王阳明派遣军队强化巡防。在新县建好,地方安定后,王阳明在此力推十家牌法:"牌仰知县陈赟上紧前去该县,首照十家牌谕,查审编排,连属其形势,辑睦其邻里,务要治官如家,

① 他秉持孔子"宽猛相济"的训诫,在"收拾人心"上着力最大。丁涛、钟少异:《试论王阳明军事思想的学术价值与影响》,《贵州文史丛刊》2018年第1期,第39页。

② 正德《新城县志》卷十《艺文》,正德间刻本。

③ 李平、熊昊:《毛子翼与隆庆二年崇义王文成公祠碑刻初考》,《走近王阳明——首届全国大学生知行合一传习论坛论文集》,2020年,第367-368页。

爱民如子,一应词讼、差徭、钱粮、学校等项,俱听因时就事,从宜区处。"①

　　破山中贼的同时,王阳明尤为重视"破心中贼","教育和引导人们根除心灵深处的一切有违名教纲常的念头"。王阳明后来还在崇义新县发布《告谕》和《南赣乡约》,实施申明亭、旌善亭制度,大力兴办官学、社学,培养弟子等。王阳明"采用安心安民……是以一个救赎人心的大师的胸怀唤醒迷途众民知善知恶的良知,破心中之贼,让他们重回到新生之路上来"②,据民国《崇义麟潭化山刘氏四修族谱》记载,正德十三年,王阳明特意安排麟潭刘氏族人优秀弟子到赣州濂溪书院受学,这与思顺传承至今的忠义传家之风一样,影响皆深而久远。

　　王阳明曾道"今虽干戈扰攘中,四方有来学者,吾未尝拒之"。横水桶冈战役刚开始时,当后世有着"江有何黄"之称的零都何廷仁追已出师的王阳明至南康来受学时,王阳明亦是欣然纳之。可以说,王阳明着力为南赣等地培养出一批杰出弟子,"形成显赫的江右王门学派","良知学因此在江西广泛传播,尤其在吉安和赣州可以说是妇孺皆知,深入人心",③促进了当地的长远发展。

　　(三)茶寮刻石

　　战后,王阳明在乱区腹地茶寮勒石记功,震慑漏网的贼寇,并警示后人,杀伤是不得已之事,用兵必须慎重。十二月九日班师时,王阳明在思顺写好《平茶寮碑》碑文后,即命人将之刻于巨石之上。碑文主要记载了王阳明平横、桶之役的社会背景、战役经过、作者感慨以及主要参战将官姓名。④

　　王阳明一心为民、深谋远虑的亲民作为,令当地百姓感戴不已,平茶寮碑邢珣所言"耄童群识汾阳面,横水新屯细柳营"即体现了王阳明战后安抚百姓的亲民实践。此外王阳明旋师道经南康时,见到了其一生中最令其感动的情

---

　　①　王阳明:《王阳明全集》卷十七《别录九·牌行崇义县查行十家牌法》,吴光等编校,浙江古籍出版社2010年版,第652页。

　　②　束景南:《阳明大传——"心"的救赎之路(下):良知心学的人文情怀》,第1377-1378页。

　　③　方志远、李伏明:《治事阳明——一生精神在江右》,第265、304、309页。

　　④　碑文全文可参常雪超:《王阳明〈平茶寮碑〉校勘考证研究》,《明史研究》第十七辑,2020年12月。除王阳明《平茶寮碑》,此岩还刻有王阳明"纪功岩"三大字、随军吏李璟的落款,以及王阳明及其部下《平畲诗》多首。它们分别刻在七方题刻上。《平畲诗》中王阳明留有2首(刻在碑的最上方),郑文2首,邢珣4首,李璟2首,另碑石东侧仅留有落款处的"舒富"字样的题刻应是舒富所留之诗。这些诗主要是战斗过程与奏颂凯歌的记载,也部分反映了当地的社会历史变迁。

景之一:"师至南康,百姓沿途顶香迎拜,所经州、县、隘、所,各立生祠。"①崇义等地也随之逐步进入了稳定发展阶段。②

四、结语

在借鉴漳南之役经验教训的基础上,王阳明逆境下,从"心"出发,依靠地方力量就地取材,采取了正确的军事策略,通过横、桶之役一举扭转了官军数十年来在剿贼拉锯战中的颓势,实现了官军由长期被动的战略防御态势转变为主动的战略进攻态势,为全面剿灭积年贼患和平定后来的宁王叛乱、两广之乱奠定了重要基础。"将者,智信仁勇严也",综观此役,不论是战前、战中、战后,王阳明都力求速战速决,缩短战线并以战止战,力求安民恤物,减少战争创伤,以最小的代价争取最大的胜利并稳定治理秩序,体现了王阳明卓越的军事才能、丰富的军事思想、长远施策的政治关怀、破"心中贼"的努力及其仁民爱物的亲民情怀。阳明更得《明史》之垂青:"终明之世,文臣用兵制胜,未有如守仁者也。"

正如王阳明自己所言"若离了事务为学,却是着空"③,阳明精神是一种实学的精神,绝不是空言德性的。在王阳明那里,学术与功业是相互激发不可分离的,他本身就是"知行合一"的,"某于良知之说,从百死千难中得来,非是容易见得到此"。王阳明以行垂范:心中有良知,行为有担当。这才是王阳明对"知行合一"的最好诠释。在王阳明那里,"知行合一"的"知",既是对事物的认识,更是"良知"——是非之心加担当精神。以"良知"为灵魂的"知行合一",才是真正的"知行合一"。在王阳明身上,立德、立功、立言融为一体,不可或缺。

王阳明的军事实践是其心学的生动反映,为王学的孕育与成熟提供了广阔的实践平台。在实战中不断提升兵法造诣的同时,王阳明坚持将良知之心与知行合一思想贯彻到兵法运用的实战中,促进了王学的成熟。面对战后的

---

① 见《年谱》正德十二年十二月条下载。十年后的嘉靖六年(1527)冬,王阳明起督两广经大庾峰山新城时,见到自己当年批建的新城的崭新面貌,不禁触景生情:"犹记当年筑此城,广瑶湖寇正纵横。人今乐业皆安堵,我亦经过一驻兵。香火沿门惭老稚,壶浆远道及从行。峰山挈手疲劳甚,且放归农莫送迎。"饱满深情的诗句体现了王阳明历久弥坚的亲民热忱,也反映出王阳明忆起了当年的遮道迎送的南康父老。直至王阳明去世前夕舟至南安时,他仍念念不忘距南康之远近。束景南:《阳明大传——"心"的救赎之路(下):良知心学的人文情怀》,第1377-1378页。

② 曹树基:《明清时期的流民和赣南山区的开发》,《中国农史》1985年第4期,第19-40页。

③ 王阳明:《传习录注疏》,邓艾民注,上海古籍出版社2012年版,第193页。

满目疮痍和民生的艰苦无计,王阳明进一步思考如何从根本上恢复人的良知与善性,从而真正实现天下大治。因而在十二月初九之后,驻旌横水的他在给弟子杨仕德的信中最终提出了其心学名句——"破山中贼易,破心中贼难","良知"二字亦呼之欲出。[①] 这标志着王学得到进一步的成型与发展,也成为王阳明思想发展历程中的重要节点。因此平定桶冈激发了王学的前进,经由此役,王阳明思想上进一步酝酿"良知"之学,其心学发生重大转变,为正德十四年首揭"致良知"学做了重要铺垫。[②]

平桶冈体现出王阳明巡抚南赣的历史性贡献不仅仅是军功,同时还有战后的一系列社会治理和德育教化方面的措施,在于他从任庐陵知县以来就一直言传身教的"良知",在于他巡抚南赣期间将心学思想施政于民,将亲民思想融入了平乱战事的剿抚过程,还在于他在激烈复杂的社会实践中不断探究"良知"学的形成轨迹。"破山中贼易,破心中贼难"的提出,《南赣乡约》的推广,良知之学的实践,社学、义学的兴办,濂溪书院的扩建,崇义等新县的设立,何廷仁、黄弘纲等大批心学弟子的涌现等,充分证明南赣地区是王阳明实践"三立"并且取得巨大成功的最为重要的地域之一。

---

① 方志远:《"知行合一"与王阳明的"三不朽"》,第 23 页。

② 束景南:《阳明大传——"心"的救赎之路(中):文韬武略的心学宗师》,复旦大学出版社 2020年版,第 852 页。

论王阳明哲学中"知"在工夫意义上的内涵

赵健发*

在王阳明哲学中,"知"可以指代整个道德实践过程,也即"工夫"的展开过程属于"知"的概念范畴。下面便从"实化工夫""流行工夫""去蔽工夫"三个方面探讨"知"在工夫意义上的内涵。

一、实化工夫

主体对自身所储藏之道德标准有一永恒感知,且具有实现此"道德标准"的心理趋向。在具体关系情境中,主体所储藏之道德标准基于主体所处文化背景及主体之认识水平而展现为诸如"孝""悌""仁""义"等多种形式,主体之道德感知则展现为诸如"当孝""当悌""当仁""当义"等"所当然"之自觉,主体实现道德的心理趋向则展现为实现诸如"孝""悌""仁""义"等道德行为的趋向。这些都是主体的本然能力,不假外求,属于本然之知的范畴。但心理趋向的推动只能保证"孝""悌""仁""义"等道德行为的展开,却不能保证道德行为的完满实现。欲保证此类道德行为完满实现,则主体需对诸如"如何孝""如何悌""如何仁""如何义"等问题进行"探索""认识";还应将"认识"所得"运用"到行为中去。此"探索""认识""运用"即主体的"实化工夫",亦即"实化之知"。在王阳明的论述中,"知"的实化意义可在对"见闻""私智""小道"《六经》"等的态度上体现出来。

* 赵健发,绍兴文理学院人文学院本科生。

　　"知"的实化意义首先体现在对"见闻之知"价值的讨论上。欧阳崇一曾问王阳明，以致良知为目的的见闻是否有价值，阳明对此做出了回答。

　　诚然，"良知"不依"见闻"而有，"见闻"皆为"良知"之用。但舍弃"见闻"，"良知"就只能停留在"本然层面"，无法在现实世界得以实化。王阳明反对以"功利"指导"见闻"，以"见闻"桎梏良知；却不反对以推致良知为目的的"见闻"的存在。因"见闻"而废"良知"固不可取；因"良知"而废见闻亦不可行。因"见闻"而废"良知"，则"见闻"漫无目标，不可以为"见闻"；因"良知"而废"见闻"，则"良知"毫无依托，亦不可以为"良知"。"良知"与"见闻"具有统一性，不可相割裂。施邦曜言"良知不滞于见闻，亦不离于见闻。所以要博学审问"[1]，很好地概括了这段话的主旨。

　　此外，王阳明对"见闻之知"的态度在《答顾东桥书》中亦有所体现。此书中"杂""烦""靡烂""驰逐"都是后置定语，起到的是"限制"作用，而非"修饰"作用。因而，"无有见闻之杂，记诵之烦，辞章之靡烂，功利之驰逐"一句的含义不是"见闻都是博杂的，记诵都是烦扰的，辞章都是靡烂的，功利都是让人驰逐劳累的，这些都是应当摒弃的"；而是"不应该有过于庞杂的见闻，让人烦扰的记诵、靡烂的辞章，让人驱逐劳累的功利"。那些作为"良知"发用的见闻、记诵、辞章乃至功利都是有价值的。如果王阳明反对一切见闻、记诵、辞章，后面就不应当讲依主体之"性分"增益其才能，就不应当说使"长于礼乐"者加强对礼乐的学习，"长于政教"者加强对于政教的学习，"长于水土播植"者加强对于水土播植的学习。由此可知，王阳明是将"见闻"看作了主体对"德性何以实现"的"探索"与"认识"，肯定了以"致良知"为目的的见闻。

　　在对"知"的实化意义的讨论中，王阳明还就苏秦张仪之事肯定了"私智"的价值。佐藤一斋评价此段说"良知，是本然之知。私智，是形气之知。苏张之智，即是私智。然原亦出于良知"[2]，可谓切中肯綮。一方面，从"发生"上说，"私智"由良知衍生出来，没有"良知"就没有"私智"；另一方面，从"体用"上说，"私智"当为"良知"之用，没有"私智"，"良知"亦难以在具体的关系情境中实化为道德行为。但"私智"不可脱离于良知而单独存在，苏秦张仪的错误就在于将"私智"运用于不善的领域，背离了"良知"自然流行的方向。如果能够依顺于良知的自然流行，那么发展这一学问便无可非议乃至大有裨益。可

①　陈荣捷：《王阳明传习录详注集评》，学生书局 2018 年版，第 245 页。
②　陈荣捷：《王阳明传习录详注集评》，学生书局 2018 年版，第 35 页。

见，王阳明是将"私智"看作了"认识"所得在道德行为中的"运用"。

王阳明还肯定所谓"小道"对于"知"的实化所起到的作用。"虚无""权谋""术数""技能"等被称之为"小道"，是儒学传统的说法。因而阳明称之为"小道"仅是依托传统，并无轻蔑之意。相反，阳明承子夏言"必有可观"，是肯定了"小道"的价值，打破了"小道皆奇巧淫技不足观"的旧观念。诚然，这种肯定尚不彻底，但相对于前人却是一种进步。通过以上分析可知，王阳明更倾向于将"小道"看作主体对"道德何以实现"的"探索""认识"以及"探索""认识"所得在道德行为中的运用。

此外，王阳明还在《林汝桓以二诗寄次韵为别·其二》中讨论了"六经"对于"知"的落实所起到的作用：

> 万理由来吾具足，《六经》原只是阶梯。①

过去人们对于这句诗的评述往往把着眼点落在"吾具足""只是"上。比如著名学者林丽娟就这样评述："他所言'尧舜人人学可济''万理由来吾具足'，实已说明成圣成贤的大原则：能够向自身寻求悟道，何必远求他方……②这种评述方式自然不错。但《六经》之阶梯作用却也不可忽略。"阶梯"点明了《六经》的工具性：一方面说明了《六经》并非唯一的准则；另一方面也说明了《六经》的不可或缺。主体要探讨"德性何以实现"，就必须进行自主的"探索"与"认识"，就必须"运用"探索、认识所得。"探索""认识""运用"虽是一"能动"过程，却并不能没有依托。《六经》的存在意义就在于此。如果舍弃《六经》，主体对于"德性何以完满实现"的"探索""认识"与对探索、认识所得的"运用"便"全无用力之处"。由此可知，在王阳明看来，《六经》是主体"探索""认识""运用"的依托。

综上论述，王阳明哲学中"知"的实化意义即为主体对"德性何以完满实现"的"探索""认识"以及对探索、认识所得的"运用"。这三种工夫以《六经》为依托，在"见闻""小道""私智"上体现出来。

二、流行工夫

在具体关系情境中，主体因此"感知"而动，自然生发出"喜""怒""哀""惧"

---

① 王阳明：《王阳明全集》，吴光等编校，浙江古籍出版社 2011 年版，第 822 页。
② 林丽娟：《吾心自有光明月——王阳明诗探究》，高雄复文图书出版社 1998 年版，第 121 页。

"爱""恶""欲"等多种情感。依次此类情感,主体又自然创造出诸如"诗""文"情感产物。这个主体应感而动,自然产生"喜""怒""哀""惧""爱""恶""欲"等情感,并因"喜""怒""哀""惧""爱""恶""欲"等情感而自然创作"诗""文"等情感产物的过程,即流行工夫之所在。此"情感能力"与此"创造能力"即"流行之知"。下面即从"情感的流行""王阳明对诗文的态度"两个方面探讨"知"的流行意义。

(一)情感的流行

王阳明曾这样论述"良知"与"情感"的关系:

> 盖良知虽不滞于喜、怒、忧、惧,而喜、怒、忧、惧亦不外于良知也。①

此处论述表明,良知对"情感"具有统摄作用。"不滞",即言"知"不受"喜""怒""忧""惧"等情感的桎梏;"不外",即言"喜""怒""忧""惧"等情感皆是"良知"在具体关系情境中应感而动的表现形式,"喜""怒""忧""惧"等情感具有合理性,不需要完全摒除,亦不应当完全摒除。"不滞不外",要求主体在良知的流行过程中,既不能偏执于"过喜""过怒""过忧""过惧"一端;又不能偏执于"不得喜""不得怒""不得忧""不得惧"一端。对于如何才能使"良知"自然流行而不执于二端,王阳明给出了这样的答案:

> 七情顺其自然之流行,皆是良知之用,不可以分别善恶,但不可有所着;七情有所着,俱谓之欲,俱为良知之蔽;然才有着时,良知亦自会觉,觉即蔽去,复其体矣!②

如前文所述,"情感"为处于具体关系情境中应感而动之良知,故而具有合理性。但这一"合理"需建立在"不执二端"的基础上。不执二端,就是要求"情感"的发用依从良知的"自然"流行。亦即"情感"必须是"良知"依其自性而生发的,不能是出于某种功利主义需要、某种社会伦理需要或是某种心理上的执念而刻意展现的。否则"情感"就是脱离了"良知"的"私欲",就不具备合理性。主体因其本然之"良知"自然产生一种对所产生情感是否依"良知"展开进行评判的行为。正是这种行为的存在,使得"情感"不执于二端成为可能。这一不执于二端之自然状态,被王阳明概括为"别有真乐"。

---

① 王阳明:《王阳明全集》,吴光等编校,浙江古籍出版社,2011年版,第71页。
② 王阳明:《王阳明全集》,吴光等编校,浙江古籍出版社,2011年版,第122页。

"别有真乐"为圣贤与常人所共有。圣贤与常人的差异在于：圣贤拥有此乐存在的自觉而常人没有此等自觉。正是因为没有此等自觉，常人往往陷于无尽的忧苦之中。但即便是在忧苦之中，"别有真乐"也未尝不在。只是常人"良知"为私欲所侵染而不能对此乐有所觉察而已。一旦遮蔽去除，"良知"照了，常人即能感受到此"别有真乐"，随即由凡入圣。对于"别有真乐"的具体内涵，王阳明曾在一段问答中有过论述：

> （黄省曾）问："乐是心之本体，不知遇大故于哀哭时，此乐还在否？"
>
> 先生曰："须是大哭一番方乐，不哭便不乐矣。虽哭，此心安处即是乐也，本体未尝有动。"①

大哭一番只是外在表现形式，前文所谓"忧苦迷弃"亦然。"大哭一番"与"忧苦迷弃"背后，才是内在的根本。此内在的根本即是"别有真乐"的真实内涵。根据王阳明"此心安处即是乐"的阐释，主体因"情感"之"自然"发用而"心安"，因到"心安"而体会"真乐"。故，"别有真乐"即"情感"自然发用流行后主体就价值层面之自我肯定。

就情感的流行而言，"工夫之知"有四个方面的内涵：其一为在具体关系情境中应感而动，自然表现出"喜""怒""哀""惧""爱""恶""欲"等多种情感的行为；其二为对情感流行的自然与否进行监察并自觉调节的行为；其三为对情感的自然流行进行价值肯定的行为；其四为感知此价值肯定的行为。

（二）王阳明对诗文的态度

"知"的流行意义还可在王阳明对诗文的态度中体现出来。在《次栾子仁韵送别》中，王阳明讲：

> 野夫非不爱吟诗，才欲吟诗即乱思。未会性情涵咏地，《二南》还合是淫辞。②

在这首诗中，"性"指代价值自觉，即"本然之知"；"情"指代在具体关系情境中应感而动而自然流行的"情感"；"吟诗"指代主体依应感而动而自然流行的情感而自然产生的创作活动。"诗"以"情"为直接依据，"情"又依"性"展开，故而"性"成为"诗"的最后依据。于是，"诗"以"性"为"体"；"性"以"诗"为

---

① 王阳明：《王阳明全集》，吴光等编校，浙江古籍出版社 2011 年版，第 122 页。
② 王阳明：《王阳明全集》，吴光等编校，浙江古籍出版社 2011 年版，第 781 页。

"用"。"诗"离开了"性"则沦为"乱思""淫辞"；"性"离开了"诗"则难以显现，陷于枯寂。不理解此"性→情→诗"的关系，即便是创作出《周南》《召南》一般的诗歌也同样是淫词滥调；理解此"性→情→诗"的关系，即便是创作出《郑风》《卫风》一样的诗歌也可以调摄身心。本诗表明，王阳明反对背离价值自觉，依私欲"为赋新词强说愁"；却并不否认主体因真实性情而产生的创作活动。王阳明还有另外一段关于"作文字亦无妨工夫"的论述可体现他对诗文的态度，可以看作对这首诗的补充。

"作文字亦无妨工夫"，即言"创作活动"可以调摄身心，成为道德实践之"工夫"。"意得处自不能不发之于言"，即言由"性"到"情"再到"言"的过程是必然而不可阻断的，强行抑制情感的发用与创作活动的展开，不具备合理性。"言不可以伪为"，即言由"性"到"情"再到"言"的过程应当是"自然"的。"言"必须以"情"为依据，"情"必须依"性"而展开，"性→情→言"的过程不能有任何"伪饰"的成分。若"性"为私欲所蒙蔽，情感失真，言语作伪，那么即便说得一两句"合乎话"，终究也会露出"病痛"。此段论述表明，保证"性→情→言"的展开不执二端亦属道德实践之"工夫"。

归纳以上两部分可知，就情感流行展开为创作活动而言，"工夫之知"有两个方面的内涵：其一为主体将自然流行的情感推致为创作的行为；其二为保证这一创作活动"自然"展开，不执二端的行为。

以上论述了"知"的流行意义，下面从"去除遮蔽"以保证"知"的实化与自然流行的角度，论述"知"的内涵。

三、去蔽工夫

主体能够产生对诸如"如何孝""如何悌""如何仁""如何义"等问题进行"探索""认识"，并将"认识"所得"运用"到行为中去的行为；能够在具体关系情境中，应感而动，生发出"喜""怒""哀""惧""爱""恶""欲"等多种情感；能够对此类情感的"自然"流行进行价值肯定；能够感知此价值肯定；并能够将此类情感推致为创作。然而，欲使这一系列行为能够自然产生，必须保证心体澄明。若私欲滋生，心体染污，此一系列行为便都被阻断，道德实践便无法完成。如此便叫作"良知遮蔽"。对于"良知遮蔽"，冯友兰先生曾有所论述，他举了两个例子来说明"良知遮蔽"这一现象：人处于"孺子将入于井"的关系情境中，则恻隐之心自然应感而动。恻隐之心应感而动，则物来顺应，自然转化为"奔走往救之"之行为。这整个过程,既是"知"的展开过程,又是"行"的落实过程,是自然而然的。一旦出现了作为私欲的个人功利主义思虑,比如"因其难而不往""因恶其父母而不往","知"之展开便被切断。人处于与父母共处之关系情境中,则孝心自然应感而动。孝心应感而动,则物来顺应,自然产生"孝"之行为。一旦出现功利主义思虑,"行"的落实便被切断。遇到这种情况就需要一"去蔽工夫"。前文所述之"对情感的监察与调节的行为"与"保证创作不执二端的行为"都依此等工夫展开。下面就从"克己成己""困知勉行""戒慎敬惧""勿助勿忘"等几个方面论述"去蔽之知"的基本内涵。

(一)克己成己

王阳明讲:"人须有为己之心,方能克己;能克己,方能成己。"①"为"有两个主要读音,一个是去声,读如"谓";一个是阳平声,读若"唯"。在这句话中"为己"是"克己"之目的;"成己"是"克己"之结果。"为己"与"成己"相应和,其含义不是指成就一己之私利,而是与"真我"的实现相联系。因此这里的"为"应当读作阳平音。由于主体先验储藏一"道德标准",故有一"应然自我"存在;由于主体有一实现自身所储藏"道德标准"的驱动力,故有一"实现应然之自我"的心理趋向,此即"为己之心";由于主体能够产生一在具体关系情境中将道德趋向实化为具体行为的行为,故能在具体关系情境中实现"应然之自我",此即"成己"。"应然自我"之实现本是自然而然的,然而若有私欲滋生,此一过程即被阻断。要去除障碍,就要"克己"。就儒家传统而言,"克己"有"能真己"与"胜私欲"两层含义。这里应取第二层意思,即克除那些有碍于"成己"的私欲,以保证"成己"过程的顺利展开。

(二)困知勉行

王阳明经常强调"生知安行""学知利行""困知勉行"三重境界。在王阳明那里,与"生知安行"对应的是"尽性知天",是与天地为一的至高境界。与"学知利行"相对应的是"存心、养性、事天",是虽与真理谋面却未达到融合为一的境界,比"生之安行"要略低一等。与"困知勉行"相对应的是"夭寿不二,修身以俟",是未与真理谋面的境界。由于阳明的划分,很多王学学者认为初入手时即可做"生知安行"的工夫。实则不然,王阳明非常强调"困知勉行"的工夫。只有通过困知勉行的工夫,才能将作为私欲的功利心排除,才能扫除价值自觉

---

① 王阳明:《王阳明全集》,吴光等编校,浙江古籍出版社 2011 年版,第 38—39 页。

展开流行的障碍,达到"尽性知天"的境界。王阳明曾这样论述"困知勉行"的工夫:像唐尧、虞舜这样的圣人,内心澄明,价值自觉的展开未受任何阻碍,但他们却仍时时审查,做困知勉行的工夫;普通人本心被私欲所蒙蔽,本然的价值自觉无法展开,却自以为达到了"与天地为一"的境界,不肯做困知勉行的工夫。通过圣贤与普通人的对比,王阳明强调了"困知勉行"的必要性,认为既然像尧、舜这样的圣人都需要做困知勉行的工夫,那么作为普通人,就更应当作"困知勉行"的工夫,而不应当以"生之安"者自居。就此,王阳明还举过一个例子:舜自以为"大不孝",故能做"困知勉行"的工夫,时时审查"孝心"是否澄明,"孝行"是否落实。因此能够阻断"孝"的展开的私欲但凡出现,便即刻被斩断。于是舜之思虑行为皆可以依价值自觉展开。瞽瞍自以为"大慈",自以为做了"生知安行"的工夫,故不能时时审查"慈心"是否澄明,"慈行"是否落实。因此能够阻断"慈"的展开的私欲但凡出现,便不断滋生。于是,瞽瞍虽"大不慈"而不自知。通过"大不孝"与"能孝";"大慈"与"不能慈"间的辩证关系,"困知勉行"的重要性被进一步突出了出来。

王阳明不仅突出了"困知勉行"的重要性,还对其内容做了界定,在他看来,"生知安行"即主体在良知不为私欲所蒙蔽的情况下,自然展开"价值自觉"的工夫;"学知利行"即主体在价值自觉的展开稍被私欲所阻隔的情况下,即时省察,去除私欲的工夫;"困知勉行"即主体在"良知"受私欲遮蔽日久的情况下,时时省察,"人一己百,人十己千"的工夫。可见"困知勉行"与"学知利行"虽然是两种截然不同的境界,但二者在工夫内涵上却是相近的,都是"戒慎敬惧",只是程度有所不同。

(三)戒慎敬惧

"戒慎敬惧"是儒家传统工夫,亦称"慎独",最早见于《中庸》。《中庸》此处所说的"道"即"价值自觉"。"不可须臾离也"即言要时时刻刻发挥"价值自觉"的作用,不要使"价值自觉"的实现被私欲所阻断,强调的是"戒慎敬惧"的目的。"不睹不闻",即言"人所不知而己所独知"[1]之时,强调的是"戒慎恐惧"的对象。"莫见乎隐,莫显乎微"历代解释有所不同,朱子以后基本形成定论。依朱子之说,"隐""微"指私欲刚刚萌动而未转化为具体行为之时。这个时候虽然他人无法从外在行为上判断出主体的私欲已经萌动,但主体自身会对私欲的萌生有所觉察。且就主体而言,此时对私欲的省察能力最强。一旦私欲滋

---

[1] 朱熹:《四书章句集注》,中华书局1983年版,第18页。

长，良知受到蒙蔽，主体对于私欲的省察能力也就减弱了。因此在私欲刚刚萌动时，就要运用"戒慎敬惧"的工夫加以克制。此即"莫见乎隐，莫显乎微"的内涵。此一原理，按照《老子》的话，就是"其安也，易持也。其未兆也，易谋也。其脆也，易破也。其微也，易散也。为之于其未有也，治之于其未乱也"[①]。

在前人的基础上，王阳明又对"戒慎敬惧"工夫进行了补充，他对"戒慎敬惧"工夫的进一步阐发主要体现在两个方面。一方面王阳明强调："戒慎敬惧"要时时刻刻进行。这一点与上面"困知勉行"相对应。由于普通人的价值自觉被私欲遮蔽日久，在具体的关系情境中很难"应感而动""感而遂通"。为了恢复心体的本然状态，为了价值自觉能够顺利地展开，就需要在各种各样的关系情境中普遍地运用"戒慎敬惧"的工夫，对私欲的萌动进行监督。发现有一关系情境中有私欲出现，不待其滋生即克除；发现另一关系情境中有私欲出现，不待其滋生即克除。如此反复监察，"人一能之己百之，人十能之己千之"[②]，就能去除遮蔽，使"价值自觉"自然展开。另一方面王阳明强调"不睹不闻"是良知的本体。即"价值自觉"是人的本然能力，非依见闻而有。通过"戒慎敬惧"去除遮蔽，其目的是使"价值自觉"能够自由展开，而非是要符合某种社会既定的价值规范，获取他人的称许。整个过程都是"为己""成己"的过程，与他人的评价无关。

从以上论述来看，"戒慎敬惧"工夫非常重要。但它似乎与价值自觉展开的"自然性"相悖。这一问题可在"勿助勿忘"工夫中得到解决。

（四）勿助勿忘

"勿助勿忘"语出《孟子·公孙丑》，"必有事焉而勿正，心勿忘，勿助长也"[③]。这句话历代训诂争议颇多。首先是"事"的训诂问题。赵岐训"事"为"福"，注之云："言人行仁义之事，必有福在其中，而勿正但以为福，故为仁义也。但心勿忘其为福，亦勿汲汲助长其福也。"[④]朱熹则以"有所事"训"事"，注之云："必有事焉，有所事也，如有事于颛臾之有事。"[⑤]其次是"正"的训诂问题，赵岐"正旦"连用，训"正"为"但"；朱熹言"正，预期也"[⑥]，训"正"为"预期"；

---

①　高明：《帛书老子校注》，中华书局1996年版，第135页。

②　朱熹：《四书章句集注》，中华书局1983年版，第31页。

③　焦循：《孟子正义》，中华书局1987年版，第203页。

④　焦循：《孟子正义》，中华书局1987年版，第203页。

⑤　朱熹：《四书章句集注》，中华书局1983年版，第232页。

⑥　朱熹：《四书章句集注》，中华书局1983年版，第232页。

另有后代焦循引《诗终风序》，训"正"作"止"。王阳明对"事"的训诂与朱熹相类，对"正"的训诂综合了朱熹与后来的焦循的看法。在王阳明看来，"勿助勿忘"的实质就是"必有事焉"。"必有事焉"就是时时刻刻都要"集义"，使"事事皆合于义"。[①]"勿忘"就是要确保"必有事焉"的工夫不停止。"勿助"就是要杜绝欲速求效的功利心，保证"必有事焉"的工夫依价值自觉自然展开。由此，"勿助勿忘"说明，"戒慎敬惧"与价值自觉展开的"自然性"相统一。"戒慎敬惧"依心性"自然"展开，"自然"因"戒慎敬惧"得到保证。不可因价值自觉展开之"自然性"而废弃"戒慎敬惧"；亦不可因"戒慎敬惧"而使价值自觉展开的"自然性"受到破坏。不废弃"戒慎敬惧"，便是"勿忘"；不破坏价值自觉展开的"自然性"，便是"勿助"。急于求效验，破坏工夫的自然性，亦是"戒慎敬惧"工夫有所欠缺，"助"亦是"忘"。

此外，王阳明在回答舒柏所问时还有如下一段论述，也可以点明"勿助勿忘"之旨，说明"戒慎敬惧"与价值自觉展开之"自然性"的统一。舒柏认为"敬畏"与"洒脱"相矛盾，"敬畏"则不能"洒脱"，"洒脱"则不能"敬畏"。王阳明告诉他，"敬畏"是"戒慎敬惧"工夫，是要时时省察，使得私欲不能滋生蔓延；"洒落"则是价值自然展开后所展现出的"心无所累"的境界。"戒慎敬惧"正是通过去除私欲的方式保证了"价值自觉"展开的自然性。于是二者并不矛盾。这里的"敬畏"可以等同于"勿忘"，这里的"洒脱"可以与"勿助"相联系。"敬畏"是洒脱的保障，"勿忘"，也就是"勿助"的保障。只要做好"戒慎敬惧"的工夫，阻断私欲的滋生，急于效验的功利心也就自然消失了，"勿助"的工夫也就自然达成了。通过这一段论述，可以对"勿助勿忘"有一个更深刻的认识。

归纳以上论述，就"去蔽意义"而言，"工夫之知"可有以下四方面内涵：其一为克除私欲之趋向；其二戒慎敬惧，时时省察私欲是否滋生之行为；其三为将戒慎敬惧工夫广泛运用于不同关系情境中，"人一己百，人十己千"之努力；其四为勿助勿忘，时时"集义"之态度。

四、结语

综上所述，主体能够产生对"道德何以实现"的探索、认识，以及运用探索、认识所得的行为。此"探索""认识""运用"的行为存在于"知"的"实化"过程

[①]　朱熹：《四书章句集注》，中华书局 1983 年版，第 232 页。

中,是"知"的实化工夫,属于"实化之知"。具体而言,他们可以以《六经》等经典为依据,表现为"见闻""私智""小道"等多种形式。

在具体关系情境中,主体还能够自然表现出"喜""怒""哀""惧""爱""恶""欲"等多种情感;对情感流行的自然与否进行监察并自觉调节;对情感的自然流行进行价值肯定;感知此价值肯定,将自然流行的情感推致为创作;保证创作活动不执二端,"自然"展开。主体的这些行为存在于"知"的"流行"过程中,是"知"的流行工夫,属于"流行之知"。

为保证"实化"与"流行"的正常进行,主体还会产生克除私欲之心理倾向;时时省察私欲是否滋生之行为;将戒慎敬惧工夫广泛运用于不同关系情境中,"人一己百,人十己千"之努力;与勿助勿,忘时时"集义"之态度。主体的这些能力存在于"去蔽"的过程中,是"知"的去蔽工夫,属于"去蔽之知"。

"实化之知""流行之知""去蔽之知"都直接作用于道德行为的展开,属于道德行为展开过程中主体的"工夫",统称"工夫之知"。

王阳明"为学"观探究

熊小俊[*]

从王阳明的早年经历来考究,其为学问题的萌发早在"何为第一等事"之问中就已显明,阳明以读书学圣贤乃第一等事,延伸来说则是以成圣为终极的价值目标。阳明认为圣人为可学而至,"圣人之所以为圣,只是其心纯乎天理,而无人欲之杂。犹精金之所以为精,但以其成色足而无铜铅之杂也"。[①] 阳明通过精金之喻回答了圣人之所以为圣这一问题,强调所以为圣者,在纯乎天理而不在才力。"故虽凡人而肯为学,使此心纯乎天理,则亦可为圣人;犹一两之金比之万镒,分两虽悬绝,而其到足色处可以无愧,故曰:'人皆可以为尧、舜'者以此。学者学圣人,不过是去人欲而存天理耳,犹炼金而求其足色。"[②]依此而言,为学的终极指向乃是圣人之境。如上所说,则可厘清王阳明强调为学之缘由及其指向。笔者主要围绕以下三个问题进行探讨:其一为学的可能性是什么? 其二为学的必要性是什么? 其三为学的意蕴在哪?

一、为学之前提:须有个本原

为学的可能性这一问题逻辑的关联着为学之前提。阐明为学之前提则可澄清为学的可能性问题,对这一问题的解决主要是基于阳明的原文来展开。

如下,阳明弟子问:"知识不长进,如何?"阳明说:"为学须有个本原,须从

---

[*] 熊小俊,贵州大学哲学与社会发展学院硕士研究生。
① 王阳明:《王阳明全集》,上海古籍出版社 2012 年版,第 24 页。
② 王阳明:《王阳明全集》,上海古籍出版社 2012 年版,第 25 页。

本原上用力,渐渐盈科而进。"①此句话有两层含义,一是表明阳明为学的前提,须有一个本原在,并且是在这本原上用力。二是为学应是"渐渐盈科而进",表明为学的循序渐进性。在第一层含义中,阳明提出了"本原"一词,如何理解阳明所谓之"本原"呢?阳明所举论的婴儿之例也提及"本原","……不是出胎日便讲求推寻得来。故须有个本原。"②要解决这一问题,可对应阳明回答弟子"看书不能明,如何?"这一问题的答案看,阳明认为若只是在文义上讲求,则不明。"只是他为学虽极解得明晓,亦终身无得,须于心体上用功。凡明不得,行不去,须反在自心上体当即可通。盖《四书》《五经》不过说这心体,这心体即所谓道,心体明即是道明,更无二。此是为学头脑处。"③依于以上所答,阳明认为为学若是只停留于文字和概念上,则不会明白文字本身的含义所在,且终将无所得。故此,为学须于心体上用功,须反在自心上体当,即可通达明白,有所收获。阳明亦说"为学须得个头脑,功夫方有着落。"以此看出,阳明所说"得个头脑"在为学中的重要性。以上所述,为学须有个本原,且要在本原上用力,与"为学须于心体上用功"实则是相对应的,本原则是这心体。亦知阳明所论"知是心之本体",良知便是心之本体,但常人往往存在私意障碍,让本体有所遮蔽,所以须工夫去其私意障碍,让本体明了。"为学须有个本原,须从本原上用力",已经暗含了为学的可能性,为学的本原则是心之本体,即良知,从本体上用力,工夫方有着落。

以上已经指明阳明所说的"本原"即是良知,但这"本原"是否是人人都具有的呢?只有回答了这一问题才能从根本上解决为学的可能性一问。在与门人论学中,王阳明将致良知说与成圣联系起来。"心之良知是谓圣。圣人之学,惟是致此良知而已……愚不肖者,虽其蔽昧之极,良知又未尝不存也。苟能致之,即与圣人无异矣。此良知所以为圣愚之同具,而人皆可以为尧舜者,以此也。"④依此言,阳明认为良知未尝不存,良知作为本然存在,于愚者与圣人而言无异,在愚不肖者处,良知体现为一种本然存在,或可说是一种隐的存在,一旦将其推行扩充,则表现为一种明觉之知,此时便是一种显的存在。正是人人皆有良知,良知的这种本体性使阳明的为学成为可能。

---

① 王阳明:《王阳明全集》,上海古籍出版社 2012 年版,第 13 页。
② 王阳明:《王阳明全集》,上海古籍出版社 2012 年版,第 13 页。
③ 王阳明:《王阳明全集》,上海古籍出版社 2012 年版,第 13 页。
④ 王阳明:《王阳明全集》,上海古籍出版社 2012 年版,第 181 页。

二、为学之工夫:扫除私意障碍

前文回答了为学的可能性问题,接续着讲,还需要回答为学的必然性的问题,对为学的必然性探究逻辑的关联着为学的工夫,何以言之呢?

阳明与弟子论学中提出"性无不善,故知无不良。良知即是未发之中,即是廓然大公,寂然不动之本体,人人之所同具者也。但不能不昏蔽于物欲,故须学以去其昏蔽;然良知之本体,初不能有加损于毫末也"。[①] 良知作为人人所同具者,阳明将其提升到了本体性的地位。阳明"四句教"首句中提到"无善无恶心之体",良知作为至善心体,人人本有,那为什么有人会作恶呢?"恶人之心,失其本体",所谓"失其本体",实则是良知被私欲遮蔽,未能自然明觉,故此有善与不善。"有善有恶意之动",正是在意这一层面,应物起念,与外物相接,昏蔽于物欲,故须学以去其昏蔽。正是因为有私欲的遮蔽,故须为学工夫将其去除,为学的必要性就此也得以体现。

如何做为学的工夫呢? 根据上述所说,为学的工夫应是"在本原上用力,渐渐盈科而进","盈科"是指水充满坑坎,水灌满坑洼之后再向前流去。比喻要想进步、提高,必须打好坚实的基础。"盈科而进"则表明了阳明为学工夫的渐进性,为学须有累积渐进之功,以下详论。

阳明在论为学工夫中强调了工夫的渐进性。阳明曾说:"教人为学,不可执一偏。初学时,心猿意马,拴缚不定,其思虑多是人欲一边,故且教之静坐、息思虑。"[②]在此阶段表明阳明第一层次的工夫是静坐、息思虑。在教导别人学习时,不可有所偏执。有些人初学时如同猿跳马奔一样,心神不定,变化无常。思虑的多是人己之私欲,而让其本心受到遮蔽,所以暂且教育他们沉心静坐,摒除杂念,歇下狂心。阳明认为如果只是一味地空守静坐,即使身如枯木,心如死灰,也是无用的,意念的安定并不代表本心的澄然无染,须真正做到复归本心。当静坐工夫已成熟,再坐已无大用,此时应进入下一个阶段的工夫,则是省察克治。

关于省察克治的工夫阳明亦有详论,"省察克治之功,则无时而可间,如去盗贼,须有个扫除廓清之意。无事时,将好色、好货、好名等私欲逐一追究搜寻

---

① 王阳明:《王阳明全集》,上海古籍出版社 2012 年版,第 55 页。

② 王阳明:《王阳明全集》,上海古籍出版社 2012 年版,第 14 页。

出来,定要拔去病根,永不复起,方始为快"。① 此论中,阳明所提的好色、好名、好利等等皆是人的私欲。"人心本是天然之理,精精明明,无纤介染着,只是一无我而已。"②人的本心原是精精明明,因好色、好名、好利等私欲使其有染着,如明镜有灰尘覆在其上,使其不能明。依阳明所言则是须将这些私欲逐一搜寻出来,将其克去,扫除廓清,让本心显明,良知朗现。此外,阳明又以猫捕老鼠为例来讲解省察克治之功。"常如猫之捕鼠,一眼看着,一眼听着,才有一念萌动,即与克去,斩钉截铁,不可姑容与他方便,不可窝藏,不可放他出路,方是真实用功,方能扫除廓清。到得无私可克,自有端拱时在。虽曰'何思何虑',非初学时事。初学必须思省察克治,即是思诚,只是一个天理,到得天理纯全,便是'何思何虑'矣。"③阳明将人欲之私比拟为老鼠,猫则是指人的省察克治之功。省察即是对自身进行反省和考察,不可忽视,当人有一个私念萌动时,应将其即刻克去,斩钉截铁,不可犹犹豫豫,一旦犹豫,私念窝藏,良知本体则受到遮蔽。做省察克治之功应于本心中省察,将私念扫除廓清,到无私可克,良知自然能扩充到底。

以上两个层面的为学工夫都还是处在一个内外两分的状态下进行,阳明为学最重要的工夫则是致良知、知行合一。"人不用功,莫不自以为已知为学,只循而行之是矣。殊不知私欲日生,如地上尘,一日不扫,便又有一层。着实用功,便见道无终穷,愈探愈深,必使精白无一毫不彻方可。"④学则是让人知,真知则要行,不可只知不行,只知不行非真知,或是只行而不知,茫茫然的去做。阳明强调知行并进之功,"知不行之不可以为学,则知不行之不可以为穷理矣;知不行不可穷理,则知知行之合一并进而不可以分为两节事矣"。⑤ 此句话已表明为学则是要做到知行合一,知行并进。若只是知而不行则不可谓为学。若是将知行分明看作两件,则是有私欲将知行的本体所隔断,圣人教知行,便是要复那本体。

在阳明看来,为学工夫有浅深。"浅深"一词仍表达了阳明强调为学工夫的渐进性的问题。如初时着实用意去好善恶恶,这着实用意便是诚意的工夫,但是待工夫做得深时,自然便知心之本体原无一物,一向着意去好善恶恶,便

---

① 王阳明:《王阳明全集》,上海古籍出版社 2012 年版,第 14 页。
② 王阳明:《王阳明全集》,上海古籍出版社 2012 年版,第 110 页。
③ 王阳明:《王阳明全集》,上海古籍出版社 2012 年版,第 14 页。
④ 王阳明:《王阳明全集》,上海古籍出版社 2012 年版,第 18 页。
⑤ 王阳明:《王阳明全集》,上海古籍出版社 2012 年版,第 40 页。

又多了这分意思,实则又是有了执着,便不是廓然大公。所以,阳明的为学工夫是有其渐进性的,工夫所做的浅深,逐渐复良知本体,让良知充盈本心。

三、为学之意蕴:良知扩充得尽

为学所要达到的目的是什么,其意义有何? 接下来还需澄明阳明为学之意蕴。阳明曾对学者说:"为学须得个头脑,功夫方有着落。纵未能无间,如舟之有舵,一提醒。不然,虽从事于学,只做个义袭而取,只是行不着,习不察,非大本达道也。"①为学须有个头脑,此"头脑"指我们视听言动须有个主宰,依阳明之意,这个主宰即是本心,与为学须有个本原相契合。若是没有此个头脑,则功夫没有着落处。阳明在答周文卿时,强调"为学之要,只在著实操存,密切体认,自己身心上理会。"身之主宰便是心,在此,可看出阳明依然强调为学是在其主宰之心上做工夫的。为学须有个本原与须有个头脑实则都是指"本心",即良知本体。

为什么要为学? 圣人"学知",众人"生知"。阳明认为良知是人人皆有的,但人之私意障碍有深浅,圣人只是保全,做到无私意障蔽,圣人之所以为圣人,只是其心纯乎天理,无人欲之杂。而常人所受的遮蔽较多,如乌云覆日,通过为学,拨开乌云,自然能让阳光朗照,亦即去除私欲遮蔽,让本心清净光明。阳明与弟子德洪、汝中论四句教时,引入"利根之人",利根之人是直接从本源上悟入,人心本体原是明莹无滞,利根之人一悟本体,即是功夫。于常人而言,难免有私欲障碍,而使得本体受蔽,意念发动处便是有善有恶,故教功夫在意念上为善去恶。功夫熟后,渣滓去得尽时,本体亦明尽了。

"功夫不离本体;本体原无内外。只为后来做功夫的分了内外,失其本体了。如今正要讲明功夫不要有内外,乃是本体功夫。"②总的来说,阳明强调功夫不离本体,为学之功即是本体功夫,所做本体功夫其目的就是让良知发用流行,扩充得尽。为学用功只求日减,不求日增。减得一分人欲,便复得一分天理。此如老子所说"为学日益,为道日损",阳明在讲本体功夫时强调的"为学"偏向的是老子"为道"的层面,"损"和"减"意思相近,都表示将人的私意障碍减去,不执着于所得。在本原上用力,廓清人欲,让本心明澄,良知自然的发用流

---

① 王阳明:《王阳明全集》,上海古籍出版社 2012 年版,第 26 页。
② 王阳明:《王阳明全集》,上海古籍出版社 2012 年版,第 81 页。

行,即克去了小我之私,回归到本真之大我。在此,也点明了阳明为学的终极指向,亦即圣人之境。

四、结语

对阳明的为学思想进行探讨,亦是探究其良知学说的基石。前文主要通过对三个问题的探讨来展开本文的叙述。一是为学的可能性问题,此问涵盖了为学的前提性问题。阳明强调为学须有个本原,须从本原上用力。依于此展开对"本原"的探讨,此本原实则是人之本心,亦即良知本体。正是人人皆具良知,才使为学的可能性得到保障,而为学的前提也依据。二是为学的必要性问题,正是因为意念发动处有善与不善,欲与不欲,常人有良知而不自知,被私欲障蔽,因而必须为学。为学的必要性又涉及为学工夫的落实,具体体现为为学工夫的展开,"渐渐盈科而进",最后通过致良知、知行合一而复归本体,显现良知。三是为学之意蕴,阳明为学是要让良知本体发用流行,使良知充盈本心,由有小我之私,回归到本真大我,亦即圣人之境,这也是为学要达到的终极指向。

第二辑

阳明学及阳明文化传播研究

王阳明心学与清代学术

胡晓明 *

王阳明是浙东学派最具代表性的思想家,依托儒家心学一脉创良知之学和知行合一之说,后逐渐发展为王阳明心学。清代邵晋涵曾评价道:"浙东自明中叶王阳明先生,以道学显,而功业风义兼之。"①《诗经汇评》中叙述了王阳明心学兴盛的状况及其特点:"明代的哲学思想,出现了一个新的转折,那就是正德以后心学的风靡一时及相伴而来的禅悦之风的兴起。宋代以还,居于官方统治地位的哲学思想一直是程朱理学。理学属于后起的新儒学,它援佛入儒,重义理而轻事功,带有内省的倾向。心学是理学的别支,其要义是王阳明心学宣导的'致良知'之说,认为'心即理''吾性自足,不假外求'。"②这一叙述客观地指出了王阳明心学援佛入儒、重义理而轻事功,带有内省的倾向,概括了王阳明心学的主要特征。

清代章学诚在《文史通义校注》中对王阳明的生平和功绩叙述如下:"王守仁字伯安,余姚人,弘治十二年进士。正德初,刘瑾矫旨逮南京科道官,抗章谕救,谪贵州龙场驿丞。累官擢左金都御史,巡抚南赣。十四年,以平宸濠功,拜南京兵部尚书,封新建伯。嘉靖七年卒于南安,年五十七,谥文成。王氏良知之说,本于《孟子》。《孟子》曰:'人之所不学而能者,其良能也。所不虑而知者,其良知也。'(《尽心上》)阳明以此与《大学》格物致知相联系,而倡'致良知'

---

* 胡晓明,中国人民大学历史学院博士生。

① 邵晋涵:《尔雅正义》,中华书局 2017 年版,1087 页。

② 张洪梅:《诗经汇评》,凤凰出版社 2006 年版,第 6 页。

之说。"①章学诚这段叙述考证了王阳明心学的渊源及其核心要义,有裨益于王阳明心学的初步理解。

关于王阳明心学的兴起一直是明清儒学学案的热点话题,纪晓岚曾经指出:"心学的兴起,对于传统经学影响甚巨,所谓'嘉隆之间,心学盛而经学衰'。"②但是令人遗憾的是,纪晓岚把王阳明心学放置于经学的对立面来看,其这一观点对王阳明心学与清代学术的关系影响深远。他认为:"马、郑、贾之学,至明殆绝。研思古义者,二百七十年内,稀若晨星。迨其中叶,狂禅澜倒,异说飚腾,乃并宋儒义理之学亦失其本旨意。"③尽管如此,王阳明心学究竟是不是明代经学衰微的原因呢?答案是否定的。唐顺之对此曾经做过解答:"嘉靖十五年,唐顺之在宜兴养病,万吉慕名求见论学,感慨地说:'以往有人劝我归依王学,好像要与朱子为敌,所以不敢听从。听荆川谈学问,多与阳明暗合,然而推究其宗旨底蕴,很少与朱子相抵触。现在阳明已去世,我未能向他求学,是多么令人遗憾。'"由此可见,唐顺之是较早力主圆融会通陆王、程朱之学的,这种倾向其实质是主张程朱理学与陆王心学同为理学分支,不应有门户之争和门户之分。④

唐顺之深得王阳明心学的真谛,其弟子王升在为其作传时写道:"先生之学,以主静为基本,以锻炼为工夫,以无欲为极至。其家居与来山中也,每趺坐辄竟日穷夜无倦,寒不附炎,暑不举箑,食不肉,寝不席,衣不帛,雨不盖,备尝苦淡,无非磨洗此心,求净欲根,以完其本初而已。唐顺之企图通过摒弃嗜欲来保持心境澄明,通过静观默识来体认天机,从而达到身心两忘,与万物融为一体的境地。"⑤客观地讲,唐顺之是身心实践王阳明心学的笃定信徒,对王阳明心学的理解不仅深刻而且精准。

唐顺之以阳明心学为基础,从文道合一出发,创立了完整的"本色论"。他在《答茅鹿门主事书》中指出:"但直抒胸臆,信手写出,如写家书,虽或疏卤,然绝无烟火酸馅习气,便是宇宙间一样绝好文字。"⑥他所说的"本色"是人格真

① 章学诚:《文史通义校注》,中华书局 1985 年版,166 页。

② 纪昀,等:《四库全书总目》卷三十三《五经总义类》"经典稽疑"条。中华书局影印 1965 年影印版。

③ 纪昀,等:《四库全书总目》卷三十三《五经总义类》"简端录"条。中华书局影印 1965 年影印版。

④ 唐顺之:《唐顺之集》,浙江古籍出版社 2014 年版,第 3 页。

⑤ 唐顺之:《唐顺之集》,浙江古籍出版社 2014 年版,第 3-4 页。

⑥ 唐顺之:《唐顺之集》,浙江古籍出版社 2014 年版,第 8 页。

实自然的表现,而他判别人格高下的标准是有没有人间烟火气,也即能否摆脱人欲的纠缠。唐顺之的"本色论"以天机为宗,以无欲为工夫,以静修为途径的理学观,是王阳明心学的持续发展。

除了唐顺之之外,明代焦竑的思想继承了王阳明心学主观唯心主义体系,但带有二元论倾向。"人也而为天地之心。"他说:"天人非二物也""人者天之志,天者人之气。志即气,气即志;人即天,天即人。恶有两相亢而相胜如敌国者然之谓哉!""谓人感天则可,谓天之胜人则不可。"①他肯定了"心"的主导作用,强调"心"对世间万物的驾驭能力。这是阳明心学的一个特点,它将人从"天"或"理"的束缚、奴役下解放出来。焦竑的"天人说"其实是王阳明"吾心即宇宙"说的另一种阐释方式。

明清以后的思想界和学术界评价王阳明及其心学最大的贡献,就是打破孔子思想束缚,不教条式地理解孔门之学,即不以孔子是非为是非。这一石破天惊之语,即是王阳明心学在明清儒学案之中为人诟病和讥噪的缘起,为清代实学一派所抨击。见诸《道学家传》:"明代后期,王阳明心学兴起,不'以孔子之是非为是非'的离经之言大大解放了读书人的思想。"②明末清初,人们在对明朝灭亡进行反思时,经常把原因归结于王阳明心学。顾炎武对王学传人评价说:"不习六艺之文,不考百王之典,不综当代之务,举夫子论学、论政之大端一切不问,而曰一贯,曰无言,以明心见性之空言,代修己治人之实学。股肱惰而万事荒,爪牙亡而四国乱,神州荡覆,宗社丘墟。"③在今天看来很难理解,顾炎武对王阳明心学的抨击如此激烈,不禁想起北宋士大夫把亡国原因归结于王安石变法一样。

清代唐鉴在《国朝学案小识·清学案小识》中指出了王阳明心学"阳儒阴释"的特点:"《清学案小识》全书大旨在'道'字,扶持程朱理学,谓宗朱子为正学,不宗朱子即非正学。表彰传道、翼道、守道、穷经诸儒之功,对墨守程朱理学的陆稼书等人推崇备至,辨王阳明心学'阳儒阴释'之非。"④对此,清代皮锡瑞也有论述:"王阳明之论亦如此,谓宁取禅学,不取俗学。"⑤清初颜元、李塨倡导周孔实学,反对程朱、陆王之学,认为两者皆是虚学,混索于禅宗:"当时三

① 焦竑:《澹园集》,中华书局 1999 年版,第 8 页。
② 姚大勇:《道学家传》,凤凰出版社 2017 年版,第 4 页。
③ 罗惇衍:《集义轩咏史诗钞校正》,三秦出版社 2014 年版,32-33 页。
④ 唐鉴:《国朝学案小识》,岳麓书社 2010 年版,第 4 页。
⑤ 皮锡瑞、尹飞舟:《读通鉴论札记》,中华书局 2015 年版,第 359 页。

藩乱平，台湾回归，海内渐趋承平。经历清初数十年的社会动荡，王阳明心学盛极而衰，程朱理学乘间复起，以致河南、北一带'人人禅子，家家虚文'（李塨《颜习斋先生年谱》卷下，五十八岁条）。颜元针锋相对，大声疾呼：'程朱之道不熄，周孔之道不著。'（《习斋记余》卷一，《未坠集序》）李塨作同调之鸣，指出：'程朱、陆王，非支离于诵读，即混索于禅宗。'（《李塨年谱》卷二，三十一岁条）他断言：'今之虚学可谓盛矣，盛极将衰，则转而返之实。'（《恕谷后集》卷一，《送黄宗夏南归序》）"①据此看来，王阳明心学的确是有禅意入儒之嫌，颜李学派对其也是持反对态度，并且深信周孔之学必将复兴，后来兴盛的乾嘉学派也的确印证这一点。诚然，援禅入儒的确是王阳明心学的一个特点，王阳明所谓："常觉常照，则如明镜之悬，而物之来者自不能遁其妍媸矣。"②其语境和含义，很难说不是禅宗语录的表达方式。

清代遵奉王阳明心学的学者和官员不在少数，包括黄宗羲、陈确、李颙、汤斌、毛奇龄、孙奇逢、方东树、曾国藩等人，其中黄宗羲最具代表性。他提出了"一本万殊"的学术观，"一本"表达了他以心学为本、笃守心学的道统观，"万殊"表达了他开明的治学态度，对儒学或心学学派林立的宽容态度。他曾表示："盈天地间皆心也，人与天地万物为一体，故穷天地万物之理，即在吾心之中。"③同时他固守浙中王学的学派信仰："千圣相传者心也。"④以黄宗羲为代表的心学一派在清朝学术独树一帜，并且谱写了具有学派特点的道统谱系。其"学贯自得"的治学方法，对于保守封闭的清代学术无疑是清流。

毛奇龄生于明清易代之际，身历天启、崇祯、顺治、康熙四朝，生平经历坎坷，可谓明清之际朝代更迭、社会变迁、民心学风转变的历史亲历者与见证人。受明清之际政治社会剧变和经世思潮的影响，他曾主张："'重事功，尚用世，以民物为怀，以家、国、天下为己任'，鄙薄宋儒薄事功、轻气节的积习，叹服王阳明儒学与事功。为学尊汉抑宋：修史重稽核，尚信实，最恨宋儒史；治经主张以经证经，反对空言说经；论诗主性情，尊唐鄙宋。"⑤毛奇龄不仅深刻领会王阳明心学的核心要义，还有自己鲜明的学术主张，包括史学主张和诗学主张。

明末清初，实学兴起，王阳明心学受到冲击而逐渐衰弱，但是影响力若隐

---

① 冯辰、刘调赞：《李塨年谱》，中华书局1988年版，第4页。
② 王阳明：《传习录》，前揭《王阳明全集》卷二，第74页。
③ 黄宗羲：《明儒学案序》，《黄宗羲全集》第十册，浙江古籍出版社2005年版，第79页。
④ 《孟子师说》卷四，《黄宗羲全集》第一册，第113页。
⑤ 毛奇龄：《四书改错》，胡春丽点校，华东师范大学出版社2015年版，第2页。

若现于当时的思想界:"当明末季,理学已成强弩之末,一度风行的王阳明心学盛极而衰。一时理学营垒中人,或出于王而非王,或由王而返朱,竞相寻求儒学发展的新途径。作为理学玄谈的对立物,方兴未艾的实学潮流随社会危机的空前加剧而磅礴于世。"①当时的意大利传教士毕方济曾经指出王阳明心学在明清鼎革之际势弱的原因:"明朝时王阳明心学盛行,士大夫空谈心性,不务实事,此种作风一直延续到明末。随着内忧外患日益严重,一批有识之士开始反思,提倡经世致用的实学。"②清初,王阳明心学最强的角力对手就是颜李学派所倡导的"周孔之教"。"康熙十八年(1679),河北博野县著名学者颜元前来蠡县讲学。面对理学家'性与天道'的鼓噪,颜元力倡恢复'周孔正学','别出一派,与之抗衡'(《习斋记余》卷三《寄桐县钱生晓城》)。凤鸣朝阳,振聋发聩。李塨闻讯,专程前往拜谒。从年谱中可以清楚地看到,正是这次访问,成为李塨一生为学道路上的重要里程碑。从此,他决意追随颜元,致力于经邦济世的实学,成为颜元学说的笃信者。他说:'咫尺习斋,天成我也,不传其学,是自弃弃天矣。'(《李塨年谱》卷一,二十三岁条)"③清朝以降,王阳明心学受到实学的冲击并不为惧,但是最为危言耸听的是当时思想界的王阳明心学亡国之论,认为明朝甲申之变源于王阳明心学,对此明末清初学者吕留良有所叙述:"崇祯十七年甲申,清军入关,明朝亡,词赋之无益于匡时救国,遂将之焚弃。盖当时有以王阳明心学亡国之论,晚村答某书生曰:'弟之痛恨阳明,正为其自以为良知已致,不复求义理之归,非其所当是,是其所当非。颠倒戾妄,悍然信心,自足陷人于禽兽非类,而不知其可悲,乃所谓不致知之害,而弟所欲痛哭流涕为天下后世争之者也。'(《吕晚村先生文集》卷二)"④这种王阳明心学亡国论在当时信服从之者不在少数,影响了王阳明心学在清代的传播与发展,故吕留良认为王阳明心学颠倒是非,劝诫并担心天下后世盲从这种论断。清代儒学学案之中,王阳明心学与程朱理学也有交锋,主要原因是王阳明反对朱子理学,特别是朱熹、二程对于《大学》原本的改本。《大学》有两种版本:一种是原本,另一种是改本。《大学》改本的出现,是从程颢、程颐开始,最后由朱熹完成的。⑤ 王阳明对《大学》的义理有独特的理解。他把"大学"理解为"大人之

---

① 张履祥:《杨园先生全集》,中华书局 2002 年版,点校说明,第 1 页。

② 〔意大利〕毕方济,等:《明末耶稣会士罗儒望毕方济汉文著述集》,齐鲁书社 2014 年版,第 73 页。

③ 冯辰、刘调赞:《李塨年谱》,中华书局 1988 年版,第 4 页。

④ 吕留良:《吕留良诗笺释》,中华书局 2002 年版,第 125 页。

⑤ 幺峻洲:《大学说解》,齐鲁学社 2009 年版,第 4-5 页。

学",他对"大人"的解释是:"大人者,以天地万物为一体者也……大人之能以
天地万物为一体也,非意之也,其心之仁本若是,其与天地万物而为一也。岂
惟大人,虽小人之心亦莫不然;彼顾自小之耳……是其一体之仁也,虽小人之
心亦必有之;是乃根于天命之性,而自然灵昭不昧者也。是故谓之明德。……
故夫为大人之学者,亦惟去其私欲之蔽,以自明其明德,复其天地万物一体之
本然而已耳……至善者,明德亲民之极则也。天命之性,粹然至善,其昭灵不
昧者,此其至善之发现,是乃明德之本体,而即所谓良知者也。"①由上述引文
可知王阳明认为"至善"才是《大学》的纲领,而所谓"至善"实指"良知"。这是
其"致良知"和"四句教"的缘起和立论基础。王阳明心学可以概括为四句教:
"无善无恶心之体,有善有恶意之动。知善知恶是良知,为善去恶是格物。"②
这是王阳明对心学体系的精准概括和经典阐释,与心即理、致良知、知行合一
等心学理念属于同构术语,与儒家思想所倡导的"三不朽"均属于古代知识分
子的座右铭,诠释了王阳明心学的博大精深。

　　清初至康熙中期,"周孔正学"的儒家实学着实取得了迅速发展,成为当时
的流行学派。但是康熙皇帝并没有将其作为官学,也没有选择王阳明心学,而
是选择了程朱理学作为官学。这其中的原因是多方面的,但是最主要的还是
程朱理学符合清朝维护政治统治的需要。陆陇其是清初尊崇朱熹理学、力辟
阳明心学的重要代表,他生活在明清易代之际,从思想角度对朝代兴废、政治
因革进行反思,认识到学术的正误盛衰,关系到国家社会的存亡。他将明代的
覆灭,归因于阳明心学的兴盛流行、程朱理学的沉沦衰微,断然认为今之为学,
当尊崇程朱理学,力黜阳明心学,唯其如此,方能是非明而学术一,人心正而风
俗淳。③康熙皇帝受熊赐履、陈廷敬、陆陇其等人的影响,最终把程朱理学确
定为官学,并在孔庙增祀朱子。《康熙起居注》中曾有一段康熙皇帝与汤斌的
一段对话:

　　　　上乃谕斌曰:"朕尝读朱子、王阳明等书,道理亦为深微,乃门人
　　各是其师说,互为攻击。夫道体本虚,顾力行何如耳。攻击者私也,
　　私岂道乎? 朕于古来人物从不肯轻为评议,即于今人亦然。若人心
　　无私,何庸攻击?"斌奏曰:"臣学问粗浅,亦不敢轻诋前人。当今山林

①　王阳明:《大学问》,《王文成全书》卷二六。
②　吕留良:《吕晚村先生四书讲义》,中华书局2015年版,第94页。
③　陆陇其:《三鱼堂日记》,杨春俏校,中华书局2016年版,第2页。

中潜心实学者有人，而务虚名者亦然复不少。"上曰："潜心实学者何
拘山林平地？前者张德地为巡抚时，曾言沙土之地不产贤人。夫十
室之邑必有忠信，贤者笃生，原不择地，岂沙土即无贤人耶？德地之
言殊为可鄙！朕深宫读书，常于书旨详加考究，尔试举经书中语来
问。"斌奏曰："《中庸》喜怒哀乐之未发一节，请皇上俯赐圣教。"上为
之探本穷原，条分缕析，阐中和之奥义，敷本道之微言。讲至天地位
焉，万物育焉，将戒惧谨独，心正气顺，学问之极功，圣人之能事。《中
庸》首章大旨，阐发宣示无复余蕴。斌奏曰："天地万物亦可分属中和
否？"上曰："先儒分书中和良是。"斌奏曰："圣学高深极矣。"①

上述对话表明了康熙皇帝对朱熹、王阳明书籍是有深入研究的，但是也对
程朱理学与陆王心学的门派之争所不齿。王士禛在《池北偶谈》中另有一段康
熙皇帝与汤斌的对话："二十二年四月，上宣谕汤侍读荆岘斌，令进所著诗文，
且蒙召对。中有《王守仁论》一篇，上阅之，问汤意云何？汤因对以守仁致良知
之说，与朱子不相刺谬，且言守仁直节丰功，不独理学。上首肯曰：'朕意亦如
此。'睿鉴公明，远出流俗之外，史馆从此其有定论乎！"②有鉴于康熙皇帝对王
阳明心学并没有排斥之意，儒林也逐渐平息对王阳明心学的排斥。尽管汤斌
作为服膺王阳明心学的代表人物，未能在御前推崇王阳明心学并争取其殊荣，
但是事实上程朱理学与陆王心学同属理学一脉，同属道学，并没有实质的不
同，两者和合共生也是清代学术的一个现象。对此，皮锡瑞在南学会第三次讲
义中讲道："程、朱、陆、王同讲道学，所讲者皆天人性命之理、身体力行之事，宜
其学无不同矣。而同中又有异者，此由入手途径各别，所以教人宗旨不同。
程、朱以为学当先知后行，陆、王以为学当知、行并进。程、朱何以必云先知后
行？《大学》曰：'欲诚其意者，先致其知。'又曰：'知至而后意诚。'格、致是知，
'诚意'以下至'平天下'是行。"③

清代王士禛有云："王文成公为明第一流人物，立德、立功、立言，皆居绝
顶。"④晚清时期，王阳明心学再度兴盛，曾国藩、章太炎、康有为等都从中受
益。章太炎曾在江苏省教育会第七次讲学时说过："王论事不恃他物证，亦不

---

① 《康熙起居注》，中国第一历史档案馆整理，中华书局1984年版，第1642-1643页。
② 王士禛：《池北偶谈》，齐鲁书社2007年版，第3030页。
③ 皮锡瑞、尹飞舟：《湖南维新运动史料》，岳麓书社2013年版，第398-389页。
④ 王士禛：《池北偶谈》，齐鲁书社2007年版，第3030页。

必事后考虑，盖对人不许狐疑，对己不得懊悔，故有谓王阳明之说，宜于用兵，最有决断，良有以也。"[1]林钧在《樵隐诗话》中说道："古今儒家多矣，而出自理学名儒者，惟诸葛公、王阳明先生与己。近日罗忠节、曾文公可以当之焉。"[2]也许有人认为清朝官吏林钧过于吹捧自己，但是王阳明心学之于兵家以及乱世之时，着实是一副强心之药，凡事诉之于己，纵然外界喧嚣，但是内心安宁，这才是王阳明心学经久不衰的原因。

王阳明是明代著名思想家、哲学家，师承宋代陆氏心学并加以完善发展，形成了阳明心学，"其功不在禹下"，无愧于伟大的思想家、哲学家。清代王阳明心学，由于其非官学的地位，所以难免受制于各方面因素制约，大多都表现了"融合朱陆"的特点，表明学术如果不服膺统治者的政治需求，只能另辟蹊径，加以传承和延续。这也是浙中王阳明学派生生不息的原因。

① 汤志钧：《章太炎年谱长编》，中华书局 2013 年版，第 393 页。
② 钱仲联：《清诗纪事》，凤凰出版社 2003 年版，第 2860 页。

冯从吾与晚明阳明心学

——以王阳明教说的理解为中心

都兰雅[*]

王守仁(1472—1529,字伯安,号阳明)的心学思想经过其后学的传播和阐发风行天下,聚焦学者对王阳明教说的理解,无论该学者对王阳明的教说是接受还是批判,都可以在微观上把握一个学者的思想与阳明心学的交融与互动,并在宏观上透视阳明心学在一个时代的影响。笔者以晚明服膺心学又不以心学自限的大儒冯从吾(1557—1627,字仲好,号少墟)对王阳明教说的理解为个案,探究冯从吾对于阳明心学的诠释取径与融会面向,希冀透过这一典型实例,管窥晚明阳明心学在可能的思维向度上的提揭,以及阳明心学义理内容的拓展与深化。

从目前学术界的研究来看,陕西师范大学教授李敬峰在其《晚明阳明心学视域下的〈四书〉诠释——以冯从吾〈四书〉学为中心》一文中,论述了冯从吾的《四书》诠释在阳明心学的波及之下,突破朱子藩篱,引证心学思想,开显《四书》"心学化"的诠释趋向。[①] 到目前为止,学术界关于冯从吾对王阳明教说之理解的探讨,主要集中于冯从吾对王阳明"四句教"首句"无善无恶心之体"的

---

[*] 都兰雅,武汉大学哲学学院硕士生。

[①] 李敬峰:《晚明阳明心学视域下的〈四书〉诠释——以冯从吾〈四书〉学为中心》,《陕西师范大学学报(哲学社会科学版)》2020年第1期。

批判。① 但关于冯从吾幼时从王阳明"个个人心有仲尼"之诗入门，还有进一步探讨之必要。彭定求（1645—1719，字南畇）对冯从吾的为学历程记述如下："少墟先生幼从阳明个个人心有仲尼诗入门，后虽与梁溪同辟无善无恶四字，然其七十自寿诗云：谁哉吾之师，人心有仲尼。考亭严主敬，姚江致良知。则终见其血脉贯通矣。"② 王阳明的"个个人心有仲尼"之诗是冯从吾为学入德的开端。冯从吾在确信自己心中有仲尼（孔子）的基础上，同时肯定考亭（朱子）的"主敬"和王阳明的"致良知"，这构成了冯从吾批判王门"无善无恶"之说的思想基础。从冯从吾的为学历程可以看出，对于阳明心学，冯从吾呈现"接受—批判—朱王调和"的致思路径变迁。近年来出版的《冯从吾集》也指出，冯从吾是根据"个个人心有仲尼"之诗首次确立入德之路，后转向朱子理学，又进一步接受了阳明心学。③ 关于冯从吾对王阳明教说的理解之探究，"个个人心有仲尼"之诗具有重要意义。

笔者以冯从吾对王阳明"个个人心有仲尼"之诗、"良知""致良知"的理解为焦点，以冯从吾对于阳明心学"接受—批驳—朱王调和"的致思变迁为线索，探讨冯从吾对于阳明心学的诠释与阐发路向，管窥晚明阳明心学所蕴含的思维向度与义理内容。

一、良知是为学入德的开端

冯从吾为学入德的开端在《大司空谥恭定少墟冯先生行实》中有记述："先生幼病癖，九岁始小愈。赠公手书阳明人心仲尼诗，命习字。且学其为人，即犁然有当也。先生之知学自此始。"④ 冯从吾九岁时（嘉靖四十四年，1565），根据其父冯友手书的王阳明"个个人心有仲尼"之诗习字，并学孔子的为人。据

---

① 到目前为止，中文方面有关冯从吾对王阳明教说之理解的探讨，主要集中于冯从吾对王阳明"四句教"首句"无善无恶心之体"的批判。如刘兆玉：《论冯从吾对"无善无恶"说的批判》，载《理论界》2016 年第 8 期。此外，李敬峰：《关学的心性化转向———以冯从吾的〈孟子〉诠释为中心》，载《江淮论坛》2016 年第 5 期；刘莹：《冯从吾与明代关中理学》，载《西安电子科技大学学报》2012 年第 5 期；刘学智、米文科：《关学大儒冯从吾哲学思想述论》，载《地方文化研究》2013 年第 6 期；刘宗镐：《论关学的心学化及其价值》，载《人文杂志》2018 年第 12 期等都涉及冯从吾对王阳明"无善无恶心之体"之说的批判。

② 彭定求在《儒门法语》中收录儒门大家要作，并撰有《冯少墟关中书院记之题记》，齐鲁书社1995 年出版。

③ 冯从吾：《冯从吾集》，刘学智、孙学功点校整理，西北大学出版社 2015 年版，第 5 页。

④ 冯从吾：《大司空谥恭定少墟冯先生行实》，载《冯恭定公全书》，光绪二十二年刻本。

此仅仅认识到冯从吾自幼时便以孔子为榜样是不够的。在这段记述中，王阳明"个个人心有仲尼"之诗进入视野，可见冯从吾自幼时起就开始接触王阳明的教说，据"先生之知学自此始"可知，"个个人心有仲尼"之诗为冯从吾树立起为学入德之目标。因此，有必要详细考察"个个人心有仲尼"之诗的具体内容：

> 个个人心有仲尼，
> 自将闻见苦遮迷。
> 而今指与真头面，
> 只是良知更莫疑。

诗意大致是：个个人心中都有仲尼（孔子），（尽管）被闻见所遮迷，（阳明）现在指示出其真正的样子，那就是良知，无须怀疑。也就是说，每个人都自觉心中有孔子的存在，也就是自觉心中有"良知"。这是王阳明的教示。"个个人心有仲尼"之诗是《居越诗三十四首》所收题为《咏良知四首示诸生》[①]的一首七绝，据诗题下记"正德辛巳年归越后作"可知，该诗是正德十六年(1521)王阳明五十岁所作。根据年谱记载："正德十有六年辛巳，王阳明先生五十岁，在江西。正月，居南昌。是年先生始揭致良知之教。"[②]可见，同年正月王阳明首次开示"致良知"说。由此可知，王阳明作"个个人心有仲尼"之诗的这一时期对于王阳明的教说来讲是一个重要时期。

对于"个个人心有仲尼"之诗的理解，冯从吾说："阳明先生云个个人心有仲尼，则个个人心有良知。"[③]可见，冯从吾明确指出阳明所谓"人心有仲尼"即是指"人心有良知"，仲尼即指"良知"本身。根据"个个人心有仲尼"诗句的顺序和内容所示，起句言"仲尼"，转句言"真头面"，结句言"良知"，可以推知，仲尼的含义等同于"良知"的含义。根据上述冯从吾的理解可知，王阳明"个个人心有仲尼"之诗教说的内涵是每个人都平等地具有"良知"，每个人都具备自然会知"良知"的意识能力。

那么，冯从吾如何理解王阳明所说的"良知"？冯从吾在对《中庸》"诚者，不勉而中，不思而得"一句的解说中，论及"个个人心有仲尼"即"个个人心有良知"的具体表现，由此可以窥知冯从吾对王阳明所说的"良知"的理解："孩提知爱，稍长知敬，见孺子而怵惕，睹亲骸而颡泚，不忍觳觫之牛，不屑呼蹴之食，此

---

① 王守仁：《王阳明全集》，吴光等编校，上海古籍出版社 2011 年版，第 870 页。
② 王守仁：《王阳明全集》，吴光等编校，上海古籍出版社 2011 年版，第 1411 页。
③ 冯从吾：《少墟集》，上海古籍出版社 1993 年版，第 189 页。

等去处,不知,由思而得,由勉而中否。尧舜其心至今在,个个人心有仲尼,正在此处。"①这里冯从吾援引《孟子》"孩提之童,无不知爱其亲者;及其长也,无不知敬其兄也"(《尽心上》第十五章);"人乍见孺子将入于井,皆有怵惕恻隐之心"(《公孙丑上》第六章);"其亲死,则举而委之于壑。他日过之,狐狸食之,蝇蚋姑嘬之。其颡有泚,睨而不视。夫泚也,非为人泚,中心达于面目"(《滕文公上》第五章);"王坐于堂上,有牵牛而过堂下者,王见之,曰:'牛何之?'对曰:'将以衅钟。'王曰:'舍之! 吾不忍其觳觫,若无罪而就死地。'"(《梁惠王上》第七章);"一箪食,一豆羹,得之则生,弗得则死。呼尔而与之,行道之人弗受;蹴尔而与之,乞人不屑也"(《告子上》第十章),孩提之童"不虑而知"爱亲敬长,人乍见孺子将入于井而生怵惕恻隐之心,人见父母的尸骸暴露在外而额上立刻冒出冷汗,齐宣王见牛之将死而生不忍之意,饥者因羞恶感而不愿受嗟来之食,冯从吾认为这些典型案例生动体现了"个个人心有仲尼"也即"个个人心有良知",展现了每个人都具备的"良知"的发显状态,生动地描述了良知意识的运作机制。由此可见,"良知"不是一种有关事实的经验知识,也不是一般意义上的意识知觉,而是"不虑而知"的、当下直截的道德意识和道德直觉;是人生来具有的知善知恶的道德认知能力和好善恶恶的道德情感,以及为善去恶的道德抉择与控制能力。

冯从吾敦促"良知"的自知、自觉。在面对"或为圣人之后,或近圣人之居"的"诸生"时以阳明"个个人心有仲尼"为说教,他说:"阳明先生云,个个人心有仲尼。个个人心既有仲尼,则为其孙者生来原无愧于祖,为其弟者生来原无愧于师。此道完完全全,圣非有余,我非不足。故孟子曰,大人者不失其赤子之心。"②这里冯从吾引《孟子》"大人者,不失其赤子之心者也"(《离娄下》第十二章),"个个人心有仲尼"的"仲尼"和"大人不失其赤子之心"的"赤子之心"是同义的,因而"仲尼""赤子之心"与"良知"同义。冯从吾指出,既然每个人都平等地具有"良知",那么作为圣人子孙、学生的"诸生"生来便无愧于祖师。良知人人具有,凡圣所同。冯从吾以笃信良知人人具有、凡圣所同的主张为前提,重视并肯定颜回为学入德的进程,将颜回对圣人的信念视为理想,他说:"颜子其初亦笃信圣人,故仰之钻之瞻之,三之字俱指圣人,其后一闻圣教,始信得博我约我,始信得我自家生来原是圣人,故既竭吾才,如立卓尔。"③颜回以闻圣教

---

① 冯从吾:《少墟集》,上海古籍出版社 1993 年版,第 46 页。
② 冯从吾:《少墟集》,上海古籍出版社 1993 年版,第 110-111 页。
③ 冯从吾:《少墟集》,上海古籍出版社 1993 年版,第 111 页。

为契机，圣教是指《论语》颜渊篇第一章："颜渊问仁。子曰：'克己复礼为仁。一日克己复礼，天下归仁焉。为仁由己，而由人乎哉？'"从此颜回相信自己生来原是圣人。冯从吾又引王阳明之诗："无声无臭独知时，此是乾坤万有基。抛却自家无尽藏，缘门持钵效贫儿。"①（此诗与"个个人心有仲尼"之诗为一系列），把"良知"的外求比作乞讨。由此可知，冯从吾强调"良知"不是意识的反映对象，而恰恰是意识活动的主体。这意味着冯从吾在肯定良知是道德意识的同时，认识到良知更是先验的道德本体。在本体论意义上强调良知具有自知的特质。良知的自知源自良知本体，意味着良知具有当下直接地意识到自己的直觉能力，此一直觉能力，好比"自家痛痒自家知"②一般，不依赖于任何指向客观外物的认知活动，而是内心良知当下直接的反身意识。更进一步来说，良知的自知不是一种意念活动发生后对此意识行为的第二次判断③，而是基于良知本体的、一种当下直接的、自然如是的明觉。冯从吾进一步总结说："吾辈果能笃信此赤子之心我与圣人同，笃信此良知我与圣人同，则识得本体，自然可做工夫。做得工夫，自然可复本体，当下便是圣人，故曰，个个人心有仲尼，非虚语也。"④冯从吾强调笃信我与圣人具备相同的"赤子之心""良知"，也就是笃信"个个人心有仲尼"的教说。这里冯从吾对本体工夫不离关系的论述，透显出良知本体有一种根源于自身的明觉洞察之能力，即良知的自觉，也就是说对"意之所向"的所有意识构成的行为事物都能当下直接做出明觉精察的道德认知和道德判断。良知的所知所觉必内含好善恶恶的道德情感作为道德动力。良知的自觉根源于良知本体，又展现为为善去恶的道德抉择与控制能力以及道德实践行为。

冯从吾认为，为学入德的根本与目标就在于"良知"的保持。他论说道："问，赤子之心如何失。曰，在不学。问，如何学。曰，在不失赤子之心，故曰，学问之道无他，求其放心而已矣。求放心者，求不失此赤子之心也。可见，不学不是，泛学亦不是。"⑤可见他指出学问之道就在于求不失"赤子之心"即"良知"。冯从吾对王阳明"个个人心有仲尼""良知"的教说评价道："辞章口耳，圣

① 王守仁：《王阳明全集》，吴光等编校，上海古籍出版社 2011 年版，第 870 页。
② 王守仁：《王阳明全集》，吴光等编校，上海古籍出版社 2011 年版，第 871 页。
③ 〔瑞士〕耿宁：《心的现象：耿宁心性现象学研究文集》，倪梁康等译，商务印书馆 2012 年版，第 182 页。
④ 冯从吾：《少墟集》，上海古籍出版社 1993 年版，第 111-112 页。
⑤ 冯从吾：《少墟集》，上海古籍出版社 1993 年版，第 88 页。

道支离。公排群议,独揭良知。致之一字,工夫扉遗,处渊取日,人心仲尼。"①
冯从吾称赞阳明在圣人之道不明确的状况下,力排众议,提出"良知"学说,强
调"致良知"的方法原则与工夫理路。末尾的"人心仲尼"显然是根据"个个人
心有仲尼"而来的,据此可知,对王阳明的教说来讲,"个个人心有仲尼"具有为
学入德的本体根基的意义,以及念念不息的实践意义。

二、批驳王门"无善无恶"之说

冯从吾所言"辞章口耳,圣道支离",不仅表示王阳明在世时的状况,也指
示了冯从吾自身所对乱象、所见弊端。阳明心学发展到了晚明,派门分立,义
理纷纭。末流未能正确把握良知内涵,空谈心性,束书不观,狂逸为高,渐沦为
浅薄空疏的学风。阳明晚年标举的"四句教"是王门后学分化的根源。冯从吾
认为阳明"四句教"中,后三句均无偏差,唯有第一句"无善无恶心之体"关系儒
学正统,必须详加辨析,以求正本清源。他对阳明"四句教"评道:"有善有恶二
句,与致良知三字互相发明,最为的确痛快,为善去恶一句,虽非《大学》本防,
然亦不至误人,惟无善无恶一句,关系学脉不小,此不可不辨。"②冯从吾进一
步指出:"近世学者病支离者什一,病猖狂者什九,皆起于为无善无恶之说所
误,良可浩叹。"③他将"无善无恶"之说定为晚明王门后学支离、猖狂的根源。
冯从吾对阳明心学的吸纳、转出、重构的关键,在于对"无善无恶"之说的检讨
与批驳。

冯从吾认为,"无善无恶"之说背离了儒家性善的立场,有颠覆正统儒学的
命脉之嫌,因此必须辩驳异论,扶救正学。他说:"吾儒论学,只有一个善字。
直从源头说到究竟,更无两样。故《易》曰'继善',颜曰:'一善',曾曰'至善',
思曰'明善',孟曰:'性善',又曰'孳孳为善'"。④ 冯从吾溯源儒家"善"的学
说,认为"善"贯穿于孔曾思孟以及《易经》之中,"善"是儒学宗旨,"性善"是儒
家对于人性的立场。冯从吾指出"无善无恶"之说背离了儒家以"善"言"性"的
立场,从而消泯了儒家与异端的本质界线,乃至与《告子》无善无恶之说、释氏
无净无垢之论同流。他说:"其失处,一在以无善无恶为心之体,翻孟子性善之

①　冯从吾:《冯从吾集》,刘学智、孙学功点校整理,西北大学出版社 2015 年版,第 510 页。
②　冯从吾:《少墟集》,上海古籍出版社 1993 年版,第 284 页。
③　冯从吾:《少墟集》,上海古籍出版社 1993 年版,第 264 页。
④　冯从吾:《少墟集》,上海古籍出版社 1993 年版,第 14 页。

案,堕《告子》无善无不善、佛氏无净无垢之病,令佞佛者至今借为口实。"①然则《告子》实际上是从生命实然经验谈自然人性,和佛氏从缘起言性空不同,亦与阳明所指不同。但冯从吾着意于力阐儒家"性善"之旨,指出"佛氏之失,正在论心论性处与吾儒异",从心性本体的内涵上做出儒佛本质的区隔,有意识地通过崇儒辟佛来"倡明正学""指示迷途"。冯从吾力辨之处在于心性,他认为流弊之起,症结在于对心体性体本质认识不清。《辨学录原序》言:"至今日乃有舍喜怒哀乐未发之中,而谈无善无恶心之体……凡此皆起于学之不明。学之不明,起于心性之不明,而仲好之所为力辨也。"②冯从吾力陈"心之本体原是有善无恶的"③,"人性原来皆善,至善者,性体也"④,从人性论的角度认为"无善"是对性体至善本质的抹杀。

冯从吾以提揭儒家所主张的"性善"之旨为进路,认为阳明"四句教"作为环环相扣的义理整体,论心体、论本体工夫,都不能脱离儒家"善"的立场。他深入"四句教"内部,由后三句与首句在逻辑上的不成立,思想上的不一贯来批驳"无善无恶"说之误。首先,就第二句"有善有恶意之动"而言,冯从吾认为:"念未起之前,心本一。但念既起之后,便有善念有恶念,所以说支离而去者乃意耳,非概谓念既起之后全是恶念,全无善念也。"⑤"一念不起,纯然是善,惟有念而后有善恶之不同,故戒慎不睹,恐惧不闻。"⑥冯从吾指出念虑未生时,心体是纯善无恶的,意念生起,则有善念恶念之分,若心体是"无善无恶"的,则无法在意念生起时有善恶之分。

其次,就第三句"知善知恶是良知"而言,冯从吾认为:"良知知字即就心体之灵明处言,若云无善无恶,则心体安得灵明,又安能知善知恶邪?其灵明处就是善,其所以能知善知恶处就是善,则心体之有善无恶可知也。是无善无恶之说之误,即就先生知善知恶是良知一句证之也。"⑦在冯从吾看来,"吾儒之旨,只在善之一字","吾儒之学,以理为宗",⑧他以作为天理的"善"来批驳"无善无恶"说之误:"善"作为天理,通过心体之灵明表现出来,良知之知就是指心

---

① 冯从吾:《少墟集》,上海古籍出版社 1993 年版,第 274 页。
② 冯从吾:《少墟集》,上海古籍出版社 1993 年版,第 5-6 页。
③ 冯从吾:《少墟集》,上海古籍出版社 1993 年版,第 10 页。
④ 冯从吾:《少墟集》,上海古籍出版社 1993 年版,第 186 页。
⑤ 冯从吾:《少墟集》,上海古籍出版社 1993 年版,第 189 页。
⑥ 冯从吾:《少墟集》,上海古籍出版社 1993 年版,第 154 页。
⑦ 冯从吾:《冯从吾集》,刘学智、孙学功点校整理,西北大学出版社 2015 年版,第 302 页。
⑧ 冯从吾:《少墟集》,上海古籍出版社 1993 年版,第 6 页。

体之灵明,是天理在心中的自觉,能"知善知恶"可以推知其所以然者为"善",所以"无善无恶"说与良知"知善知恶"的特质相违背,心体必须纯善无恶,才能保证在发用流行处的正当合理。与此观点相似,冯从吾还提出镜喻之说来驳斥"无善无恶"之说:"或者又以镜喻,云'照妍照媸者,镜之明;无妍无媸者,镜之体',若以有善无恶为心之体,亦可以有妍无媸为镜之体邪?不知知善知恶之善恶字即妍媸之说也,有善无恶之善字即明之说也,镜之能照妍媸处,就是明镜之明处,就是善,非专以妍为善也,是无善无恶之说之误,又就以镜喻之说证之也。"①冯从吾指出"善"不是就知觉的内容而言,而是就本体为善去恶之能而言,镜之能照处如同能知善知恶处,明镜之明处如同良知心体的道德判断力,以镜之明比喻善,就是以理为善,因此良知心体至善。

最后,就第四句"为善去恶是格物"而言,冯从吾认为:"先生又云为善去恶是格物,必曰有善无恶者心之体,则为善者,为其心体所本有,去恶者,去其心体所本无,上知可以本体为工夫,而下学亦可以工夫合本体,庶得致良知之本防。今曰无善无恶是去恶,固去其心体所本无,而为善非为其心体所本有,则工夫不合本体,不防以人性为仁义,坐《告子》义外之病邪?是无善无恶之说之误,又即以先生为善去恶是格物一句证之也。"②他指出,为善去恶的工夫乃根据心体而开展,为善的内容乃"心体所本有",去恶的对象乃"心体所本无",为善去恶统合本体与工夫。若心体"无善无恶",那么"为善去恶"的工夫就不可能,从而工夫与本体不合,由此冯从吾认为阳明以"无善无恶"为心之体,将天理排除于主体意识之外,与《告子》的"义外之病"没什么不同。

从冯从吾对"无善无恶"说的批驳可以看出,其思想建构的起点是以"天理""善"作为心体本质。就批驳的进路来看,从"心之灵明处"推至"所以能知善知恶处",从"为善去恶"的工夫返回到"心体所本有"的本体,皆是由良知之作用追溯内在根源即心体本质的"善",可见冯从吾重视主体之所以能实践道德的内在本体根据。从冯从吾对心体的诠释可知,他认为心、性与本体是同一义的,他所关注的并非心、性关系,而是心与天理在本体结构上的互相包含,这是他认为儒家与异端不同的关键。冯从吾谈论"良知灵明处""知善知恶处""为善去恶处"等道德主体的实践,极力为道德自觉提出本体内在的保证,即强调"天理""善"对心的内容规定,以避免主体在实践上混同异端。他说:"本体

---

① 冯从吾:《少墟集》,上海古籍出版社 1993 年版,第 272-273 页。
② 冯从吾:《少墟集》,上海古籍出版社 1993 年版,第 272-273 页。

源头处一不清楚,此所以后来流弊无穷。"①可见,冯从吾将流弊归咎于"天理""善"在心体上的失落,"善"所代表的伦理意义,是儒家核心价值所在,也是儒佛之辨的关键。

冯从吾在批驳"无善无恶"说时,还联系"未发之中"以建构本体内涵。他说:"未发纯然是善,故曰中,此句正是子思直指心体处。若曰无善无恶者心之体,亦可曰无中无不中者心之体矣,有是理哉?是无善无恶之说之误,又就子思未发之中一句证之也。……且余性素喜静坐,坐久静极,不惟妄念不起,抑且真念未萌,心体惟觉湛然,当下更无纷扰。……心体惟觉湛然,当下更无纷扰,即此便见有真无妄,非有善无恶之验邪?是无善无恶之说之误,又就自家静坐之久证之也。此善字即未发之中,即天命之性,即心之本体,人之所以异于物者,正在于此。不然知善知恶是良知,何人能知,而物不能知邪?又何人能致,而物不能致邪?人能知而物不能知,人能致而物不能致,正以人之心体有善无恶,而物之心体无善无恶耳。天命之气质,人与物同;天命之性体,人与物异。故人率人之性,便能知爱知敬,便谓之道;物率物之性,止能知饮知食,便不知饮食之道矣。"②冯从吾以"未发之中"言善,言心之本体,言良知,作为人禽之辨与批评"无善无恶"说的理据。在他看来,"未发之中"与"良知""心之本体""天命之性"在概念内涵上是一致的,都是"善"的指称。冯从吾在"未发之中"与"善"的内涵指向一致的基础上,将"中"代入"无善无恶"的文句,得出"未发之中"会变成"无中无不中"的矛盾命题,因而证成"无善无恶"说与《中庸》之说相悖。

在冯从吾的诠释中,"未发之中"与"善""良知""心之本体""天命之性"在概念内涵上是一致的,这使得"未发之中"从本体状态的形容,转为对心体的道德本质规定,成为"性善"的另一种表述。然而,冯从吾在静坐中所体悟到的"妄念不起,抑且真念未萌""湛然"的未发状态,他也称之为"善"。如此一来,冯从吾从本体内容与工夫境界两个层面,将"善"分为人性论的"性善"义,以及超越经验层面善恶相对的绝对"至善"义。就绝对至善的内涵来看,与阳明所说的"无善无恶"的意思其实相同,只是冯从吾在批判时是从价值意义的取消来理解"无善无恶"之"无",未能正确理解阳明本意。阳明所言之"无",于本体论而言,乃彰显心体为超越的绝对至善;于工夫论来讲,则是从工夫的不执不滞立论。

---

① 冯从吾:《少墟集》,上海古籍出版社 1993 年版,第 206 页。
② 冯从吾:《少墟集》,上海古籍出版社 1993 年版,第 272-274 页。

三、厘清本体与工夫的关系

对本体与工夫偏重不一导致阳明心学的分化,冯从吾说:"近世学术多岐,议论不一,起于本体工夫辨之不甚清楚。"①在导正学风的理念下,冯从吾力辨本体与工夫之间的关系。关于本体与工夫偏重不一的问题,冯从吾进一步阐释说:"学者往往舍工夫而专谈赤子之心,则失之玄虚,舍赤子之心而专谈工夫,则失之支离,心学几为晦蚀。"②"若论工夫而不合本体,则泛然用功,必失之支离缠绕;论本体而不用工夫,则悬空谈体,必失之防径猖狂,其于圣学,终隔燕、越矣。"③冯从吾指出,近世学术争论分歧的问题核心在于,在本体与工夫的入路上,由分别侧重本体或工夫的执一态度,衍生为本体与工夫二者对立的误解,这是晦蚀阳明心学的弊端。

对于冯从吾来说,本体与工夫的融会是调和朱、王学说的关键。冯从吾批评阳明心学存在"舍工夫而专谈赤子之心""论本体而不用工夫"的偏颇倾向,指出缺乏工夫开展,悬空论本体,易引发"捷径猖狂"的流弊;又批评朱学存在"舍赤子之心而专谈工夫""论工夫而不合本体"的偏颇倾向,忧心失去本体的支撑,工夫如同虚架的步骤,不合本体,泛然用功,易陷入"支离缠绕"的困境。冯从吾批评这种偏举本体与工夫的学风断裂了义理贯通的脉络,忽略了本体与工夫在实践上是一体并进的。

冯从吾欲通过本体与工夫关系的厘清,说明本体与工夫的义理联系,以调和朱、王学说,重整"几为晦蚀"的阳明心学状况。他以王阳明的"致良知"之教为例:"阳明先生致良知三字,真得圣学真脉,有功于吾道不小。……上知可以本体为工夫,而下学亦可以工夫合本体,庶得致良知之本旨。"④冯从吾指出真正"得致良知之本旨"的教法,是既能为上智之人点拨"以本体为工夫"的直截入处,也能为下学之人开出"以工夫合本体"的渐进路径。这反映出冯从吾对本体与工夫关系的认识:本体与工夫乃同质同层的一体架构双向开展,非异质异层的两套体系。他说:"识得本体,自然可做工夫,做得工夫,自然可复本体,

---

① 冯从吾:《少墟集》,上海古籍出版社 1993 年版,第 262 页。
② 冯从吾:《少墟集》,上海古籍出版社 1993 年版,第 220-221 页。
③ 冯从吾:《少墟集》,上海古籍出版社 1993 年版,第 262 页。
④ 冯从吾:《少墟集》,上海古籍出版社 1993 年版,第 272-273 页。

当下便是圣人。"①"圣人说出本体,正见得工夫,原非义外耳。"②

　　那么如何将本体与工夫由义理内部关联起相含互摄的同一性?这是冯从吾要处理的核心问题。他说:"《论语》一书,论工夫,不论本体;论见在,不论源头,盖欲学者由工夫以悟本体,由见在以觅源头耳⋯⋯子思不得已,亦直指本体源头,以泄孔子之秘⋯⋯言工夫并言本体,言见在并言源头,必如此而后可以泄孔子之秘,破异端之非耳⋯⋯此《中庸》所以不容不作也。"③又说:"苟志于仁矣,无恶也,自无克伐怨欲,何待不行?此直以本体为工夫上也。不幸有过即当力改,故克伐怨欲,一切不行,此乃以工夫合本体,亦其次也。"④"圣贤论学,虽有自用言者,有自体言者,而要之以体为主,盖得其体,则其用自然得力。但不言用,则其体又不可见。其或谆谆言用者,盖欲人由用以识体耳。⋯⋯既由用以见其体,又何用之非体?"⑤"今日之念起是善,是从本体中露出端倪,明日之念起又是善,是从工夫中露出本体,如此做去,庶乎善念渐多,利念渐少,久之纯是善念,绝无利念矣。"⑥可见,冯从吾采取体用的思维模式,将工夫规定为本体之用,构成以本体为主的理论架构。本体与工夫之所以能合一,乃因工夫的动力实由本体自身所给出。本体的朗现是与工夫的实践并进的,工夫的开端为"从本体中露出端倪",实践的历程为"从工夫中露出本体",在冯从吾看来,不论是由本体直截入手,还是由工夫开展进路,皆是本体自现的活动。因此,工夫的起点为"识得本体",若能正确识得本体内蕴,工夫便能发挥成效。反之,本体亦必要通过工夫的实践方能开显。工夫是在对本体内涵的掌握中所开展的实践,脱离本体的契入,任何工夫的进行都是偏离本源的操作。本体与工夫在得体起用、由用见体的动态联系中,不可二分对立,而是实践历程中的一体关系。由此可见,冯从吾调和朱、王的方式,是指出本体与工夫二者对立的思维偏颇,藉体用的析分,将工夫纳入本体之中而成为本体之用,由本体所具的道德能动力说明二者合一的关系。这样不仅避免工夫失去根源动力,也能强化本体具有具体发用的积极意义,使得朱、王学说中本体与工夫对立的僵局,又重新在体用关系中成为相应无间的理论体系。

---

① 冯从吾:《少墟集》,上海古籍出版社1993年版,第112页。
② 冯从吾:《少墟集》,上海古籍出版社1993年版,第51页。
③ 冯从吾:《少墟集》,上海古籍出版社1993年版,第47-48页。
④ 冯从吾:《少墟集》,上海古籍出版社1993年版,第71页。
⑤ 冯从吾:《少墟集》,上海古籍出版社1993年版,第258页。
⑥ 冯从吾:《少墟集》,上海古籍出版社1993年版,第271-272页。

综上所述，阳明心学在晚明学界的影响颇重，同时流弊之起使阳明心学为之晦蚀。冯从在吾对阳明心学的吸纳、反省与重整中，立足于良知、心性之学，辨析儒佛宗旨以革除"无善无恶"说引发的空无之弊；循朱、王之学互相救正的途径，借对体用的分析将工夫纳为本体之用，既避免工夫放失根源动力，又强化本体具有的实践取向，由理论内部消弭本体与工夫的本质对立。冯从吾在接受与吸纳阳明心学的同时，又致力于应对晚明心学流弊，从而推进阳明心学的补正和发明。

王艮的身体观探究

徐泽平[*]

"身"在王艮的哲学体系中占有重要的地位，因此相关讨论不在少数。就目前有关研究来看，尽管学者们大都认同王艮的学说中有着明显的"尊身"色彩，但对于其"身"思想的理解以及"身"在其学说中的地位却尚未达成一致。通过对目前王艮"身体观"研究的梳理，可以看出，两派的意见分歧根本在于对"身"在王艮思想中究竟是属于形上层面还是形下层面的界定的理解不同。进而言之，对于王艮的尊身思想的理解，关键是理解其"身"与"本末"的关系。具体而言，以徐春林为代表的学者认为王艮在学说中确立了身体本体性的地位，其"尊身"思想亦是本体论上的革新。"身"在王艮的理论体系中具有根本性地位，为一切事物之本。基于此，身与身外之物本末关系涵盖形上、形下层面。由此，他们提出了王艮是"身本体"的观点。而以高正乐为代表的学者主张王艮延续了阳明的心本传统，其最终还是强调本心对外界事物的关照。而其对身体的突出，仅是为了强调在现实世界中，身体在与周遭事物的关系中所占据的主动地位。由此可见，"身"在王艮的体系中依旧是形下层面的末。

笔者在根本立场上倾向于第二种观点，认为王艮的尊身思想旨在强调身体在现实世界中的主体地位，而非本体论上的革新，但同时亦认为王艮思想体系中的"身"亦不是简单的形下之末所能涵盖的。故而，笔者基于王艮对身体构造的诠释，在辨析其理论体系中"身"与"本末"关系的基础上，分析其在成圣过程

* 徐泽平，大连理工大学人文与社会科学学部哲学系硕士生。

中对身体的具体发用,最终重新定义王艮"身"的属性,理解其身体观的意义。

一、身的构造:形气与天理

身体与现实世界的互动必定以其生理结构为依托,探究王艮的身体观不能忽略其对于身体结构的认识。"父母生我,形气俱全。形属乎地,气本乎天。中含太极,号人之天。此人之天,即天之天。此天不昧,万理森然。动则俱动,静则通焉。天人感应,因体同然。天人一理,无大小焉。"①根据王艮在《孝箴》中的论述,身体的生理物质基础是形气。这与朱熹"气主于形而有质"的观点类似,人禀赋天地公共之气而具有身体形质。值得注意的是,世间万物的物质基础也是形气,人之身体与天地万物的现实构造基础"同然"。

形气之外,人的另一个组成部分是"中"。"'中'也,'良知'也,'性'也,'一'也"②,"中"与良知、天性都是同一个概念。"中"蕴含太极之道,太极之道即人之天理,人是形气与人之天理的结合。人之天理就是王艮所主张的天理良知,他以"天然自有之理"解"天理",凡是天然的,就是合理正义的。而良知即不学而知,不学而能的,所以王艮认为天理与良知其实一物。天理良知思想与王阳明的良知理论一脉相承,强调良知在实践中的是非判断作用。在谈及良知的作用时,王艮主张:"知不善之动者,良知也。知不善之动而复之,乃所谓'致良知',以复其初也。"③出生伊始,天理良知自然能够辨别善恶,因此王艮主张保持本初,排斥后天因素的干扰。"天理者,天然自有之理也,才欲安排如何,便是人欲。"④"如何谓之正心?是诚意工夫,犹未妥帖,必须扫荡清宁,无意,无必,不忘,不助,是他真体存,存,才是正心"⑤,特别是意念,意念显然并非天然自有而是后天形成的,而这会干扰天理良知的发用。王艮强调扫荡心中一切意念,以此最终实现人之天理的自然通遂。

---

① 王艮:《王心斋全集》,《明儒王心斋先生遗集》卷二《孝箴》,江苏教育出版社 2001 年版,第 54 页。
② 王艮:《王心斋全集》,《答问补遗》,江苏教育出版社 2001 年版,第 38 页。
③ 王艮:《王心斋全集》,《明儒王心斋先生遗集》卷一《复初说》,江苏教育出版社 2001 年版,第 28 页。
④ 王艮:《王心斋全集》,《明儒王心斋先生遗集》卷一《语录》,江苏教育出版社 2001 年版,第 10 页。
⑤ 王艮:《王心斋全集》,《明儒王心斋先生遗集》卷一《答问补遗》,江苏教育出版社 2001 年版,第 36 页。

　　王艮身体观的特色之处在于关注到身体与天地万物之间的感应联系。身之形气俱来源于天地，身体与世界万物的物质基础是一样的。"吾身对上下、前后、左右是物""身与天下国家一物也"①，身体对于外界而言也是一物，现实构造基础与天地万物并无本质上区别，这也是身体能与外界相互作用的基础。

　　除了形气基础相同，人的内在天理与天地的内在规范也是一致的，"此人之天，即天之天"。人与天地万物都遵循着同样的天理，如同运行在同一根绳索上的缆车，彼此之间感应关系十分紧密，"动则俱动，静则同焉"。这种感应关系是道德实践得以可能的基础，主体作为场域中的焦点，凭借与外界的相互作用才能影响外界。

　　不同于董仲舒神秘的天人感应体系，王艮主张人的身体在天地感应关系中占据主导地位，主体的行为是天地万物变化发展的主要原因。"是故身也者，天地万物之本也，天地万物，末也。"②"吾身是个矩，天下国家是个方，絜矩则知方之不正，由矩之不正也，是以只去正矩，却不在方上求。矩正则方正矣。"③这里的本不能作本体理解，理解作中心更为恰当。这在王艮有关身心关系的讨论中可以找到佐证，"治天下有本，身之谓也。本必端。端本，诚其心而已矣"④。在身与天下万物的关系中，王艮主张身为本，天下国家为末，但是端正身的关键仍在于"诚心"。可见，身心关系中牢牢占据主导地位的仍是心，身体与天下万物之间的本末关系并不适用于身心之间。"本治而末治，正己而物正"⑤，身体对天地万物而言并非是超越性的、规定性的本体，而是天地万物发展的关键动因。

　　人之天理与天理同根同源，因而也就成为身体行动的最高准则。"此天不昧，万理森然"，行为实践的前提是保持人之天理的通遂，身体推动万物发展须遵循天理良知的指导，排除私欲对天理良知的干扰。一旦人之天理自然流行，身体形气便成为人之天理的完美展现，进而通过实践实现"天地位而万物育"。

---

①　王艮：《王心斋全集》，《答问补遗》，江苏教育出版社 2001 年版，第 34 页。
②　王艮：《王心斋全集》，《答问补遗》，江苏教育出版社 2001 年版，第 33 页。
③　王艮：《王心斋全集》，《答问补遗》，江苏教育出版社 2001 年版，第 34 页。
④　王艮：《王心斋全集》，《复初说》，江苏教育出版社 2001 年版，第 28 页。
⑤　王艮：《王心斋全集》，《答问补遗》，江苏教育出版社 2001 年版，第 33 页。

二、尊身思想的内涵

不同于传统的修身思想，王艮选择使用"尊"表达对身体的态度。"身与道原是一件，圣人以道济天下，是至尊者道也，人能宏道，是至尊者身也。尊身不尊道不谓之尊身，尊道不尊身不谓之尊道。须道尊身尊，才是'至善'。"①王艮认为尊身与尊道其实同一，想要达到至善境界就必须实现道尊、身尊。道即天理良知，身体作为道德实践的基础与天理良知的展现场所，对身体地位的强调其实就是对发挥天理良知的重视。王艮所追求的最终目标就是以身体贯彻天理，如此才能道尊、身尊。

对于身体的不同层面，王艮的尊身思想又可细分为保身、安身与修身。

（一）保身——外全形气

形气作为身体的生理基础，长期以来都不被儒家所重视。从舍生取义、杀身成仁的思想到古代二十四孝的故事，身体仿佛随时可以为了道义牺牲。王艮则明确反对这种思想，他认为身体的形气结构是人之天理与外界天理感应作用的结构基础，也是行道的基础。"若夫知爱人而不知爱身，必至于烹身割股、舍生杀身，则吾身不能保矣。吾身不能保，又何以保君父哉？"②故王艮提出"保身"侧重于对身体形气的保护，身之形气若不能够得到保护，行道便也不可得。

值得注意的是，"保身"并非主张身体的重要性高于道义，而是认为在行道时应尽可能保全己身。"微子之去，知几保身，上也；箕子之为奴，庶几免死，故次之；比干执死谏以自决，故又次之。孔子以其心皆无私，故同谓之仁，而优劣则于记者次序见之矣。"③王艮借孔子之口肯定了这三者同属仁的范畴，但是他认为从记录的次序来看，最前者明显是最优的。心性仍然是道德评判的标准，但心性地位确立时，我们如何看待身之形气是王艮所提出的思考。行道并非意味着对身体形气的损害，传统舍生取义也并非是道德实践的最优解。

---

① 王艮：《王心斋全集》，《答问补遗》，江苏教育出版社 2001 年版，第 37 页。
② 王艮：《王心斋全集》，《明儒王心斋先生遗集》卷一《明哲保身论》，江苏教育出版社 2001 年版，第 29 页。
③ 王艮：《王心斋全集》，《语录》，江苏教育出版社 2001 年版，第 12 页。

（二）安身——止至善

人是形气与人之天理的结合，尊身则必定兼顾二者。故王艮在此基础上又提出"安身"，即保全形气的同时，强调对天理良知的关注。正如黄宗羲在《明儒学案》中所说："然所谓安身者，亦是安其心耳，非区区保此形骸之为安也。"①"安身"思想是对形气与天理的兼重。

王艮曾对三纲提出质疑："'明明德'以立体，'亲民'以达用，体用一致，阳明先师辨之悉矣。""但谓'至善'为心之本体，却与'明德'无别。"②明明德以立体，亲民以达用，先贤已经诠释得很清楚，但是对于"止至善"，王艮认为还需细细推敲一番。如果将"至善"当作心之本体，"至善"与"明德"之间就没有区别了，因此"止至善"另有其义。故孔子悟透此道理，"却于'明明德'、'亲民'中立起一个'极'来，故又说个'在止于至善'。'止至善'者，'安身'也，'安身'者，'立天下之大本'也"③。王艮认为孔子在"明明德""亲民"后又提出"止至善"，目的在于为"明明德""亲民"立本，即"安身"。"须道尊身尊，才是至善"④，安身是达到"至善"境界的前提，若不能安身，则天理与形气得不到保全，道尊身尊也就无法实现。

"知本，知止也。如是而不求于末，定也；如是而天地万物不能挠己。"⑤安身则可知身为天下国家之本，同时天理自然流行，不受外物干扰。王艮认为这是行为实践的必要前提，"不知安身，便去干天下国家事，是之为失本"⑥。

（三）修身以见于世

王艮本人具有强烈的救世情怀。《年谱》记载着王艮与王阳明的一段对话，王阳明对王艮说："君子思不出其位。"王艮答："某草莽匹夫，而尧舜君民之心未尝一日忘。"⑦王阳明认为每个人应该做与自己地位相匹配的事，而王艮却主张天下兴亡之事与所有人都息息相关。因而王艮对于身体的态度绝不会止步于安身的层面，"如身在一家，必修身立本，以为一家之法，是为一家之师矣。身在一国，必修身立本，以为一国之法，是为一国之师矣。身在天下，必修

---

① 黄宗羲：《明儒学案》卷三十二《泰州学案》，中华书局 2008 年版，第 710 页。

② 王艮：《王心斋全集》，《答问补遗》，江苏教育出版社 2001 年版，第 33 页。

③ 王艮：《王心斋全集》，《答问补遗》，江苏教育出版社 2001 年版，第 33 页。

④ 王艮：《王心斋全集》，《答问补遗》，江苏教育出版社 2001 年版，第 37 页。

⑤ 王艮：《王心斋全集》，《答问补遗》，江苏教育出版社 2001 年版，第 35 页。

⑥ 王艮：《王心斋全集》，《心斋先生学谱》，江苏教育出版社 2001 年版，第 102 页。

⑦ 王艮：《王心斋全集》，《明儒王心斋先生遗集》卷三《年谱》，江苏教育出版社 2001 年版，第 70 页。

身立本,以为天下之法,是为天下之师矣"①。修身针对的对象不再是形气,而是人之天理的发用流行。王艮认为身体的理想状态不仅是"外全形气,内保其天",身体的行为还必须能成为一定场域中的榜样,成为可以让别人效法的对象,即"天下矩"。

简而言之,修身的目标是"弘道"。身体作为道德展现的场所,行为实践过程中若出现不善之动,就必须规范身体行为使其符合道、天理。王艮不仅主张对人之天理的保护,同时强调其在实践中的发用流行。在与南野公的交流中,王艮曾言:"某近讲良知致。"②因为良知天然自有无须人为刻意干预,故王艮强调良知在生活日用中的体现,以身体力行在日常生活中彰显天理良知才是终极目标,"曰致,曰体认,知天理也"。③"故曰修己以安人,修己以安百姓,修其身而天下平。"④究其根本而言,王艮的身体观还是一种侧重实践的观点。对保身重要意义的强调,原因在于身体是道德实践的基础,保身的目标是修身以见于世。

"知修身是天下国家之本,则以天地万物依于己,不以己依于天地万物。"⑤王艮的身体观十分强调主体在天地万物间的主导作用,身体作为主体与天地万物互动的场所,身体行为必须发挥规范引领作用。"危其身于天地万物者,谓之失本,洁其身于天地万物者,谓之遗末。"⑥长期以来,身体安全在儒家思想中处于被忽视的状态,在这种情况下,王艮提出保身思想,强调对身体的保护。但倘若局限于对身体安全的关注,忽略了道的流行发用,抛弃了身体与天地万物的感应互动关系,便又俱失一偏,故王艮的身体观兼论"修身任道以见于世"。

三、王艮身体观的理论意义

(一)合内外之道的尝试

程朱理学以外在天理为本体,特别是朱熹关于理先气后的讨论,使得理学

---

① 王艮:《王心斋全集》,《心斋先生学谱》,江苏教育出版社 2001 年版,第 97 页。
② 王艮:《王心斋全集》,《明儒王心斋先生遗集》卷三《年谱》,江苏教育出版社 2001 年版,第 73 页。
③ 王艮:《王心斋全集》,《明儒王心斋先生遗集》卷一《天理良知说》,江苏教育出版社 2001 年版,第 32 页。
④ 王艮:《王心斋全集》,《心斋先生学谱》,江苏教育出版社 2001 年版,第 102 页。
⑤ 王艮:《王心斋全集》,《心斋先生学谱》,江苏教育出版社 2001 年版,第 97 页。
⑥ 王艮:《王心斋全集》,《心斋先生学谱》,江苏教育出版社 2001 年版,第 104 页。

家将关注的重点放在外部天理之上,忽视了个人的主体性。阳明心学另辟蹊径,以"心即理"为思想基础。并且王阳明认为格物即是"格心",即是"正念头",这与理学家们一直秉承的程朱理学格物穷理的传统相悖。理学家认为理需从世间万物中去求索,心学于本心致良知的思想被批评为割裂了天理与现实的联系,使得世人只重主观感受,忽略客观世界。

王艮的身体观则是解决这个问题的一种尝试。在《奉绪山先生书》中,王艮强调:"昔者陆子以简易为是,而以朱子多识穷理为非;朱子以多识穷理为是,而以陆子简易为非。呜呼,人生其间,则熟知其是非而从之乎!孟子曰:'是非之心,人皆有之。'此简易之道也。充其是非之心,则知不可胜用,而达诸多识前言往行,以蓄德矣。"①对于理学批评心学为学工夫过于简易的问题,从王艮回击:保持是非之心,就可知道其在道德实践中的作用有多大了。

在王艮的身体观中,现实的身体就是人之天理与天地万物的感应关系的现实基础,"尊身即是尊道"。"尊身"包含了人之天理自然通遂与形气完全的双重内涵,如此天理会自然通过身体展现出来。在王阳明"知行合一"的理论中,"行"的内涵发生改变,"一念发动处便是行了"。"行"的现实指向性遭到削弱,这也是理学家批评心学思想脱离现实的主要原因。而王艮的身体观重申"体认"在"致良知"过程中的重要性,在身体实践中彰显、体悟真理才是"致良知""知天理"。这就是王艮所强调的"本末一贯","本末一贯,是故爱人、治人、礼人也,格物也。""本"即身体,"末"即天下万物,"一"即天理。天理良知必须贯彻身体与天下万物,身体实践成为天理流行发用的必要环节。

在王艮思想中,人之天理与现实世界的联系不仅没有被割裂,反而愈加紧密。他主张身尊道尊的身体观就是希望兼顾天理与现实,既关注人之天理的流行发用,又没有忽视身体实践对天理良知的显现,从而实现其合内外之道的目标。

但其关于合内外之道的尝试还存在一些问题。因为主张个体的主动性,王艮的天理良知学说将个体从天理的压制中解放出来。人之天理与天理之间没有大小关系,并且天理良知本自活泼,无需人为意志的刻意干涉。如此,人们便无法在先天或后天对人之天理进行规范。王艮强调天理良知的天然正当,却忽视了理性在其中的努力,天理良知开始出现排斥理性的倾向。

①　王艮:《王心斋全集》,《明儒王心斋先生遗集》卷二《奉绪山先生书》,江苏教育出版社2001年版,第63页。

(二)对公私关系的影响

宋明理学提出人是由理气组成的,而理的特点是"公",气的特点是"私",原因是天理虽然同样禀赋在人,但其不可以聚散言,也是不可分割的,并非个体得到的私有之物。对比之下,身体形气则因为其私的特点遭到贬低。在王艮尊身的身体观中,身体形气来自天地,与万物结构相同,并且身体形气成为天理发挥的场所,这使得形气的地位得到提升。同时,因为人之天理的天然正义,不再需要后天的努力。在天理之公与形气之私的对比中,私获得了越来越多的关注。

在这里,"私"代表的不是自私自利,而是个体权利之私。其身体观所展现的最突出的就是生命权。王艮所处的时代,政治昏暗,文人志士的生存环境堪忧,传统"得君行道"的方式难以保证己身安全,在传统公私观念的影响下,不少文人受到迫害。此时,王艮提出尊身的身体观,提出身体形气的重要性,唤起人们对私权的关注。在尊身身体观的指引下,王艮另辟蹊径,沿袭了孔子"觉民行道"的思路:当政治环境恶劣时,通过修身讲学,教化百姓,提高百姓的道德水平,最终使整个社会秩序趋于和谐。"出不为帝者师,失其本矣;处不为天下万世师,遗其末矣。进不失本,退不遗末,止至善之道也。"①这种外王方式完美体现了其道尊身尊的理念,既保全了自己的身体安全,又并未忽视践行天理。因而王艮十分推崇修身讲学,"孟子道'性善',必称尧舜;道'出处',必称孔子"。②

显然,王艮对私权的关注仍是为了保证天理的流行发用,保护私权只是为了能更好地"以身弘道"。不过这些对私权的关注,在泰州学派后世中得到了继续发展。他们不仅关注形气之私,私欲、私利都成为被探讨的对象。王艮门人王栋提出:"察私防欲,圣门从来无此教法。"③克制私欲的修养方法遭到否定,私欲的合理性得到肯定。李贽在这一基础上继续发展,主张"人必有私",提出"私"具有普遍正当的特性。私欲、私利甚至成为如天理一般正当的存在。

在王艮的身体观中我们可以看到:天理与形气并非对立关系,践行天理并不意味着对身体形气的损害;同样,注重形气也并不代表对天理的抛弃。道尊

---

① 王艮:《王心斋全集》,《心斋先生学谱》,江苏教育出版社 2001 年版,第 104 页。
② 王艮:《王心斋全集》卷一《语录》,江苏教育出版社 2001 年版,第 14 页。
③ 王艮:《王心斋全集》,《明儒王一庵先生遗集》卷一《会语正集》,江苏教育出版社 2001 年版,第 145 页。

身尊的思想给予我们的启发在于道德实践不一定要牺牲个体权利,私权与公道并不冲突。舍生取义、杀身成仁的精神当然值得敬佩,但那只是极端情况下的变通之法,"应变之权固有之,非教人家之法也",并不能作为一般行为规范。

当下社会发展的节奏越来越快,满怀抱负的青年累倒在岗位上的案例屡见不鲜,令人惋惜。在发展与效益面前,身体形气再次处于被忽视的状态。当然,笔者并非主张身体具有最高重要性,但"身体是革命的本钱",当下公民的身体健康值得我们重视,保全身体才能更好地以身任道,"知安身而不知行道,知行道而不知安身,俱失一偏"。

以心传道

——林兆恩的儒家道统观探析

唐哲嘉[*]

一、引言

明中叶以后，明王朝的统治摇摇欲坠，国势逐渐下滑，社会危机进一步加剧。在思想文化领域，占据官方统治地位的仍然是程朱理学，而阳明心学则在此时逐渐崛起，成为明中后期的思想主流意识。心学的崛起与原本作为官学的理学，形成程朱和陆王二学旷日持久的正统之争，双方都务实于整理道统传承来论证自为正统。在学理上造成"道学问"与"尊德性"的不同取向，进一步造成了儒学的分化与割裂。

值此之际与李贽并称为"闽中二异端"的林兆恩大倡"三教合一"之旨，并创立三一教，其门徒尊称其为三教先生。林兆恩有感于儒学发展的僵化而倡导"归儒宗孔"的学说，希望用孔孟之道来匡正后世儒学的流弊。在林氏看来"儒之一大枝，复分为二小枝，有专主'尊德性'者，有专主'道问学'者，各自标门，相互争辩"①，他有感于儒学相互争辩的弊端，因而公然批判后世儒学之弊端。而他"非非儒"思想的理论基础便是重建儒家道统论，以道统作为批判儒学弊端的思想武器和基本立场。

---

* 唐哲嘉，苏州大学政治与公共管理学院博士生。

① 林兆恩：《林子三教正宗统论》，《三教本始》，宗教文化出版社 2016 年版，第 18 页。

二、圣学本"心性"的道统谱系

在林兆恩看来儒家正宗之不传由来已久,后世学儒之人往往以伪为真,代代相习,"今儒门者流,只知尊孔子而不知所以尊,遂使孔子之道不着"①。因而林兆恩作《三教汇编》,欲重新厘清儒家道统与传承,该书编成于嘉靖四十一年(1562),全书共有九卷,合计约九万余字。此作以宏大的历史视野重新审视儒学的发展,上溯盘古,下追宋元,将儒家的史实按照年代的先后编撰,并在史实中穿插其自身的理解与评议,以"春秋笔法"的形式对史料进行褒贬,以示儒家正统。从整体上来说,林兆恩对儒家道统的理解极大程度上受到了韩愈的道统说和以朱熹为代表的宋儒道统论的影响,林兆恩将两者相结合从而形成了以"心性"为核心的道统谱系,即伏羲—神农—黄帝—尧—舜—禹—成汤—文王—武王—周公—孔子—曾子—子思—孟子。

韩愈虽然较早提出儒家的道统论,但就道统的内容还是仅仅局限于传统的"仁义道德",因而就传道过程没有详细述说。朱熹的新道统论极大程度上丰富了儒家道统说的内涵,基于对"易学"的研究他将儒家之道上溯至"伏羲的先天学"。他在《大学章句序》中提出:"此伏羲、神农、黄帝、尧、舜所以继天立极,而司徒之职、典乐之官所由设也。"②朱熹认为儒家道统在尧舜以前没有明确的文字表达形式,而伏羲、神农、黄帝三位圣王分别肇始渔猎、农耕、典乐、星象等早期文化,实际已经开创了儒家道统的内涵。而林兆恩也同样接受了朱熹新道统论的内涵,林氏同样认为"今以孔氏之教所可使由者言之,始自伏羲神农黄帝"③,在他看来孔子之道的渊源可以追溯至伏羲、神农、黄帝。而真正意义上的道统则起于尧舜,林兆恩以"四字诀"作为确定儒家道统的起始,"林子曰,'允执厥中',尧舜之所以开道统之传也"④,在他看来帝尧总结了"惟微惟一,允执厥中"的心传之法,由此确立了儒家道统的文字内容,因而"尧舜为儒家之祖"⑤。紧接着舜又将"十六字心传"作为道统的内容传承于禹,因而

① 林兆恩:《林子三教正宗统论》,《孟子正义纂》卷上《能言距杨墨者》,宗教文化出版社 2016 年版,第 760 页。

② 朱熹:《四书章句集注》,上海书店出版社 1987 年版,第 1 页。

③ 林兆恩:《林子三教正宗统论》,《三教正宗统论自序》,宗教文化出版社 2016 年版,第 1 页。

④ 林兆恩:《林子三教正宗统论》,《三教汇编要略(卷一)》,宗教文化出版社 2016 年版,第 267。

⑤ 林兆恩:《林子三教正宗统论》,《三教汇编要略(卷一)》,宗教文化出版社 2016 年版,第 268 页。

《三教汇编》中记述曰:"舜之子,商均不肖,乃荐禹于天,命之曰:'人心惟危,道心惟微,惟精惟一,允执厥中。'"①对此,林兆恩评述道:"能知吾身之中而允执之则性由此立,道由此出。譬之山下之泉,涓涓不竭,此蒙以养正。乃圣功之大也。"②至此林兆恩上溯"伏羲之学",下至尧舜禹三代的传承,明确了"十六字心传"作为三代以上儒家道统的心传内容。

　　首先,自尧舜禹之后的道统传承,林兆恩在《疏天文稿》中提出"窃惟尧舜禹汤文武周公之所相授受者,至孔子而既明矣"③。他认为尧至孔子的道统传承是尧—舜—禹—成汤—文王—武王—周公—孔子。其次,对于孔子以下的儒家道统,林兆恩则是明确地提出了"若孔子传之曾参,曾参传之孔伋,孔伋传之孟轲。孟轲死,而孔子之道不着"④,自孔子—曾子—子思—孟子的传道系统。可以说这一体系的道统论带有明显的综合韩愈与朱熹道统说的特点。一是林兆恩对孔子以下的道统传承过程更加接近朱熹。韩愈所建构的儒家道统是孟子直接承袭孔子之道,而朱熹则在孔孟之间加入了颜子、曾子和子思使得道统的内涵更加丰富。而林兆恩的道统体系中同样认为"曾子之《大学》也,子思之《中庸》也,孟子之七篇也,其所发明《论语》所未曾发明之旨亦且尽矣"⑤。他认为曾子、子思与孟子的《大学》《中庸》《孟子》发明了《论语》中所未发的旨意,因而将其放入道统之中。二是关于道统的最后传承,林兆恩提出"轲死不得其传"的观点。林氏认为儒家之道在孟子死后就失去传承了,就这一点而言林兆恩的观点与韩愈和朱熹并无出入。韩愈径直以"轲之死,不得其传",置千年以来诸儒于不顾,而自认为续接孟子的道统。而朱熹认为孟子之后儒家道统传承于二程,而二程之后其自身续接道统,同样是置千年诸儒于不顾。林兆恩同样以续接孟子的道统为己任,但他一笔抹杀了后世儒家近两千年的传统,比之韩愈与朱熹更加激进。

　　再次,林兆恩认为三代以上的道统内容是不够明晰的,而自孔子乃明,所以他认为"故尧舜禹至所相授受者,允执厥中也。孔曾之所相授受者,吾道一

---

①　林兆恩:《林子三教正宗统论》,《三教汇编要略(卷一)》,宗教文化出版社 2016 年版,第 268 页。

②　林兆恩:《林子三教正宗统论》,《三教汇编要略(卷一)》,宗教文化出版社 2016 年版,第 269 页。

③　林兆恩:《林子三教正宗统论》,《疏天文稿》,宗教文化出版社 2016 年版,第158 页。

④　林兆恩:《林子三教正宗统论》,《三教汇编要略(卷一)》,宗教文化出版社 2016 年版,第 278 页。

⑤　林兆恩:《林子三教正宗统论》,《疏天文稿》,宗教文化出版社 2016 年版,第158 页。

以贯之也"①。因而他在"十六字心传"说的基础上进一步提出"心性"说,认为自孔子之后的儒家学说乃是基于"心性"之学。因而他说:"孔子之学,心性也。"②这样孔子所谓一以贯之的"道"就化为"心性"之学。

三、"心即道"的道统架构

林兆恩将儒家道统的内涵归结于"心性"之学,但其内在学理还是偏向心学一脉,正如郑志明先生所指出的"就其整体观念来说,可以归类于陆王一系的心学系统"③。林兆恩本人也曾明确地提出"孔子之学,心学也"④。因而林氏道统论的内核还是贯穿了"心即道"的道统架构,其传道的本质还是在于传心。

林兆恩"三教合一"思想的宗旨在于"归儒宗孔",正如其言曰:"三教非也,而曰'归儒'者何也?盖以群三教者流之非,而归于孔子之儒也。"⑤林兆恩以续接孔门道统为己任,他认为"归儒"则必须复归"孔子之儒"。林氏认为孔子之儒才是儒家之正统,正如其言曰:

> 儒之道,莫盛于孔子。今以孔子之儒言之,衣冠以正,瞻视以尊,动容以礼,而诸凡所有理身者,无不备于孔子之儒矣。……上而天文,下而地理,中而人事,教民稼穑,与夫蚕桑,而诸凡有切于民生日用之常者,亦无不备于孔子之儒矣。⑥

> 在世间,惟当以孔子为宗者。以儒者,需人也。需也者,用也,为世所用也。在家而仰事俯首,士农工商者,世之所需也;居官而上为朝廷,下为百姓者,世所需也。⑦

林兆恩以"需人"来理解"儒"的含义,他认为原始儒家的学术归旨不在于烦琐的认知学问,而是以人伦日用为中心的生活智慧,这种学说正是积极追寻

---

① 林兆恩:《林子三教正宗统论》《论语正义(卷上)》《朝闻道》宗教文化出版社 2016 年版,第 646 页。
② 林兆恩:《林子三教正宗统论》《信难》,宗教文化出版社 2016 年版,第 1032 页。
③ 郑志明:《明代三一教主研究》,台北学生书局 1988 年版,第 165 页。
④ 林兆恩:《林子三教正宗统论》《倡大道旨》宗教文化出版社 2016 年版,第 28 页。
⑤ 林兆恩:《林子三教正宗统论》《倡大道旨》宗教文化出版社 2016 年版,第 25 页。
⑥ 林兆恩:《林子三教正宗统论》《倡大道旨》宗教文化出版社 2016 年版,第 26 页。
⑦ 林兆恩:《林子三教正宗统论》《易解俚语》,宗教文化出版社 2016 年版,第 1029 页。

生命存在意义的智慧之学。在他看来儒学的此种特质在孔子身上得到了圆满的展现，所以无论是三纲五常之道还是士农工商之业都"无不备于孔子"。正是基于对儒学的此种体认，所以林兆恩才明确地提出"宗孔"的口号，但林兆恩"宗孔"的目的并非简单的复归儒家三纲五常之道与士农工商之业，人伦日用仅仅是孔子之学的发用，而更重要的在于承接孔子之"道"，正如郑志明先生所认为的"其'宗孔'的意义，是要人践履孔子那样的德性人格，将先天本有的道德心性扩充出来，以成就生命的价值"①。由此，林兆恩进一步提出"夫孔子之所以可宗者，以孔子之所以圣者心也"②。因而"宗孔"的实质即是"宗心"。对此，林兆恩本人也曾作过明确的解释：

> 余之所以为学者，宗孔也。余之所以宗孔者，宗心也。盖吾心之孔子，至圣也。'故吾一念而善也，一念而恶也，吾自知之；人所为而善也，所为而恶也，吾亦知之。岂非吾心之孔子，至圣之明验欤？……而其言之载于典籍也，何其与吾心之孔子有不同邪？故余直以"宗孔为正，宗心为要"尔。③

林兆恩认为"宗孔"的诀窍在于"宗心"，学孔子之道的本质还是在于学孔子之心，如此才能将先天本有的道德本心发明出来。在他看来"孔孟之所以为万世师表者，此心也。此心分量何其广也，此心功用，何其大也"④。林兆恩将心提升至孔孟之学的根本并认为儒家"需人"的学术追求都是心的发用。在他看来"心无古今，亦无圣凡"⑤，所以孔子所成就的那种"通天人，合内外"的圆满人格不仅仅存在于孔子一人身上，而是内在地潜藏于每一个人身上，"吾心之孔子"天然自有，只待将心中的孔子发明出来。因而，林氏认为孔子所传之道统即是传此"心"，正如他所言：

> 圣人之所以旷百世而相感者，此真心也。而圣人之道，统于此矣，故曰道统。尧舜得此真心，而命之曰中，以开此道统之原也；孔子得此真心，而命之曰一，以绍此道统之传也。⑥

---

① 郑志明：《明代三一教主研究》，学生书局 1988 年版，第 175 页。
② 林兆恩：《林子三教正宗统论》，《瓦片厝戏答林万竹》，宗教文化出版社 2016 年版，第 54 页。
③ 林兆恩：《林子三教正宗统论》，《倡大道旨》，宗教文化出版社 2016 年版，第 28 页。
④ 林兆恩：《林子三教正宗统论》，《醒心诗摘注》，北京出版社 1998 年版，第 933 页。
⑤ 林兆恩：《林子三教正宗统论》，《豫章答语》，北京出版社 1998 年版，第 794 页。
⑥ 林兆恩：《林子三教正宗统论》，《豫章答语》，北京出版社 1998 年版，第 792 页。

所以儒家圣人千百世所相传的道统即是此"真心",林兆恩所谓的"真心"即是"孔子之心,赤子之心也,天下万世所同具之心也"①。如此"真心"就是"赤子之心"也就是本心,本心人人皆有,所以人人都可能成就孔子的圆满人格。学者何善蒙曾指出"归儒实际上是宗孔,宗孔实际上是宗心,从这个意义上说,林兆恩儒学思想的基本倾向为心学"②。因而林兆恩所建构的儒家道统实际上是以心学为基础,传道的实质还是在于传心。

四、"非非儒"的道统批判论

虽然林兆恩儒学的基本框架并没有超出宋明理学,但为了重建道统他又不得不回归先秦儒学,以孔孟之道对宋明理学提出批判。林氏认为后世学儒之人外心性而求孔子之道,"学儒而不知尽心知性,便是儒门之异端也"③。他站在圣学本"心性"的基础之上,对儒门"异端"进行了系统的批判。林兆恩对孟子以后的儒家学说进行了仔细的甄别,并由圣学本"心性"的道统立场对后世儒学提出了一系列的批判。而就批判的内容而言,主要分为两个部分,一是对人性学说的批判,二是对学术方法的批判。

(一)对人性学说的批判

林兆恩认为"尧舜以性善之仁义,以开道统之传"④,道统所内含的人性是善的,基于性善的观念他提出"荀卿以桀纣为性也,尧舜伪也。是其学不识性,而调其本根矣。虽序列数万言,不过徒焊其条枝以为华美尔"⑤。荀子虽然是战国大儒,著述颇丰,但在林兆恩看来荀子的学说偏离了儒家正统,著述再多也不过是华美的旁枝末节。事实上,就儒家而言孔子没有明确提出性的善恶问题,而后世的传承中孟荀二人则分别创立"性善论"和"性恶论",围绕着对人性的不同理解造成了孟荀二人的对立问题。

然而韩愈的"道统"论以孟子作为儒家的最终传承者,必然导致孟子地位抬升而导致荀子的降格。他的道统论在极大程度上影响了宋儒的道统学说,

---

① 林兆恩:《林子三教正宗统论》,《倡大道旨》,宗教文化出版社 2016 年版,第 28 页。
② 何善蒙:《三一教研究》,浙江大学出版社 2011 年版,第 152 页。
③ 林兆恩:《林子三教正宗统论》,《论语正义(卷上)》《异端》,宗教文化出版社 2016 年版,第 642 页。
④ 林兆恩:《林子三教正宗统论》,《孟子统论》,宗教文化出版社 2016 年版,第 744 页。
⑤ 林兆恩:《林子三教正宗统论》,《三教汇编要略(卷二)》,宗教文化出版社 2016 年版,第 297。

正如钱穆所说："凡治宋学者必始于唐，而昌黎韩氏为之率。"①随着程朱学派的崛起，孟学的地位一度被抬升，而他的"性善论"被全盘接受，随之而来的则是荀子"性恶论"遭到彻底的贬斥。这种情况一直延续到元明，程朱理学成为官方钦定之学，遂以道学的谱系直接接续孔孟。而林兆恩同样认为自己续接了孔孟道统，由此可见，林兆恩对荀子的批判还是出于其道统的立场，他接受了宋儒以来孟荀对立的观念。

源自先秦的人性说，发展至汉代出现了一种区别于以往学说的新观点，即扬雄的"性混善恶论"。扬雄在《法言》中提出："人之性也，善恶混。修其善则为善人，修其恶则为恶人。气也者。所以适善恶之马也与！"②扬雄认为在人的天性当中，同时具有善、恶这两种因素，因而从先天条件来看人之善恶是无法区分的。而现实中人性的善恶则是由"气"来决定，因而扬雄的人性论看似是对孟荀观点的调和，但实则摒弃了人性的先验性而更加强调后天教育对人性的塑造。这种观点无疑更加倾向于荀子的路径，所以在林兆恩看来扬雄的"性混善恶论"是对孟子学说的反叛，他引用二程的言论曰：

> 伊川曰："汉儒之中，吾必以杨子为贤，然于出处之际，不能无过也，……古之所谓言逊者，迫不得已，如剧秦美新之类，非得已者乎？"又曰："世之议子云者，多疑其投阁之事，以法言观之，盖未必有。"明道曰："太玄中黄中，阳气潜萌于黄宫，信无不在乎中，养首一，藏心于渊，美厥灵根，测曰：藏心于渊，神不外也。杨子云之学，盖尝至此地位也，若夫善恶混之说，则其谬也滋甚矣。"③

尽管二程对扬雄的评价甚高，但对其人性论则大加批判。林兆恩人性论的基本框架还是在继承孟子之学，强调人性先验之善，因而对于扬雄"性混善恶论"的批判也是在情理之中。

再者，林兆恩对于唐代道统论倡导者韩愈的"性三品说"亦有所批判。林氏曾在《三教汇编》中对韩愈的人性论提出批判，认为其学说十分荒谬，如其言曰：

> 周濂溪尝有诗曰"退之自谓如夫子，原道深排释老非，不适大颠何似者，数书珍重更留衣。"欧阳永叔读退之别传而序之，谓大颠非常

---

①　钱穆：《中国近三百年学术史》，九州出版社 2011 年版，第 1 页。
②　汪荣宝：《法言义疏》，陈仲夫点校，中华书局 1987 年版，第 85 页。
③　林兆恩：《林子三教正宗统论》，《三教汇编要略卷三》，宗教文化出版社 2016 年版，第 308 页。

僧也，若别传非深达先王之法言者，莫能为也。退之复生，不能自改免。观濂溪之诗，永叔之序，则退之之学，可概见矣。然退之之学，最为谬戾者，不不知性善之旨，而有三品之说焉。①

林兆恩引用周敦颐的诗和欧阳修的序认为韩愈并没有深得儒学之要旨，而在林氏看来韩愈学说最荒谬的则在于其"性三品说"。韩愈本人虽然以承继孔孟道统自居，但其本人的学说却与孟子大相径庭，尤其是他的"性三品说"，既反对孟子的"性善论"，也不同意扬雄的"性混善恶论"与荀子的"性恶论"。他在《原性》中提出：

性之品有上中下三，上焉者，善焉而已矣；中焉者，可导而上下也；下焉者，恶焉而已矣。其所以为性者五：曰仁、曰礼、曰信、曰义、曰智。上焉者之于五也，主于一而行于四；中焉者之于五也，一不少有焉，则少反焉，其于四也混；下焉者之于五也，反于一而悖于四。②

韩愈认为性可以分为上、中、下三品，上品之人乃是性善，而中品之人则可善可恶，唯有下品之人乃是性恶。并且韩愈提出以仁、义、礼、智、信五者为性的内涵，其实是以性之外在表现作为性之本质。他以"博爱"来阐发仁的内涵，这就将原本内在于人心中的仁转变为道德主体向外寻仁的过程。所以在孟子那里仁是先天存在于本心的，而韩愈论性则明显侧重于后天的道德教育。张岱年先生认为韩愈人性论存在着巨大的矛盾"既以此五者为性的内容，则道德主体就应该早已有所涵含，因为性与生俱生。这样，又何以言性有三品之分"③。如此，韩愈的学说在极大程度上背离了孟子所谓的先天性善，故林兆恩批判韩愈不知性善之旨。

（二）对学术方法的批判

对于汉代学术，林兆恩主要持批判的态度。在他看来汉儒最大的问题就在于以注经的方式败坏了儒家正统之学，正如他所言"汉唐宋以来，训释四书者多矣。敢问何者为正？林子曰：余惟直诵孔、曾、思、孟之者已尔，而不知其他也"④。可见林兆恩认为汉代以来的训释风气并没有得到儒学之真传。汉

① 林兆恩：《林子三教正宗统论》，《三教汇编要略（卷六）》，宗教文化出版社 2016 年版，第357 页。
② 韩愈：《韩昌黎全集》，中国书店 1991 年版，第 175-176 页。
③ 张岱年主编：《伦理中国：中华六家道德学说精要》，中国书籍出版社 2019 年版，第 115 页。
④ 《四库全书存目丛书》：子部第 91 册《林子全集》，齐鲁书社 1995 年版，第 391 页。

代学术的特征就在于其经学盛行,注经之风成为学术主流,尤其是对儒家经典的注释更是数不胜数。林兆恩认为汉儒开创的此种学术风气专在文辞上用力,导致后世儒家正统之学不明,因而他批判道:"大抵汉儒之陋,失在于记诵辞章,训诂雠驳矣。"[①]而林兆恩认为世人治学而病于"疏释",往往导致先入为主的观念对儒家经典随意歪曲,正如他所言:

> 陆子静:"秦不曾坏了道脉,至汉而大坏。"岂不以秦之焚诗书也,特以坏先王之典籍尔;道脉在人,犹为无恙。若汉之注诗书也,又且以坏先王之道脉矣;典籍虽存,竟成虚语。嗟乎嗟乎!岂特汉之时儒者为然哉?此盖不得圣人之心,而揣逆训释,有烈于秦人之火矣。先王之道,孰与闲之?是则可俱也已。[②]

汉代经学的流行导致学士们随意附会经典,最终致使"仲尼之心法不着"。因而他引用陆九渊的观点,秦代的焚书也仅仅只是毁坏了先儒的典籍,但传承儒家道脉的学人依旧存在,而对经典进行注释的学风虽然保存了典籍,然而却以随意附会的方式坏了儒家道脉。在林兆恩看来,典籍仅仅是记载圣学的工具,更重要的是对儒家"心性"之学的体悟。由此看来汉代"章句之学"对儒学正统的毁坏尤胜于秦代的焚书。

除了汉儒训诂疏释的学术方法以外,林兆恩对宋儒的学术方法亦有所批判。如前所言林兆恩本人对程朱与陆九渊的学术都有所不满,他认为程朱之学和陆九渊之学都是对孔子学说片面地继承,因而没有达到圆融的地步。由此,林兆恩站在原始儒家的立场上对朱陆二人的学说进行了批判。

首先是关于程朱之学,林兆恩尤其对程朱的"格物穷理"之学有所批判。林兆恩曾记述自己弃举子业而欲学圣人之学的情景:

> 林子初弃去举子业,而欲学圣人之学焉,师曰:"即凡天下之物,而表里精粗,格之无不到焉。是虽一草一木之微,诸凡声色貌象,而盈于天地间者,皆当有以察之矣。"林子彼时难之,而又以为问之不可以不审也,乃复问曰:"何以格之?夫岂无其要乎?"师曰:"或考之事为之著,或察之念虑之微,或求之文字之中,或索之讲论之际?朱子《或问》不有是言乎?"林子曰:"即凡天下之物,何其众也,而兆恩亦尝

---

① 林兆恩:《林子三教正宗统论》,《三教汇编要略(卷三)》,宗教文化出版社 2016 年版,第 307 页。

② 林兆恩:《林子三教正宗统论》,《孟子正义(卷上)》,宗教文化出版社 2016 年版,第 759 页。

自慎思之。若兆恩之痴且鲁也，则将何以格之？……此兆恩自思自忖，不能服行夫子之教，殆非敢于夫子之前强为辩论也。"于是林子去之。①

从此中林兆恩与师的对话也可以看出，师所欲传授的乃是朱子的"格物"之学。朱熹反对将孔孟之学导向心性工夫之中，《朱子语类》中曾云："论语不说心，只说实事，孟子说心，后来遂有求心之病。"②朱熹认为心属于气而非理，所以对孟子的本心并不认同。在林氏看来这种方法是外心而求学，天下之物无穷无尽，若以今日格一物，明日格一物的方法来考据万物之理，如何能穷尽事物之理呢？再者若是通过求诸文字的方法来，则根本无法从文字中获得万物之理。林兆恩认为儒家"格物致知"所求的"知"并非经验的察识工夫，而是指开显道德本心的存养工夫，所以朱熹的"格物穷理"是外心而求理，本是无助于通达性命之学的。

其次，是关于陆九渊的心学。陆九渊所不同于程朱的就在于其工夫路径，朱熹曾指出他们二人工夫路径之差异"大抵子思以来，教人之法尊德性、道问学两事，为用力之要。今子静所说尊德性，而某平日所闻，却是道问学上多"③。如前所述林兆恩儒学的心学立场是明晰的，但他依旧对陆九渊"尊德性"的工夫有所批判，这似乎是矛盾的。因而他对陆九渊的批判也仅仅只是认为："又尝考陆子静之学，盖得之禅伯矣，其曰学不践贵存，岂孔子所谓能守之仁者哉？"④他认为陆九渊"尊德性"的方法得源于禅宗，所以并非儒家正统之学。

五、结语

综上所述，林兆恩对儒家道统观的建构主要还是依据心学。其圣学本"心性"的道统谱系将原始儒学定位于探究性命之学的真功夫，又将百姓日用的生活智慧纳入其中，可以看出林兆恩重视从出世间与世间两个维度来诠释儒学的特征。而其以"心"为道统实质的架构又为他自身承继孔孟道统提供了依

① 《林子全集》，《遍扣山门》转引自赵伟：《林兆恩与〈三教开迷归正演义〉研究》，中国社会科学出版社2011年版，第41页。
② 朱熹：《朱子语类（卷十九）》，中华书局1986年版，第434页。
③ 顾宏义，严佐之主编：《历代"朱陆异同"文类汇编》，上海古籍出版社2018年版，第149页。
④ 林兆恩：《林子三教正宗统论》，《倡大道旨》，宗教文化出版社2016年版，第26页。

据,同时也构成了其"非非儒"的儒学批判论的思想武器与基本立场。虽然林兆恩对程朱和陆王两系都有所批判,但其思想立场还是可以归为陆王心学一系。诚然林兆恩儒学的基本框架依旧没有超出宋明理学,但其对儒学发展道路的积极探索和谋求依旧值得肯定。

基金资助:江苏省科研与实践创新计划项目"林兆恩《道德经释略》研究"(项目编号:KYCX21_2889)

仁·心·欲

——江右王学刘元卿心性论简述

赖小龙[*]

刘元卿,字调父(甫),号泸潇,江西安福人。刘元卿是江右王学的代表人物之一,与吴与弼、邓元锡、章潢并称为"江右四君子"。其师从刘三五、徐鲁源、耿定向等人,故其学说亦受其师影响,犹以耿定向最大,然"即平生所最信服者天台、塘南,亦不轻相附和"[①],故其亦有发明。刘元卿的思想受耿定向的"不容已"和"学有三关"影响,强调有无合一、体用一贯,在心性与工夫上皆有所创见,并以此针对阳明后学流于虚无。特别在心性论上,其以仁为宗,强调人的道德之性,又肯定人的本然之欲,在心性结构上有所创见,也对"辨志""择术"的工夫具有指导意义。

一、"生生"——本体之仁的天人向度

刘元卿的思想以仁为宗,"其学以求仁择术为要"[②],其心性论的开展亦以仁为前提。仁作为儒家宗旨,在刘元卿看来具有本体的特性:

> 今夫仁何为者?是天地之生生者也。……其大道之权舆,人心之发窍乎!……夫仁不离人,则即隐即费;仁不离道,则即费即隐。[③]

---

* 赖小龙,南京大学哲学系硕士生。
① 黄宗羲:《明儒学案》,中华书局 2008 年版,第 497 页。
② 刘元卿:《刘元卿集》,上海古籍出版社 2020 年版,第 1557 页。
③ 刘元卿:《刘元卿集》,上海古籍出版社 2020 年版,第 18-19 页。

　　刘元卿认为,仁是天地人之生生者,乃是作为万物根本的"道"。从无到有的角度看,"生生"具有道学的特质而可创生万物,但因其神秘莫测故圣人罕言。而从无所不生的角度看,生生才具有仁学的特质而为人所本,表述上"高不入隐玄,卑不涉功利"。故仁即体即用,不能"求仁而远人"和"求仁于道外"。故从道之仁的角度看,所谓仁道至大,不能以仁之建功、功能、节行某一方面概括。而从人之仁的角度看,仁也即人心,是人心之发窍。可见,仁沟通了天人两个向度,既是宇宙万物的本根,也是道德意识的本然。

　　而刘元卿又引入了气的概念,进一步强化了生生之仁作为万物本根的地位。刘元卿认为宇宙皆是由气构成:"曰心、曰性、曰意、曰知,名虽不同,总不外乎一气也。"[1]并且,"此气之流行而于穆不已者,名之曰天命"[2],所以气之流行也是天命之下的必然之事。那么气便构成了"生生之仁"的本体论和能动论的物质性基础。换言之,"天地人之生生者"本质上即是气,而气之变化流行也预示了行仁之必然。但需要注意的是,虽然刘元卿提到了气作为万物的物质基础,但并没有很严格的气本论倾向,而是更加强调气的贯通、流行。"一气说"的目的,也是为了论证万物一体下的仁的流行大化。而其另一落脚点,则是人心:"且心非气不运,又何嫌以气用事? ……孟子曰'我善养浩然之气',言气即心也。"[3]可见仁之人心的向度,也与气—心的向度对应,气也就是心。仁与气实际上是同一的,仁和气皆是万物之根,既生生地构成了万物,也是人的道德本心。

　　刘元卿将仁提升为天道人道的本根,除了表明仁之体用广大精微,也是对佛道的批判。当时儒者广受佛道影响,"喜谈清寂,半落禅臼"[4],"今儒者动言仁与道二,而以了不可得为向上第一机,则亦何以殊于佛宗乎"[5]? 所以其一,若将仁、道分而言之,仁的根本性就无法成立,也就有了流于佛道的可能;其二,若将所谓气或仁单列为本体的高度,便犯了"取约非博""离用求体"之弊。故刘元卿多次强调仁道至大、仁即道,其目的即是确立孔孟之道的核心地位,并将佛道囊括其中:"尊孔氏,非黜百家也。言孔氏之道,百家具矣。"[6]并且其

---

① 刘元卿:《刘元卿集》,上海古籍出版社 2020 年版,第 384 页。
② 刘元卿:《刘元卿集》,上海古籍出版社 2020 年版,第 384 页。
③ 刘元卿:《刘元卿集》,上海古籍出版社 2020 年版,第 80 页。
④ 刘元卿:《刘元卿集》,上海古籍出版社 2020 年版,第 22。
⑤ 刘元卿:《刘元卿集》,上海古籍出版社 2020 年版,第 86 页。
⑥ 刘元卿:《刘元卿集》,上海古籍出版社 2020 年版,第 492 页。

认为在世俗人伦上,佛道与儒家在一定程度上是相通的:"蒙庄虽多放言而踌躇四顾之说,亦何尝不留心事务? 乃乱业之夫谈虚无而笑勤恪,斯其流至于晚晋而不可救也。"①道家在事务上和儒家亦是相通,只是后世流于虚无。"夫人子之不忍弃亲于壑与水火,其本心也。岂惟人子,虽受其法乳者,犹惓惓收拾煨烬以固藏之,则其不忍之心之不容泯灭也者。"②佛家的葬礼,实际上也蜕去不了仁心。而佛家的因果报应说,在刘元卿看来也是一种因俗利导的治世工具:"予故喜果报之说,有助夫刑赏之所不及者。"③所谓"以儒心正佛印",刘元卿以儒家立场在批佛道的同时,也反证了仁道的必然性,亦证明了仁道至大。所以强调仁的天人向度的原因之一,也即树立孔孟之道的根本地位。

二、"不容已"——心体的内涵与开显

仁既是大道之权舆,也是人心之发窍。前文中仁作为一种本体的意义,并非单纯提升为道体的高度而变得玄幻,而是充分说明仁与人之体用一贯。而仁道在人身上的体现(发用),也即人心,所谓"夫肫肫之仁,即吾人日用之真心也"。在刘元卿看来,此心即不容已之心。"不容已"语源《诗经》的"维天之命,于穆不已",是表达天道运转之永恒,朱熹则有更细致地阐释:

> 故举是道之全而言之,合天地万物,人心万事,统是无一息之体。分而言之,则"于穆不已"者,天之所以与道为体也;"生生不已"者,心之所以具道之体也;"纯亦不已"者,圣人之心所以与天道一体也;"自强不息"者,君子所以学圣人存心事天而体夫道也。④

可见,所谓"纯亦不已",即是人心与天道一体的体现。而这种表述,也亦即"心即理":"圣人之所以为圣人,惟以其心之纯乎天理而无人欲,则我之欲为圣人,亦惟在于此心之纯乎天理而无人欲耳。"⑤人之本心如天理般至纯无杂,便是"不已"对于心体的含义。

从"不已"的思想史建构来说的,刘元卿继承了前文的"不已"思想,其生生

---

① 刘元卿:《刘元卿集》,上海古籍出版社 2020 年版,第 492 页。
② 刘元卿:《刘元卿集》,上海古籍出版社 2020 年版,第 246 页。
③ 刘元卿:《刘元卿集》,上海古籍出版社 2020 年版,第 90 页。
④ 朱熹:《朱子全书》第 23 册,上海古籍出版社、安徽教育出版社 2002 年版,第 2733 页。
⑤ 王阳明:《王阳明全集》上册,上海古籍出版社 2017 年版,第 289 页。

之仁沟通了天道与人道,也是"心即理"结构的再阐发。从其现实经历看,刘元卿的"不容已"思想受耿定向"真机不容已"影响最大,耿定向也是最先对此命题有单独阐发的学者:"若吾孔孟之教,惟以此不容已之仁根为宗耳。"①所谓"真机"即心之本体,"不容已"则是心体的一种必然的能动性。刘元卿则继承了耿定向的"真机不容已"思想,强调良知与性善:

> 其不安之心,即性也。是故三千三百,皆吾性之不容已,非强人以从之也。②

> 夫仁,即所谓不虑而知之,良知也。见孺子入井而怵,岂虑而后知哉?斯吾性之自不容已也。③

"不容已"之心也即"不安之心",性乃良知判断的至善本体,心即良知自然地发显,强调"不虑弗思",一种本然自然的状态,这也对应了仁之本体向度,即仁之流行、气之流行,都是自然而然的。而心与性本身也是"一":"心之与性,名虽有二,所指则一,故《大学》言心即性,《中庸》言性即心。"④刘元卿的不容已之心,其内容也即孟子的四端之心,所以其对心的描述也多是类似孟子,这也是其尊孟的例证:"夫矫后儒之非,要以明孟子之学。"并且与《中庸》致中和结合起来,"人乍见孺子,皆有怵惕恻隐之心,是发而皆中节,谓之和也。其寂然不动者,便是未发之中"。⑤故刘元卿十分强调此心之扩充通达,这也是反对阳明后学的耽空守内。而扩充通达的典范,也即孔子所言:

> 以一人施天下,则用力甚劳,而其施不得不竭,此尧舜所以病,以天下立达天下则操术甚逸,而其济不得不博,此孔子所以不病。⑥

在刘元卿看来,孔子虽无位,但其仁能行于天下,而尧舜则仍有一己之力之病。其原因即是孔子不假权势,立人达人。故尽不容已之心,其目的并非自得其善而已,而是要立人达人。立人达人的基本方式,也即教学工夫:"夫求仁,为学之主谓也;而同仁,则所以求仁者也。"⑦因仁体至大,仁原无自他可

---

① 耿定向:《耿定向集》,华东师范大学出版社 2015 年版,第 105 页。
② 刘元卿:《刘元卿集》,上海古籍出版社 2020 年版,第 175 页。
③ 刘元卿:《刘元卿集》,上海古籍出版社 2020 年版,第 386 页。
④ 刘元卿:《刘元卿集》,上海古籍出版社 2020 年版,第 68 页。
⑤ 刘元卿:《刘元卿集》,上海古籍出版社 2020 年版,第 407-408 页。
⑥ 刘元卿:《刘元卿集》,上海古籍出版社 2020 年版,第 230 页。
⑦ 刘元卿:《刘元卿集》,上海古籍出版社 2020 年版,第 230 页。

分,亦无今古可间,所以"吾辈今要求仁,工夫无处说起"。而"故孔子于此只得点个学字"①,则学是求仁的最直截了当的工夫,其目的则是立人达人。立人达人本质上也为心体包含:"夫立人达人,吾人相关之真心也。"②而学作为立人达人之途径,也可识心,即所谓"学则不厌,默识其万物备我者而全之,故不厌也;教则不倦,默识其万物皆我而公之,故不倦也。"③可见,通过学才能意识到心体的无量,并推己及人而立人达人。此"全之"与"公之",也即认识到心体本身的"无穷""无间":"以此学自为,则愈觉此心之无穷而不厌;以此学教人,则愈觉此心之无间而不倦。"④所谓"转心缮性,必以其学"⑤,学具有完善心体的作用。故讲学与修德,在刘元卿看来从来不是二事,皆是作用于心体,本身也是心体之发用。若将"学"纯粹作为一种外在的工夫论来讲,很容易流为为人之学,也即"专务正俗,求以治人"⑥,抑或是洁身自好,心体之自然而然的特性被遮蔽。而只有直接从心体开显出来,才能充达无碍。所以,学不仅局限于一种外在工夫论的范畴,而是内在于心性本身,"其学焉者,亦性也"⑦。学是内在于心性的,甚至直接是人异于禽兽所在:"不学则圣而狂,人而禽兽。"⑧教一学本身也是一种互相熏习的样态,故步自封则属归寂自守,立人达人之外也没有所谓"自立自达",心体亦如此。学作为人人所不可已者,是最能代表心体至大的特征的。以此为出发点,外在的教学工夫也就成了良知显发的必然之事。所以良知的扩充流行,在刘元卿看来从来不是自身的独善模式,而是在万物一体的视域下立人达人,其立人达人,故学是心体的主要特征而作用于良知之发显。也正因为如此,心体才能无穷无间。

因仁道至大,心体也至大,心体的开显也因"学"而无量,故"求不可以方所,执不可以定向"。针对只识心之一隅的现象,刘元卿做出了批判,如见心、能心等。⑨当今学者执取自身所识见,以见心、成心以为真心,以为此是心体的原貌,不能认清真心之体,便变得自满矜傲。除了见心外,亦不能有能心,

---

① 刘元卿:《刘元卿集》,上海古籍出版社 2020 年版,第 66 页。
② 刘元卿:《刘元卿集》,上海古籍出版社 2020 年版,第 57 页。
③ 刘元卿:《刘元卿集》,上海古籍出版社 2020 年版,第 41 页。
④ 刘元卿:《刘元卿集》,上海古籍出版社 2020 年版,第 503 页。
⑤ 刘元卿:《刘元卿集》,上海古籍出版社 2020 年版,第 58 页。
⑥ 刘元卿:《刘元卿集》,上海古籍出版社 2020 年版,第 24 页。
⑦ 刘元卿:《刘元卿集》,上海古籍出版社 2020 年版,第 175 页。
⑧ 刘元卿:《刘元卿集》,上海古籍出版社 2020 年版,第 34 页。
⑨ 刘元卿:《刘元卿集》,上海古籍出版社 2020 年版,第 41 页。

"向令诸圣人有一能心，便已不仁矣。"[①]这便是尧舜"一人之力"之病。面对这种情况，刘元卿强调要"洗出本心之明""虚心思之""勿以成心滞见"，这也是其师耿定向经常强调的地方。而所谓"虚心"，非玄虚之虚，而是仍然强调一种自然而然的状态，故"耽于虚"本身也是一种"执于见"。但对心体的探求，很大程度上难免于落入虚无，这不仅是阳明后学普遍的现象，也是他自身的学思历程所悟[②]。刘元卿早年习《传习录》，注重从心体上求索，对日用之行有所忽视，直到受徐用俭、耿定向的点拨，才重视随事力行，并觉从前属玄虚，但仍在隐微之处有"眷心清寂"之嫌。可见，对心体的探求难念会落入空寂的情境，故刘元卿也极力批佛。在被问及耿定向既要作存虚工夫，也要做孟子大学问的矛盾时，刘元卿则是批评其"入门便捡个小路径说存虚"[③]，即是认为当今学人误解了存虚的本来意义，而导致玄虚，并认为入门学问需要"讨个橛柄"，有所依托。但这个"橛柄"本身，亦不能"执"[④]。所以从自然的角度看，既不能有所执见，亦不能流于玄虚，而是要"实而若虚"。所以刘元卿和其师耿定向不同的是，虽然他赞同虚是一种无思无为、无所造作，但其很少用"虚"来形容，而是更强调"生生"。原因即是耽于虚、误解虚的现象愈发严重，而忽视了"庸言庸行"的日用伦常，故其"一气说"其实也是在实然的角度反对心体流于虚。所以此心兼具"自然""无私思无为"和"至善"的特性，这也为理欲之辨留下了讨论空间。

三、"求其大欲"——理欲之辨和诚意工夫

除了道德本性外，刘元卿认为"欲"也属于人的本然之性："吾所谓主耳目口鼻之为性者，真性也。耳之欲声，目之欲色，其本然也。……夫性岂能不欲？欲岂能尽无？"[⑤]所谓欲生欲色，也即感性欲求。欲乃无生之真机，自然也是生生之仁的自然发用，作为人性的一部分，不可以割裂断绝。但单纯地言欲即性或是非性，都是不准确的，因为不容已之心作为本然之性，其既具有道德属性，也具有感性欲求，二者是不可分割的。而欲导向恶，刘元卿认为有其现实原因：

---

① 刘元卿：《刘元卿集》，上海古籍出版社 2020 年版，第 56 页。
② 刘元卿：《刘元卿集》，上海古籍出版社 2020 年版，第 23 页。
③ 刘元卿：《刘元卿集》，上海古籍出版社 2020 年版，第 83 页。
④ 刘元卿：《刘元卿集》，上海古籍出版社 2020 年版，第 500 页。
⑤ 刘元卿：《刘元卿集》，上海古籍出版社 2020 年版，第 545-546 页。

> 夫谓水之必清可也,谓水之必不浊可乎? 谓火之必明可也,谓火之必不暗可乎? 盖必清必明,水、火之性也。而不能不浊且暗者,水出山下,火出石中,不得不然耳。①

水火本质上的清明,仍然会受到外界的影响而浊暗,人心亦如此。实际上,人心在应事接物的时候,会沾染习气,那么本心之欲便会沉溺于外物,而遮蔽良知,变为所谓"沉溺之欲",即"有不容不然之欲,有心所沉溺之欲"②者。不容不然之欲,也即本心之不可去之欲。而心所沉溺之欲,则是心之道德意识为失度之欲所遮蔽。这种失度状态下的欲,无论是"声色臭味之欲"还是"行仁义之欲",皆与天理相违背。但严格地说,心所沉溺之欲,仍然是受外部现实的影响下转变为"习气妄念",而非欲本身即是恶的。所以"夫欲有二"只在说明欲的本然状态与现实状态,而非具有两种欲望。

前文表明,在心体上,欲与理(性)作为"一体"本身并没有鸿沟,天理人欲的矛盾在理论上也就不存在了。但在实然层面,感性欲望确乎会在应物中导向恶。这种恶的产生,既不是现实中的"实在",也亦非出自于先天本心。那么,恶只可能是欲求受外界影响而混杂成恶,在应事接物的过程中流向恶。所以从本体上说,欲之"恶"并不存在,但在日用伦常的工夫上欲流向了恶。所以一味强调欲之自然而然、无好无恶,仅仅是从本体的角度反映了心性本善,但并不能根本实在地解决恶产生的问题。故刘元卿认为"欲之失其度而其中若有不自安者",此不安者表明,即便欲失其度,在道德意识的趋善作用下,仍有使其转向善之可能。那么,此感性欲求作为心性的一面无善无恶,是具有向善向恶的双重可能的:向恶便为现实所蔽,道德意识也随之遮蔽;向善则是在道德意识的疏导下使有其度。这里需要注意的是,欲的本体意义有所消解,而变为"意欲"非"性之欲"。换言之,欲本身即有两重意思:其一即感性欲求,这是人性的一面;其二则是意欲,是心之发动的意思。在心之体的意义上,欲达成了人之本性的一面,便无善无恶;在心之发用的层面,欲达成了应事接物的一面,便有善有恶。而恶的产生即是第二层,所以祛除解决恶也应该在"意欲"的角度理解,不然便有所矛盾。从实际看,前文的见心、能心,皆是心所沉溺而欲失其度的体现,且刘元卿批评了"习气妄念,吾辈所不能无"的观点,这表明从后天来看,习气妄念是可以消除的。他还认为人人都需绝此"意根",不然"世

① 刘元卿:《刘元卿集》,上海古籍出版社 2020 年版,第 58 页。
② 刘元卿:《刘元卿集》,上海古籍出版社 2020 年版,第 542-543 页。

或以任情为率性"①，导向良知混同于情识的弊端。这说明刘元卿意识到了在欲作为本体状态下无法消解的情况下，绝此"意根"也只能是从"意欲"的角度理解，这样恶之意欲才谈得上消除。关于如何处理恶的"意欲"，刘元卿认为要"求之大欲"——

> 曰："故君子之治性，惟求其所大欲焉。欲吾心之所安者，而必满其量焉，则欲色欲声之欲，皆转而趋吾之所大欲。"②

从这里也可见欲的两层意义，大小的分别不是说有两种本体欲望，而是在欲的"发动趋向""意欲"意义上申说。"欲吾心之所安者，而必满其量焉。"所谓本心道德自具自足，也无所谓"满其量"。所以满其量的则是"欲吾心所安者"，是一种良性的道德意欲，也是"大欲"。如果集中于履践此"大欲"，那么所谓的妄念也便"无处安放"，而本即是无好无恶的"欲声欲色"之"欲"也便顺着道德本心，也无所谓"恶欲"。此种道德意欲的特点是前文"欲之失其度而其中若有不自安者"。如果意欲一旦向恶转化，便与先天道德本心产生了隔阂，便需要"矫正"。而无论感性欲望有多失度，此不安的道德意欲因不断复归于道德本心而具有"不容已"的原动力，便会矫正、疏通失度之欲，使其归于"明明德"的良知本性，这是"转而趋吾之所大欲"更深一层的意义。毕竟只有在欲产生"曲解"时，才有所谓"转"。

可见，意欲虽容易流向恶，但人之良知本身"能知得意之是与非者"③，故心体本就具有矫正、疏通意的功能。那么，不断深化此功能，意欲便自然向善，恶之意欲之可能性便不断消解。所以意欲能自然为心性本身所用，也即所谓"欲者，性之用"。那么强化此功用，即是使意欲不断穷至复归于心。而此一过程，也即"诚意"：

> 欲者，意也。欲明明德于天下，所谓运矩也。学必有此大欲，则所谓诚其意者，始有归着。不然惟天生民，孰不有意？意之所向，亦孰不诚？④

> 《大学》之道，明明德而已；明明德之要，诚意而已。德本自明，惟

① 刘元卿：《刘元卿集》，上海古籍出版社 2020 年版，第 67 页。
② 刘元卿：《刘元卿集》，上海古籍出版社 2020 年版，第 546 页。
③ 王阳明：《王阳明全集》，上海古籍出版社 2017 年版，第 242 页。
④ 刘元卿：《刘元卿集》，上海古籍出版社 2020 年版，第 509 页。

意有所偏则蔽,是以不能行之于天下。①

所以,前文所言心体本就具有矫正、疏通意的功能,也即是"明明德",亦即"诚"。所谓"诚",既是本心的虚灵不昧之体,也是心体不断复归,"洗尽本心之明"的功能发用。如有一己之私欲,虽是隐微,便是不诚。故处理意欲,也即是诚在隐微之处"守意":"夫守意者,诚虑夫一心之微。"②这里的守,是在心体的维度内守,譬如城守民,而非守外寇。这里进一步强调了意欲仍本自心体,极其隐微,需要不断深化道德自觉,也即要将欲"穷到根蒂处"——

> 曰:"盖欲者,性之用。好货好色亦人情也,情岂非性乎?"但将好色等欲直穷到根蒂处,原是人我一原。③

而这里,诚意的向度不仅仅复归于心体本身,且因为心体本来便具有"立人达人"的趋向,故诚意也会向外开显,推而广之,在万物一体的角度与民同好,实现自己的欲(性)也即实现他人之欲(性)。所以,在社会实践上,与民同好恶、立人达人,也是袪除私欲的方式,这在一定程度上与其亲民之道相呼应。

综上,刘元卿在强调本性之欲的正当性的同时,亦从意欲的角度解释了流向恶的可能。并从本心"不容安"的道德自觉,也即诚心的角度,强调袪除意欲的内在的诚意工夫的必然性,进一步"复归"了心体至善。又基于心"立人达人"的必然豁显,强调社会生活中与民同好恶,贯通了体用合一的精神。

四、结语

为了纠正晚明王学末流"取约非博""离用求体",而流于佛老的倾向,刘元卿继承其师耿定向等人的思想,强调孔孟之道的根本地位。在心性论的建构中,其以仁为根本宗旨,以"生生之仁"贯通天道与人道而作为本体。其在天道上具有"气"的大化流行作用,构成了宇宙万物的根基;在人道上则构成了人心之发窍,也即本然的道德之心。此道德之心也即"不容已"之心,具有自然而然、无穷无间的特点,既内化了四端之心,也能向外括显出立人达人,具备"学"的特征。而人欲亦属于心体,故不能断灭感性之欲,而是要以此心的道德自觉不断诚其意而袪除流向恶的意欲。所以刘元卿的心性论极具"体用一贯"和

---

① 刘元卿:《刘元卿集》,上海古籍出版社 2020 年版,第 103 页。
② 刘元卿:《刘元卿集》,上海古籍出版社 2020 年版,第 389 页。
③ 刘元卿:《刘元卿集》,上海古籍出版社 2020 年版,第 543-544 页。

"自然"的特性，无论是仁之流行抑或是心之发动，其都强调"不容已"的道德必然，也重视仁道至大与心体之大的自然本然，故能容摄佛老与人欲。其思想的圆融性质体现了其纯儒的特色，在捍卫孔孟之道、纠正末流之弊上极具创造性，并在江右王学中具有重要地位。

明清赣南阳明碑刻所涉书写群体研究

张志鸿[*]

　　明清赣南阳明碑刻指的是明清时期形成于赣南地区与王阳明直接或间接相关的碑刻，作为见证王阳明事功与学术的重要历史文化遗存，阳明碑刻背后承载着丰富的历史文化内涵。学者对赣南地区的阳明碑刻早有关注，在碑刻的搜集整理方面，《赣石录》《丹崖悠悠：赣州市通天岩摩崖石刻集锦》等对明清赣南阳明碑刻都有不同程度的收录[①]；在碑刻注释与解读方面，周建华、杨新、曾陈表、董华、常雪超等对通天岩，蔡仁厚对于都罗田岩，王福权对龙南玉石岩的阳明碑刻及其文化内涵都多有揭示[②]；朱思维对赣南王阳明诗文碑刻研究着墨颇深，其氏著亦收录王阳明巡抚南赣：期间的墨迹、题刻遗存，以及同一时期王阳明弟子及随征官员所书碑刻共计43方，对王阳明赣南行迹年谱，遗迹诗文都有相当考证。[③] 整体而言，学界对明清赣南阳明碑刻的关注，更多体现

---

　　[*]　张志鸿，赣南师范大学历史学专业硕士生。

　　①　邵启贤编：《石刻史料新编》第三辑，民国九年（1920）石印本，赣州市图书馆藏本，1979年；江西赣州市政协文史委编：《丹崖悠悠：赣州市通天岩摩崖石刻集锦》，中国文史出版社2001年版；赣南师范大学王阳明研究中心等编：《玉石仙岩碑刻》（内部印行），2019年版等。

　　②　具体可参考周建华：《通天岩王阳明刻诗及历代步王韵诗》，《寻根》2002年第2期，杨新：《佛教、教化与郊游胜地：10—18世纪通天岩与赣南地域社会》，南昌大学硕士学位论文，2013年；曾陈表：《通天岩摩崖石刻与赣州文化关系研究》，福建师范大学硕士学位论文，2014年；董华、李平：《王阳明与通天岩》，《赣南师范大学学报》2019年第5期；常雪超：《赣南通天岩摩崖石刻题记研究》，《赣南师范大学学报》2021年第1期；蔡仁厚：《赣南罗田岩与于邑王门诸子》，《南昌大学学报（社会科学版）》1999年第3期；王福权、曹卫民：《王阳明玉石仙岩题刻文献探微》，《赣南师范大学学报》2020年第5期。

　　③　朱思维：《王阳明巡抚南赣和江西事辑》，江西人民出版社2010年版；《王阳明巡抚南赣：诗文墨迹题刻》，中国文史出版社2016年版。

为赣南地域学者的介绍及阐释,其研究的深度与广度都有待拓展,至于对明清赣南阳明碑刻中书写群体的关注,辄更显薄弱。

赣南地区现存明清时期阳明碑刻 100 余通,据其碑文落款中书写群体身份不同,可分为王阳明自身、官员、弟子所书写以及其他未署名具体身份却与王阳明息息相关的碑刻。其中,王阳明自身所书写的碑刻 18 方,下属官员碑刻 11 方,王阳明逝世后的赣籍或旅赣官员 35 方,亲传弟子所书碑刻 16 方,后世弟子所书碑刻 17 方,其他未识别具体身份者碑刻 12 方。刻工群体作为"捶纸入石",实现纸质文本到石刻文本重要转化的重要群体亦在阳明碑刻中多有留名,对其的研究亦能部分地揭示明清赣南地区的刻工状况与地方社会。本文拟在此大量阳明碑刻实物的基础上,结合地方文献,对此进行探讨,不当之处,敬请方家析之。

一、阳明碑刻书写与王阳明自身

阳明自身所书写的碑刻主要有崇义茶寮碑相关题刻、龙南玉石岩王阳明《平浰头碑》及诗五首、王阳明通天岩诗、于都"濂溪阁"题刻、"观善岩"及《观善岩小序》、赣县王阳明手书《大学》《圣经》等石经[1]定本,其多留存于世,具有丰富的史料价值,是明清赣南阳明碑刻的重要组成部分。

王阳明书写题刻的碑刻是明清赣南阳明碑刻中最核心的碑刻。且王阳明在赣南手写留下的碑刻与后世赋诗题刻不同之处在于,王阳明作为南赣巡抚被派遣至此,身负平定十几年经久不息的动乱,重建赣南礼仪之邦的重要责任。在平定赣闽粤毗邻地区谢志珊、蓝天凤、池仲容等流民动乱过程中,王阳明也在不断成就着自己的政治事功。因此,王阳明所书的《平茶寮碑》《平浰头碑》等纪功碑刻则不仅仅是简单的文人刻碑相娱的产物,更明显的是标榜朝廷威严,宣示政治归属。

如果说王阳明手书的纪功碑带有更多的公共色彩,是其作为政治人物,朝廷属官所应该具有的行为自觉,那么王阳明所书写的其他碑刻则更多地带有推广自身学术,表达自身情感的动机所在。赣县曾有"王文成手书《大学》《圣

---

[1] 石经,一般是政府组织的儒家经典的刻石,也包括佛家和道家的经典刻石。"儒家经典刻石最早出现在东汉汉灵帝熹平年间,蔡邕等人上奏,认为经典文本需要有一个定本,刻在石头上面,竖在首都洛阳的太学里。太学为当时国家最高学府,全国的人想读经,都可以到这个地方抄,那就是一个标准的定本。"参考章灿:《石刻研究的基本问题》,《湖南科技学院学报》2015 年第 7 期。

经》章石本。旧碑七,上员下方,立赣县旧学中。又文成《太极图说》《大学·古本序》《中庸说》,在濂溪祠后太极亭,今俱亡佚"①。王阳明此时所刻的《大学》《中庸》等是对赣南地区民众进行教化的需要,"石经"具有公共性与权威性的象征,此处王阳明所书便依然具有政治文教的表达,对赣南百姓而言,则是儒学教化,润泽长远。

阳明碑刻中也体现出王阳明对民生疾苦、隐逸生活、学术思想的理解。崇义茶寮碑王阳明《桶冈和邢太守韵二首·其一》中"处处山田尽入畲,可怜黎庶半无家"表达了对被"畲民"占据了土地的百姓之同情,"穷巢容有遭驱胁,尚恐兵锋或滥加"则是对"兵惟凶器,不得已而后用"的呼应;龙南玉石岩王阳明诗五首中也有不愿封侯赏,但为田舍郎的追求;通天岩诗"青山随地佳,岂必故园好? 但得此身闲,尘寰亦蓬岛"则是赣州市民口耳成诵的佳句名篇,表达的也是王阳明对于瀛洲蓬莱的向往;于都"濂溪阁""观善岩"题刻及《观善岩小序》则是更多代入理学的范畴,表达了王阳明自身对"善"的理解,以及"善"与"良知",如何致善、致良知的阐释。

登山则情满于山,观海则意溢于海。王阳明选择在此书写雕琢,将自己的笔墨与这方山水并存于世,对赣南的情感钟爱自不必说,但起主导作用的应该是王阳明作为巡抚南赣之职之下的属官身份。纪功碑从政治上归化赣南之从属,濂溪阁、《大学》《中庸》等石经刻本从文教上影响赣南百姓,其他诗碑则从侧面表达王阳明个人的情感与期许,三者结合下是王阳明自身书写的情感综合表达。

二、阳明碑刻书写身份中的官员群体

在进行阳明碑刻的界定时,王阳明时期随其征战的直属下级官员自属其中,同时,王阳明逝世后的赣籍官员或旅赣官员其中提到或对阳明诗文进行和韵书文的也亦当囊括在内。这样,阳明碑刻书写中的官员群体便分为王阳明时期的直属下级官员与逝世后的赣籍或旅赣官员两个部分,二者占据明清赣南阳明碑刻落款身份的大多数,总计有 46 方之多。

在王阳明下属官员的题记碑刻中,也更多与王阳明纪功碑相联系。王阳明在石刻中心处书写纪功碑与自身题刻,一干相关随征官员姓名除在碑文末

---

① 同治《赣县志》卷五十《金石·八》,民国二十年(1931)铅印本。

提到以示表彰外,另有部分在其他地方留下翰墨,一同刻石。如《平茶寮碑》中记载横水、桶冈之役出力较多的"纪功御史屠侨,监军副使杨璋,参议黄宏,领兵都指挥许清,守备郏文,知府邢珣、伍文定、季敩、唐淳,知县王天与……"等下属官员百有余名;玉石岩《平浰头碑》中记载"纪功御史屠侨,监军副使杨璋,领兵守备郏文,知府邢珣、陈祥,推官危寿等凡二十有二人";除此之外,茶寮碑侧面另有郏文、邢珣、舒富、李璟题诗,玉石岩另有杨璋、邢珣、文运、危寿、余恩、方侃、缪铭诗文。而在其他王阳明非纪功碑碑刻中,则未见到王阳明直属官员的诗文题刻。

王阳明随征官员一同刻石应是在王阳明授意之内的,而至于谁能刻石,刻石在碑石的什么位置,刻石各自能占据多大的篇幅版面等,此处当有更为丰富的社会文化内涵。随征官员"恩同刻石"一方面传达了王阳明与其的关系亲疏,另一方面也是王阳明南赣事功的另一见证。

如作为赣州府知府的刑珣,在《平茶寮碑》和《平浰头碑》都另有赋诗题刻,其当是王阳明较为信任之人。就事实而言,邢珣比王阳明年长十岁,在王阳明抚赣之前,邢珣亦有与王阳明相同的忤逆刘瑾而罢官的经历。后正德十年(1515)担任赣州知府:

> 重新府、县二学,修古乡社约,率诸生行冠礼。巨盗满总等肆掠邑间,珣直抵其峒穴,推诚抚之。满率众降,授以庐舍,给牛种使耕,竟乐为用。①

破山中贼,破心中贼,提倡教化,邢珣的施治理念与王阳明也有相似性。在横水、桶冈战役中,王阳明本想打算约同湖广之兵,再一同进攻桶冈,邢珣进言道:"桶冈是盗贼生发的咽喉,而横水、左溪才是他们的心腹,现在如果等待湖广之兵全部聚集,还要一定时间,我方兵力还没有完全集合,敌人也就不会全力部署反击,我们此时出其不意,迅速出兵将其击破,先破横水、左溪,再兵临桶冈,他们就抵抗不了多久了。"②事实证明,此计也取得了绝对的成效。等到南昌朱宸濠叛乱,王阳明从吉安起兵,邢珣第二天就带领自己的军队与王阳明会合,"凡驰破南昌、援伍文定及焚敌舟,皆珣策也……"③,充分体现了邢珣的军事才能。

---

① 天启《赣州府志》卷十一《名宦志·一九》,顺治十七年刻本。
② 同治《赣州府志》卷四十二《府名宦·二九》。
③ 同治《赣州府志》卷四十二《府名宦·二九》。

同时，王阳明对邢珣的知遇之恩也在玉石岩邢珣题诗中得到表达："傅岩已验征求梦，郑谷难忘枕漱情。欲纪南征磨石壁，为然公去雪山轻。"正是在跟随王阳明平定南赣动乱与宁王宸濠之乱之后，邢珣升任江西布政使右参政，最终致仕归乡。①

邢珣与王阳明的交集，龚文瑞曾评价道："邢珣几乎参与了王阳明在赣州时期的所有政治、军事、文化、教育、文学方面的活动。邢珣在王阳明每次战役中都是重要的辅佐者，王阳明指示的赣县、石城等地赈粮，安远、石城、龙南、赣州等地修城，赣州城拓建濂溪书院与五座社学，均是邢珣直接实施的。可以说，他是王阳明心学实践、南赣'文治武功'的最好的见证者与参与者。"②

后世在赣任职或旅居赣州官员留下的阳明碑刻有 35 方，身份从兵部尚书到赣南各县知县、训导皆有涵盖，体裁包括题榜、题词、题诗、题记等，内容多涉及王阳明，或是对王阳明诗文的和韵，或是王阳明祠堂的碑记。后世在赣任职的官员中，有部分亦是王阳明同乡，如崇义县事毛子翼隆庆二年（1568）留下《明新建侯王文成公祠》与《重修新建伯阳明王公祠堂记》，沈谧嘉靖三十一年（1552）在郁孤台留有《阳明夫子像赞碑》，嘉靖三十七年（1558）又重修濂溪阁。二人都属王阳明同乡，毛子翼与王阳明更有姻亲关系，沈谧则是浙江嘉兴秀水人；在学术传承上，沈谧在多处题刻下称"阳明后学"，毛子翼亦在《重修新建伯阳明祠堂记》中落款"姚江后学眷晚生毛子翼"。作为嘉靖、隆庆年间的王阳明同乡后学，且又先行于王阳明事功处任职。王阳明这一形象尚在朝堂舆论中不断发酵，未有定论，此时产生的阳明碑刻便包含着政治之外的学术推崇。

三、阳明碑刻书写身份中的弟子群体

据郭晓慧梳理研究，据赣南地方志不完全统计，明确指出与王阳明或王阳明弟子有直接师承关系的共计 35 人，其中亲传弟子 17 人，再传弟子 18 人。③这还不包括王阳明非赣南籍弟子，另据廖祥年统计，江西其他府县来赣问学以及全国各地士子前来聚集讲学入拜阳明门下的便不下 60 余人。④他们或来赣与王阳明对讲论学，聆听教诲，或与王阳明书信往来讨论学问。然而，从碑

① 同治《赣州府志》卷 42《府名宦·二九》。

② 龚文瑞：《阳明传习：王阳明与赣南及其书院》，广东旅游出版社 2018 年版，第 128-129 页。

③ 郭晓慧：《王阳明赣南弟子研究》，赣南师范大学硕士学位论文，2018 年，第 9 页。

④ 廖祥年：《王阳明祠庙与明清赣南地方社会》，厦门大学硕士学位论文，2005 年，第 47 页。

刻角度梳理王阳明弟子群体尚属少数。其中，王阳明亲传弟子留下的阳明碑刻有 16 方，王阳明后世弟子，或碑文落款自称阳明后学的有 17 方。

单就通天岩而言，作为王阳明讲学的重要场所，便留下了署名阳明弟子的相关碑刻 12 方。正德十三年（1518）春，王阳明弟子梁焯与杨骥、薛侃、黄弘纲、欧阳德等同游通天岩并留下梁焯赋诗，这是最早的阳明弟子关于通天岩题刻的记载。此外，王阳明多次与弟子邹守益、陈九川同游，留下诗篇《忘言岩次谦之韵》《圆明洞次谦之韵》《潮头岩次谦之韵》《又次陈惟浚韵》《坐忘言岩问二三子》《示邹陈二子》多首。在正德十五年（1520）八月形成的通天岩题刻中，同样也有此二人的赋诗、题记。邹守益同时在题记中提到：

> 安城邹守益、临汝陈九川，受学阳明先生。闲坐通天岩，相与历览往古之踪，尽穷岩谷之胜……凡浃旬而归。先是，游访者宪副王度，郡守丞盛茂、夏克义，邑令宋瑢。同游者旴江夏良胜。游而信宿者刘寅、周仲、刘魁、黄宏纲、王可旦、王学益、欧阳德、刘琼治、王一峰也。正德庚辰闰八月八日。[1]

此段文字，充分反映了王门问学的盛况。

为通天岩的大小石窟命名并题诗似是当时阳明弟子之一雅趣，陈九川命通天岩中一石窟为"潮头岩"，石曰"莲舟"，邹守益为此题诗"巨灵翻苍溟，涌此潮头雪。醉卧莲叶舟，长风棹明月"，周仲另命一石窟为"观心"并题诗，嘉靖年间南康弟子刘昭文、刘震亦题一石窟为"同心岩"。其后，嘉靖二年（1523）阳明弟子余光、吴伦、黄槐密留有联句刻诗，嘉靖十六年（1537）阳明弟子翁溥造访通天岩并有题诗，万历年间的阳明后学欧演、吴家桂、伍馀福等都有和韵题诗，显示出王学发展的勃勃生机。

对阳明碑刻中的阳明弟子所题写署名的碑刻进行梳理，尤其是对通天岩、罗田岩等阳明碑刻的梳理，可以用以探讨王阳明心学的发展历程，明朝中晚期讲会讲学运动等。如对王阳明正式提出"致良知之教"的时间、地点，学界向来存在争议。钱德洪《阳明先生年谱》判定正德十六年（1521）王阳明在江西南昌"始揭致良知之教"，黄绾《阳明先生行状》认为王阳明"甲戌（正德九年），升南京鸿胪寺卿，始专以'良知'之旨训学者"，束景南《王阳明年谱长编》考定王阳明在正德十四年（1519）始悟"良知"之学，张宏敏则对比论证《传习录（下）》《陈

---

[1]　邵启贤编：《赣石录》卷二《十一》，第 250 页。

九川录》《阳明语录》等中的相关语录史料,将王阳明"始揭致良知之教"的时间地点考定于正德十五年(1520)秋在赣州通天岩与众弟子论学之时,在场者主要有陈九川、夏良胜、邹守益等江右王门学者。① 在论证的过程中,邵启贤编纂的《赣石录》中邹守益、陈九川二人的《邹守益题记》便是重要佐证材料。

讲学发展到明代,已逐渐与政治联系起来,因王阳明学说"背离"程朱正统,被斥之为"异学",在中央政权对于书院及讲学采取最严厉打击的时候,对于怎样更好地传播阳明学,王阳明先后强调"师友相聚""口口相传,庶几不坠"。"嘉靖三年(1524),在王艮、南大吉的建议或主持下,重葺稽山书院,并以之为王阳明讲学的场所,至此,利用书院讲学成为王阳明及其门人讲学的主要模式。"②王阳明在家乡浙江绍兴府与余姚县创办的稽山书院与中天阁讲会便成为最早的阳明学讲会。"嘉靖五年(1526)阳明门人刘晓在江西吉安府召集门人举行惜阴会,又为阳明学派的讲学开创了一种新的讲学模式——地域讲学。"③"惜阴会的出现,使阳明学学者与地方讲学进一步结合起来,使讲学能在基层社会流行,从而使阳明学在更广泛的层面上传播开来。"④从此,"地方性的讲会活动成为阳明学扩展的关键机制"⑤"成为王阳明去世后传播阳明学最重要的组织模式"⑥,在地方上产生了吉安府、宁国府、浙中地区等多地的讲会集体与运动,遍及各地的地域性讲会,成为阳明学传播的最有效机制。

在吉安阳明学传播中,李伏明《江右王门学派研究——以吉安地区为中心》曾专辟一章《江右王门学派:学术实践篇》讨论吉安地区的阳明学讲会活动,文中涉及安福、庐陵、永丰等地的阳明讲会,重点论述了邹守益、聂豹、刘晓、刘邦彩、王时槐等一批阳明后学领军人物。同时探讨了江右王门学派与宗族建设、乡约推行等社会学术、社会实践活动。⑦

然而,作为王阳明心学的重要形成地与实践地的赣州,甚至作为王阳明致

---

① 张宏敏:《论王阳明"始揭致良知之教"的时间与地点》,《中共宁波市委党校学报》2018 年第 40 期。

② 陈时龙:《明代中晚期讲学运动(1522—1566)》,复旦大学出版社 2007 年版,第 49 页。

③ 陈时龙:《明代中晚期讲学运动(1522—1566)》,复旦大学出版社 2007 年版,第 49 页。

④ 陈时龙:《明代中晚期讲学运动(1522—1566)》,复旦大学出版社 2007 年版,第 58 页。

⑤ 吕妙芬:《阳明学士人社群——历史、思想与实践》,近代史研究所 2003 年版,导言。

⑥ 吕妙芬:《晚明江右王门学者的地域认同与讲学风格》,《台大文史哲学报》2002 年第 56 期。第 303 页。转引自陈时龙:《明代中晚期讲学运动(1522—1566)》,复旦大学出版社 2006 年版。

⑦ 李伏明:《江右王门学派研究——以吉安地区为中心》,江西人民出版社 2017 年版,第 157-204 页。

良知的"提出地"通天岩，王阳明及阳明后学在赣南的讲学活动并没有得到很好的梳理与研究。明清赣南阳明碑刻以及阳明弟子所生产的碑刻作为承载阳明心学的重要物质遗存与载体，对于研究王阳明早期讲学运动、阳明弟子社群的交互等都具有重要意义。吉安、浙中等地的阳明讲会自有其发展历程与特点，赣州等地的阳明讲学活动呈现的历史面向、历史过程等也定带有赣南地域特色。科大卫对于"华南研究"曾有这样的期盼："只有走出华南研究的范畴，我们才可以把中国历史写成全中国的历史。"①同样，我们可以说的是，也只有对不同地域进行对比研究，才能展现一个完整的阳明讲学研究，甚至一个完整的阳明学研究。

四、其他未知身份署名的阳明碑刻

明清赣南阳明碑刻中另有 12 方未知身份署名的阳明碑刻，诗文内容涉及和阳明韵，诵阳明诗等。对于此类阳明碑刻落款的社会群体，亦有一定的探讨空间。如在玉石岩阳明碑刻中有一方万历八年（1580）龙南义民廖尚化题《玉石岩》诗一首，便值得注意。

廖姓属龙南大姓，明清时期人才辈出。迁居龙南的廖姓主要有四大支派：太平廖氏、下迳廖氏、江东廖氏、鸦背廖氏。而廖尚化所属为江东廖氏，其开基祖大致于明宣德元年（1426）迁居龙南，廖尚化则为江东廖氏六世子孙。江东廖氏长期以来是龙南的望族，清朝江西乡试主考官王天禄为龙南江东廖氏的四修族谱作序，其中云："科第明经登仕者踵相接，青衿胄子且以数百计，亦云盛矣！未尝联集旁族也。而三百年来丁以万计，椒聊蕃衍硕大且笃矣！"明清时期江东廖氏有举人、贡生 108 人，七品以上文官 14 人，历代职授冠带 389 人，其中军功六品以上 59 人。据龙南县志记载，江东廖氏因功附祀城庙者 44 人。

江东廖氏在发展的过程中，通过参与地方事务，积极推动自身的宗族建设。在马镇的《龙南江东廖氏尚义碑记》中，对廖尚化以及江东廖氏的义行都有详细记载：

> ……及修邑志，余阅其中，有光禄君之子廖尚化者割厚产以赡儒

学……若廖杰、廖思润有灭寇完城之奇功;廖充仙、充容有捐租筑堤以通巽水之遗绩;至凿百步陂石圳以灌溉民田,则为廖仙佑兄弟,实费五百余金焉;又有廖睿者,能以合堪舆吉地不私所有,而公诸邑人至今武备可修,旅瘀得所,固藉藉在人口耳间。综而观之,厥功亦不微矣。且有明大中丞金、陈、谭、吴四公,大柱史徐公督学、郑公后先褒美,更有太守胡公愷、何公珙之鸿篇,邑宰胡公宏仁、高公光国之碑志……①

廖氏族人不仅积极参与地方事务,其义行还被广泛记录于各级方志之中,且受到中丞、大柱史、太守、邑宰等的表彰。廖尚化及其父廖邈的义行多次记载在《赣州府志》中,廖邈也入撰乾隆《赣州府志·人物·行谊》与同治《赣州府志·人物·善行》:

廖邈,龙南人,嘉靖三十四年(1555)捐租五十石为两斋薪水费,又捐租二十斛膳学纸笔,子尚化捐租五十石膳膏火,邑令周储有《赡学义田记》。②

在邑令周储为之作记的《赡学义田记》中表述:

龙之有学旧矣,赡学有田,则义民廖尚化创之。其配钟氏,成之信末世之仅见也哉。前令石源姜公上其事于当道抚台,陈公檄曰:割己产以赡学校,适得崇修之念,实出风气之外。督府谈公、吴公,督学郑公咸旌其门,表其行谊,守巡诸公亦褒羡。③

廖尚化捐赠学田之事还被大肆表彰书写,收入更高级别的雍正《江西通志》中,后光绪《江西通志》亦相沿。除此之外,廖尚化还助推了龙南县陂塘的建设:

王记云:……乃简集耆民廖尚化、王宗敬、月天璧等躬率履界,询画周祥,循故堤遗址,鸠工奋土,百堵具兴……④

廖尚化及江东廖氏参与地方社会建设,积极助推自身宗族融入地方上层社会。至清乾隆年间,廖盈窗十二世孙廖运芳成了乾隆十五年(1750)《龙南县

---

① 马镇:《龙南江东廖氏尚义碑记》,道光《龙南县志》卷八《艺文志·记·五一》。
② 乾隆《赣州府志》卷三十三《行谊·六》。
③ 周储:《赡学义田记》,道光《龙南县志》卷八《艺文志·记·二九》。
④ 乾隆《赣州府志》卷七《山川志·陂塘·龙南陂塘·三八至三九》。

志》的主纂。①

　　在中国传统社会的固有观念及方志的权力表达体系下，往往看不到商人身份的直接书写，而被方志修撰者巧妙地置之于《人物志》下的《善行》《义行》《孝友》《孝悌》《乡贤》《耆德》等子目中，另外在《文苑》《儒学》《事功》《方技》等人物传记中也有部分收录。廖尚化时期的江东廖氏，尚属五、六世，尚处于入籍到仕宦的阶段，从其能捐田五十石而言，"商贾"身份居多，应当还没完成从"商贾"家族到"科举士绅"的转变。如若此，则江东廖氏的宗族建构、方志书写，以及对于探讨商人这一社会群体与王阳明的关系，阳明碑刻与地方宗族社会等，无疑是一个很好的例证材料。②

五、阳明碑刻中的刻工群体

　　在碑铭刻石的传统中，更多的是在碑文落款处留下某某书、某某题的记录，而更少刻碑的刻工记录，即是由何人刻碑的，讨论较少。"刻工未在石刻中题名，一是官方对刻工署名和镌刻工艺的不重视；其次则是镌刻工匠社会地位的低下所致。"③清人阮葵生《茶余客话》甚至有言："吏曰贵，户曰富，礼曰贫，兵曰武，刑曰威，工曰贱。"社会评价对于中央六部之一的工部尚有如此态度，刻工的社会地位可想而知。"另外，在石刻中，'物勒工名，以考其诚'的问责含义已不存在。一些石刻之所以题署刻工名字，主要是因为刻工以镌刻之便，'镂之金石，传之久远'。"④

　　在明清赣南阳明碑刻中，大致有9处涉及"镌石""勒石""刊"等，但部分为组织刻碑上石的官员，并非实指刻工群体。如通天岩"赣州知府叶梦熊题诗，万历三年(1575)秋八月吉旦，赣州府经历杜栋勒石"，玉石岩题刻"'洞里乾

---

　　① 李晓方对县志编撰者的地方宗族身份以及"县志族谱化"有很好的研究，参考李晓方：《县志编撰与地方社会——明清〈瑞金县志〉研究》，中国社会科学出版社 2015 年版。此处廖邀入撰乾隆《赣州府志·人物》，或许有时任乾隆《龙南县志》主修，其五世孙廖运芳的推动与运作。

　　② 陈劲松探讨了会昌胡氏借助阳明后学的文化资本力量完成了宗族建构与转型，龙南廖氏是否亦借助阳明资源助推自身的宗族建构，亦可对比，提出问题。参考陈劲松：《明清会昌庄埠胡氏的宗族建设与地方社会研究》，赣南师范大学硕士学位论文，2021 年。

　　③ 徐志华：《碑刻之刻工题名的发展演变》，《南京艺术学院学报（美术与设计版）》2014 年第 4 期。

　　④ 刘金亭：《明代石刻刻工的题署及其身份》，《艺术工作》2019 年第 3 期。学界对刻工群体进行研究，主要有曾毅公：《石刻考工录》，书目文献出版社 1987 年版；程章灿：《石刻刻工研究》，上海古籍出版社 2008 年版。

坤'，刑部郎唐邦佐题，知县事张先登刻，岁季夏月庚寅日"，以及玉石岩阳明诗文碑刻群由邢珣组织刻石，崇义茶寮碑刻石由随征督工吏李璟具体负责。①由于他们所具有的官方身份，杜栋、张先登应当是起负责、监督作用，而非具体的刻石者。除去此4方碑刻，剩下5方是有明确记载的刻工身份，部分记有籍贯，且皆位于通天岩，具体如下：

> 廖寅等题诗……嘉庆十年二月□日，虔州鹤门戴云官书。虔州胡庆淮镌石。
>
> 石景芬题诗，咸丰壬子夏至……庐陵匡先远刊。
>
> 石景芬题诗，再题忘归岩……赣邑凌发廷刊。
>
> 刘次琨题诗……闽杭后学刘次琨相如题，同游邹渊非潜书，关西荣友顺英刊。
>
> 清张鸣和题诗……张鸣和题，曾舜达、龚庆挺同刊。②

从以上5方阳明碑刻可知，属赣州本地工匠有2方，即刻工虔州胡庆淮、赣邑凌发廷。在廖寅题诗的刻工署名中，据周建华研究："戴云官是赣州当时颇负盛名的书法家，胡庆淮则是赣州当时最好的刻工。"③

书丹者戴云官史志有载：

> 戴云官，明经琦子。琦，字相人，笃行能文章。承父志，由选贡领嘉庆十二年（1807）乡荐。大挑知县，签分甘肃，不就，官铅山教谕。先后主讲信江濂溪及粤东培风书院，能成就后学，在信州最久。④

戴云官是赣县人，其父能文章，戴云官承父志，嘉庆十年（1805）通天岩书丹刻石时已有选拔身份，后领嘉庆十二年（1807）乡荐，善文章。至于刻工胡庆

---

① 需要指出的是，常雪超在《王阳明〈平茶寮碑〉校勘考证研究》中认为"茶寮刻石西南侧随征督工吏李璟唱和王阳明、邢珣诗韵所题诗歌……刻石的工匠名为'恩同'，题刻书丹者为'永丰李璟'"。如果此处确有'恩同'这一工匠，则明清赣南阳明碑刻中涉及刻工的便有10处。参考常雪超：《王阳明〈平茶寮碑〉校勘考证研究》，载中国明史学会、中共赣州市委宣传部等编《第二届阳明文化国际论坛论文汇编》，2019年10月，第353页。

② 赣州市政协学习文史委员会编：《丹崖悠悠：赣州市通天岩摩崖石刻集锦》，中国文史出版社2001年版，第60页、第64页、第65页、第68页、第89页。另（民国）邵启贤：《石刻史料新编·赣石录》（新文丰出版公司印行）卷三《三五》，第280页，有记胡庆淮、曾舜达刻石。

③ 周建华：《王阳明在江西》，江西高校出版社2017年版，第335页。但笔者并未找到此"当时颇负盛名""最好的刻工"之其他相关佐证，权此做一说明。

④ 同治《赣县志》卷三十六《文苑·六》。

淮与凌发廷，因缺少史料以及其他碑刻材料，对其生平事迹知之较少。另外两外籍刻工庐陵匡先远与关西荣友顺英，据前文"闽杭后学刘次琨相如题，同游邹渊非潜书"之表述，应句读为刘次琨，字相如；邹渊字非潜；关西荣友顺英中则并非荣友、顺英两刻工，而是关西籍刻工荣友，字顺英。[①] 同样缺少匡先远与荣顺英两刻工的其他史料及碑刻印证，至于清张鸣和题诗中的刻工曾舜达、龚庆挺，则更缺乏史料，亦只能抛置，暂不作更详尽的说明。

由于史料限制，对于刻工的探讨较为表面。但亦可以得出几个结论：明清赣州的刻工来源应该是多元化的，既有本地刻工也有外来刻工；外来刻工在赣又存在本省刻工与外省刻工并存的现象，似乎赣州本地并未形成地缘、世袭式的刻工家族；同一时期刊刻碑文亦有多种刻工选择，并未出现官方刻工与私人刻工的强烈分野，如咸丰年间石景芬于通天岩先后题诗便选择了庐陵匡先远与赣邑凌发廷进行刻石；在刻工刻石过程中，存在单个刻工进行刻石，也有双人多人刻石，如清张鸣和玉石岩题诗便由曾舜达、龚庆挺共同完成，由于此方碑刻内容、体量并不算太大，推测这二者身份更多属师徒同刻。本人学力所限，对赣州刻工及明清赣南阳明碑刻中刻工群体的探讨尚待更加翔实的史料发掘与深层次分析。

六、结语

赣南地区尚存明清阳明碑刻 100 余通，其中，碑文的落款者涉及王阳明自身、官员群体、王阳明弟子。王阳明自身书写的纪功碑宣示的是一种政治归属，其他碑刻则为推广自身学术，表达自身情感。官员群体可分为王阳明时期的随征官员与后世赣籍、旅赣官员，随征官员所书写的阳明碑刻传达出其与王阳明的亲疏交集，也是王阳明南赣事功的历史见证。后世官员则更多地表达对王阳明的钦佩与赞扬。阳明弟子、后学所书写的阳明碑刻对于研究王门早期讲学运动、阳明弟子社群的交互等提供独特的"赣南案例"。部分未知身份署名的阳明碑刻，如义民廖尚化题刻玉石岩，又可视为透视阳明资源引入地方宗族建构的窗口。阳明碑刻中刻工群体作为"捶纸入石"，实现纸质文本到石刻文本转化的重要群体亦在阳明碑刻中多有留名。

---

① 周建华将此解读为"邹渊潜"与"荣友顺"，此二处理解，辄又尚待更多的材料商榷与证实。参考周建华：《王阳明在江西》，江西高校出版社 2017 年版，第 337 页。

同时，作为阳明碑刻书写者的王阳明、阳明弟子、各级官员以及义民、刻工等，都是赣南阳明碑刻的早期阅读者，在促进阳明碑刻文本的阅读与传播基础上，他们扩展了碑刻文本的阅读方式。程章灿认为：“石刻文献有三种形态，分别是石刻实物本身、拓本与录文。”①从文本（纸质文稿）到碑刻实物，从碑刻实物再到文本（方志、族谱、文集）是阳明碑刻阅读与传播的重要过程。同时，阳明弟子、各级官员、刻工在阅读文稿与碑文实物的基础上，又将自己的所情所感或刻工身份在原碑、原碑周围进行书写，这便直接参与了阳明碑刻的形成过程，程章灿称之为“文本衍生”——“今昔两种不同的文本透过共同的石刻媒介联结起来，新的文本在旧的文本基础上衍生。在这个情境中石刻不仅吸引了后来人的阅读，而且催生了与其直接相关的衍生文本。”②这一过程，对于阳明碑刻的形成、书写、阅读与传播，无疑又具有绝对意义。在阳明学研究的持续发展之下，碑刻等地方文献的发掘也越来越得到相当程度的重视，其二者的结合也必将有一个更为广阔的未来。

---

① 程章灿：《石刻研究的基本问题》，《湖南科技学院学报》2015 年第 7 期。
② 程章灿：《石刻的现场阅读及其三种样态》，《文献》2021 年第 4 期。

岛田虔次论阳明学的"自我意识"

马志坚[*]

自我意识是西方近代哲学中的重要命题。笔者认为,自我意识最基本的内涵包含两个方面:第一,内在确立的主体性;第二,自我与对象建立的意向性。这也是近代笛卡尔哲学由"我思故我在"确立的基本思想。日本学者森纪子在评价战后日本阳明学的背景时说:"自笛卡尔以来,自我意识的展开成了'近代人'的标志……而战后'自我'的问题,更是大学基础教养课程哲学讲义中的重要课题。可见其是日本哲学界的关心所在,是反映时代的、在思想史研究上正统的方法论。"[①]岛田虔次的学术思想也同样受到了西方近代哲学的影响,他以自我意识为中心,对王阳明、泰州学派与李贽展开了分析,试图在阳明学思想内部发掘出中国历史内部的"近世"的精神。

一、明学中的"热情"[②]:自我意识的内在冲动

岛田虔次认为,陈白沙是明代从朱子学中独立出来,迈向明学建设第一步的学者,并指出白沙之学是贯穿阳明学及其后学的根本精神。[③] 张诩在《白沙先生行状》中记载了陈白沙遍读古今经典之后的一段语录:"夫学贵乎自得也,

---

　* 马志坚,武汉大学中国传统文化研究中心硕士生。

　① 〔日〕森纪子:《解说》,载岛田虔次:《中国思想史研究》,邓红译,上海古籍出版社 2009 年版,第 7 页。

　② "热情"一词是岛田虔次在《中国近代思维的挫折》一书中的用语。在岛田看来,这种热情不仅是个体在平时日用生活中的积极感受,而且有着一种普遍性与超越性。

　③ 〔日〕岛田虔次:《中国近代思维的挫折》,甘万萍译,江苏人民出版社 2008 年版,第 21 页。

自得之,然后博之以典籍,则典籍之言,我之言也。否则典籍自典籍,而我自我也。"①可以看出陈白沙在学问的追求上,坚持直觉体认,他的"自得"也就是不依傍于教条的自我体悟。岛田认为陈白沙在学问中追求自得自证的特点,贯穿在了阳明及其后学的精神之中。② 黄宗羲评价陈白沙说:"有明儒者不失其矩矱者亦多有之,而作圣之功,至先生而始明,至文成而始大。"③并进一步补充说,如果没有陈白沙和王阳明对于明学中的创发,那么濂洛之学中的精蕴恐怕就会隐而不现。岛田虔次也认为阳明心学作为一种新学问的兴起,起初就在于吴康斋、陈白沙等学者对于学问的"热情"。岛田虔次对此进一步解释说:"这个热情,是天地生意之谓,是道生生之谓。"④这种"生意""生生"的意涵继承了先秦经典《易传》中的"生生之德",并且以此为依据成为进一步要求君子进德修业的内在理路,促使了自我意识在明代学术中的内在冲动,为即将展开的阳明之学与阳明后学在鼓舞人心、挺立主体的方向上埋下了伏笔。

岛田虔次把王阳明作为心学真正的建设者。王阳明在他的心学体系中,将心作为一切人伦事物的根本出发点。在阳明看来,如果不能"尽心",则一切人伦事物、经世济民就无从谈起,他在《重修山阴县学记》里说:

> 圣人之求尽其心也,以天地万物为一体也。吾之父子亲矣,而天下有未亲者焉,吾心未尽也。吾之君臣义矣,而天下有未义者焉,吾心未尽也。吾之夫妇别矣,长幼序矣,朋友信矣,而天下有未别、未序、未信者焉,吾心未尽也。吾之一家饱暖逸乐矣,而天下有未饱暖逸乐者焉,其能以亲乎?义乎?别、序、信乎?吾心未尽也。故于是有纪纲政事之设焉,有礼乐教化之施焉,凡以裁成辅相,成己成物,而求尽吾心焉耳。心尽而家以齐,国以治,天下以平。故圣人之学不出乎尽心。⑤

"尽心"的思想来源于孟子。孟子曰:"尽其心者,知其性也。知其性,则知天矣。"⑥"尽心"在先秦时期的内涵就是充分推扩,发扬自己的恻隐之心、羞恶之心、恭敬之心、是非之心。将四端之心充分地涵养,推扩出来,这是人道达于

---

① 张诩:《白沙先生行状》,载《陈献章集(下)》,中华书局1987年版,第879页。

② 〔日〕岛田虔次:《中国近代思维的挫折》,甘万萍译,江苏人民出版社2008年版,第21页。

③ 《黄宗羲全集》第7册,浙江古籍出版社1985年版,第81页。

④ 〔日〕岛田虔次:《中国近代思维的挫折》,甘万萍译,江苏人民出版社2008年版,第21页。

⑤ 《王阳明全集》,浙江古籍出版社2011年版,第273-274页。

⑥ 杨伯峻:《孟子译注》,中华书局2008年版,第233页。

天道最根本的工夫。王阳明认为，圣人要达到"家以齐，国以治，天下以平"的理想目标的最根本的出发点在于尽心，父子之亲、君臣之义、夫妇之别、长幼之序、朋友之信能够达到和谐的境地，最重要的就是"尽心"。同时，对于他者无法意识到"尽心"的时候，圣人的自我意识必然不能将其无视，他必然要用纪纲政事和礼乐教化来帮助他人去尽心，因为人们同处在一个共同体之中。"裁成辅相、成己成物"都成了"尽心"的手段，如此便能够达到天人和谐、物我和谐的境地。

　　从自我意识的主体性的"内"，通过意向性发赋于"外"的角度来看，岛田虔次认为，所有被纳入"外"的事物，人伦、社会、政治、文化等一系列的东西，绝不是与作为我的良知或良知的我相矛盾、相对立的非连续性的超越者，也不是否定性地批判这个"外"的独自的原理。① 岛田的这一说法无疑是正确的。人作为天地之间的"灵明"，是认识世界，与世界产生情感互动的主体。人们从事认识活动与实践活动，离开人的自我意识是不可能的。在王阳明那里，他把"良知"作为自我意识展开的核心，使其不至于流向私欲的深渊，因此阳明极为强调主体"良知"的纯洁与澄澈。阳明的学生蔡希渊不解为何伯夷、伊尹与孔子才力不同，孟子却将他们均列入"圣者"。阳明对此解释道："圣人之所以为圣，只是其心纯乎天理，而无人欲之杂。"②阳明进一步用"精金"来做比喻，他认为尧舜犹万镒，文王、孔子犹九千镒，伯夷、伊尹犹四五千镒，之所以"分两"上有不同，是因为每个人的才力不同所致，但这对成圣并不会造成影响。能够成圣在于精金之纯，而不是在于分量之多。他说："犹一两之金，比之万镒，分两虽悬绝，而其到足色处，可以无愧。"③这就给了每个庶民足以成圣的可能。

　　在王阳明看来，成圣的工夫在于"学"。阳明说："故虽凡人，而肯为学，使此心纯乎天理，则亦可为圣人。"④那么为学的要领在于何处？阳明认为与其"笃信圣人"，不如"反求诸己"更为切要。⑤《论语》中有"为己之学"，《大学》中有"自慊"的工夫，这在阳明看来才是真正的学，这样的学就是将本心作为一切的根本，一切的尺度。阳明在《答罗整庵少宰书》中说："夫学贵得之心。求之于心而非也，虽其言之出于孔子，不敢以为是也。……夫道，天下之公道也；

---

① 〔日〕岛田虔次：《中国近代思维的挫折》，甘万萍译，江苏人民出版社 2008 年版，第 19 页。
② 陈荣捷：《王阳明传习录详注集评》，华东师范大学出版社 2009 年版，第 70 页。
③ 陈荣捷：《王阳明传习录详注集评》，华东师范大学出版社 2009 年版，第 71 页。
④ 陈荣捷：《王阳明传习录详注集评》，华东师范大学出版社 2009 年版，第 71 页。
⑤ 陈荣捷：《王阳明传习录详注集评》，华东师范大学出版社 2009 年版，第 21 页。

学,天下之公学也,非朱子可得而私也,非孔子可得而私也。天下之公也,公言之而已矣。"①岛田对于阳明所说的"学"应当不教条于圣人之言的态度非常重视,这是一种对真理客观本然的看法。更为重要的是,阳明把"学"的尺度和权威归之于心这一点,岛田认为这是对人的自我意识的高扬,并把此心作为形而上学的本体,在心学史上有着重大的意义。他说:"认为成为终极的,只是内在地固有着道的此心,和成为良知者的我。所有一切,都必须让这个权威进行判断批判。从发现人性的善美的完全的自然,到朝着确立作为尺度的良知性的我的方向发展,这才是阳明心学在精神史上所具有的最大意义。"②

二、一体之仁:自我意识的担当精神

秦汉以后,自我意识在中国传统社会里逐步发展成为一种以天下责任为己任的任道精神,这其中宋朝的知识分子做了很大的贡献。张载曾提出"民吾同胞,物吾与也"③的命题,并且认为"大其心则能体天下之物,物有未体,则心为有外。世人之心,止于闻见之狭。圣人尽性,不以见闻梏其心,其视天下无一物非我,孟子谓尽心则知性知天以此。天大无外,故有外之心不足以合天心。"④张载将整个世界作为自己的大身体,认为这个世界的病痛就是自己的病痛,这个世界的畅遂就是自己的畅遂,因此人们尽其"天地之性"不仅在自己的忠孝人伦上尽责任和义务,同时也要对社会的弱势群体——鳏寡孤独者进行关爱和同情。这一思想被程颢所吸收,他基于对"仁之生意"的体认,将人性之中的生生之理提炼出来,并使之充分流行。他说:"仁者,以天地万物为一体,莫非己也。认得为己,何所不至?若不有诸己,自不与己相干。如手足不仁,气已不贯,皆不属己。"⑤这种将人伦之"外"纳入到本心之"内"的走向,在陆象山那里表现得尤为明显,他把孟子的四端之心作为本心,认定这本心是"天之所与我者",并且赋予其超越的意义,认为"宇宙便是吾心,吾心即是宇宙"⑥,"宇宙内事,是己分内事。己分内事,是宇宙内事"⑦。

①　陈荣捷:《王阳明传习录详注集评》,华东师范大学出版社 2009 年版,第 148-151 页。
②　〔日〕岛田虔次:《中国近代思维的挫折》,甘万萍译,江苏人民出版社 2008 年版,第 29 页。
③　《张载集》,中华书局 1985 年版,第 62 页。
④　《张载集》,中华书局 1985 年版,第 24 页。
⑤　《二程遗书》,上海古籍出版社 2000 年版,第 65 页。
⑥　《陆九渊集》,中华书局 1980 年版,第 483 页。
⑦　《陆九渊集》,中华书局 1980 年版,第 273 页。

王阳明继承宋儒将天地万物容纳进我"心"的任道精神,他在把握《大学》的时候指出"自'格物致知'至'平天下',只是一个'明明德'。虽'亲民'亦明德事也。明德是此心之德,即是仁。'仁者以天地万物为一体'。使有一物失所,便是吾仁有未尽处"①。并且王阳明进一步指出:"夫人者,天地之心,天地万物本吾一体者也。生民之困苦荼毒,孰非疾痛之切于吾身者乎?不知吾身之疾痛,无是非之心者也;是非之心,不虑而知,不学而能,所谓'良知'也。良知之在人心,无间于圣愚,天下古今之所同也。"②这两段话很显然是依据程颢的说法而来的,但是这又并不仅仅是对前者的照搬。岛田认为"然在明道那里,不知我身之疾痛只是不仁,现在则成了无是非之心,也即无良知。于是'道'即是'万物一体之仁',正是良知之谓也。'万物一体之仁'和'心即理'完美地结合在一起,合二为一了"③。不仅如此,良知作为一种责任感,不仅仅内在于自身,而且这种一定要把四肢百体从疼痛中恢复过来的冲动,就像本能一样,也作为一种道德冲动而致力于去解救备受"困苦荼毒"的生民。

三、身为絜矩:自我意识的表现形式

作为阳明的弟子同时也是泰州学派的开创者的王心斋充分将心的道德判断的功用下贯到生活中。王心斋,名艮,字汝止,他本是泰州安丰盐场盐丁之子,后来因商赴山东,偶然经过孔子庙,感叹夫子亦人,我亦人也,于是立志向学,这是他25岁时候的事。岛田认为,由于从小的庶民经历再加上成年以后士大夫学说的染习,一种对于传道的热情和不拘泥于士大夫的"格套"的冲动在王心斋身上充分体现出来,这使他成为王学左派的先声。他曾向阳明询问孔子周游列国的车制,阳明笑而不答。回家之后,竟"自创蒲轮,招摇道路"④,意图像孔子一样宣传当时还不是主流地位的心学。后来他来到都城,所穿的衣服以及言谈举止与旁人都不同,加上当时阳明的学说在京师的诽谤声不绝如缕,同门都不好意思再留他,甚至阳明也写信来训责他,于是他只好回会稽。阳明以他"意气太高,行事太奇,痛加裁抑"。心斋长跪在道旁说:"艮知过矣。"阳明送客出门,归来时不顾跪在道旁的王心斋径直而入,心斋于是随着阳明走

---

① 陈荣捷:《王阳明传习录详注集评》,华东师范大学出版社2009年版,第67页。
② 陈荣捷:《王阳明传习录详注集评》,华东师范大学出版社2009年版,第153页。
③ 〔日〕岛田虔次:《中国思想史研究》,邓红译,上海古籍出版社2009年版,第25页。
④ 《黄宗羲全集》第7册,浙江古籍出版社1985年版,第830页。

到庭下，厉声说道："仲尼不为已甚。"阳明于是将他揖起。这绝不是阳明对这位"不羁"弟子的妥协和退让，而是阳明能够看到心斋心中那股赤诚的、能够当下呈现良知的冲动和追求成性成圣的热忱。

王心斋将王阳明内在的"心"进一步外化，把"身"作为"格物"的基础，作为齐家、治国、平天下的"絜矩"：

> 身与天下国家一物也，唯一物而有本末之谓。格，絜度也，絜度于本末之间，而知本乱而末治者否矣。此格物也。物格，知本也。知本，知之至也。故曰："自天子以至于庶人壹是皆以修身为本也。"修身，立本也；立本安身也。……格如格式之格。即絜矩之谓。吾身是个矩，天下国家是个方，絜矩则知方之不正，由矩之不正也。是以只去正矩，却不在方上求。矩正则方正矣，方正则成格矣，故曰格物。吾身对上下前后左右是物，絜矩是格也。"其本乱而末治者否矣"，便见絜度格字之义。格物，知本也。立本，安身也，安身以安家而家齐。安身以安国而国治，安身以安天下而天下平也。……不知安身便去干天下国家事。是之谓失本也。①

王阳明的格物说把物训为事，也就是我心发赋于物上的事，正因为物受到了我心所赋予的价值意义，与我的生命和存在产生了连接，因此它才是能够被容纳进心中的，是良知所具有的东西。岛田认为，"从哲学上来说，其意义是很深奥的，但在另一方面，作为儒家学说，它却成了无限定的空疏的东西。而与之相对，在心斋的学说中，物正像可以用身、天下、国、家那样的语言来表现的那样，能够从被限定的方向去寻求。格，解释成以身絜度，可以说是强调了其社会实践性的、机能性的意义"②。他认为阳明的"良知"或"心"到王心斋的"身"的推移，是一种由本到末，由"内"到"外"的变化。

心斋把"身"在社会与行动中的积极意义发挥了出来。他不能满足于作为抽象意义上的自满自足的"圣人"，他意图按照内心的"大丈夫"品格，用自己的身体力行，尽可能对社会与国家进行改变。他曾用"鳅鳝"的比喻来比拟圣人对于社会的改造：

> 道人闲行于市，偶见肆前育鳝一缸，覆压缠绕，奄奄然若死之状。

---

① 《黄宗羲全集》第七册，浙江古籍出版社1985年版，第833页。
② 〔日〕岛田虔次：《中国近代思维的挫折》，甘万萍译，江苏人民出版社2008年版，第49-50页。

忽见一鳅从中而出，或上或下，或左或右，或前或后，周流不息，变动不居，若神龙然。其鳝因鳅得以转身通气，而有生意，是转鳝之身，通鳝之气，存鳝之生者，皆鳅之功也。虽然亦鳅之乐也，非专为悯此鳝而然，亦非为望此鳝之报而然，自率其性而已耳。于是道人有感，喟然叹曰："吾与同类并育于天地之间，得非若鳅鳝之同育于此缸乎？吾闻大丈夫以天地万物为一体，为天地立心，为生民立命，几不在兹乎！"遂思整车束装，慨然有周流四方之志。少顷，忽见风云雷雨交作，其鳅乘势跃入天河，投于大海，悠然而逝，纵横自在，快乐无边。回视樊笼之鳝，思将有以救之。奋身化龙，复作雷雨，倾满鳝缸，于是缠绕覆压者，皆欣欣然有生意。俟其昼醒，精神同归于长江大海矣。……因诗以示之，诗曰：一旦春来不自由，遍行天下壮皇州. 有朝物化天人和，麟凤归来尧舜秋。①

岛田对"鳅鳝说"提出了自己的见解，他说："大丈夫不是因为怜悯芸芸众生，不是因为期待报恩，只是按照'内'的自己固有特性而纵横自在、快乐无边地活动，而且这也就是其所以立即要去拯救因为'外'而陷于悲惨状态的其他一切人的理由。作为这种绝对的主体者的达人、自由人，就是大丈夫。"②在心斋以"学是学此乐，乐是乐此学"开放的心态下，泰州学派涌现出了一批庶民学者，例如樵夫朱恕、陶匠韩贞、田夫夏廷美、吏胥李珠、商贾林讷等等，他们不在士大夫之列，是有着专门职业的庶民，他们以一种果敢的、热情的态度给当时的"学界"吹进了新风，但是自我意识从王阳明经由泰州学派到李贽的学术走向中，最终却没能结出果实。

四、童心发动：自我意识的社会效应

心学作为个体内在的学问，尽管在抽象意义上能把万物容纳进我"心"，但是在"实然"的世界中终将会与名教和社会产生碰撞，而且是以一种被强大力量的"外"所裹挟的相遇，这促使心学必然要向具体的认识方向发展。圣人、大丈夫的孤高品格，最终要变成一种批判者的"吾"，李贽就必然要诞生了。③

---

① 《王心斋全集》，江苏教育出版社 2001 年版，第 55 页。
② 〔日〕岛田虔次：《中国近代思维的挫折》，甘万萍译，江苏人民出版社 2008 年版，第 51 页。
③ 〔日〕岛田虔次：《中国近代思维的挫折》，甘万萍译，江苏人民出版社 2008 年版，第 95 页。

"童心说"是李贽以合理主义的态度面对社会现实的基础。关于"童心",李贽解释道:"夫童心者,绝假纯真,最初一念之本心也。"岛田认为李贽以前的王阳明和泰州学派的诸学者的学说并不能在实践上马上实现其主张,很重要的一点在于"社会传统性的压力"。但是李贽却不仅在言说上,而且在实践中也能够将其学说表现出来,那是始终忠实的、彻底的。因此,岛田认为中国近代思维的顶点在李贽那里,并且他说:"童心可以说是良知的成年,是良知的独立。"①李贽在《焚书》中痛骂假道学,尖锐地批判陈规陋习和伪善的社会教养。于是他在出游黄鹤楼时,就被所谓的"忧世者"以"左道惑众"的名义所放逐,后来他居麻城,分巡道就扬言李贽极大败坏当地风化,如果他不离开,就要以法治之。在与严酷的当局和名教士大夫的论战中,他的倔强性格也越来越强烈,笔锋也越来越锋芒,麻城的缙绅把李贽说成是"异端惑世",并诬陷他"宣淫",于是当局毁掉了他的住宅。之后又因为礼科给事中张问达的弹劾而被捕入狱。当时皇上听从张问达的上奏,下达敕旨:"李贽敢倡乱道,惑世诬民。便令厂卫五城,严拿治罪。其书籍已刻未刻,令所在官司,尽搜烧毁,不许存留。如有徒党曲庇私藏,该科道及各有司,访奏治罪。"李贽最终在狱中自杀。

历史学者秦晖先生在《传统十论》中一改孟子"达则兼善天下,穷则独善其身"的命题,提出"穷则兼济天下,达则独善其身"②。当然,在秦先生的文章里"穷""达""兼善天下""独善其身"都有着其特定的含义。所谓的"穷"指的是处于困厄之中的下层百姓,他们应该为自己的处境和权利团结起来,积极争取,努力参与公共事业的建设,这即是近代市民意识的重要体现。而"达"是指有权的"上位者",应当去为他们建立一套有效的机制,让他们能够自律,并使之不能利用公权胡作非为。明代后期的诸流派中能够看到这样的努力,然而在岛田看来真正毁掉这种努力的也是作为儒家学者的士大夫自己。他说:"丰富的物力的热量直接成为精神的热量,一言以蔽之,嘉万时代是这种热量达到最高潮然而不能明了地发现其排泄口的时代。物力的热量,一定就是庶民的热量吧!然而那不是作为阶级的庶民(欧洲的所谓市民)的热量,因此它作为新创造的热量最终不能集中结晶,它的发展必然地会迷失方向。庶民到底不是'市民'。"③岛田把明代物质资料的发展所带来的精神的发展看作是一次巨大的历史机遇,然而由于那个时代的自我意识并没有形成一套系统,最终迷失了

---

① 〔日〕岛田虔次:《中国近代思维的挫折》,甘万萍译,江苏人民出版社 2008 年版,第 112 页。

② 秦晖:《传统十论》,山西人民出版社 2019 年版,第 229 页。

③ 〔日〕岛田虔次:《中国近代思维的挫折》,甘万萍译,江苏人民出版社 2008 年版,第 167 页。

方向。这也意味着自我意识从王阳明的"心"到王心斋的"身"最终到李贽的"童心"的嬗变过程中发生了巨大的挫折。

五、结语

欧洲在文艺复兴以后，最终重新从"轴心时代"的亚里士多德主义中发掘出了"近代人"的自我意识。自北宋以来，宋明理学诸贤都试图从东方"轴心时代"即先秦儒家的经典，特别是《孟子》《大学》和《中庸》中去发现人的意志与价值。余英时引张栻的话："嗟乎！秦汉以来，士贱君肆，正以在下者急于爵禄，而上之人持此以为真足以骄天下之士故也。"并认为"打破'士贱君肆'的成局自始至终是宋代儒家的一个最重要的奋斗目标。士的主体意识的觉醒是通贯宋代政治文化三大阶段的一条主要线索"。① 余英时极为关注宋朝士与君"共治天下"的这一特征。而明朝的科举考试的内容与宋朝有着很大的差别，当时的科举实行明太祖制定的八股文。这直接导致了明朝的官员在君主专制体制下的独立性要比宋朝时更为微弱。容肇祖在《明代思想史》中直言："八股取士的制度，是愚民的政策，腐化了无量优秀的人才，这是和明代的思想很有关系的。"② 在这种昏暗的科举制度下诞生的阳明心学及其后学是非常难能可贵的，这其中的自我意识的萌芽与觉醒就是直接与这种不合理的制度相冲突的。特别是到了李贽，将王阳明以"心"作为尺度而不是以圣人之言的做法推到了极致，这不仅是对科举制的批判，而且也对当时的最高权威做出了挑战。

日本学者高濑武次郎在评价中日两国的阳明学时，说了这么一段话："大凡阳明学含有两种元素，一曰事业性的，二曰枯禅性的。得枯禅之元素者可以亡国，得事业之元素者可以兴国。中日两国各得其一。"明末清初的黄宗羲、顾炎武、王夫之等思想家反思历史教训时，也有过阳明后学空谈心性造成的"心学横流"以致亡国的说法。然而邓红对此进行了反驳：高濑武次郎的说法是在甲午中日战争后为营造日本"发挥国体之精华，发扬国威"从而贬抑中国所做的粉饰；而明清之际的思想家的说法，相较于更为重要的政治、经济、民族政策方面只是学术一角的崩溃而已。③ 所以，我们不应当把阳明学中的自我意识当作异端，应该对阳明学有一种理性的把握，重视阳明学内在的自我意识这一

---

① 余英时：《朱熹的历史世界》，生活·读书·新知三联书店 2004 年版，第 9-10 页。
② 容肇祖：《明代思想史》，齐鲁书社 1992 年版，第 2 页。
③ 邓红：《日本的阳明学与中国研究》，广西师范大学出版社 2018 年版，第 19-20 页。

条线索,结合近代思维对其进行整合与改造,积极培养出代表民意,参与、推动公共事业健康发展的知识分子。

本文系"岛田虔次的阳明学研究"(编号:2021RICYJS-01)的阶段性成果。

略论神儒融合背景下的日本阳明学发展

孟　红*

作为国际阳明学研究的重镇，日本阳明学与中国阳明学的发展存在着差异，而神道信仰作为日本本土的宗教信仰，在接受中国传入的佛教、儒家思想的影响下逐渐得以宗教化，在神道信仰的影响下日本阳明学发展则呈现出神儒融合的发展特色。本文主要从日本神道文化传统、九州学派神道儒学传统以及"神儒共体"下的冈田武彦阳明心学等三个方面对过往研究者的研究成果进行梳理，从历史维度论述阳明心学在日本神道文化背景下的发展，以揭示日本神儒融合下阳明心学的历史发展轨迹。

一、"崇物"的日本神道文化

自原始时期开始，被大海包围的日本列岛，便与亚洲大陆完全分离。对自然畏惧的日本先民，认为天地万物，山川、海、陆、虫、鱼等，均有灵魂的存在与作用。随着不同部落间的交流，基于各自体验与传承所赋予的自然现象的神的称谓，在早期的日本民族中形成了以森林信仰为主的自然崇拜原始宗教，而日本的古神道便起源于这些自然信仰中。

区别于当今世界四大宗教的起源，神道信仰尚处于萌发时期时并没有系统的教义和经典，也不是由特定任务创设，带有朴素的宽容性。在日本绳文时代末期到弥生时代（约前 300—250 年）初期，随着中国江南地区先进的水稻耕

* 孟红，贵州大学哲学与社会发展学院硕士生。

作技术,经朝鲜半岛传到日本列岛,日本进入水稻耕作时代,人们的物质生活得到一定满足,神道信仰才逐渐发展起来。

直到 6 世纪的中国隋唐时代,日本的一些小国派使节来中国学习,并带回了佛教,日本的神道信仰在佛教影响下才逐渐演变成体系化的宗教。在这种万物有灵的神道信仰中,神非肉眼所见也非有人的形象,当下的世界与现世的生活很美好,人们应当懂得珍惜和满足,成为信众的朴素观念。作为人们对现世利益的一种祈求形式,神道关心与现实生活紧密相关的事物,因此体现出"崇物"的朴素特点并作为传统传承下来。

据《日本书记》和《古事记》记载,3 世纪左右汉字传入日本,到 5 世纪左右在日本的一些碑铭及金石文字中,逐渐出现撰写的汉字。随着汉字传入后几个世纪的发展,日本古人模仿汉字偏旁部首创造出假名,对汉字的大胆创新逐渐形成了与汉字有一定差异的日语体系,而神道"崇物"的文化特质也在日语中留下了烙印。

日语的发展过程中,由于神道信仰崇敬世间万物的精神传统,进而形成了丰富的敬语体系。日本古人不仅对人、对生命体,即使对物、对无生命体,他们也使用敬语。日语中的敬语,所表现出来的"崇物"特征,与西方语言中的"制物"倾向有着鲜明的差异。此外,这种崇敬之情也使得日语中,表达情感的助词体系也特别发达。

对于以自然崇拜、祖先崇拜为核心内容的日本古神道,天皇崇拜成了古神道理念凝聚的焦点,作为"现人神"的天皇,自然成为文字语言最早赞美的对象,因而在神道传统影响下形成了敬语文字语言,也形成了等级森严的社会制度。但在面对外来文化的传播时,则由于"崇物"传统的影响,体现出一种"务实"的包容姿态,使得日本文化与其他的外来文化和谐并生,走向融合的同时又和而不同,呈现出奇特的文化现象。

二、九州学派神道儒学"习合"传统

(一)神道与儒学的交汇

自佛教传入日本后,面对极度体系化的佛教,尚处于原始宗教的日本神道信仰与之产生了激烈的冲突融合,随后由于没有严密的教义及完备的组织体系,神道信仰此后在很长一段时期内只能依附于佛教存在,进而最终形成了佛教与神道的神佛习合现象。

在神道与佛教多神信仰的共质特征中,神佛习合的进程由于两者主从关系的变化,先后在日本历史上的"奈良时代(710—794)"和"平安时代(794—1192)",形成了以佛为主以神为从的"两部神道""山王神道";进入"镰仓时代(1185—1333)"又形成以神为主以儒道佛为从的"伊势神道";于室町时代后期文明年间,则形成以神为主以佛为从的"吉田神道"等多个神佛融合神道。

佛教发展在镰仓时代达到高峰后,日本的文化精英逐渐认识到由于过度推崇佛教,而致使本土神道处于附庸和末流地位,沦为佛教的护法善神的状况。且佛教弃纲常、灭人伦的特征与神道崇敬自然、尊崇现世的特质在本质上有不相容的地方,从而开始寻求神道与儒学的融合,以及复古神道的倾向。

儒学于5世纪经朝鲜半岛传入日本后,在日本虽然存在了1000多年之久,但一直被佛教所束缚,未得到独立发展。直到德川幕府统治的江户时代(1603—1868),随着日本国家结构成熟完备,出于加强中央集权的需要,儒家新思想宋明朱子学和阳明学的传入才使得儒学兴盛一时,并致使日本神道与儒学产生了融合。

为了对抗此前神佛习合的神道,摆脱佛教对神道的过度影响,新的神道家们创建了为数众多的儒学神道流派,由为幕府服务的神道家吉川惟足独创的吉川神道,便是其中公认的一个典型神儒习合流派。

而吉川神道的创立则为后来垂加神道的诞生,提供了必要的温床。融合了朱子学的垂加神道创始人山崎暗斋是当时研究朱子学的大家,他不仅通读朝鲜大儒李退溪的朱子学著作,还继承了吉川惟足和度会延佳的神道思想,并用朱子学的"理气说"和"五行说"来解释世世代代离奇迷幻的神话,提倡儒神合一,反对佛教生死轮回的生死观,创建了新的神道生死观,宣扬日本的神国主义思想,形成对近代神道思想有重要影响且自成一派的垂加神道。

以朱子理学理论解释神道,以神道思想统御儒学,这既是垂加神道的出发点,也是山崎暗斋思想转变的重要理论表现。山崎暗斋思想转变的完成标志着垂加神道的创立,此后以他的神儒合一思想为基本特征的"崎门学派",成为江户时代著名学派之一,对后世产生很大影响。

(二)九州学派的神儒合一传承

如今日本儒学的学术重镇九州学派,若追溯其历史渊源可到江户时代,与山崎暗斋创立的拥有神儒融合信仰传统的垂加神道或者说崎门学派,皆有着深远的承继关系。

江户时代,山崎暗斋去世后的崎门学派内部发生分化,沿着儒学和神道两个方向发展。以三宅尚斋、佐藤直方和浅见𫄧斋为首的"崎门三杰"弟子，反对其师山崎暗斋的神道思想，试图恢复崎门学派的儒学主导地位。

表面上崎门学派分化，但内在化的暗斋神儒合一思想并未被完全背弃，而是在更广阔的思想背景下得到承继，神儒合一思想也因此在江户时代得到延续。梳理崎门学派的发展谱系，可以得出从山崎暗斋→三宅尚斋→久米订斋→宇井默斋→千牛廉斋→千手旭山→月田蒙斋的承继脉络。[①] 其中，月田蒙斋是一位重存养、贯知行的儒学家，在他之后并称慕府末年"儒学双杰"的楠本端山（1823—1883）与楠本硕水（1833—1916）兄弟继承了道统。

年轻时楠本端山、楠本硕水兄弟二人，曾一起到江户佐藤一斋门下就学。当时佐藤一斋门下人才辈出，他的学术"虽奉宋儒之学，实钦慕王文成"，而不太拘泥于学统学派。据当代我国著名哲学家朱谦之老先生（1899—1972）的考证：一斋早年专攻朱子理学，师从朱子学家中井竹山时，与阳明心学结缘，为王学证体启用、明心见性的魅力所折服，从此开始研究阳明心学。[②]

博学多识的佐藤一斋，不拘泥于学统学派，而且具有不以儒学道统为一统一派的兼容并蓄的特点，信奉程朱学的同时还把宋学与明学融会贯通，对儒家"道"的传统学问研究拥有极高的造诣。

然而就学于佐藤一斋的楠本端山，对当时国家社会所陷入的混乱，还是存有道统失传的危机意识，于是产生重新构筑道统的宏愿。此后楠本端山、硕水兄弟转而信奉崎门朱子学，崎门派传承人月田蒙斋把具有衣钵传承象征意味的《榑桑儒海》和《自求录》《中庸讲义》等书传给兄弟俩，此后两兄弟便作为崎门朱子学者，致力于道学研究。

尽管到了楠本端山、硕水兄弟这里，山崎暗斋的崎门学派神道思想减弱了许多，更多注重儒家朱子学说，但垂加神道神儒合一的这一思想传统却从未断过，同时由于两兄弟曾就学于"阳奉朱子实指阳明"的大儒佐藤一斋，也呈现出阳明心学的思想传承。此后三宅尚斋的神道学统和阳明心学学统，由楠本端山、硕水的家族后人所继承，并朝着以阳明心学为代表的儒学与神道的融合路数发展。

如果将楠本端山、楠本硕水，楠本正翼的崎门派划分为第一期传统朱子学时期，而从楠本正继开始的九州大学时代的现代新朱子学和新阳明学时期为

---

① 钱明：《九州学派：日本现代儒学的地域样本》，《深圳大学学报（人文社会科学版）》2012年第4期。

② 周朝晖：《佐藤一斋〈言志四录〉漫笔》，《书屋》2014年第1期。

第二期，那么神道学统和阳明心学学统经楠本端山的嗣子楠本正翼，而至作为现代九州学派奠基人的其孙楠本正继，正是九州学派形成发展的关键时期。

到了现代，对崎门的学脉有着强烈道统自觉的楠本正继，虽以继承家学为己任，但思想却实现了时代大跨越，并在此基础上开创了九州儒学的新天地。从严格意义上说，所谓"九州学派"正是从楠本正继开始的，楠本正继的学说脱离了传统儒学即旧学而形成新型的学术形态，此后其学说又被以九州大学为核心的九州学派所传承发扬。

在当今日本儒学流派中，由于与山崎暗斋创立的垂加神道一脉相承，具有崎门学派血统的九州学派"学统"或"道统"，更具日本传统的神儒合一特色，同时也更符合传统书院教育的诉求。因而，与受西方哲学影响而创立于幕末维新期，在"传统"中寻求表述"当代思想材料"并进行重新阐释的东京学派，以及思索建立东西方新的话语形式的追求旨趣的京都学派相比，"九州学派"有着本质上的不同。

三、"神儒共体"下的冈田武彦阳明心学

形成于20世纪60年代的九州学派，在传承山崎暗斋神儒融合思想影响的楠门学和冈田学的旗帜下，于日本现当代思想史上保持了近半个世纪的影响力。继九州学派奠基人楠本正继后，其弟子冈田武彦成为九州学派新领袖。并继续将深谙于崎门学派神儒融合的垂加神道思想，及楠本家族继承于佐藤一斋的阳明心学传统继承。冈田武彦倾心于阳明精神与神道的结合，致力于阳明学的日本化和庶民化，发展出与山崎暗斋创立垂加神道以朱子学为材料的不同神儒融合路数。

（一）神儒合一的日本阳明学发展

明正德八年（1513），日本了庵桂悟禅师以87岁（一说83岁）高龄，率第八次对明勘合贸易使团出使明朝。同年王阳明与门人徐爱等回乡时，专程拜访暂居宁波育王山广利寺的了庵桂悟，探讨佛理禅宗问题，对了庵的佛学修为深感敬服，得知了庵即将归国，王阳明作《送日本正使了庵和尚归国序》相赠。[1]

据《日本五良太夫正德入明考》记载，了庵桂悟使团一行仅留下姓名的就有12人，但由于了庵归国后第二年便去世，因此很多研究者认为，阳明心学与

① 钱明：《王阳明与日本关系新考》，《宁波大学学报（人文科学版）》2005年第5期。

日本的第一次接触，只是其走向日本的一个象征，对阳明心学在日本传播并未起到真正作用。

了庵归国一个世纪后，传入日本的阳明心学从中江藤树（1608—1648）开始作为学派出现。早期中江藤树专奉朱子学，37岁接触阳明学左派王龙溪的著作，继而攻读《阳明全书》，盘踞心中多年的疑惑解开，遂立志像王龙溪那样把阳明学普及到社会大众中去，于是在日本近江开设家塾传授阳明学。

尽管中江藤树以儒学作为立学之本，但在其宗教观念中，表现出对日本神道教的坚定信仰，他作的《太神宫》一诗便是明证："光华孝德续无穷，正与羲皇业相同。默祷圣人神道教，照临六合太神宫。"在诗中"孝德""羲皇"分别指《孝经》和伏羲，"神道"则指儒家"圣人"所创造的道统与日本神道具有相同根源，最后一句"太神宫"一词指祭祀日本神道天照大神的神宫。① 由此可见，全诗所透露出的神儒融合的倾向，以及日本本土神道信仰在其宗教观念中是非常明确的。

而受业于中江藤树的楠本端山和硕水兄弟所传承下来的楠门学，也必然会合了神道的深远渊源，且又与阳明心学有极深的联系，未尝不可说楠本正继弟子冈田武彦融合阳明心学与神道的基础，在九州学派和崎门传承中已经具有先在的渊源，加之两兄弟从学于三宅尚斋的经历，更是加深了楠门学中神道与儒学的联系。

中江藤树后，其弟子把阳明心学发展推向高潮，尤其是受中江藤树影响的町人思想家石田梅岩（1685—1744），发展王阳明"吾性自足，不假外求"的思想，提倡神、儒、佛三教一致，认为儒教的"诚"、佛教的"慈悲"、神道的"正直"皆为相同之物，为修心养性不可缺少的东西。在三教合一的基础之上，主张以"正直"与"俭约"的实践方法，求得日常生活中的"知心"，开创了旨在建构"町人道"的"石门心学"。

石田梅岩之后具有代表性的是二宫尊德（1787—1856），他汲取阳明心学中"良知"与"德行"所创立的"报德思想"，成为日本近现代国民道德养成的伦理基础。倡导"神儒佛三教论"的神道观，认为儒佛是佐证神道的思想形态，诸子百家的书籍如陈年树叶，遮蔽了神道的真正精神，故只有"穿透"它，才能重

① 吴震：《中国善书在近世日本的流衍及其影响——以中江藤树的宗教观为中心》，《江南大学学报（人文社会科学版）》2013年第3期。

见神道的本来面目。①

　　然而自德川家康统一日本后，1790 年幕府颁布异学禁令，朱子学被定为正统至尊，阳明学随即被视为异端邪说而备遭打压，发展陷入低谷期。直到18 世纪末 19 世纪初幕府衰落，佐藤一斋、大盐中斋等人发起第三次阳明心学运动才再度勃兴。

　　佐藤一斋虽表面上标榜朱子学，但私底下对阳明学的研究颇深，因而被称作"阳朱阴王"。因佐藤一斋被任命为幕府当时的学问所昌平黉的儒官，处于幕府官学的最高权威，利用这个特殊身份，在朱子学的铜墙铁壁中倡导阳明学，为其后的明治维新奠定了人才和思想基础。

　　阳明心学作为与朱子学路数不同的儒学，在明治维新中起到了极大的作用，而这种作用受日本文化中根深蒂固的神道思想影响，体现出重实用的"崇物"倾向性。近代以来受西方科学思想和技术的影响，日本许多思想家更多关注和研究西方哲学，如上文提到的具有代表性的东京学派和京都学派，对于神儒融合的思想再未有过多涉足，一直到传承崎门学且作为九州学派代表的冈田武彦出现，阳明心学与神道融合的研究才出现新的发展。

　　（二）冈田武彦的阳明心学

　　以宋代朱子学为核心内容的"理学"，由江户儒者藤原惺窝和林罗山等导入后，名称上日本近代更爱说有严格时间限定的"儒教"概念。到了冈田武彦（1908—2004），通过对楠本正继崎门学派道统的继承，其"儒教"观体现为以阳明学和神道学为中心的儒教，并建立了以此为特征的"冈田学"，成为真正意义上的"儒教"。

　　"神体儒用"或"神主儒从"在日本神道发展史上占据着主导地位，儒教繁盛顶峰的江户时代，儒者如林罗山、贝原益轩等，在学习和传播儒教时，也暗中输入神道思想，表现出神体儒用的思想倾向。如贝原益轩强调神儒一体论，用他的话说就是："神道是无言之教，而儒教则是神道精神的教言；谓神道不假儒教而自立则可，谓儒教不辅翼神道则不可。"②

　　如果从神道的"崇物"传统与阳明心学的"知行合一"思想来看，就会发现两者间有着某种共通性，这种共通性主要来源于王阳明创立"心学"过程中所

---

　　① 范景武：《论二宫尊德的神道观和价值观》，《内蒙古工业大学学报（社会科学版）》2008 年第 1 期。

　　② 钱明，杨路：《日本当代儒学家冈田武彦思想述评》，《宁波党校学报》1985 年第 3 期。

受到的"禅宗"安住于当下、注重实际的观念影响有关,而受到这种禅宗观念影响的"阳明心学",当与拥有数千年"崇物"传统的日本神道信仰接触时,使得两者从一开始便孕育着融合的种子。

正如前文所述,可以说日本近代以来学习西方的过程中,阳明心学"知行合一"的思想,潜移默化地加强了日本人思想中注重实际的观念,从而才在"明治维新"运动中敢于破除思想的陈旧束缚,注重使用先进的西方科学技术,对日本国内落后的社会实际进行发展改革。南怀瑾对此就曾指出,日本人采用了王阳明"知行合一"这个原则,融合了西方、东方文化,才有了明治维新,开创了一个新的时代。

而冈田武彦则是从神道与阳明心学的融合发展中,将二者间的这种共通性做了更高的融合。冈田武彦把儒教中的阳明学融会进日本的神道中,肯定了儒教的地位,成为与神道彼此互不可缺的重要组成部分。认为两者都是日本文化精神的支柱,神道渗透于人们的日常生活中,而儒教则以说教、学问的形式表述神道思想。于此也把贝原益轩所强调的神儒一体论思想,推进到神儒融摄、神儒共体的新阶段,体现出互为本体,具有一体性意义和互补性内涵、表里合一的"共体神道"思想。

这种"共体神道"思想,除了来源于冈田武彦从日本神儒融合传统中的继承,也与冈田本人长期研究阳明学所得到的一体的认知方法和致思理念相关。冈田武彦一生写过大量有关阳明学的书,在其最具代表性的《王阳明大传》一书序言中,冈田说:"阳明学是体认之学,是培根之学,是身心相即、事上磨炼之学。"[1]而这正是"冈田学"的实质所在。

此外,与一般研究阳明心学的学者不同,冈田武彦在生前曾多次来中国,为了研究和推广阳明心学曾 6 次组织考察王阳明遗迹,走访中国 8 个省、近90 个县市,行程 2000 多里,走访王阳明当年学习、生活、讲学,以及被流放、悟道、打仗的地方,通过这种体认方式来体认王阳明思想中"知行合一""省察克己"以及"事上磨炼"的实践工夫,从而使得"冈田学"以一种虔诚践行阳明学精神的姿态生发出了独特的实践哲学魅力。

冈田武彦认为,对立的思考是唯理的,因而是理论的、分析的、对他的,在构造上具有复杂的体系;而一体的思考则是实践的,因而是体验的、综合的、对

---

① 〔日〕冈田武彦:《王阳明大传:知行合一的心学智慧(上)》,杨田等译,重庆出版社 2016 年版,第 3 页。

己的，在构造体系上亦是单纯的。中国哲学归其根底带有重视一体的致思倾向，正是一体思考方式的逐渐进化，进而更趋单纯化、实践化，才开始了从宋学朱子学到明学阳明学的展开演进方向。

在对日本二战中所犯罪行的反思当中，冈田武彦自觉担负起反省人类自身，反省人与万物的关系的重担，认为恶性竞争所导致的战争、分裂、破坏、恐怖等等，实际是西洋对立思考方式的必然结果，并以重新确立东洋思想尤其是儒教的地位为己任，使新世纪的哲学能够在更高层面上，把功利性的对立思维定式还原为道德性的"共生共存"理念。而所谓"神儒共体"抑或"共体神道"，便是这种"共生共存"意识的集中体现。

冈田武彦尽管并非传统意义上的儒学家，其创设了以"体认之学"为核心的"东洋之道"的致思取向和为学宗旨，具有"神儒共体"日本特色的主张，对战后日本社会及当代人类命运的反思与总结，在他身上真切体现了儒学的日本化。而强调统一、和合与共生的儒教，也最符合人类和地球之根本利益，是21世纪之发展方向的哲学。"神儒融合"下"神道"与"阳明心学"融合的路数，也正是通过"冈田学"在新时代得到发展，并向世人昭告着阳明心学穿透历史的迷雾后所彰显出的不朽魅力。

四、结语

笔者从日本"崇物"的神道信仰的兴起，进而谈到佛学在传入日本后，对神道文化产生的重大影响并促进了神道文化与佛教形成神佛融合的倾向。然而这不是论述的重点，不过正是在神佛融合的基础上，从5世纪便传入日本的儒学思想，才在宋学朱子学以及明学心学传入日本后，取代神佛融合的地位，形成了神儒融合的发展倾向，进而在日本形成以儒学朱子学为主导的九州学派的神儒合一思想。

阳明学与朱子学虽皆为儒学，但两者呈现出不同的特点，尤其是后出现的阳明心学，与朱子学的理学思想，形成宋明理学的两大特征。而以儒学朱子学为主导的九州学派神儒合一思想，在明代后随着阳明心学传入日本，由于日本统治者对阳明学发展的抑制，与朱子学相比，被看作"异端学说"的阳明学处于潜藏的发展阶段。直到18世纪末19世纪初，幕府衰落，佐藤一斋、大盐中斋等人发起第三次阳明心学运动才再度勃兴，在明治维新之中发挥重大作用的阳明学，于20世纪在传承九州学派思想的冈田武彦这里，出现以儒学阳明学为主导的神儒融合新发展。

　　冈田武彦创立的冈田学，通过日本传统以"正直"为特征的神道思想，结合阳明心学"知行合一"的实践工夫，针对西方的"理性主义"主客对立的思想传入日本所造成的恶性竞争导致的战争、分裂、破坏、恐怖，重新反省了人与万物的关系，进而提出把西方功利性的对立思维定式还原为东方道德性的"共生共存"理念和以阳明心学为主导的"神儒共体"思想。

　　如今地球生态问题越来越受到人们关注，人类文明未来该何去何从的问题，日本的西田几多郎融合东西方哲学，创立了以东方思想为基底，以场所逻辑为主导的西田哲学，在世界上产生的影响所带来的启发一样。日本的阳明心学通过本土化的神道与儒教思想的融合，试图破除西方对立思维所带来的功利主义，对人和自然的割裂产生的信仰危机问题。

略论阳明学在近现代东亚的传播

王阳明作为中国儒家继孔孟、二程、朱熹、陆九渊之后的又一代表人物,其创立的阳明学不仅对于明中晚期的学术思想有重塑作用,而且对于近现代东亚地区的民族解放与文化反思具有深刻影响。阳明学作为东亚地区近五百年来最重要的原生性学说之一,在中国、朝鲜、日本等国影响巨大。而作为东方文明的原生性学术体系,在近现代西方文明强行侵入时,阳明学所产生的反响不可忽视。从文明角度审视,东亚阳明学近现代的发展实际上是一种文明的自卫。在古代原生性地域文化圈被近现代科技破坏的情况下,朝鲜和日本两国阳明学在近现代的发展可以为我们正确认识文化交流提供借鉴。

一、阳明学在朝鲜和日本的不同发展的原因概述

自东亚文化圈的整体角度审视,阳明学在东亚地区的传播具有散射性、间续性的特点。这主要受制于两个方面:科技水平和文化屏障。前者作为文化交流的直接媒介,在学术传播的过程中扮演着不可替代的"引渡者"作用,这是其物质属性决定的,是客观条件的时代反映。后者则属于地域国家内部的文化传统问题,具有鲜明的选择性特点,是主观条件的时代回馈。两者交互之下,使得阳明学在朝鲜与日本的传播与发展呈现出不尽相同的情况,这也是客观存在的现实状况。

---

* 扈永明,山东师范大学文学院本科生。

首先是科技水平的落后状况。因朝鲜与中国陆地接壤，这一点在朝鲜接受阳明学的过程中影响较小，中朝两国在陆路上的交通具有历史延续性，鲜有断绝。《明史》称："朝鲜在明虽称属国，而无异域内，故朝贡络绎，锡赉便蕃，殆不胜书……"①朝鲜历代王朝对中原王朝多处于朝贡藩属的位置，朝贡使臣与商队贾客在政治与经济交流的同时，会有意无意地带动思想文化的交流。而李氏朝鲜自李成桂立国之初便一直奉行"事大主义"，朝贡不绝，以明朝为中华正统，以"小中华"自称，归属于中华文明认同体系之下。因此阳明学在朝鲜的传播是具有相当的物质条件的。反观日本，由于日本岛国的地理属性，使得日本具有地理上的先天疏远，在海路交通并不发达的当时，日本与大陆国家的交流是存在不可忽视的困难的。日本唯一见过王阳明的僧侣了庵桂悟在日本永正七年（1510）即出海西渡，遇风折返，次年九月才在宁波鄞江登陆。这种先天不利的条件下阳明学在日本的发展更是起到了重要作用。日本自身独立的地理单元，使得包括阳明学在内的诸多外来学说都在日本产生了独有的变化性发展。②

再者是文化屏障的主观排斥。这一点在朝鲜尤为突出。自李朝（即朝鲜朝）建立以来，朝鲜便长期独尊朱子学，其他学说都被视为打压对象，阳明学更是被其视为异端邪说。自阳明学在中国产生而后扩散，明清两代，阳明学始终是被朝鲜排斥的学说。而日本因处于文化地缘的边际，文化吸收速度较慢。阳明学在最初进入日本之际虽受到先前传入的朱子学的打压，但日本格外注重学习各种外来的文化，故阳明学在日本的演进呈现出一种与朝鲜相反的局面。朝鲜虽与中国陆地接壤，其文化屏障对于阳明学的主观性排斥实际上要比科技水平落后状况下阳明学东渡日本的不利影响大得多。

二、阳明学在朝鲜和日本近现代演进的背景

有学者对阳明学在朝日两国的传播进行了阶段性划分。阳明学在朝鲜的传播与发展主要分三个阶段：朝鲜朝中期、朝鲜朝后期、近现代三个阶段。阳明学在日本的传播与发展主要分四个阶段：江户早中期、幕末维新期、明治中

---

① 张廷玉，等：《明史》卷三百二十，列传第二百八。
② 吴震：《关于"东亚阳明学"的若干思考——以"两种阳明学"问题为核心》，《复旦学报》2017年第2期。

后期与昭和时期。①（笔者主要论述近现代朝鲜、日本的阳明学，故而不对前人已经论证较为完备情况下的非近现代的朝鲜、日本阳明学进行追述）统观阳明学在朝鲜与日本，两者所走的路途是相差甚远的。

　　阳明学自中国传入朝鲜之后，并没有在朝鲜成为显学，在相当一段时间内，一直受到政治和科举的打压，前者是显性的摧残，后者则是隐性的挤压。在朝鲜，阳明学是以一种被批判的负面形象存在的，在相当长的历史时期内对阳明学以及阳明学的追随者都持一种批驳的态度。例如朝鲜的燕行使臣出使中国时，便未停止过与中国阳明学者的辩论。这一点在明朝中晚期的朝贡中尤为明显。值得注意的是，在朝鲜完全尊崇朱子的情况下，燕行使臣的存在确实为朝鲜朝接触阳明学提供了不可忽视的间接性帮助。燕行使臣们在与中国阳明学者进行儒学讨论时，在固守朱子学传统的前提之下，并未全盘否定阳明先生其他方面的功绩，且给予了相当的认同。而在日本，阳明学则是另一番景象，日本人对于王阳明本人以及阳明学说的态度是持一种亢奋性质的信服。这与日本的民族特性有联系，也与阳明学自身的学术特性有关，两者的呼应更加催化了阳明学在日本的蓬勃发展。不仅在日本的民间，更在日本的儒学家与政客间快速传播。因此，朝鲜阳明学的产生和发展要比日本阳明学更坎坷，这也导致了阳明学在两国发展效果的不同。②

　　从阳明学的本质上看，朝鲜阳明学、日本阳明学都不是中国阳明学的简单传述，而是两国学者基于自身国家情况与文化传统的半原创性改造。③ 这与中国阳明学的发展是不同的，中国的阳明学（多称王学）主要是根据师传的方式进行延续。这一点可以在黄宗羲《明儒学案》中得到验证，黄宗羲列数明代王门分支，有浙中、江右、南中、楚中、北方、粤闽六支，同时还有属于王学而略有变化的止修和泰州两系。有明一代，自阳明学诞生伊始，明中后期的儒学已然是阳明学占据主要地位。据《明穆宗实录》《明神宗实录》载，王阳明于万历十二年（1584）十一月获准从祀孔庙，这是阳明学在明朝的成功。清朝入主中原后，以朱子学为官学，阳明学遂逐渐式微。阳明学在中国的产生与发展是与中国儒学自身的命脉相关联的，带有学统的直接延续性，是儒学原发性质的顺承结果，也是中国儒学基于历史时期产生的自然演化。

　　朝鲜与日本的阳明学则是文化的"舶来品"，与两国先前存在的半原创性

---

① 钱明：《阳明学在域外的传播、展开与影响》，《人文天下》2017 年第 23 期。
② 刘思文：《论朝鲜朝燕行使臣于阳明学的论争》，《中华文化论坛》2018 年第 10 期。
③ 钱明：《关于东亚世界的"阳明学"概念》，《贵阳学院学报（社会科学版）》2015 年第 2 期。

传统学术存在先天隔阂。而阳明学在这种隔阂中进行发展更需要与两国的既有文化现状交融，衍生出另一种形态的发展样式。近代日本阳明学的奠基人井上哲次郎曾说过："阳明学就其本质而言，虽出自明代的阳明，然而一旦进入日本之后立刻被日本化，自然而然就带有日本的性质。若举其显著之事实，则是有着神道合一的倾向。"① 与之相似的是朝鲜阳明学推崇的"实效""实心""实质""实理""实事""实行""实功""实学"等一系列"实"物。关于"实"，王阳明的《传习录》中提及甚少，据学者考证《传习录》中"实心"并未出现过，而且也未见"实效"和"实行"，只是出现"实功"两次，"实学"一次。② 这从侧面印证出朝鲜阳明学在发展过程中存在着"断章"取义的现象。朝鲜、日本两国的阳明学自发展基点上就与中国的"姚江学""王学"存在根本性的不同，而经过主观挑选的演化使得它们愈发不同。

在阳明学进入朝鲜与日本之后，两个国家相继诞生了本国的阳明学派：朝鲜霞谷郑齐斗创建的"霞谷学派"和日本中江藤树创建的"藤树学派"，这些无疑也是东亚阳明学体系内部具有不同特点和不同性质的重要佐证。

朝鲜阳明学的主要特点在于强调和呼唤"实"的精神，主张恢复人的实践性、人本身具有的主体性，其历史目的在于撕破朱子学的虚伪意识和非主体性，从而达到人内心的"恢复"状态。面对朝鲜朝中后期僵化的学术风气、严酷的政治斗争，朝鲜阳明学更加侧重于关切百姓，由"实心"出发诊断社会，体悟民间百姓的痛苦，推动社会变革，并用实际行动来促进百姓生活的改善。③ 这种"实"的学术呼唤植根于朝鲜的内政混乱，并在后期受到外交阻碍的影响。

日本阳明学突出个人"心"的作用，并强调"实践"的存在，在这一点上与朝鲜阳明学具有一定的相似性。同时日本阳明学者对于阳明学中的"知行合一"观点进行了基于现实需要的日本化改造，更加显现出其中"行"的作用。这与日本的文化传统是不无关系的，新渡户稻造在《武士道》中提出武士"五德"：义、勇、仁、礼、诚。日本的武士文化中，武士轻视"知（智）"而推崇"勇"，故而阳明学说中的"知行合一"更受日本武士的青睐。④ 从某种角度说，这是受到日

---

① 〔日〕井上哲次郎：《新订日本阳明学派之哲学》，转引自刘莹，唐利国：《论日本阳明学的虚像与实像》，《浙江学刊》2020 年第 1 期。

② 〔韩〕金世贞：《从实心与时代精神看韩国阳明学》，《贵阳学院学报（社会科学版）》2018 年第 6 期。

③ 〔韩〕金世贞：《阳明学在韩国的展开——实心与感通的韩国阳明学》，《王学研究》2018 年第 1 期。

④ 〔日〕新渡户稻造：《武士道》，张俊彦译，商务印书馆 1993 年版，第 20 页。

本文化教育相对限制的间接影响。对于王阳明军事成就：南赣剿匪、平定宁王、广西戡乱，日本阳明学者给予了特殊关注，日本尚武的社会风气与之发生了选择性的结合。日本社会层级分明的特点使得阶级过于固化，而阳明学中有关主观行动的元素无疑为下层群体提供了跃升的可靠证明。日本阳明学还在发展过程中重视"心"和"勇"的并存，这也为近代西方文化涌入时阳明学的反响提供了原始材料。

三、西方文明输入时阳明学在日本和朝鲜的不同回应

自欧洲工业革命之后，随着近现代科学技术的突飞猛进，资本驱动着近现代的西方文明用武力打开了东亚的大门。这种非正常状态的强制性文明输入，从政治经济文化等诸多方面对东亚各国产生了前所未有的压力。政治与经济上的被迫屈服，使得东亚国家在思想与文化上发生反抗与抵制。

受限于其自身的地理特殊性，包括土地在内的自然资源的匮乏状况，使得日本长期以来重视实践的作用。因此，阳明学东传日本之后，"知行合一"中的"行"无疑为其提供了理论支持。在日本固化的社会体制之下，下层武士对于"行"更是近乎狂热。日本阳明学在自身改造之后，愈加强调"行"的实践作用与现实价值，直接鼓舞了下层武士推翻以朱子官学为正统的德川幕府，间接性地开启了日本近代化的序幕，并且从某种程度上也启发了明治维新运动的落地实施。而当幕府统治消失，朱子学与阳明学在日本的道统争论逐渐消失，取而代之的是西方文化与日本传统的矛盾，此时阳明学旋即转变为与西方文化抗衡的先锋。自吉田松阴、西乡隆盛等人宣扬的幕末阳明学开始，到三宅雪岭等开创的所谓"日本阳明学"，以至于井上哲次郎、高濑武次郎在日本推动的"近代阳明学运动"，阳明学始终贯穿在日本的近现代历史中，并与日本的社会发展紧密相关。

近现代日本的阳明学学者众多，限于篇幅，本文仅举井上哲次郎的部分学说进行简单论述。1900年后井上哲次郎的《日本阳明学派之哲学》《日本古学派之哲学》和《日本朱子学派之哲学》相继出版，构成了其儒学研究的三部曲。正如其在《日本阳明学派之哲学》序言中所言，欧美的功利主义、利己主义思想传入日本之后，污染破坏了日本国民的道德心，为重振日本国民的道德心，阳明学便是其不可忽视的思想武器。阳明学在日本明治之后作为文化"卫道"的学说，再次得到宣扬与发展。值得注意的是，日本阳明学的发展不仅在国家层

面,还在民间层面同时进行,两者的取舍点不尽相同,但无疑都对日本近现代的民族国家发展起到了极大作用。①

反观近现代朝鲜的阳明学者,例如朴殷植和郑寅普。他们主要的思想主张包括以王阳明在"致良知"中延伸出的良知论为主体思想,通过"人间平等论"和"天地万物一体说"的发展演进来应对朝鲜本国近代面对的民族危机和国家危局。朝鲜此时要面对的不仅有西方的殖民主义者,还有来自东方海上的已经接受并改造部分西方文化的邻居——日本。朝鲜面对的近代世界可以说是十分复杂的,进而近代朝鲜的阳明学者不得已将朝鲜的民族危机意识放置在其所潜在传承的阳明学中。自1894年朝鲜东学党起义到1910年《日韩合并条约》生效朝鲜亡国,再到1945年日本战败投降。朝鲜在国家民族视角中始终处于日本的压迫之下,而部分朝鲜有识之士对于朝鲜民族振兴的呼唤即依托阳明学开始进行。

朴殷植以阳明学"天下万人都与生俱来拥有天赋良知"作为自身的中心学问,在学习西方进化论之后,面对"韩日合邦"的历史事实,由王阳明的"天地万物一体说"发展为"四海同胞主义"。指出不同人种之间的平等性,在心体上都是相同的,故而延展到国家层面,批判侵略与竞争,倡导超出国家界限的"大同主义"(注:与中国儒家传统的"大同"并不完全相同)。这种"大同主义"是文化层面对于朝鲜自身民族性的一种自卫,力图减弱武力挟持导致的朝鲜主体地位的没落状况。其虽有可取之处,但实际效果在历史困境中被迫受限。

郑寅普1930年担任《东亚日报》的评论员,并且连载其《阳明学演论》。在《阳明学演论》中,郑寅普以阳明学在朝鲜延续的重点"实心"理论为武器,进一步提出"实行"的学说,批判朝鲜学说和政治上混乱黑暗的历史,力图用这种方式撕破几百年间朝鲜朝的虚假,借此来唤醒朝鲜的民族观念与民族精神。同时,由"致良知"出发,他还引申出"感通"的概念。在继承阳明学"良知"思想的前提下,"感通"更着重表现出对于民众感受的体察,郑寅普在《阳明学演论》中说:"本心之诚意是时刻感通的,隐微之间一点光明即是一体之仁之发显,民众之痛痒即我的痛痒,实乃我心之本体如此然故,并非在事上大言。"②与百姓的苦痛进行感通,直面社会生活的现状,郑寅普在"实行"与"感通"学说中充分体

① 刘莹、唐利国:《论日本阳明学的虚像与实像》,《浙江学刊》2020年第1期。
② 〔韩〕郑寅普:《阳明学演论》,转引自〔韩〕金世贞:《阳明学在韩国的展开——实心与感通的韩国阳明学》,《王学研究》2018年第1期。

现出阳明学在近代朝鲜的实用色彩,以及不可回避的时代命题。[①]

面对近代西方文明的强行东来,日本国家层面的反应与思想层面的反应与朝鲜都是不同的。一方面日本自身被西方文化深刻影响并随势产生了"倒幕运动"和"明治维新",国力大增后即转向开始图谋东亚其他国家的主权与领土,因为地缘特性,朝鲜不可避免地成了日本眼中的目标。另一方面日本在接受西方学说的同时,也看到了一部分西方的弊端,并由此对于东方的文化,尤其是日本本民族的文化进行宣扬,而被称为"明治维新原动力"的日本阳明学亦在其中。这一点上日本和朝鲜的关系就显得十分微妙,日本的时代文化命题主要是来自西方的文化流弊与其本民族传统的冲突。朝鲜则在面对与日本同样问题时,还要应对来自日本的文化冲击,这一冲击在 1910 年被日本吞并之后格外突出。

四、结语

阳明学在东亚地区的发展是值得研究和重视的,在东亚各国的不同演进过程也是值得关注的。在东西方多层次交流日益密切的今天,对于阳明学在近现代演变历程的反观,在当下时代具有不可替代的价值。谈及近代西方文明的叩关,西方文明对东方文明的巨大影响往往受到学者的关注,而东方文明的反向影响则常常被忽视。两种文化之间的碰撞在发生之时,可能因为两者国家实力的强弱显示出一种明显的差异性较量,有时是压倒性的,有时则是平级性的。在压倒性较量之下,文明层面的无形碰撞往往被外在的显性较量掩盖。但潜在的文化交流不应被忽视,相反更需要研究内在的机理与脉络。以朝鲜与日本为例,阳明学作为一种学说脉络联系着东亚地区的近现代历史,在西方文明强制性输入时做出的回应值得学者进一步探索,同时,本人认为其对于西方文化的反向影响也应该同样受到重视。阳明学在东亚传播的过程作为东西文明交流的见证,为不同形态文明的相处与交流提供了宝贵的历史借鉴,也回应着不同文明内核的相互感召。

---

① 〔韩〕金世贞:《从实心与时代精神看韩国阳明学》,《贵阳学院学报(社会科学版)》2018 年第 6 期。

21世纪以来王阳明思想研究的知识图谱分析

王　金[*]

　　明代大儒王阳明是心学的创始人、世界级的哲学家,也是中国历史上唯一没有争议的立德、立功、立言三不朽的圣人。^① 王阳明思想这一研究课题一直受到学界广泛关注,形成了一系列丰硕的研究成果,但管见所及,多数研究运用文献分析法开展,精确程度尚有不足。因此,笔者拟运用知识网络分析工具CiteSpace5.7.R3对王阳明思想的现有研究成果进行可视化分析,以期把握这一研究方向和趋势。

一、数据来源与研究方法

　　本文运用知识图谱软件,在中国知网(CNKI)数据库进行查询,采用"高级检索"形式,以"王阳明"和"王守仁"为关键词,文献来源类别设置为"CSSCI",Time Slicing的时间设定为2000—2020年,检索日期为2021年1月1日,共获得相关文献1484篇。为增加数据的准确度,对文献进行二次检索与清洗,在除去重复出现文献和书评、报道、征稿等非学术类文章后,共得到783篇有效文献作为知识图谱的分析对象。

　　笔者主要运用美国德雷塞尔大学陈超美教授开发的Citespace5.7.R3软件进行文献分析。该软件主要是基于共词分析理论对特定的文献进行计量,

* 王金,山东大学儒学高等研究院硕士生。
① 蔡曙山:《论人类认知的五个层级》,《学术界》2015年第12期,第5-20页。

以展示学科领域发展的历史、框架、主题及未来趋势等。[①] 首先，将 783 篇有效文献以 Refworks 格式导出，文件名前缀设为"Download_"；其次，运行该版本软件 CiteSpace5.7.R3 对上述数据进行格式转换，将所得文本作为数据源；最后，将所得文本导入 Citespace5.7.R3 软件，年度切片设定为 1 年，阈限值为 50，生成关键词视图、时区视图等加以进一步分析。

二、国内王阳明研究的外部特征分析

为了将目标文献的各类特征清晰表达，将其划分为外部特征和内部特征。其中，期刊文献的外部特征指比较明显的、较少反映文献实质内容的相关特征，包括发文量、代表作者、研究机构及被引文献等，我们主要针对这几方面进行可视化分析。

（一）年度发文量分析

为探究相关文献的产出情况，本文对有效文献的发文量进行了逐年统计，结果如图 1 所示。可以看出，有关王阳明的研究数量自新世纪以来呈现上升趋势，2010 年发文数量出现阶段峰值，2011—2013 年稍有回落，其后发文量稳步上升，2017—2020 年平均发文量均在 80 篇左右。也就是说，关于王阳明及其思想的各类研究方兴未艾，具有持久的研究价值。

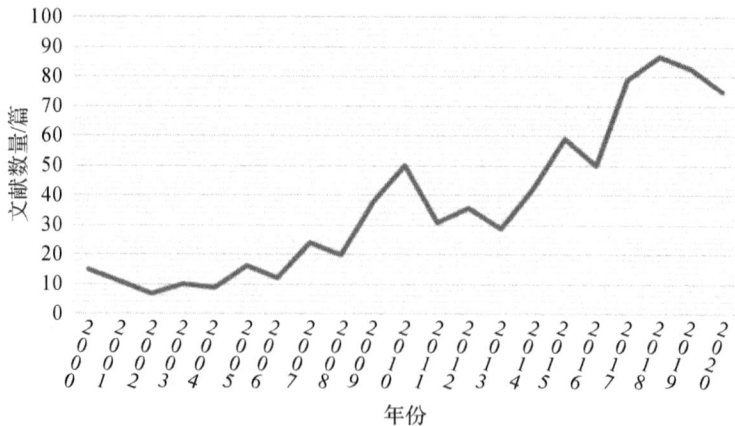

图 1　文献量时间分布

---

① 陈悦、陈超美，等：《引文空间分析原理与应用：CiteSpace 实用指南》，科学出版社 2014 年版，第 12 页。

（二）作者与发文机构分析

当前我国进行王阳明相关研究的主要学者有杭州师范大学朱晓鹏教授、宁波大学何静教授、浙江省社会科学院钱明研究员、中山大学陈立胜教授、南京大学李承贵教授等，他们的发文量均在 10 篇及以上；南京大学、中山大学、北京大学、杭州师范大学、复旦大学、杭州师范大学、中国人民大学等科研院校是较为核心的研究机构，发文量在 10 篇及以上。如表 1、表 2 所示，这些学者及其所在的研究机构在王阳明研究的诸多方面都已取得了颇为丰富的成果。需要指出的一点是：相关作者及机构之间的合作关系集中度较低，合作需要进一步加强，构建协同研究平台，强化规模化研究优势。

表 1　发文量前 15 位的高产作者

序号	作者	发文量/篇	单位
1	朱晓鹏	15	杭州师范大学
2	何静	14	宁波大学
3	钱明	13	浙江省社会科学院
4	陈立胜	11	中山大学
5	李承贵	10	南京大学
6	乐爱国	8	厦门大学
7	吴震	7	复旦大学
8	姚才刚	7	湖北大学
9	方旭东	6	华东师范大学
10	张卫红	6	中山大学
11	林丹	6	南京师范大学
12	肖鹰	5	清华大学
13	黄勇	5	香港中文大学
14	杨国荣	5	华东师范大学
15	丁为祥	5	陕西师范大学

表 2　发文量前 15 位的核心机构

序号	单位	发文量/篇
1	南京大学	20
2	中山大学	20
3	北京大学	13
4	杭州师范大学	13
5	复旦大学	12
6	华东师范大学	10
7	中国人民大学	10
8	宁波大学	8
9	武汉大学	7
10	山东大学	6
11	贵州大学	6
12	中山大学	6
13	中南大学	6
14	湖北大学	6
15	南京师范大学	5

（三）高被引文献分析

表 3 为国内王阳明研究排名前 10 位的高被引文献。此类文献在有关王阳明的研究中具有重要地位，呈现的观点获得其他学者的认同，具有较高引用频率。从研究内容来看，研究者主要从王阳明的良知学说、本体与工夫、知行合一、教化意义和比较研究等方面对王阳明思想进行了系统深入的剖析。

表 3　排名前 10 位的高被引文献

序号	作者	标题	被引频次	卷/期	期刊名
1	田薇	论王阳明以良知为本的道德哲学	53	2003(1)	清华大学学报（哲学社会科学版）
2	董平	王阳明哲学的实践本质——以"知行合一"为中心	50	2013(1)	烟台大学学报（哲学社会科学版）
3	方绪东	意向与行动——王阳明"知行合一"说的哲学阐释	46	2012(5)	社会科学

续表

序号	作者	标题	被引频次	卷/期	期刊名
4	彭国翔	阳明后学工夫论的演变与形态	46	2005(1)	浙江学刊
5	杨国荣	本体与工夫:从王阳明到黄宗羲	44	2000(5)	浙江学刊
6	何静	论王阳明的致良知说对儒释道三教的融合	39	2007(3)	浙江社会科学
7	展明锋 陈勇	论王阳明"知行合一"的道德修养学说	37	2002(3)	道德与文明
8	黄勇 崔雅琴	论王阳明的良知概念:命题性知识,能力之知,抑或动力之知?	34	2016(1)	学术月刊
9	吴光	从阳明心学到"力行"实学——论黄宗羲对王阳明、刘宗周哲学思想的批判继承与理论创新	32	2007(3)	中国哲学史
10	郁振华	论道德——形上学的能力之知——基于赖尔与王阳明的探讨	31	2014(12)	中国社会科学

三、国内王阳明研究的内部特征分析

期刊文献的内部特征是能够准确展现文献研究内容实质的特征,我们选取关键词作为分析对象,进行共现分析、时区分析和聚类分析等。

(一)关键词共现分析

关键词是文献主题与内容的高度概括,对排名前列的高频关键词进行统计,有利于我们把握当下研究的主题及热点。关键词共现分析是对文献中的关键词出现频次进行统计和分析,目的是展现王阳明研究的热点。在关键词共现知识图谱之中,节点数目代表关键词个数,在软件中用圆圈表示出来,圆圈越大,代表关键词出现频次越高,如图 2 所示,在此次分析当中,共得到 640 个关键词节点和 640 个关键词组成的 1131 条连线,根据图谱可知,王阳明、良知、心学、知行合一等圆圈较大,说明此关键词在样本文献中出现频次较高。

表 4 选取排名前 20 位的高频关键词,我们可以看出,前三位分别是"王阳明"(439 次)、"良知"(101 次)和"心学"(70 次),这些关键词对该领域的研究

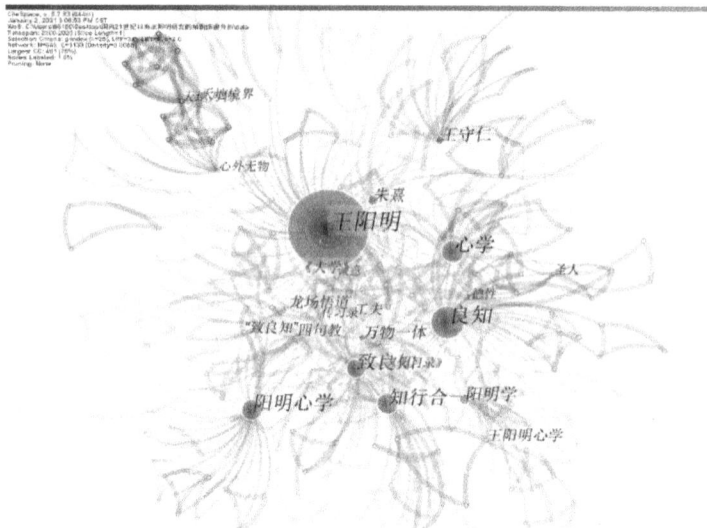

图 2　关键词共现视图

标签具有重要代表作用。"知行合一""致良知""朱熹""万物一体""四句教"等也有很高的频次出现，它们与王阳明思想密切相关，说明王阳明思想的提出、本体论与实践论的发展、与朱熹思想的比较、相关著作等都是学者重点关注和研究的对象。

表 4　王阳明高频关键词

排名	关键词	频次	排名	关键词	频次
1	王阳明	439	11	四句教	14
2	良知	101	12	工夫	13
3	心学	70	13	龙场悟道	13
4	知行合一	60	14	王阳明心学	11
5	阳明心学	57	15	儒家	10
6	致良知	52	16	"致良知"	9
7	阳明学	27	17	《传习录》	9
8	王守仁	26	18	心外无物	8
9	朱熹	24	19	《大学》	8
10	万物一体	21	20	诚意	8

（二）关键词时区分析

探索"王阳明"的演化趋势有助于我们发现该领域研究热点的变化，并把握其未来研究走向。本文使用 CiteSpace 的时区视图（TimeZone View）展示 2000—2020 年王阳明研究热点的变化。图 3 为关键词聚类的时区视图，是将"王阳明"的高频关键词投射到以时间为标注的横轴上形成的图谱，借此反映该理念研究的演变趋势。关键词时区分析体现的是关键词首次出现的年份以及在时间轴上的变化，这样可以清楚观察到随着时间的推移出现的新关键词，了解研究热点的发展情况。

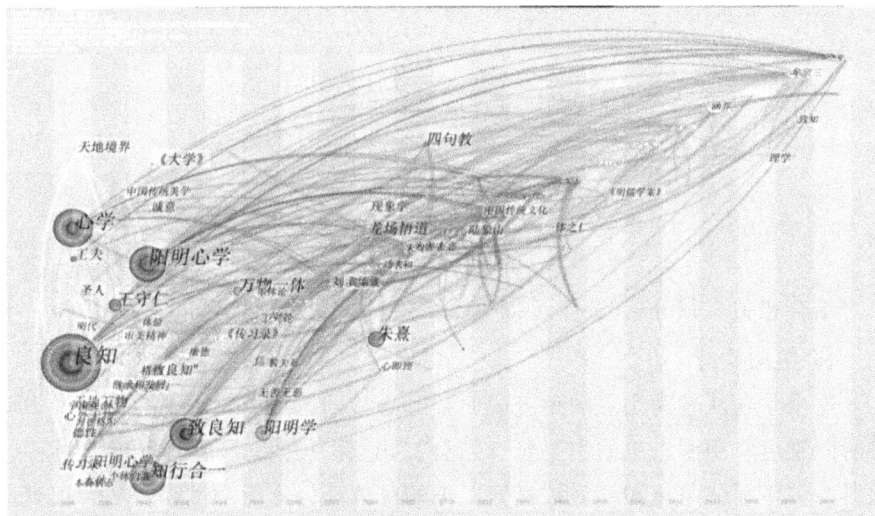

图 3　关键词时区视图

由图 3 可以看出，每一个圆圈代表一个关键词，其所在位置表示关键词首次出现的年份，连线则表示两个关键词之间的联系。新世纪有关王阳明的研究之中，良知、知行合一、万物一体、四句教等陆续成为研究热点，也就是说，随着学界研究的深入，探讨相关主题的广度逐步扩展，且研究程度不断得到深化。需要注意的是，由于王阳明及其思想的研究历史深远，诸多学者都是以特定的学科背景和传统展开研究，较少存在某几年集中研究同一思想对象的情况，因此突显词分析在本研究中不适用。

（三）关键词聚类分析

关键词的聚类分析可以理解为对文献数据所有关键词进行一定的主题归

类,从而进一步了解关键词内在的逻辑关系。

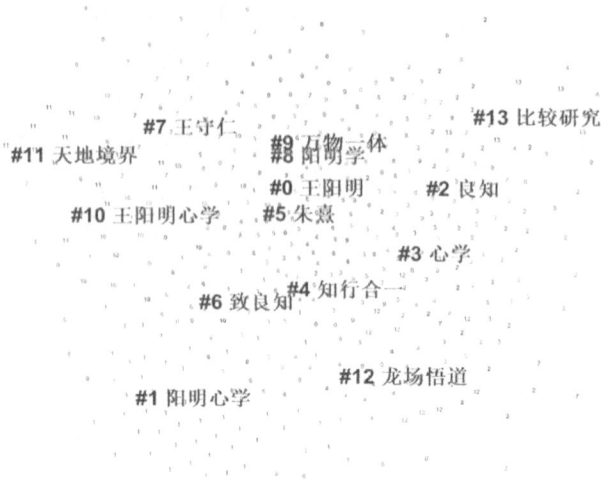

图 4　关键词聚类视图

结合相关文献分析,聚类可以分成以下几个主题加以讨论。

1. 阳明心学

这个主题从较为宏观的角度说明阳明心学的思想内容或结构。学者钱明将时间维度与阳明思想的主要概念结合提出:阳明学说形成与发展的过程包括对心本体深化与把握和对致良知工夫的具体选择这两个过程。从天理到良知反映阳明心本体内涵的演化,从诚意到致良知反映其对心之本体工夫层面的深化,而对以致良知为核心的儒学诸工夫的具体选择过程,不仅反映了阳明工夫论的兼容性和包容性,也从侧面反映了阳明思想从早期的偏一到晚期的浑一的演变发展过程。① 学者陈少明从内涵方面提出:阳明心学是内涵深厚的学说,"心外无物"并非核心观念或唯一命题,诸如心即理、致良知、知行合一、万物一体等也为我们所熟知。这些观点的集合才构成阳明心学的全貌。②

2. 良知和致良知

这个主题讨论王阳明的良知思想,学者王国良从其价值意义层面提出:阳

---

① 钱明:《阳明之教法与王学之裂变》,《孔子研究》2003 年第 3 期,第 89-99 页。

② 陈少明:《"心外无物":从存在论到意义建构》,《中国社会科学》2014 年第 1 期,第 68-84、205-206 页。

明提出的良知学说接通了理学和心学,将先秦儒家的精神,孟子、道家和禅宗的部分思想融为一体,完成了对理学的革命性变革,推动晚明自由解放思潮的兴起与发展,弘扬了中国哲学独立自主、自强不息的伟大传统。[①] 学者杨国荣认为二者的关系是"良知有本体意义,致良知则表现为后天工夫,本体是普遍必然的理性原则,先天但不超验,在后天工夫展开过程中,先天本体才能获得现实性品格"[②]。学者吕本修从正反两方面理解致良知:从积极方面来看,"良知就是心之本体,人人有之,人们必须把良知推至于事事物物";从消极方面来看,"良知在发用流行过程中,外可能受到声色利益的诱惑,内可能受到私心的影响,就会被遮蔽,因此我们必须去除各种外在及内在因素的遮蔽,呈现良知之本体"[③]。

3. 知行合一

这个主题探讨王阳明的知行观问题,学者方旭东通过分析王阳明的知行合一思想说明意向与行动的哲学关系,认为阳明已经涉及"作为行动的意向"和"作为善良意志的意向"两个层面。[④] 学者肖剑平从知行合一的基础和意义等方面展开论述:知行合一以"心即理"为基础,实践了儒家内圣外王的品格,在成就自我的同时肩负社会教化、教育的责任,是君子品性的自然显现。[⑤] 学者陆永胜从其影响方面论述认为阳明"知行合一说"是"解决时代问题的实学",作用"突出表现在批判与建构、教化天下和价值落实三个方面"。[⑥]

4. 比较研究

这一主题从与朱熹等哲学家的思想比较研究的角度展开。学者胡小林比较了朱熹与王阳明的知行观:朱熹知行观强调知难行易、知先行后,而王阳明则早先理论上反对传统对知行二者区分先后的观点,提出知行合一理论。[⑦]王阳明思想与其他思想家进行比较也有重要价值:湛若水是明代心学中独具特色的思想家,与同时崛起的王阳明心学相呼应,彼此切磋学术,互相辩难,影

---

① 王国良:《王阳明良知学说与自由解放精神》,《孔子研究》2002年第5期,第60-66页。

② 杨国荣:《本体与工夫:从王阳明到黄宗羲》,《浙江学刊》2000年第5期,第12-18页。

③ 吕本修:《王阳明"致良知"思想及其道德价值》,《湖南师范大学社会科学学报》2021年第1期,第12-20页。

④ 方旭东:《意向与行动——王阳明"知行合一"说的哲学阐释》,《社会科学》2012年第5期,第131-137页。

⑤ 肖剑平:《王阳明"知行合一"本体论解读》,《求索》2010年第4期,第120-121页。

⑥ 陆永胜:《王阳明"知行合一"的理论效力与实践能力》,《江淮论坛》2020年第6期,第106-113页。

⑦ 胡小林:《朱熹与王守仁的知行观》,《孔子研究》2005年第6期,第53-58页。

响甚巨。① 阳明心学与象山心学的比较也意义重大:对阳明而言,象山心学既是基础,亦是动力。依阳明所论,象山心学在"大本大原处"为其确立了基础,而象山心学的"粗""沿袭之累""非纯粹和平"等瑕疵则成为其构建"精一心学"的学术动力。②

5. 万物一体和天地境界

这个主题探讨王阳明的万物一体和天地境界思想,学者张学智提出:人的道德终极目标是"大人",与万物为一体是其根本内涵,道德修养的目的是获得与万物为一体的精神境界。③ 也有学者着重探讨王阳明思想中蕴含的天地境界:王阳明的天地境界是超经验的,人参透世界的本原,忘却后天的束缚,摆脱功名利禄,达成理想人格;是超道德的,人自觉肩负起天下之责,成己成物,达到外圣内王的境界;是超精神的,天人互感,精神超越了存在,达到一种与齐天地的自由状态,实现天人合一。④

6. 龙场悟道

这个主题关注王阳明龙场居夷之时,这个时期是其思想创立的契机。学者王国良从其意义层面提出:龙场悟道是"王阳明经历的体验最痛切,对其思想形成与发展意义最大的一次思想考验,标志阳明心学的诞生,从朱熹理学的体系中独立出来"。⑤ 学者陈立胜统观阳明一生,提出王阳明的龙场悟道就其悟道地点与时间而论,具有浓厚的宗教色彩,而其悟道之内容应从其探索成圣之路这一生存论角度加以理解,实是阳明自"五溺"之中彻底脱身,而最终确定自身生命之方向,实现其自我更新之突破性事件。⑥

---

① 方国根:《湛若水心学思想的理论特色——兼论湛若水与陈献章、王阳明心学的异同》,《哲学研究》2000 年第 10 期,第 51-58 页。

② 李承贵:《陆象山对阳明心学形成的双重意义——基于王阳明的视角》,《学术研究》2020 年 1 期,第 31-41 页。

③ 张学智:《从人生境界到生态意识——王阳明"良知上自然的条理"论析》,《天津社会科学》2004 年第 6 期,第 29-35 页。

④ 高鹤文、范永康:《关怀自身与万物一体——福柯生存伦理学与王阳明工夫论之比较》,《曲靖师范学院学报》2020 年第 4 期,第 8-15 页。

⑤ 王国良:《王阳明良知学说与自由解放精神》,《孔子研究》2002 年第 5 期,第 60-66 页。

⑥ 陈立胜:《王阳明龙场悟道新诠》,《中山大学学报(社会科学版)》2014 年第 4 期,第 91-107 页。

三、研究趋向展望

纵观国内 21 世纪以来对王阳明思想的研究过程,可以看出学者从不同理论视角针对王阳明思想的不同领域展开了较为深入的研究与探索。这些研究成果的产生,不仅促进了王阳明研究在理论方面的演进与深化,也对现代社会解决某些问题的实际操作起到了一定的促进推动作用。但当下该领域的研究依然存有不足,未来的研究可以在以下两个方面加以改善和持续展开。

第一,在理论发展方面,完善有关王阳明思想的研究是一个系统工程,它需要体现问题意识,打破学科壁垒,加强多学科交叉融合研究。实现哲学、历史学、政治学、教育学、管理学等多学科交叉融合研究,从而为其理论建构和推进完善提供保证。在 21 世纪的研究中我们应继续深刻认识王阳明思想的创新实践作用,强化价值导向作用,将其深入到社会改革与发展的具体层面,并与现实问题和时代需要相对接,努力推进王阳明思想的实践应用。

第二,在研究方法方面,拓展专业方法的使用领域具有重要意义,关于王阳明思想的研究大都应用定性方法,对于理论发展和实践应用具有指导作用,而加强定量研究方法的运用能够加强研究内容的客观性和精准性。因此在未来的研究中,可以适度增加实证研究,注重研究设计和方法创新,努力构建王阳明思想研究领域内容和方法的协同发展研究平台。毋庸讳言,本文也存在研究局限,可以进一步丰富研究数据和加强研究分析的深入程度,为王阳明思想的研究开拓新的方向。

第三辑

文学世界中的王阳明

论王阳明哀祭文的艺术特色

卢富清[*]

哀祭文是中国古代一种很古老的应用文体,其产生与古代的祭祀礼仪有着密切的联系。"古代祭祀天地山川时,往往有祝祷性的文字,称为祭文、祈文或祝文,直到后来丧葬亲友,也用祭文致哀悼之意。"[①]哀祭文自诞生起,其形式经历了诸多变化:"从诔辞开始,经过哀辞、吊文和祭文的沿革。"[②]南朝萧统所编的《文选》把"祭文""诔""吊文"等文体并列,可见这些文体在南朝时还有区别。狭义上讲,哀祭文仅包括哀辞、祭文、吊文等文体。在古代,达官显贵逝世后其陵墓前往往立有墓碑,上面记载着墓主人的生前事迹,墓碑上的文字被称为墓志铭。根据碑碣的形制和所立位置,碑碣上的文本类型又可再分为墓碑、墓表等,虽然名称不同,但同属碑志范畴。王力先生在《古代汉语》中将碑志文与哀祭文视为两种不同的文体而分别对其特点进行了论述,但也有学者将墓志铭、哀辞与祭文等文体同归入哀祭文的范畴。笔者认为,碑志中的墓志铭、墓碑、墓志、墓表和哀祭文中的哀辞、祭文、吊文等文体虽形制不同,但都表示哀悼、祭奠死者。从广义上看,将这些同归入哀祭文似乎并无太大不妥。同时,"哀祭文"的"哀"字赋予了这类文体一种悲伤的情感,故不应将祭祀山川神灵一类祭文归入哀祭文一类。综上所述,"哀祭文就是指用于祭奠与悼念死者的相关文体,有诔碑文、哀辞、吊文、祭文等,经过几百年的发展逐渐形成书写

规范"。①

作为陆王心学的集大成者，王阳明的心学思想对明代中后期的文学创作产生了深远的影响。王阳明青年时期溺于"词章之学"，并与"前七子"有着密切的交往，自身便拥有不凡的文学才能。虽然王阳明偏狭的文学思想和功利主义的文学观阻碍了他创造更大的文学成绩，但仅凭现存的文学作品就足以让他在明代文坛上拥有一席之地。实际上，历史上早就有人发现了他不凡的文学才能，并对他的部分作品十分推崇。清吴楚材编纂《古文观止》时，就收录了王阳明的两篇文章。《四库全书总目提要》中对他也有着"守仁勋业气节，卓然见诸施行，而为文博大昌达，诗亦秀逸有致，不独事功可称，其文章自足传世也"②的评价。这些足证他卓然不群的文学才能。

在王阳明的文学创作生涯中，哀祭文是他创作的重要组成部分，也是其最具价值、艺术成就最高的文体之一。例如，为悼念萍水相逢死者而作的《瘗旅文》是他的代表作之一，被收入《古文观止》，是中国文学史上的千古名篇；《徐昌国墓志》《节庵方公墓表》等文也在中国古代文学史、思想史上有着重要的地位。但在历史上，王阳明的哀祭文长期未受到应有的重视，也未将其哀祭文作为一个整体来进行研究。本文以吴光、钱明等人以浙江图书馆藏明隆庆六年谢廷杰刻《王文成公全书》三十八卷本为底本并参校多种文献所编校的《王阳明全集》中收录的 36 篇哀祭文为研究对象，着重分析这些哀祭文的艺术特色。

一、潇洒自如：多样的语言形式

在王阳明所创作的 36 篇哀祭文里，一小部分是受人请托，根据逝者生前行状所作。因作者与逝者不相知或相知甚少，其创作格式较为固定，文章结构平铺直叙，语言质朴无华，感情色彩较弱，因此艺术成就跟其余哀祭文相比略显逊色。而在他主动所作的哀祭文中，王阳明善于根据内心情感和祭祀对象的不同而选用不同的语言形式，有的采用散体，有的采用四言，有的写成骚体，或一篇哀祭文中同时运用多种语言形式。多种语言形式的运用极大丰富了语言的表现力，也便于作者感情的宣泄和抒发，从而达到了良好的抒情效果，使得文本具有极强的艺术感染力。

---

① 高晨、田婷婷：《韩愈哀祭文研究》，《文艺生活》2014 年第 7 期。

② 永瑢、纪昀：《四库全书总目提要》。转引自张新民：《王阳明文学家身份的重新解读》，《当代贵州》2015 年第 48 期。

　　唐代古文运动兴起前，哀祭文创作大多使用韵文；古文运动兴起后，运用散体的哀祭文多了起来，韩愈的《祭十二郎文》即是用散文写就的千古名篇。到了明中期，以"前七子"为代表的文学家们因不满当时流行的台阁体诗文和"啴缓冗沓，千篇一律"的八股习气，也在文坛掀起了一场复古运动。王阳明与明"前七子"交往紧密，"虽然不列名于前七子之中，但其文学主张却是与他们相同的，也是文学复古的倡导者之一"①。因此，王阳明的哀祭文大多用散体写成。散体的语言形式较骈体赋体而言更为自由，便于多种文学手法的运用和不同情感的抒发。在《平乐同知尹公墓志铭》中，因是受人请托，故感情色彩较弱。但在用散体追念逝者时，作者可以不受字数的限制，精心地选取材料，组织人物语言，这使得传主尹浦的人物形象生动鲜活，全文也颇有《史记》遗风。《谥襄惠两峰洪公墓志铭》一文是王阳明哀祭文中字数最多的一篇，有1711字。该文按照时间顺序，追记了传主洪钟的一生，语言质朴，有史传风范。而在《祭洪襄惠公文》《祭朱守忠文》等文中，因作者与逝者相知，且对他们的逝去满怀不舍，语言则显得昂扬激烈，铺张凌厉，呈现出与《平乐同知尹公墓志铭》等文不同的气质。

　　王阳明的哀祭文并非都用散体写成，在部分篇章里他也运用了四言和骚体的形式。在《祭外舅介庵先生文（维弘治八年）》中，王阳明在前半部分追记了自己与岳父之间深厚的翁婿情谊："临行恳恳，教我名节，踯躅都门，抚励而别。"②中间部分写了自己接到岳父逝世消息后的惊愕和悲痛："西江魏公，讣音来忽，仓剧闻之，惊仆崩裂。"后半部分则表达了对不能前去吊唁的遗憾和愧疚之情："生为半子，死不能裣，不见其柩，不哭于次，痛绝关山，中心若刺。我实负公，生有余愧，天长地久，其恨曷既。"整篇文辞除首段及部分字句外都用四言写成，两句一韵，文中多次换韵，语言风格简洁洗炼，情意绵长，感人至深。跟王阳明有着深厚情谊的徐爱逝世十年后，王阳明对他还是无法忘怀。但经过时间的酝酿，此时的王阳明对人生有了更深刻的感受，情感也没有刚得知徐爱逝世时激烈。于是在《又祭徐曰仁文》中，王阳明选择了"骚"这一文体："我思君兮一来寻，林木拱兮山日深，君不见兮，宵嵯峨之云岑。"语言古朴典雅，情感宣泄含蓄委婉。虽然篇幅短小，但韵味悠长，更具动人心魄的力量。

　　此外，王阳明有时还在一篇哀祭文中综合运用多种语言形式，这使得文本

---

　　① 赵平略：《王阳明的文学思想和创作》，《贵阳学院报（社会科学版）》2013年第3期。
　　② 王阳明：《王阳明全集》，吴光等编校，上海古籍出版社2015年版，第994页。

摇曳多姿,完美服务了内心情感。明武宗正德元年(1506),王阳明因仗义执言,触怒了当时的权臣刘瑾,被贬谪到贵州龙场任驿丞。在龙场做驿丞期间,王阳明目睹了自京城来黔的吏目和他的儿子、仆人在两日内先后客死在蜈蚣坡下。物伤其类,同为天涯沦落人的王阳明"念其暴骨无主",不惧麻烦,亲自带领两位"有难色"的童子把三位死者埋葬在了山麓里,并写了《瘗旅文》来祭奠三位死者。文中第一段使用散体,叙述了哀悼死者的原委,感情真挚,催人泪下。第二段中,王阳明在内心深处与不知名的死者进行了跨越时空的交流,他内心悲痛,真挚地询问三位死者从何而来,为何而来,对他们客死异乡的悲惨命运表示了极大的同情,同时由悲叹死者命运,联想到自己也远离父母、贬谪千里的不幸遭遇,让读者产生了深刻的共鸣。这段同样用散体写成,感人至深。在最后两段,王阳明则用"骚"的形式为死者做了挽歌,现摘录一段:

> 连峰际天兮,飞鸟不通;游子怀乡兮,莫知西东。莫知西东兮,维天则同。异域殊方兮,环海之中;达观随寓兮,奚必予宫?魂兮魂兮,无悲以恫!

挽歌一句一韵,情真意切,呜咽哀鸣,给读者以无限低回、一唱三叹的艺术感受。正是在韵散结合的语言中,王阳明不仅表达了对死者的同情、哀悼,也表达了"同是天涯沦落人"的自己的惆怅、凄苦之情,将自己的满腔悲愤宣泄出来,使得该文具有了动人心扉的艺术力量,更被称为"阐述王阳明人道主义至情的千古名篇"。①

二、千人千面:突出的人物刻画

不同于此前或同时代一部分哀祭文中因固定格式而造成传主千人一面的现象,王阳明的哀祭文善于刻画人物形象,寥寥几笔便把逝者的音容笑貌呈现出现。这些逝者或是在与所要被鞭挞对象的强烈对比中,或是在一段精心组织的对话中,或是在生前突出事迹的叙述中而跃然纸上,且千人千面,绝少雷同。

首先,王阳明善于在对比中刻画人物形象。《祭国子助教薛尚哲文》一文中,王阳明在第一段叙述了当下学者"皆舍近求远,舍易求难,纷纭交骛,以私

---

① 〔日〕冈田武彦:《王阳明大传》,杨田等译,重庆出版社2014年版,第356页。

智相高,客气相竞,日陷于禽兽夷狄而不知"的现状,接着便开始称赞传主薛尚哲"乐听不厌,至忘寝食,脱然弃其旧业如敝履"的学习态度和"笃学高行,为乡邦子弟所宗依"的优良品德,在两者对比中凸显了薛尚哲的人格高度,也刻画了一个好学之士的形象。在《祭元山席尚书文》中,王阳明一口气用了四个对比,将"世方没溺于功利辞章,不复知有身心之学"与传主席书"超然远览,知求绝学于千载之上"的学习态度作对比;将"世方党同伐异,徇俗苟容,以钩声避毁"与席书"卓然定见,惟是之从,盖有举世非之而不顾"的是非观作对比;将"世方植私好利,依违反覆,以垄断相与"与席书"独世道是忧,义之所存,冒孤危而必吐,心之所宜,经百折而不回"的义利观作对比;将"世媚嫉谗险,排胜已以嫉高明"与席书"诚心乐善,求以伸人之才,而不自知其身之为屈,求以进贤于国,而自知怨谤之集于其身"的高尚人格作对比,通过对比不仅展现了席书的优良品格和高尚道德,更展现了王阳明对有知遇之恩的席书的崇敬和人格的钦佩,发人深思。可以看出,与传主形成对比的都是作者想要鞭挞的。在对比中,传主的形象得到了强化。而通过赞颂传主,王阳明也在其中寄托了自身的道德追求。这样,哀祭文便达到了艺术性和思想性的统一。

同时,王阳明还特别善于在对话中刻画人物形象。在《祭徐曰仁文》中,王阳明追念了自己与徐爱的一段对话:

> 记尔在湘中,还,尝语予以寿不能长久。予诘其故。云:"尝游衡山,梦一老瞿昙抚曰仁背,谓曰:'子与颜子同德。'俄而曰:'亦与颜子同寿。'觉而疑之。"予曰:"梦耳。子疑之,过也。"曰仁曰:"此亦可奈何?但令得告疾早归林下,冀从事于先生之教,朝有所闻,夕死可矣!"

这段对话生动鲜活,极富画面感,读者读后眼前便浮现出徐爱与王阳明交谈的场景。但这段话的更妙之处在于背后的意蕴:通过老瞿昙与徐爱的对话,实在其中暗含着将徐爱比作颜回之意;写作者与徐爱的对话,又展现了徐爱"朝闻道,夕死可矣"的求学态度,同时还表现了徐爱与作者深厚的情谊,可谓是全文的点睛之笔。在《徐昌国墓志》中,王阳明追忆了徐祯卿与自己交流养生之术的场景。在交谈中,徐祯卿原聘于"五金八石之秘",追求"去之竞竞于世远矣"的境界,经过王阳明的启发,徐祯卿从"默然者久"到"首肯",最后"俯而思,蹶然而起",领悟到了自己的不足。在一段生趣盎然的对话中,徐祯卿"好学求道,不惧生死"的形象便浮现在读者心中。在《节庵方公墓表》中,通过传主方麟与友人关于去士从商、去士从事短短几句话的交谈,便将方麟乐天知命、旷达不羁、幽默风趣的品格展现得淋漓尽致,笔法可谓老道圆熟。实际上,由于时间久远或传主与人谈话时王阳明根本不在现场,这些对话显然有他的再创作、再加工。但正是通过精心设计的对话语言,传主的形象被生动鲜活地再现出来,从而达到了艺术上的不朽。

除此之外,王阳明还善于抓住传主一生中的突出事迹进行创作,而对其生平略写,在极具代表性的事迹中刻画出传主的人物形象。在《平乐同知尹公墓志铭》中,王阳明对传主的生平一笔带过,但对他在南宁通判任上单骑只人入瑶寨劝降瑶民,在平乐府事任上用计谋平定瑶乱的事迹进行了详写,在浓墨重彩的描写中将一位仁德爱民、智勇双全的地方官员形象塑造出来。在上文提及的《谥襄惠两峰洪公墓志铭》中,该文字数虽多,但叙述传主生平时并不是面面俱到,王阳明精心挑选了传主洪钟在四川按察使任上抑制豪强,在都察院右副都御史任上整顿边防,在工部尚书任上平水寇三件事,在这三件事的叙述中将洪钟智谋无双、勤政爱民的形象刻画得淋漓尽致。人物生平材料选取详略得当,能在有限的篇幅中将人物的主要特点刻画出来,使不同的传主形象各不相同,从而赋予了他们独特的艺术魅力。

三、别具匠心:灵活的创作手法

由于属于应用文体,哀祭文行文有着固定的格式和模式,文学性略显不足。唐宋以来,经过韩愈、欧阳修、苏轼等人的革新,哀祭文在写法和格式上拥有了较大的自由。而王阳明的哀祭文创作即承续了唐宋古文名家的优良创作传统,创作手法多样,行文格式灵活多变,文学色彩较为浓厚。

墓志铭、墓碑、墓表等文体属于碑志的范畴,创作上往往重在记载传主的生平、籍贯、世系、功绩、后代等信息,这些内容的位置往往也是固定的。而王阳明创作的碑志结构新颖多变,不拘一格。在悼念叔父王衮的《易直先生墓志》中,王阳明摆脱了传统墓志开头叙述逝者名讳、生平的写法,直接写道:"呜呼! 先生之道,谅易平直。"并把这句话作为引子,引出这一段对王衮道德、才学的赞颂和乡人在其离世后的反应。纵观全文,对王衮具体生平事迹的叙述更是惜墨如金。而在为明"前七子"之一的徐祯卿所做的墓志中,他摒弃了本该大书特书徐祯卿文学成就的写法,仅以"所著有《谈艺录》、古今诗文若干首"一笔带过,而花了大量的笔墨来写自己同他交往的一段经历,旨在突出他的勤学,同时也便于在对话中阐述自己的心学思想。结构的灵活多变,归根结底是为了更好阐发自身思想,表达自身情感服务的,在文学实践中也收获了良好的效果。

其次,在创作中,王阳明并非完全叙事或抒情,而常常在其中夹以议论。在《登仕郎马文重墓志铭》中,传主马文重"长身而多知,涉书史,少喜谈兵,交四方之贤",想要建立一番事业。但怎奈时运不济,终其一生不过被授予了一个"登仕郎"的小官。在铭的部分,王阳明不无感慨地写道:"若汉之萧、曹,使不遇高祖,乘风云之会,固将老终其身于刀笔之间。"世间的人才确实很多,但因时运所限,大部分人不过碌碌无为终老一生,倘若萧何、曹参遇不到汉高祖,终其一生也不过落个跟传主马文重一样的命运。在为商人方麟所做的《节庵方公墓表》中,叙述传主生平的内容只占了很小的部分,大部分都是王阳明的议论。在文中,王阳明针对当时社会上轻视商人的传统观念,提出"古者四民异业而同道,其尽心焉,一也"的著名观点,这一论点与当时江南一带生产力发展,产生资本主义萌芽的社会经济实景相呼应,王阳明也成为宋明理学史上第一位公开肯定"商"的价值的文人。这一论点被后人称为"新四民论",后来又衍生出黄宗羲"工商皆本"的理念,被后世誉为"这真是一个划时代的思想"。①

最后,在创作中,王阳明也常常在抒情和叙事中追忆自己与传主生前交往的经历,"以达到与对象身世命运的高度交融,从而使祭文抒写的悲恸更具震撼人心的力量"②。在《祭文相文》中,王阳明在祭文开头几句深情称赞传主的品德和才力,虽情真意切,却让读者感到有谀赞之嫌。但随后,他回忆起自己和传主多年未见后在江边"握手半日之谈",而感到"豁然遂破百年之惑,一何快也!"在祭文中融入自身感受,不但有助于情感的表达,而且能让读者产生强烈的代入感,更容易产生共鸣。徐爱是王阳明的妹婿,两人感情十分深厚。同时,徐爱也是他收的第一位弟子,王阳明想着"恐一旦遂死不克就,将以托之曰仁",将衣钵传给徐爱。但生死难料,徐爱不幸早亡,王阳明悲痛万分,"哽咽而不能食者两日"。所以在《祭徐曰仁文》中,王阳明通篇追忆自己与徐爱交往的经历,情真意切,肝肠寸断,让读者极易产生共情心。

哀祭文虽属于应用文的范畴,但却有自身的独特性:人在面对生离死别时,基本不会隐瞒自己的真实情感,研究者可以从沾染着泪水的哀祭文中窥探

① 袁世硕:《中国古代文学史》,高等教育出版社 2018 年版,第 8 页。
② 朱迎平:《读〈渭南文集〉哀祭文札记》,《绍兴文理学院学报》2019 年第 3 期。

到作者内心深处的情感世界,对研究作者的思想倾向、性格特征、人际关系具有重要作用。通过王阳明沾染着泪水的哀祭文,我们不仅能够发掘王阳明作为文学家的另一面;同时,还可以走入王阳明的内心世界,与他进行跨越时空的心灵上的交流,对于我们更好体悟这位"三不朽"的圣人的思想有着较大的帮助。

王阳明诗歌中"水"的情感意蕴

王佳莹[*]

水是中国诗歌中的一个重要意象，它清灵，流动，绵延，深厚，有着丰富的内涵与韵味，因而成为历代文人学者传达思想、寄托情感的对象。明代圣人王阳明对水有着深厚的情愫，他在诗中说："平生山水已成癖，历深探隐忘饥疲"[①]，"平生山水最多缘"[②]，"山水平生是课程，一淹尘土遂心生"[③]。自然，以水为核心的意象也大量进入他的诗歌中。据统计，水意象出现在王阳明将近300首诗中，它们纷繁多姿，或为江河湖海，或为沧浪泉溪，或为雨露霜雪；或是汪洋恣肆，或是烟波浩渺，或是波澜不惊。面对万千情态的水，王阳明心生感慨，将自己的现实经历与心灵境况与之相联系，从中得到心灵的情感归宿与思慧启迪，因而水被王阳明赋予了独特的内涵与意蕴，渗透着王阳明自身独特的人格和情趣。王阳明诗歌中的"水"主要有三种情感意蕴：以水言志，表达修心成圣、经世济民的抱负与勇敢无畏、旷达乐观的精神；以水咏愁，流露出稼穑之艰、酬志之难、漂泊之苦、别离之思、时逝之悲等忧绪；以水静心，书写旷逸淡泊之性和归隐之思。

* 王佳莹，绍兴文理学院人文学院本科生。

① 王阳明：《王阳明全集》第三卷，吉林文史出版社2017年版，第699页。
② 王阳明：《王阳明全集》第三卷，吉林文史出版社2017年版，第699页。
③ 王阳明：《王阳明全集》第三卷，吉林文史出版社2017年版，第686页。

一、长风破浪会有时:以水言志

孔子说水"其万折必东,似意"。水,逢山则斧劈开路,遇谷则奔泻通流,浩浩汤汤归向东海,具有不可阻挡的雄壮感,就像人百折不回的意志与落落豪情。王阳明的壮志与胸襟恰如水:他年少就志存高远,立志读书做圣贤,立功立德立言,为此,他不仅精研儒学,还苦操兵法,以求为国效忠。从笃信朱熹"格物致知"之说、七夜格竹失败到贵州龙场日夜苦思、顿悟良知之道,从平定南赣、宁王之乱到守制讲学,总督两广,王阳明始终怀揣着滚热的心追求着自己的志向。王阳明心中的落落壮志从笔下倾泻而出,就汇成了奔腾的洋洋大水,水,寄托了王阳明修心求圣的志向,激荡着王阳明经世济民的情怀,也挥洒着他乘风破浪的勇气。

王阳明自幼就有着强烈的圣贤情怀,他经常游览先贤走过的山水,踏访缅怀先贤的古祠,与众贤者大儒交往畅谈,而自古就有以水喻君子喻美德,因而王阳明在诗中便借水寄托了自己修心成圣的志向。如《萍乡道中谒濂溪祠》①,这是王阳明路过濂溪先生周敦颐祠堂时写的一首诗,周敦颐有"善学圣人者"的美称,王阳明对其学术与精神十分敬仰,便在诗中写道:"碧水苍山俱过化,光风霁月自传神。"周敦颐一生受贬,浪迹天涯,贬谪途中经过众多山水,便在当地教化百姓,传授学说,启化民智,在诗中,迢迢碧水,便是四海百姓的象征,极言周敦颐先生教化地域之广,教诲子民之多,因而,这泱泱碧水,正是歌颂了周敦颐先生高风亮节的精神与教化之功。当然,王阳明借水不仅仅是简单地称颂圣人的教化功绩,其中更寄托了他对自我的一种勉励与期望。王阳明与周敦颐人生经历相似,他们都遭贬谪而浪迹山水,在谪居之地身体力行地兴学设教,根据史料记载,王阳明在担任赣州巡抚期间,在漳州特地创立了"濂溪书院",以向四方求学的弟子们传道授业,淳化民风。因而,这迢迢碧水,更承载了王阳明要传承、发扬周敦颐先生精神与学术思想教化民众,让民心开化的愿望。在《白湾》②中,王阳明以汪洋的白湾之水赞美了学风高尚的"白湾"先生宗岩文:"浦之湾,其白漫漫。彼美君子,在水之盘。湾之浦,其白弥弥。彼美君子,在水之涘。云之溶溶,于湾之湄。君子于处,民以为期。云之

---

① 王阳明:《王阳明全集》第三卷,吉林文史出版社 2017 年版,第 640 页。
② 王阳明:《王阳明全集》第三卷,吉林文史出版社 2017 年版,第 666 页。

油油,于湾之委。君子于兴,施及四海。白湾之诸,于游以处。彼美君子兮,可以容与。白湾之洋,于灌以湘。彼美君子兮,可以徜徉。"诗以白湾之水为主要的环境,描写了水中立着那位"君子"——宗岩文先生。宗岩文先生是王阳明在北京大兴隆寺讲学时结交的学术友人,王阳明为了表达对他的尊敬与仰慕,特意作了此诗。在诗中,白湾之水是盛大宽广、饱满润泽、明净流动的,给人一种汪洋开阔的壮美感和清朗明亮的圣洁感,在如此浩大无垠的白湾之水背景下,宗岩文先生或是行吟江畔,或是从容漫步水中,这更好地塑造出了他旷志怡神的精神状态和明亮开阔、胸怀天下的襟怀;同时,自古就有以水喻学识、修养、美德,因而在此诗中,洋洋白湾之水更借指了白湾先生渊博的学问、高尚的修养、磊落的襟怀,如写水"溶溶""油油"(润泽饱满)的状态时,王阳明紧承写了宗岩文先生"民以为期""施及四海"的仁爱济世精神,水的特点与人的情怀相合,字里行间洋溢着王阳明对先生的赞美与崇敬之情。此外,宗岩文先生是先处于"盘""浦""涘""湄"等水边,后徜徉于"渚""洋"等白湾水中,"水"空间视角的变换,投射出一种镜头效果:宗岩文似乎一步步向白湾漫溯——这给我们的视线拉开了一定的距离,营造出了一种追随感,更能表现出对宗岩文先生怀有深深仰慕之情的王阳明见贤思齐、修明进德的决心和愿望。王阳明悟道修学,不仅仅为了成一己之圣,更是为了让学术发扬,启悟学生们的良知,提升他们的人生境界,最终使得学子们承担起救国的重任,因而,在诗歌中,王阳明也借水抒发了这种讲学之愿。王阳明在滁州教学所作的《山中示诸生五首》,就以水为指,阐明至理,抒发了讲学论道的愿望。如"滁流亦沂水,童冠得几人?莫负咏归兴,溪山正暮春"[①],诗中"沂水"出自典故《沂水春风》:孔子问及诸弟子的志向,曾点说自己的志向是"暮春者,春服既成,冠者五六人,童子六七人,浴乎沂,风乎舞雩,咏而归",孔子欣然赞许曾点的回答,因而,"沂水春风"便象征着师生教学,其乐融融的美好画面,沂水也成了许多学者心目中理想的讲学之处,寄托了师者对授学生涯的美好期待。王阳明在滁州引弟子们登山临水,感悟至道,并且自比滁州为沂水,有自况孔子之意,因而,流淌的滁州之水,反映出了他内心的欣然自得,这说明教化弟子,授予学识,是他内心一直憧憬的画景,他也在这水色中享受到了沂水春风的教化之乐。

《易经》中有言:"天生一,一生水,水生万物。"水,孕育了万物,是生命之源泉。因水有哺育、润泽万物之性,王阳明也在诗歌中借水寄寓了自己"为生民

---

① 王阳明:《王阳明全集》第三卷,吉林文史出版社 2017 年版,第 671 页。

立命"的儒家理想和志士情怀。如《观九华龙潭》:"吾欲鞭龙起,为霖遍九
洲。"①王阳明在领略了九龙潭一泻千里、气势非凡的飞瀑后,想要"鞭龙"跃
起,化成霖雨洒遍九州大地,滋润万物,哺育生灵——水,在这里反映了王阳明
心系黎民百姓的济世情怀,一个仁爱的儒官形象跃然纸上。与此类似的《无相
寺金沙泉次韵》:"兴云为大雨,济世作丰年。"②也同样表露了王阳明仁爱济世
之情。王阳明这种经世济民的志士情怀背后,流露出来的更多的是对民生的
忧患,因而他在诗中也有借水旱抒发民生疾苦的,如《祈雨二首》③《三日风》④
《二日雨》⑤《寄江西诸士夫》⑥等,而最有特色的便是他的《祈雨辞》:"呜呼!十
日不雨兮,田且无禾;一月不雨兮,川且无波;一月不雨兮,民已为疴;再月不雨
兮,民将奈何?"⑦王阳明这首诗作于漳南匪乱结束后回上杭路过于都时,他目
睹了于都干旱民瘵的惨状,恳请上天布云播雨,赐降甘露滋养下土,而不要继
续降罪于无辜百姓,让他们饱受煎熬。全诗以时间为轴推进,连用多个"不雨
兮",强调若不再下雨,大地与百姓将无由生存的后果,感情激烈,由此可以想
象,一个视民如子的清官,面对百姓疾苦、民生凋敝,内心是多么焦灼啊!对雨
水的祈求,反映了王阳明哀怜民生困苦、稼穑艰难的悲悯情怀和以天下为己任
的责任感。根据史料记载,王阳明曾多次为饱受旱灾之苦的百姓祈求雨水。
或许是上天为其至诚之意所感动,阳明祈雨多次成功,在现存《王阳明诗集》
中,《喜雨三首》⑧便记录了降雨一事:王阳明在四月回师上杭时再次祈雨,求
得了三天好雨,当时江南正值春耕时节,农作物急需雨水滋养,百姓们对这从
天而降的好雨自然乐不可言,雨中,王阳明登上城南之楼,看到百姓戴笠披蓑
出田插秧的欢腾场景,便兴作此诗。诗中言:"顺水飞樯来买舶,绝江喧浪舞渔
蓑","山田旱久兼逢雨,野老欢腾且纵歌"。这几句诗描写了喧腾的水浪、倾泻
的雨水,以及百姓们顺水乘船、挥舞渔蓑、欢腾放歌的热闹场景,字里行间洋溢
着王阳明对时雨降临的喜悦之情,这也反映出他心系百姓,后天下之乐而乐的
儒家情怀。祈雨降霖,为水忧,为水喜,对水的关注,反映了王阳明对民生的关

① 王阳明:《王阳明全集》第三卷,吉林文史出版社 2017 年版,第 696 页。
② 王阳明:《王阳明全集》第三卷,吉林文史出版社 2017 年版,第 701 页。
③ 王阳明:《王阳明全集》第三卷,吉林文史出版社 2017 年版,第 683 页。
④ 王阳明:《王阳明全集》第三卷,吉林文史出版社 2017 年版,第 694 页。
⑤ 王阳明:《王阳明全集》第三卷,吉林文史出版社 2017 年版,第 694 页。
⑥ 王阳明:《王阳明全集》第三卷,吉林文史出版社 2017 年版,第 689 页。
⑦ 王阳明:《王阳明全集》第二卷,吉林文史出版社 2017 年版,第 623 页。
⑧ 王阳明:《王阳明全集》第三卷,吉林文史出版社 2017 年版,第 682 页。

切,对百姓的关爱,可谓,上察社稷,下体稼穑,一点一滴都是爱,一枝一叶总关情。

水,浩浩荡荡,因而王阳明也将浪漫与豪情贯注于"水"中,借水挥洒自己乘风破浪的勇气。如《南屏》:"溪风漠漠南屏路,春服初成病眼开。花竹日新僧已老,湖山如旧我重来。"①王阳明因为仗义执言而被捕入狱,出狱后因长途跋涉而肺病加重,并且还遭到刘瑾等人的追杀。为了躲避追杀,他便隐居在绍杭一带的寺庙养病,面对自己病中遭杀的困境,王阳明并没有悲观颓丧,而是借山河表达了自己的落落胸襟:江湖为水,奔流欢畅,涤荡尘埃,回流净化,在这里是希望与生机的象征,湖水如旧,依然和往常一样充满生气,反映出王阳明坚信刘瑾专权不过是一时侥幸,必定不会长久,所以,这碧波荡漾的湖水正是王阳明心中乐观与自信的写照,它传达出王阳明那种无畏困难、敢于从头再来的勇气。再如"道在险夷随地乐,心忘鱼鸟自流形。未须更觅羲唐事,一曲沧浪击壤听"。(《睡起写怀》)②这是王阳明从龙场驿站归去所作,王阳明在龙场度过了多年的艰辛生活,归去的路上他途经了谪地的风物时景,但是他并没有触景感伤,心生厌怨,这从"沧浪"一词可以看出:沧浪,引自屈原《沧浪歌》,文中渔夫面对乱世高唱沧浪之歌,悠闲从容,于是沧浪也多用以抒发顺应之意,王阳明在这里正是借淘淘沧浪之水,抒发了自己不为环境所困、随地自得的豁达心境。此外,在"香炉瀑布微如线,欲决天河泻上池"。(《望庐山》)③,"我拂沧海写图画,题诗还愧谪仙才。"(《芙蓉阁》)④等诗中,王阳明同样借水表达了自己意气风发、慷慨激昂的精神风貌和凌云之志。水,在《易经》的"坎卦"里象征着险境,王阳明在诗中还借艰险之水反衬自己的信念与勇气。如《泛海》"夜静海涛三万里,月明飞锡下天风"⑤,这是王阳明为逃离刘瑾手下的追杀,做投江假象,乘船遭遇到暴风雨在船上作的一首诗。当时,乌云压空,巨浪滔天,船上之人都命悬一线,王阳明面对如此阴晦的风雨浊浪却显得异乎轻松和淡然,他说自己好像拿着锡杖,架风乘云,在月光下飞越这万里海涛。看来,他不是把这惊涛骇浪视作生命的威胁,而是将其视为自己御风而游的气魄背景,所以,汹涌的海浪恰恰反衬出了他的快意与旷达不羁之情,烘托出了一

---

① 王阳明:《王阳明全集》第三卷,吉林文史出版社 2017 年版,第 637 页。
② 王阳明:《王阳明全集》第三卷,吉林文史出版社 2017 年版,第 662 页。
③ 王阳明:《王阳明全集》第三卷,吉林文史出版社 2017 年版,第 693 页。
④ 王阳明:《王阳明全集》第三卷,吉林文史出版社 2017 年版,第 700 页。
⑤ 王阳明:《王阳明全集》第三卷,吉林文史出版社 2017 年版,第 638 页。

个风神迥异、飘然出尘、意态潇洒的仙者形象。王阳明之所以能如此坦然地面对生命中的惊险,正是因为他有着光明的内心,他说"恐惧不闻,养得此心即是天理",因而,这险海,更好地映照出了他那颗光明落阔、自信自尊、勇敢无畏的强大内心。相类似的《天心湖阻泊既济书事》"月黑波涛惊","甚雨迅雷电","溟溟云雾中,四望渺涯涯"①,同样以险水反衬出了自己睥睨困难的气概。最后,王阳明也从水中汲取生命的力量,在观水悟水中释怀心灵,积淀勇气。如,"翠壁泉声穿乱石,碧潭云影透晴沙。痴儿公事真难了,须信吾生自有涯"。(《岩头闲坐漫成》)②正德十五年(1520),王阳明平定宁王叛乱有功,却因小人陷害,而受朝廷冷落,皇帝猜疑,终以功成罪,他自感生不逢时,仕途无望,便再访九华山,在水色中寻求栖息。诗中描写了灵动的泉潭,泉声是何等活跃与生气,碧潭是何等安静与明澈,这广阔美好、生机运动着的自然水色似乎有一种博大神奇的力量,使得他受启感悟到:万物运动,生生不息,人生是有尽头的,那么这种苦难也是有尽头的,故不可太灰心丧气。再如《龙潭夜坐》:"幽人月出每孤往,栖鸟山空时一鸣。草露不辞芒屦湿,松风偏与葛衣轻。临流欲写猗兰意,江北江南无限情。"③正德八年(1513),王阳明被任为南京太仆寺少卿,因其安邦治国之志向无处伸展,心中苦闷难眠,于是夜出寻幽,遂作此诗。由诗歌中前四句可以看出,王阳明想在幽静的山林中排遣心中的忧愁,但是,清脆的鸟鸣,寂静的空山,温柔的松风,虽然让他感受到了短暂的轻松平静和快慰,却不能真正安抚他失意的心灵,尤其是诗末"猗兰"一词,直接反映出王阳明仍苦闷困顿的心情。"猗兰"用典于孔子的《猗兰词》,用于表达生不逢时,不被重用的情感。然而,诗歌在末尾情感却发生了巨大的转变,那是因为祖国壮丽秀气的大好河山,撼动了王阳明那孤寂落寞的心灵,驱散了他心头消沉的情绪,使得他豁然开朗:江山壮阔,哪里都有风景,四方都有情义,故应脚踏实地,行于当下——王阳明从山河中汲取了勇气和力量,驱散了心中的阴霾。可见,王阳明并非一蹶不振,而是会积极调整心灵的状态,把握生命的方向,这体现出他旷达乐观,积极进取的精神。

---

① 王阳明:《王阳明全集》第三卷,吉林文史出版社2017年版,第643页。
② 王阳明:《王阳明全集》第三卷,吉林文史出版社2017年版,第703页。
③ 王阳明:《王阳明全集》第三卷,吉林文史出版社2017年版,第671页。

二、一水牵愁万里长:以水咏愁

古来文人志士虽怀有满腔热血,但现实中难免失意多,得意少,水因其缠绵悠长,迢迢不断,往往成为文人寄托愁绪的对象,故文人们在郁闷时,多放意于林泉,流连于山水,借山水排遣心中郁结,水,成了抚慰他们疲惫心灵的栖身之所。王阳明的一生坎坷流离,水,自然浸润了他的忧愁,他在诗歌中就借水表达了深刻的忧患意识,包括"忧世之怀"和"忧生之意"。"忧世之怀"主要指向民生疾苦方面,"忧生之意"主要指向自我生存处境方面。王阳明诗歌中的水,倾吐着他对民生疾苦、稼穑艰难的哀愁和同情,诉说着他漂泊无依、思念乡眷的孤独,喟叹着他怀才不遇、壮志难酬的愤懑与悲苦,也流露出他对报效无门、时逝年衰、生死别离的无奈和哀愁。

王阳明借水抒"忧世之怀"的诗多为求雨诗,除此之外,还有以"霜雪"传达对百姓的悲悯情怀的《立春二首》①。在这些诗歌中,"水"都展现了王阳明民胞物与的仁心,对哀民的悲悯情怀和对社会苦难的忧患,以及对历史、价值承担的使命感与责任感。相较于抒发"忧世之怀"的诗歌,王阳明诗歌中数量更多的是抒发"忧生之意"的诗歌,在这些诗歌中,王阳明卸下了坚硬的铠甲,展现给我们的更多的是一个感情细腻丰富、时常伤感、偶尔也会脆弱,情谊更缠绵的形象。如,王阳明受贬于龙场所作之诗,并非都是乐观豁达的,他在诗中常常表露出一种奋达与哀叹相交织的心情,展现出出世与入世之间的矛盾和苦闷,在这些诗歌中,水,多诉说着王阳明怀才不遇、壮志难酬的无奈与愤懑。如"天寒岁云暮,冰雪关河迥"(《不寐》)②,王阳明因指控刘瑾而下狱,此诗正是牢中所作。诗中的"冰雪"点明了寒冬时令,"关河"借指艰难旅途,冰雪和关河直接描绘出了数九寒天下环境的艰苦,透露出一种悲苦之情,虽然此诗在后面有转折,情感上有振奋,但在诗末,王阳明还是流露出了强烈的归隐避世之情,因而"关河冰雪"之写,正可见他身陷囹圄时心情的沉重和无可奈何。"徒闻鹊驾横秋夕,谩说秦鞭到海东。移放长江还济险,可怜虚却万山中。"(《过天生桥》)③此诗写于王阳明被贬谪贵州龙场期间,在这里,"长江"与"万山"是相对的,长江象征着落落阔阔,施展自我远大抱负和美好才华的世间,山则是封

---

① 王阳明:《王阳明全集》第三卷,吉林文史出版社 2017 年版,第 695 页。

② 王阳明:《王阳明全集》第二卷,吉林文史出版社 2017 年版,第 631 页

③ 王阳明:《王阳明全集》第三卷,吉林文史出版社 2017 年版,第 652 页。

闭的,荒凉的,象征着与世阻隔的偏僻之地,王阳明由横亘于孤山内的天生桥想到了被困囿于贬谪之地的自己,从而发出了对长江的呐喊:天生桥若是移放到广阔的长江,还可以济险造福,发挥它的社会价值,自己重返仕途,受以重用,就可一展宏图,经世济民,发扬学术,而今只能孤独虚无地被困囿在荒芜之地,王阳明对海的向往与渴望,表达出他企图有所作为,但生不逢时的无奈与惜叹之感。再如,"江上孤臣一片心,几经漂没水痕深。"(《登蟂矶次草泉心刘石门韵》)①这里的江水象征着宦海,孤臣则是王阳明自称,江水是空旷的,与孤独臣子的渺小形成了鲜明的对比,更能展现出王阳明那种孤立无援的困境和悲凉无奈心境;同时,宦海沉浮,仕途险恶,王阳明在官场上遭受了太多挫折和打击,慨叹万千,这难道不正是"几经漂没水痕深"的写照吗? 在《答刘美之见次韵》②中,王阳明心中那种复杂苦闷的情绪似乎达到了顶峰,他哀叹道,"勋业已辞沧海梦,烟花多负故园春",王阳明觉得自己远大的抱负已如沧海一梦化为虚幻泡影,可见其内心的悲伤与无助。此外,"涓埃未遂酬沧海,病懒先须伴赤松。"(《鄱阳战捷》)③、"百年未有涓埃报,白发今朝又几茎?"(《狮子山》)④都以点滴涓水言自己一事无成,无奈与失落之情流于字间。

　　江水茫茫,烟波浩渺,总会使人联想到身如漂梗、一生如寄的游子,因而水有漂泊怀乡之意。王阳明的诗中有不少借水抒发羁旅愁思的,这与他常年的漂泊生活密不可分。正德元年(1506),王阳明被流放到荒凉偏僻的龙场,度过了五年的艰辛生活;正德十一年,王阳明委命前往南、赣、汀、漳等地作战剿匪;尔后两年,宁王朱宸濠谋反,王阳明又奉命前往福建、南昌等地集兵交战;归家守制讲学不久,王阳明又被任命为两广总督,前往广西思恩、田州平定叛乱,直至平乱结束后因肺病加重才告老还乡。漂泊无定的羁旅生活自然引发了王阳明对家乡的思归,王阳明的乡愁,遇水而生情,以水而代情,借水而传情。《罗旧驿》⑤是王守仁赴龙场途中所作:"布谷鸟啼村雨暗,刺桐花暝石溪幽。蛮烟喜过青杨瘴,乡思愁经芳杜洲。"诗中的"村雨""石溪",像是这幅驿站行程景的灰暗背景色调,营造出了幽暗孤寂的氛围,很自然地糅合了王阳明心里淡淡的凄切与哀愁,而贵州享有盛名的"芳杜洲"在王阳明眼里似乎都失去了风光,因

---

　　① 王阳明:《王阳明全集》第三卷,吉林文史出版社 2017 年版,第 693 页。
　　② 王阳明:《王阳明全集》第三卷,吉林文史出版社 2017 年版,第 656 页。
　　③ 王阳明:《王阳明全集》第三卷,吉林文史出版社 2017 年版,第 688 页。
　　④ 王阳明:《王阳明全集》第三卷,吉林文史出版社 2017 年版,第 679 页。
　　⑤ 王阳明:《王阳明全集》第三卷,吉林文史出版社 2017 年版,第 644 页。

为王阳明心里始终怀揣着无以自遣的乡思愁情,这几个水意象,把阴暗的畏途、思乡的情思、凄苦的前程等各种情绪感受在笔下委婉呈现。继上所作的《沅水驿》"耶溪有信从谁问?楚水无情只自流"①,借"耶溪"指代家乡,借"楚水"指代荒凉的陕地,耶溪脉脉,承载的是书信的问候与情愫,而楚水无情,兀自流淌,则是王阳明只身孤独无依的心境写照,两水对照,将对家乡的眷念不舍和被流放异地的悲凉心境清晰传达出来。除此之外,王阳明的诗中也有借江水渲染清冷氛围触发绵绵思怀的,感情哀婉含蓄:"秋风洞庭波,游子归已晚"(《别易仲》)②,"斜日江波动客衣"(《南庵次韵二首》)③,"茅茨松菊别多年,底事寒江尚客船?"(《即事漫述四首》)④。瑟风吹起浩渺的江水,水波荡漾,层层波浪拍打在游子心头,绵绵不断,好像在提醒着他:回去吧!回去吧!寒江秋波,把王阳明滞留他乡、漂泊无定的羁旅怀愁娓娓抒来。也有借水直抒归家心切的,感情稍强烈:"萧条音信愁边雁,迢递关河梦里家。何日扁舟还旧隐,一蓑江上把鱼叉"(《元夕雪用苏韵二首》)⑤,"此日天涯伤逐客,何年江上却还家"(《晓霁用前苏韵书怀二首》)⑥。关河迢递,游子凄切,王阳明天天眺望着江水,思盼归家,可望断江水无寻处,家乡只能夜夜在梦里相会,这把逆旅淹留、天涯漂泊的游子愁肠寸断的心理描绘得细腻而真实。

王阳明在诗歌中还借水抒发了报效之愧、时逝之悲、死别之苦等情感。首先是报效之愧,在《答汪抑之三首〈其一〉》⑦中,王阳明写道:"子有昆弟居,而我远亲侧;回思菽水欢,羡子何由得!"这是王阳明出狱离开京城奔赴龙场旅途前,为了答谢挚友汪抑之对自己深情的送别和勉励所作的诗。王阳明在诗中坦诚而伤感地说,汪抑之有兄弟在身旁,而自己却要和亲人分别,想到尽孝父母的事情,我多么羡慕你啊!诗中的"菽水",即豆与水,借指清苦的生活,出自《礼记·檀弓下》:"子路曰:'伤哉!贫也!生无以为养,死无以为礼也。'孔子曰:'啜菽饮水尽其欢,斯之谓孝。'"后来,菽水多用来指代晚辈对长辈的供养尽孝。从这首诗中可见,王阳明并非言论著述中所神化的那样严肃刚强,他也有着敏感深情的一面,在别离、奔赴黑暗而未知的龙场前,他没有故作坚强地

---

① 王阳明:《王阳明全集》第三卷,吉林文史出版社 2017 年版,第 644 页。

② 王阳明:《王阳明全集》第三卷,吉林文史出版社 2017 年版,第 669 页。

③ 王阳明:《王阳明全集》第三卷,吉林文史出版社 2017 年版,第 657 页。

④ 王阳明:《王阳明全集》第三卷,吉林文史出版社 2017 年版,第 690 页。

⑤ 王阳明:《王阳明全集》第三卷,吉林文史出版社 2017 年版,第 654 页。

⑥ 王阳明:《王阳明全集》第三卷,吉林文史出版社 2017 年版,第 654 页。

⑦ 王阳明:《王阳明全集》第二卷,吉林文史出版社 2017 年版,第 633 页。

仰天大笑,也没有"天涯若比邻""天下谁人不识君"等豪言壮语,而是首先想到了孤身一人的父亲,想到了作为儒家的立身之本——尽孝的责任。结合王阳明身世可知,王阳明13岁便丧母,19岁祖父去世,此时36岁的王阳明更感及时尽孝,让长辈共享天伦之乐、颐养天年的重要,而自己此番远谪,归路杳杳,欲养亲而身不由己,这种无奈、悲切、惭愧的情感通过菽水之典,传达得何等真实而自然。类似的表述也出现在《七盘》中:"投簪实有居夷志,垂白难承菽水欢。"①此时的王阳明已谪居龙场,但他仍深深惦念着亲眷,他说自己在这荒野瘴疠之地可以隐居,与世间隔绝,但是唯一难以放下的是长辈,寥寥一个"菽水",把那种渴望尽孝而不能的愧疚之情传达地尤为真切和沉痛!王阳明在诗歌中,也借水流露出自己对时光流逝的悲叹,如:"溪水清见底,照我白发生。年华若流水,一去无回停。悠悠百年内,吾道终何成!"(《溪水》)②水之清,照映出青丝白发,时如水,流去不回返,时光飞逝,不觉已过年半百,而自己却虚耗时光,所剩时日还有几多?自己的心道学道何时能够通圆呢?因而,水承载了王阳明对时光流逝的无奈,以及自己无所作为的悔愧。此外,"万里沧江生白发,几人灯火坐黄昏?"(《因雨和杜韵》)③也同样借水流露出了时逝之悲。最后,水也寄托了王阳明对生离死别的愁绪,如在"江云暗兮暑雨,江波渺渺兮愁予;弟别兄兮须臾,兄思弟兮何处"(《守俭弟归口仁歌楚声为别予亦和之》)④、"忆别江干风雪阴,艰难岁月两侵寻"(《忆别》)⑤等诗句中,王阳明以浩渺江波、阴晦暑雨、漫天风雪等渲染了和亲眷离别的不舍和忧伤之情,而在"西风一夜山阳笛,吹尽南冈落木霜"(《挽潘南山》)⑥中以簌簌飘落的苍霜表达了对挚友潘南山去世的哀悼和悲戚之情。

王阳明的成圣不是一蹴而就的,他的成圣也并非抛弃了世间情感,作为圣人,他是一步步成长与积淀力量的,他也曾经有过落魄与孤苦情绪,他也有着悲欢忧戚等普世情感,有着常人难以割舍的缠绵情谊,因而王阳明在诗歌中借水书写愁,恰是表现了其温柔似水的细腻情感,也向我们展现了一个更加血肉丰满、真实朴素、情感丰富的形象。

---

① 王阳明:《王阳明全集》第三卷,吉林文史出版社2017年版,第645页。
② 王阳明:《王阳明全集》第三卷,吉林文史出版社2017年版,第647页。
③ 王阳明:《王阳明全集》第三卷,吉林文史出版社2017年版,第637页。
④ 王阳明:《王阳明全集》第二卷,吉林文史出版社2017年版,第622页。
⑤ 王阳明:《王阳明全集》第三卷,吉林文史出版社2017年版,第638页。
⑥ 王阳明:《王阳明全集》第三卷,吉林文史出版社2017年版,第714页。

三、行看流水坐看云：以水静心

《庄子》中说："水静犹明，而况精神！圣人之心静乎！天地之鉴也；万物之镜也。"水，因静而澄明，圣人的心里有静的境界，所以圣人之心才能称作映照天地和万物的镜子，水因此常用来形容人宁静、淡泊、旷逸的心境。王阳明性喜山水，水中"虚静""恬淡""隐逸"的气韵也影响着他的性情，一定程度上铸造了他心性淡泊、自由洒脱、心如止水的精神境界。王阳明在诗中，多以水取象，开拓空灵澄明、悠旷寂远的意境，在对景的勾勒中，传达出自我空明虚淡的心境。

首先，水是王阳明对空灵静默的大自然的禅意书写，它反映了王阳明宁静恬和的心境。王阳明在奉各地行事之间，曾踏访过众多名山胜水、亭台庙寺，因是阳明心静如禅，其笔下所录之景，都充满了空灵的禅意，如"岩瀑随风杂钟磬，水花如雨落袈裟"（《用实夫韵》）①，瀑布飞落，水花溅衣，物我相对，动静相生，充满着生机和禅意。远处山岩冲泻下来的瀑布随风而溅，激起碎玉飞花，慷慨激越，这恰好与山寺清脆的钟磬音相和，而瀑丝飞扬于空中，濛濛清远，拢出一片大的水雾界境，这又与钟磬之声响彻整个山林的长扬悠远相应，故岩瀑钟磬创造出的是活跃的、声势阔远的大环境；轻灵的水花如雨点洒落，抖落在肩头袈裟上，创造出的则是安静祥和的、属于自我的小环境。这两句可谓，物我相对，动静相对，大小相对，远近相对，但是物我、动静、大小、远近这些对立的元素并没有显出矛盾、支离之感，那是因为王阳明利用水的形、声在二者之间搭起通融的构架，从而创造出了一种圆融清寂又生机灵蕴的境界，此外，没有宁静明慧的心灵是无法于"瀑水钟磬"的大环境中营造并感受到"水花袈裟"的小环境的，可以说，正是因为王阳明内心圆满明澈，安静丰盈，所以才能映照出此清远灵动之景——对水的描述，是王阳明自我静心的写照。"岩深雨不到，云归花亦湿"（《忘言岩次谦之韵》）②，虽然没有写作为具体物象的水，但是，却以"花亦湿"写了雨雾，写了水的无所不在，有一种澹然的幽韵，可见阳明观察体悟之细腻，心灵之明静；"桃花成井落，云水接郊墟"（《午憩香社寺》）③中的水悠如诗画，诗人抬头目及云水相交，有一种"无心""随心"之美，唯美宁

---

① 王阳明：《王阳明全集》第三卷，吉林文史出版社 2017 年版，第 676 页。

② 王阳明：《王阳明全集》第三卷，吉林文史出版社 2017 年版，第 684 页。

③ 王阳明：《王阳明全集》第三卷，吉林文史出版社 2017 年版，第 665 页。

静,恬淡安然;"石门深竹径,苍峡泻云泉"(《德洪汝中方卜书院盛称天真之奇并寄及之》)①,倾泻的山泉打破了山林的寂静,为山林注入了生趣,同时,水的流动也衬托了竹林之静,更显竹林之幽远,意境清新,也是人心境平静明朗之写照;"春宵卧无相,月照五溪花。掬水洗双眼,披云看九华"(《夜宿无相寺》)②,掬水洗目,虽区区生活之微事,但颇得陶渊明"采菊东篱下,悠然见南山"之真趣,可观其自适恬淡之心境;此外,"洞壑风泉时远近,石门萝月自分明"《再至阳明别洞和邢太守韵二首》③"洞寒泉滴细,花暝石房深"(《寄隐岩》)④"晚投岩寺依云宿,静爱枫林送雨声"(《又用曰仁韵》)⑤等诗,都借水描写了静谧的自然之物象,充满了空灵的禅意趣味,静中藏着生趣,烘托出王阳明追求恬淡,平和宁静的心境。

王阳明的诗歌也将水融入了自己更加浓厚的主观色彩中,水与王阳明心性相融,是王阳明精神自由和心境超然的体现,较有代表性的便是王阳明居越所作之诗。正德十六年(1521),王阳明辞别战场,归越颐养天年,经历过龙场悟道,滁州教化弟子,江西剿匪平乱等一系列大事,他的心性已经达到了一个极高的水平,超逸旷达,清澈光明,他在其间创作的不少诗歌都借水表达了自我虚淡静穆的心性,如"闲来心地如空水,静后天机见隐微"(《秋夜》)⑥,空水,即天空和水色,天地相融,水天相交,这是一种博大悠远的景境。王阳明自比内心如空水,表现出他心灵的空明虚淡、平静宁寂、丰盈充实,同时,他似乎如流水一般融入了这天空,融入了天地万物,因而,空水之象,也体现出他"天人合一"的思想。再如"高歌度与清风去,幽意自随流水春"(《夜坐》)⑦,王阳明心中的幽意自然随着流水而去,而流水往往是不知尽途地、随意地流淌的,流水之象,反映出王阳明去留无意的淡然宁静心境,他仿佛处于一种无我的空灵状态,内心无着无明,无烦无扰,虚涵旷远、博大超然,自随流水、合于流水,达到了"物我一体"的境界。王阳明不仅借水写自我心境之旷远平静,更借水比悟道之理以及悟道后心灵的状态,如:"秋来万木发天声,点瑟回琴日夜清。绝调回随流水远,余音细入晚云轻。洗心真已空千古,倾耳谁能辨九成?徒使清

---

① 王阳明:《王阳明全集》第三卷,吉林文史出版社 2017 年版,第 718 页。
② 王阳明:《王阳明全集》第二卷,吉林文史出版社 2017 年版,第 625 页。
③ 王阳明:《王阳明全集》第三卷,吉林文史出版社 2017 年版,第 686 页。
④ 王阳明:《王阳明全集》第三卷,吉林文史出版社 2017 年版,第 666 页,
⑤ 王阳明:《王阳明全集》第三卷,吉林文史出版社 2017 年版,第 668 页。
⑥ 王阳明:《王阳明全集》第三卷,吉林文史出版社 2017 年版,第 712 页。
⑦ 王阳明:《王阳明全集》第三卷,吉林文史出版社 2017 年版,第 712 页。

风传律吕,人间瓦缶正雷鸣。"(《秋声》)①这首诗借万物发声说明了"但契本心,不用求法"的道理,诗中的流水是万木发声传播的一个媒介或环境,因流水漫兴自由,无拘无束,它便体现出至圣途径的简阔——至圣,并不束缚于支离经书的狭小图圈,也并不受求于功勋知识等技能,更不局限于士大夫等高阶层体;另一方面,流水也展现了道界之旷大、无边无际,以及王阳明悟道后怡然自得、闲适悠然的心境。

水,象征着闲静生活中的诗意栖居,反映了王阳明对心无挂碍、自在闲适的隐逸生活的向往。王阳明的仕宦之途是坎坷的,前有奸佞塞路,谗言畏听,后有君主不恩,冷落远谪,因此,归隐,便成了他山水诗的一个重要主题,他有不少诗歌都借水抒发了归隐之思和隐居之乐。如:"江云动苍壁,山月流澄川。朝采石上芝,暮漱松间泉。"(《答汪抑之三首〈其三〉》)②前两句铺开来的是一幅清辉郎朗、明静开阔的山水画卷,后两句则描绘了采芝漱泉的山居行事。"暮漱松间泉",泉水在古代多为隐逸、淡泊、孤高的象征,"暮漱"则引自《三国志·蜀志·彭羕传》中"枕石漱流"之说,借指隐居生活。如此,一个清旷飘逸、潇洒闲适的隐者形象便跃然纸上。再如"清晨急雨度林扉,馀滴烟稍尚湿衣。雨水霞明桃乱吐,沿溪风暖药初肥"(《山中漫兴》)③,这是王阳明晚年居越所作之诗,诗中描写了江南雨季空濛秀丽的春景,前句"馀滴烟稍尚湿衣"却无惆怅之感,颇有王维"衣沾不足惜,但使愿无悔"的韵味,传达出一种恬淡自适的心情;后句中的水,色调十分明亮,一个"明"字,写出了雨水把朝霞洗刷得清亮如釉彩般明亮的景象,一个"吐"字,写出了雨水把桃花滋润得更饱绽,桃花含露而放的艳丽丰盈景象,在这里,对水的描写是活泼自在的,这反映出王阳明归隐时轻松愉悦的心情,他之前的颠沛流离,仕途上的种种不顺,都在游览家乡山水的过程中消失殆尽了,绍兴的水怡养了他的性情,他在会稽山水自然中完全放松了自己,可见他对归隐生活的期待。此外,"相知若问来年意,已傍西湖买钓矶"(《送刘伯光》)④、"已矣复何事,吾道归沧浪"(《梧桐江用韵》)⑤也表达了自己归隐之情。王阳明的归隐之念不仅仅局限于隐居山林,远离尘嚣,自保自适以自乐,还表现在归隐讲学中,他在《别三子序》中说:"予有归隐之图,

---

① 王阳明:《王阳明全集》第三卷,吉林文史出版社 2017 年版,第 711 页。
② 王阳明:《王阳明全集》第二卷,吉林文史出版社 2017 年版,第 633 页。
③ 王阳明:《王阳明全集》第三卷,吉林文史出版社 2017 年版,第 714 页。
④ 王阳明:《王阳明全集》第三卷,吉林文史出版社 2017 年版,第 680 页。
⑤ 王阳明:《王阳明全集》第三卷,吉林文史出版社 2017 年版,第 668 页。

方将与三子就云霞,依泉石,追濂洛之遗风,求孔颜之真趣,洒然而乐,超然而游,忽焉而忘吾之老也。"可见,在野讲学是他归隐的一个重要目的,他有不少诗歌都借水抒发了这种隐居授学之乐:"兼有清泉堪洗耳,更多修竹好衔杯。诸生涉水携诗卷,童子和云扫石苔。"(《泊舟大同山溪间诸生闻之有挟册来寻者》)[1]、"溪边坐流水,水流心共闲。"(《山中示诸生五首〈其五〉》)[2],这几首诗歌都描绘了诸生进山林于溪边静坐,养性悟道的画面。清泉洗耳,是远离了世俗的纷扰和喧嚣,流水潺潺,是心灵于安静中寻得了栖息,而后在静默中感受造化之道,颇有一种静谧、悠闲的韵味和明慧的禅意,表达了王阳明对隐逸讲学生活的满足和自乐。

四、结语

"登山则情满于山,观海则意溢于海",王阳明诗歌中的水,承载了他忧乐交织的情感,寄托了他济民继学的胸怀抱负,描摹着他磊落洒然的心灵境界,是王阳明独特人格的化身,博大情怀的体现,浪漫诗情的寄寓,充满了通灵之性。水言心声,水象性情,真乃,大水落落,澄明通灵,此心光明,亦复何言?

---

① 王阳明:《王阳明全集》第三卷,吉林文史出版社 2017 年版,第 698 页。
② 王阳明:《王阳明全集》第三卷,吉林文史出版社 2017 年版,第 671 页。

论王阳明诗歌中曾点形象的文化意蕴

王旭泷[*]

作为诗人,王阳明善于在自己的诗中运用各类典故及其相关人物形象,以他人他物来披露自己的内心。通过探寻王阳明诗歌中曾点形象的文化意蕴,或可从中一窥王阳明内心的所思所感,感受王阳明诗歌的文学和思想风采。论及王阳明诗歌中的"曾点形象",其出自《论语·先进篇》中曾点鼓瑟的篇章。面对孔子的提问,子路、冉有、公西华先后回答了打算如何施展自我才华去治理国家的理想抱负。而曾皙未言自己之所能,只是描述了一种无忧无虑、人们和乐相处的快乐生活,并表达了自己的向往之情。

曾点之语,在后儒中渐渐形成"曾点气象"的体系化理解。朱熹曰:"其胸次悠然,直与天地万物上下同流,各得其所之妙,隐然自见于言外。"[①]这大概是从个人角度,对曾点之答的理解,即"自然洒落"之心。程颐曰:"孔子之志在于'老者安之,朋友信之,少者怀之',使万物莫不遂其性……"[②]这可以理解为从社会教化角度,对曾点之答的理解,认为曾点符合孔子礼乐教化以期各得其乐的教育目标。程颐又曰:"曾皙狂者也,未必能为圣人之事,而能知孔子之志……"[③]这可以说是从社会理想的角度,对曾点之答的理解,即认为曾点言行是符合孔子不畏世俗、意志高远的理想追求。程颢曰:"孔子与点,盖与圣人

---

* 王旭泷,绍兴文理学院人文学院本科生。
① 朱熹:《新编诸子集成:四书章句集注》,中华书局1983年版,第130页。
② 程颢、程颐:《二程集》,王孝鱼点校,中华书局1981年版,第369页。
③ 程颢、程颐:《二程集》,王孝鱼点校,中华书局1981年版,第369页。

之志同,便是尧舜气象也……若知"为国以礼"之道,便却是这气象也。"①这则是从国家治理角度,对曾点之答的理解,即一种对尧舜理想社会的治国追求。

简单来说,对于曾点气象,以宋儒为代表的士人从中感悟,大致形成了个人、社会、治国等多角度的思考。在个人角度来讲,曾点的鼓瑟咏歌,是通过郊游嬉戏,形成的一种自然洒落之情,是一种个体愉悦之乐;从社会教化角度来讲,"浴沂""风咏""舞雩"象征一种通过名山胜水的环境,通过自然涵咏,达到成德成圣的教化之乐;从社会理想角度来说,是一种追求圣学之道的理想追求,面对世俗不解仍志意高远的狂者胸次;从治国角度来讲,这暗合儒者"发乎情,止乎礼"的生活情境,无疑是一种尧舜气象的治国理想。

笔者以《王阳明全集》中包含曾点形象的十五首诗、组诗为蓝本去分析。一代大儒王阳明,其对曾点的理解,有宋儒理解曾点气象的共同的特征,也有着浓厚的个人色彩。

通过梳理分析王阳明诗歌中"曾点形象"的文化意蕴,我们可以发现王阳明诗歌中"曾点形象"的文化发展:从仕之初,王阳明在郊游之嬉中面对贬谪之难,获得自我解脱;尔后,王阳明在山水间给弟子讲学,感悟在闲适中现化育,洒落中现礼乐的教化之乐;经历磨难后,王阳明在追求圣贤之道时领悟胸怀天下,无惧世俗不解的狂者胸次;最后,王阳明在追求尧舜治国理想的过程中孕育了以天下为己任的王者气象。

一、曾点形象与郊游之嬉

王阳明一生乐于郊游嬉戏,在郊游嬉戏间寄托了自己洒落、悠然、闲适、隐逸等思绪,也孕育了嬉对苦难的文学气度。在郊游的洒落之中,王阳明领悟:"君子之所谓洒落者,非旷荡放逸,纵情肆意之谓也,乃其心体不累于欲,无入而不自得之谓耳。"②可以说,王阳明在郊游之嬉中获得了"心体不累于欲"之愉,其诗歌自有自然气度。

在贬谪期间的郊游中,王阳明在山水之间孕育了一种笑对苦难的洒落自得之愉。

"溪风漠漠南屏路,春服初成病眼开。"③赴谪途中,王阳明来到杭州南屏

---

① 程颢、程颐:《二程集》,王孝鱼点校,中华书局1981年版,第136页。

② 王阳明:《王阳明全集》,吴光等编校,上海古籍出版社2012年版,第1061页。

③ 王阳明:《王阳明全集》,吴光等编校,上海古籍出版社2012年版,第573页。

山,此刻王阳明虽遭受贬谪又患有疾病,但并不妨碍他观看湖光山水,进而调适心情。在短暂忘却贬谪之苦之时,王阳明自有一种闲适情怀。在"春服初成"中,王阳明以曾点浴沂咏归典故,用朴素的笔触,展现了自身一种脱离苦难追求单纯无虑的人生境界。

"童冠尽多归咏兴,城南兼说有温泉。"①同样是在"赴谪路上","暮春"时节,王阳明赴谪途中经过袁州府治(今江西省宜春市),此时,他登台抒怀观看自然山水,已然有一份"无入而不自得"的悠然洒脱情怀。在登台观山水中,王阳明感悟到在"春风欲暮天""童冠归咏兴"之中,人自可在与自然合一中获得逍遥自得。诗中,王阳明寄情于此处山水,不眷恋人世间之功名、利禄、荣华、富贵的态度不言自明。

"顾谓二三子,取瑟为我谐。我弹尔为歌,尔舞我与偕。"②赴谪路上,王阳明登上岳麓书院,其志趣大发,弹琴鼓瑟追思起先贤求贤论道的过往,在先贤祠中,王阳明遥想琴瑟之乐,追慕颜回之志和曾点之乐,并留下《陟湘于迈,岳麓是尊。仰止先哲,因怀友生丽泽,兴感伐木寄言二首》。"吾道有至乐,富贵真浮埃!若时乘大化,勿愧点与回。"③在追寻先贤的过程中,王阳明表达自己对道敬畏,其愈发坚定的求道之心和追求先贤的脚步显露无疑。在山水间鼓瑟的豪情中,其诗句也是那么的从容洒落和豪气十足。

王阳明不仅是在贬谪之难中,通过山水郊游,获得心体的解放,并诉诸笔端。在后来的平乱中,王阳明亦通过郊游之嬉,获得了更广阔境界上的不累之愉。

正德十年(1515)九月,王阳明升左佥都御史,巡抚南、赣、汀、漳等处,并着手处理当地匪患。正德十三年(1518)四月,王阳明平三浰诸寇,彻底平定当地匪患,回军途中经过龙南玉石岩。此刻,王阳明已平定寇匪之乱,加上又发现了自然洞天,内心平乱后的喜悦和对天巧化工的洞府的喜悦,融于一体。于是,他写下《回军龙南,小憩玉石岩,双洞绝奇,徘徊不忍去,因寓以阳明别洞之号,兼留此,作三首》。"欲将点瑟携童冠,就揽春云结小斋。"④此时,王阳明有着治世之后的出世之念,并将其在诗中转化为一种在治理地方成功之时而悠然物外的调节之愉。

---

① 王阳明:《王阳明全集》,吴光等编校,上海古籍出版社 2012 年版,第 576 页。
② 王阳明:《王阳明全集》,吴光等编校,上海古籍出版社 2012 年版,第 578 页。
③ 王阳明:《王阳明全集》,吴光等编校,上海古籍出版社 2012 年版,第 578 页。
④ 王阳明:《王阳明全集》,吴光等编校,上海古籍出版社 2012 年版,第 624 页。

正德十六年(1521)后，王阳明虽平定宁王叛乱有功但受到排挤，最后赋闲归越。王阳明晚年身体抱恙，在郊游山水中获得别样的生命之愉。

嘉靖三年(1524)冬天，王阳明朋友来访，王阳明与友人共游秦望山，夜宿云门僧舍。对王阳明来讲，此次踏访秦望山，已隔二十七年，虽然身体已经年老力衰，但在王阳明仍不减此兴，留有《嘉靖甲申冬二十一日，再登秦望，自弘治戊午登后，二十七年矣。将下，适董萝石与二三子来，复坐，久之，暮归，同宿云门僧舍》，王阳明在远离多年羁绊的俗事，重新寻怀往路之际，面对夕阳、飞鸟、群壑风光，不禁又想起曾点浴沂咏歌的境界："悠悠观化意，点也可与偕。"①在大自然所赋予的造境之中，历经人生磨难的王阳明在自然风光中明悟曾点之行的新意义——感悟自然生命之乐。

总的来说，在郊游之嬉中，王阳明体悟曾点通过郊游嬉戏获得的"自然洒脱"之感，体悟到三种不同的"心体不累于欲"之愉。

二、曾点形象与教化之乐

自弘治十八年(1505)起，王阳明与讲学结下了不解之缘。在讲学中，王阳明特别喜欢用以一种"点化同志"的教育方式，通过师生共游山水、随处体悟、以诗相赠等方式，在闲适中现化育，洒落中现礼乐，点燃弟子内心智慧、道德与灵性的自觉的光芒，从而让师生之间互相精益，各得其乐。

赴谪途中，王阳明在长沙遇到前来求教的周生，遂与他共游岳麓山，并作《长沙答周生》赠勉来求教的周生。从王阳明的这首诗中，我们了解到这位长沙周生，年少而有才气，对于兵法、射艺等，皆是深造而有所得，能成为国家的栋梁之材，其是因为仰慕王阳明先生而特来求见。

故而，王阳明在游历名山大川，访问前贤故地的过程中，进行"点化同志"，完成了对周生的提点引导。在共游岳麓山，拜访岳麓书院的过程中，王阳明提出"孔圣固遑遑，与点乐归咏。回也王佐才，闭户避邻关"②。王阳明认为圣学之道，颜渊继承孔子圣学之道，但终究不够大气。且颜渊死后，圣学之道最终是由曾点继承并发扬光大。故王阳明在诗中，戏举孔子"惶惶如丧家之犬"和颜渊"用舍行藏"的典故，进而劝勉周生能与他共立圣贤之志，追随曾点的脚

---

① 王阳明：《王阳明全集》，吴光等编校，上海古籍出版社2012年版，第655页。
② 王阳明：《王阳明全集》，吴光等编校，上海古籍出版社2012年版，第577页。

步,直面世间困难,弘扬圣贤之道。

谪居龙场期间,王阳明完成悟道,其以讲学教化门生弟子。既有在山水之间的灵性点化,更有对弟子致于"实学"的劝勉。

《诸生夜坐》这首诗,记录了王阳明在群聚活动中表达情感,在自然中讲学,师徒各有体悟的教学场景。在诗文中,王阳明与弟子觥筹交错,并一同月夜沿溯溪,拂晓登丘林,师生在景泉石丘壑、林行洞游之中的悟道。可以说是阳明在闲适中"点化同志"的经典场面。"缅怀风沂兴,千载相为谋。"①在诗中,王阳明提到曾点"浴沂咏歌"之乐,便是王阳明自然涵咏成圣成德之念的文学体现。

"坐起咏歌俱实学,毫厘须遣认教真。"②而在另一首《春日花间偶集示门生》诗中,王阳明引用曾点浴沂的典故,在展现自然教化之乐之外,还体现了一份关于求学之道的教学要求。

可以说,在教育门生上,王阳明充分发挥孔子"知之者,不如好之者;好之者,不如乐之者"的悦乐境界,寓教于生活之中,随处点化,着意歌咏之趣。需要注意的是,"歌咏之趣"一般人或单纯视为游乐,但在王阳明的眼中却也为"实学"。因为对于成圣成德的工夫,王阳明极其强调"坐起咏歌",教导弟子在实际修养中渐渐孕养而成。

而在滁州的讲学过程中,或是受欧阳修醉中见心的感悟,在教化弟子门生时,王阳明不局限于某个单一又具体的自然场景,而是利用多种自然环境以想象融于一体,进而点化弟子。

正德八年(1513)十月,王阳明到滁州督马政,所谓"地僻官闲",王阳明遂与群弟子游于山水之间,仿醉翁之意,从游者众多。此时王阳明身虽有恙,仍"扶病强登临",与门生乘兴共游。其作的《山中示诸生五首》,即是王阳明教化之乐的最好佐证。此诗,不仅展现了弟子门生慕名远来,王阳明与弟子各自分席,坐而论道,一片和乐的讲学场景,还充分体现了前文说过王阳明的教学特色和目标:在闲适中现化育、洒落中现礼乐,更有阳明新的教化感悟。

"滁流亦沂水,童冠得几人?"在师生俱乐,门下一片春风和畅,怡然自得的景象之中,王阳明自有一种"得天下英才而教之"的喜悦心境。在诗中,王阳明或与门生环坐谈笑,或吟咏啸歌,以可乐教化来启发弟子门生,王阳明以借滁

---

① 王阳明:《王阳明全集》,吴光等编校,上海古籍出版社 2012 年版,第 586 页。
② 王阳明:《王阳明全集》,吴光等编校,上海古籍出版社 2012 年版,第 595 页。

流而自比曾点所浴之沂水为开头,先后引用了沂水、桃源、小亭、溪流、山影等景物,在欣赏这些景物之乐中,自然地劝勉门生"莫负咏归兴,溪山正暮春"①,要有"吾性自足"的心境。

　　总的来说,王阳明这几首包含"曾点形象"的教育诗之中,注重点化同志,注重用不同的体悟方式,与门生弟子共同感悟曾点"浴乎沂,风乎舞雩"的志趣兴味,进而体悟人与大道、真乐相合为一,其诗整体意境和氛围也跃然纸上。

三、曾点形象与"狂者胸次"

　　作为一代大儒,王阳明对"狂者"的理解和自身的狂,是延续了孔孟对"狂者"的定义和期待,并继承这一精神后的选择。

　　孔子曰:"不得中行而与之,必也狂狷乎!狂者进取,狷者有所不为也。"②孔子是希望培养"中行之士",进而弘扬圣学,治理天下,但难以达到。于是,孔子退求其次,追寻狂者,寄希望于"志意高远"的狂者,希望能够以"狂"来做到这些目标。对此,孟子进一步解释。孟子曰:"孔子岂不欲中道哉?不可必得,故思其次也。敢问何如斯可谓狂矣?如琴张、曾皙、牧皮者,孔子之所谓狂也。"③孟子认同孔子培养中行之士的最高目标,也认为中行、中庸并非轻易可达到,故赞同孔子退而追求狂者的做法。

　　阳明继承了这一想法,他认为"狂者"是"一克念即圣人矣"④。同时,阳明赞同曾点之狂,认为"曾子中行之禀也,故能悟入圣人之道"⑤。王阳明领悟到孔子的期望,其诗文之中曾点之"狂",正是展现了孔孟所说的这种进取的精神和勇气。

　　早在赴谪路上,王阳明的"狂者胸次"就有所展露。在《长沙答周生》的诗句中,王阳明曾写道"孔圣固遑遑,与点乐归咏。回也王佐才,闭户避邻哄"⑥,肯定了曾点不惧世俗之"狂",并以此展现自己对坚持圣学正道,不惧流言的肯定。

---

① 王阳明:《王阳明全集》,吴光等编校,上海古籍出版社 2012 年版,第 608 页。
② 朱熹:《新编诸子集成:四书章句集注》,中华书局 1983 年版,第 147 页。
③ 朱熹:《新编诸子集成:四书章句集注》,中华书局 1983 年版,第 374 页。
④ 王阳明:《王阳明全集》,吴光等编校,上海古籍出版社 2012 年版,第 1058 页。
⑤ 王阳明:《王阳明全集》,吴光等编校,上海古籍出版社 2012 年版,第 1058 页。
⑥ 王阳明:《王阳明全集》,吴光等编校,上海古籍出版社 2012 年版,第 577 页。

龙场悟道后，王阳明开始论讲良知学，更加呼吁狂者来承担社会责任。平定宁王叛乱后，面对权宦迫害，王阳明以"狂者"气度，傲然自处。王阳明在《江施二生与医官陶埜冒雨登山，人多笑之，戏作歌》中写道："解脱尘嚣事行乐，尔辈狂简翻见讥。"①王阳明大胆批判世人随波逐利，以自我高洁志向傲然自处。可以看出，王阳明本身就是有着远大追求的狂者。

正德十六年（1521）后，王阳明因奸臣谗言而返乡居越。此时的王阳明推崇曾点之学，便是坚守曾点之"狂"。王阳明认为"夫学贵得之心，求之于心而非也，虽其言之出于孔子，不敢以为是也"②。王阳明选择以"狂者"态度，大胆批判先儒的缺点，弘扬心学良知之义。而这其中最著名的诗，当属《月夜二首（与诸生歌于天泉桥）》。

在《月夜二首》第一首中，王阳明先写中秋月夜，"万里中秋月"。突然"四山云霭忽然生"，王阳明以此表达世俗对良知之学的误解。尔后"须臾浊雾随风散"，王阳明展现了自己不为世俗偏见所动，傲然自立的自信态度。最后，"肯信良知原不昧"。王阳明通过对景色变化的描写，展现出自己追求天下共求圣学的"狂者胸次"。最后，王阳明图穷匕见，展现自信的原因是坚信良知之学。王阳明无畏世俗，自信地讲述良知学，大发豪兴，"老夫今夜狂歌发"。

"影响尚疑朱仲晦，支离羞作郑康成。铿然舍瑟春风里，点也虽狂得我情。"③在第二首诗中，王阳明进一步批判汉代经学、程朱理学过于追求经文而学问支离破碎："影响尚疑朱仲晦，支离羞作郑康成。"并以一句"铿然舍瑟春风里，点也虽狂得我情"来结尾。从诗文中，可见王阳明非常认同曾点的"狂"，王阳明毫不掩饰地表达对自己对曾点狂言的欣赏，流露出自己不畏流言，坚持良知学的高远意志，可见王阳明对心学良知的坚守和弘扬。

从诗文中，我们可看出王阳明的"狂者胸次"，是强调人要把自我从富贵声利场中解放出来，致力于追求圣贤之道，追求心学在天下的弘扬。同时，王阳明强调狂者胸次是意志高远但并不轻视世务事物。王阳明注重在经纶世务中锤炼心灵，即通过事上练到达致良知，进而领悟圣贤之道。

---

① 王阳明：《王阳明全集》，吴光等编校，上海古籍出版社 2012 年版，第 637 页。
② 王阳明：《王阳明全集》，吴光等编校，上海古籍出版社 2012 年版，第 66 页。
③ 王阳明：《王阳明全集》，吴光等编校，上海古籍出版社 2012 年版，第 650 页。

四、曾点形象与"王者气象"

王阳明一生有着"为万世开太平"的圣人志向,十分赞同三代的礼乐之治。王阳明曾曰:"然三代之学,其要皆所以明人伦……是皆汲汲然以仁民之心,而行其养民之政。"①王阳明认为尧舜时代的礼乐和乐、人性抒发源于"仁民之心""养民之政",认为尧舜做到了"以推其天地万物一体之仁以教天下"。②

而对于明代的人心之乱和解决之道,在《答顾东桥书》中,王阳明留下了充分的回答:"天下之人心,其始亦非有异于圣人也,特其间于有我之私,隔于物欲之蔽,大者以小,通者以塞,人各有心,至有视其父、子、兄、弟如仇雠者。圣人有忧之,是以推其天地万物一体之仁以教天下,使之皆有以克其私,去其蔽,以复其心体之同然。"③王阳明认为,有明一代的人心被个体私欲和物欲所蒙蔽,百姓失去了对天下万物的初心,王阳明希望运用圣人教化天下之法来克除人的私心,去掉百姓内心的蒙蔽,恢复人们的本心,从而让天下恢复大治之世。

在曾点"浴沂""舞雩"中,王阳明领悟到曾点以身育百姓,当仁不让地承担教化百姓的责任和担当。王阳明也意识到王者教化百姓是在日常事务中潜移默化地以德性之仁教化百姓,从而再现礼乐之世。为了做到这一点,王阳明对于官员士人,以诚其尧舜圣学之道之意,来互相劝勉;对于百姓,以诚其"温清奉养"之知,来自我教化。在勉励官员士人,教化百姓的过程中,王阳明运用"万物一体之仁心",去构建礼乐和乐社会,渐渐形成了仁心治世的王者气象。

反抗权宦刘瑾而被贬谪后,王阳明遭遇了仕途的挫折。其历经磨难不改其志,王阳明仁心治世的王者气象初步显露。

在赴谪路上,王阳明途经长沙,受到赵太守、王推官的邀请。在晚宴之中,王阳明作《次韵答赵太守王推官》,答谢二人的邀请。王阳明在诗中写道"浴沂谅同情,及兹授春服"④。在宴酬礼乐中,王阳明愈发坚定政治理想:"令德倡高词""努力崇修名"。在诗文中,王阳明认为仁民爱物之心才是最为可乐的,曾点浴沂于沂,着上春服,享受清风和畅的气象,才是应当追求的。他劝勉赵太守、王推官,一同以国家民众为念,施政做到德行远播,不负朝廷期望。

---

① 王阳明:《王阳明全集》,吴光等编校,上海古籍出版社 2012 年版,第 46 页。
② 王阳明:《王阳明全集》,吴光等编校,上海古籍出版社 2012 年版,第 46 页。
③ 王阳明:《王阳明全集》,吴光等编校,上海古籍出版社 2012 年版,第 47 页。
④ 王阳明:《王阳明全集》,吴光等编校,上海古籍出版社 2012 年版,第 579 页。

居夷的经历,孕育了王阳明坚韧的志节。王阳明重返仕途后,不畏困难,积极作为,思考治世之道,渐渐形成其王者气象。

正德八年(1513)十月,王阳明到滁州督马政,虽是说"地僻官闲",但王阳明并未忘记礼乐教化。王阳明先是以静坐之法,教导追随的门生弟子。在送亲人归省的时候,王阳明作《送德观归省二首》,他劝勉亲友也激励自己坚忍不拔,追求圣人作为,要坚守自身的"德性""仁心"。

"立雪浴沂传故事,吟风弄月是何人。"①在诗文中,阳明以曾点"浴沂"故事,表达礼乐追求的仁心;以"程门立雪"的典故表达自身的坚韧志节;以程颐、周敦颐"吟风弄月"故事,表明"为万世开太平"的强烈使命感;以"孔子问津"的典故,借此坚守回归儒家治国之道。王阳明展露了自己在一片纷扰的世事中,做到"天机动处即生意",实时把握治国正道,莫要偏离的决心和担当。

王阳明的一生,也正因为坚持儒家对百姓的王者仁心,在各种困境中把握住"天机动处",其一生才没有在动乱和磨难中"世事到头还俗尘""错问津梁"而误走歧径的遗憾。可以说,此诗实是表达王阳明对治理天下的追求和期许,仁心治世的王者气象已有显露。

正德九年(1514)四月,王阳明任南京鸿胪寺卿,沅陵郭掌教前来南京问学。在《与沅陵郭掌教》的送别诗中,王阳明写道:"别来点瑟还谁鼓?怅望烟花此送君。"②王阳明借送友之际,回忆昔日诸生、稚子、佛香、碧山的闲散生活,在"怅望"的背后,王阳明表达自己从未改变的从仕治国的志向,劝勉郭掌教与自己一样,在所任上,主动担当,用儒家之道,以仁心去实现尧舜的礼乐社会。

随着王阳明以都察院左金都御史巡抚南赣汀漳等处,运用"推其万物一体之仁以教天下"去教化百姓,王阳明仁心治世的王者气象才最终成型。

正德十年(1515)九月,王阳明升左金都御史巡抚南、赣、汀、漳等处,并着手处理当地匪患。在处理匪患过程中,王阳明颁布《谕俗四条》,奏请《疏通盐法疏》,实行多项养民之政。正德十三年(1518)四月,王阳明平三浰诸寇,彻底平定当地匪患。在《登云峰,二三子咏歌以从,欣然成谣二首》诗中,王阳明写道:"飘飘二三子,春服来从行;咏歌见真性,逍遥无俗情。各勉希圣志,毋为尘所萦!"③平贼患立功后,王阳明并未自满,他清醒地意识到目前重任是"希圣

---

① 王阳明:《王阳明全集》,吴光等编校,上海古籍出版社 2012 年版,第 608 页。
② 王阳明:《王阳明全集》,吴光等编校,上海古籍出版社 2012 年版,第 616 页。
③ 王阳明:《王阳明全集》,吴光等编校,上海古籍出版社 2012 年版,第 641 页。

志"。他在诗中劝勉随行士人,也告诫自己,当勿为尘世功名成就所扰,志满意得,扰乱本心之灵明,而追寻那些寻常私利,应当记住自身"推行万物一体之仁以教化天下"的责任。

同时,王阳明在追求礼乐和乐的过程中,在平匪患的地方执政中渐渐意识到"破山中贼易,破心中贼难"。王阳明认识到要实现礼乐社会,最终要的是去除人心的私欲。只有除人心弊病,才能复得尧舜气象。王阳明又意识这一切,都得从恢复人心的"良知"开始。

为此,王阳明从自身践行作起,在施政中让百姓在生活中感悟世间万象,以万事万物拂去心灵尘埃、以天地灵性唤醒自身道德灵性。王阳明在自然中引导百姓,实行教化之道。

总的来说,在仕途上,王阳明感于社会弊端,坚持"推其万物一体之仁以教天下",追求礼乐之治的尧舜理想社会,负起构建礼乐和乐、百姓安居乐业的责任,有着以天下为己任的王者气象。

五、结语

"曾点形象"在王阳明诗歌中的文化意蕴,随着王阳明跌宕起伏的人生而不断丰富。在王阳明被贬谪,赴谪,居夷,到重返仕途,剿匪平叛,再到遭受谗言,返乡讲学的人生经历中,我们可以清晰地梳理出王阳明诗歌中"曾点形象"文化意蕴的发展:随着王阳明经历的不断丰富,曾点这一儒家圣贤形象,在王阳明诗歌中的文化意蕴从最初的个人修养,延伸到王阳明先生的教育思想,融入王阳明追慕圣学的理想追求,到最后追求尧舜的礼乐社会,形成了郊游之嬉、教化之乐、狂者胸次、王者气象的逻辑意蕴。

可以说,王阳明诗歌中"曾点形象"文化意蕴的一步步深化,这是在他特殊经历下独特的体悟与认知,进而焕发出对自我、对社会、对国家的独特思考。王阳明将自身经历和情感融于诗文,以自然笔触展现,不仅让人感受到充塞于天地之间的人性之灵明,也令宇宙多了一层美好诗意。

王阳明诗歌中"风"的意象探微

杨蕙冉[*]

王阳明诗歌中的自然意象随处可见，"风"意象便是其中的典型，作者赋予"风"不同的内蕴，诸如"溪风""松风""春风""凄风""惊风""风雨""风霜""西北风""清风""长风""天风""幽谷风""东风"等。既有直接饰有情感色彩的"风"，又有与其他气象名词搭配而成的"风"。一代圣哲如此钟爱风，与"风"意象的独特性有着密切的关联："风和人的情感之间存在着一种普遍的异质同构关系，概而言之，人类的情感思绪如风一般无形无影而又丰富多样。"[①]造物之风穿梭牧野与广厦，内心之风游离佛禅与政务。造物之风能够进阶内心之风，与风自身的可视性差可感性强的特点有很大关联，更是与王阳明注重内心体认的心性深深契合。笔者从王阳明诗歌中的"风"意象着手，感受王阳明在不同视角下对外物之风的情感变化，体悟"风"意象喻指的王阳明的情、志、心，进而得出王阳明看似观风记"风"实则审视自身的结论，由此展现普通情思与儒道佛三教思想融合的通达境界与物我合一的圆融境界。

一、以风传情：文士之"风"

风来去无影且变幻万端，世间各处无所不往，王阳明诗歌中的"风"多表现自己的人生起伏和当时社会环境的变化无常，呈现出景明则喜与物暗则悲的两面状态。"景明"与"物暗"指的是造物之变化，喜与悲指的不仅是文士笔下

---

* 杨蕙冉，绍兴文理学院人文学院本科生。

① 荣小措：《试论古代诗歌中的风意象》，西北大学硕士学位论文2002年，第3页。

"风"的状态，更是诗人的"情"。其中喜包括游赏玩乐之喜与仕途顺利之喜；悲则包括怀古伤今之悲与生活境遇之悲。

文士笔下的"风"可承载王阳明的喜，其中游赏玩乐之喜占喜之大成。弘治十六年（1503），王阳明前往杭州西湖，写下"溪风欲雨吟堤树，春水新添没渚蒲"①（《西湖醉中漫书》），"溪风"即溪谷吹来的风，王阳明在此地漫游名胜，饮酒赋诗，溪风带给王阳明的不仅是温和的触感，更有愉悦舒适的情感体验。正德元年（1506）王阳明上疏失败，不幸下狱贬谪，文士之风一度披上迁客之悲，而在两年后的浙东四明山游历时，诗人相较于贬谪初期，对于自然万物的初始感受已经有了积极的转变。"风回碧树秋声早，雨过丹岩夕照明"②（《杖锡道中用张宪使韵》），"碧树""丹岩"都是代表盎然生机的景物，更有前文"山鸟欢呼""山花含笑"等欢悦的群像，这里的"风"带给诗人的不再是寒冷的体感，而是充满着生活希望的温存之感。王阳明在秋日出游，写下"秋日澹云影，松风生昼阴"③（《临水幽居》），傍水而居，秋日寂寂，水波迂缓，在这样恬静的氛围里，松林之风留给诗人的便是沁凉愉悦之感。除了游赏玩乐之喜，文士之风中蕴含的喜还体现在仕途顺利之中。正德十二年（1517）王阳明统帅福建漳南之战，这是他军事生涯的首次战役。取得大捷后王阳明写下"数峰斜日旌旗远，一道春风鼓角扬"④（《丁丑二月征漳寇进兵长汀道中有感》），"春风"意象便是王阳明凯旋之时欢欣心情的恰当映射。

文士笔下的"风"除了呈现景明则喜之状，亦展现出物暗则悲之形。风不受时空拘束，可承载王阳明怀古伤今之悲。他在弘治十一年（1498）写下"落日凄风结晚愁，归云半掩春湖碧"⑤（《游秦望用壁间韵》），"凄风"一词展现了王阳明登秦望山的复杂心理，除却登高望远时惯有的指点江山、奋发有为的高昂进取精神，此处还有将秦皇断碑与禹迹进行比较思考后的吊古黯然情思，"凄风"可谓触发了王阳明对科举落第、朝政飘摇的心忧之情。⑥但他并没有沉溺在伤古哀今之中，篇末"夜深风雨过溪来，小榻寒灯卧僧屋"便展现了王阳明已经找到心灵的出口，将逸者笔下的"风"进一步进行阐述。王阳明游历焦山次

---

① 华建新：《王阳明诗文选》，中州古籍出版社 2020 年版，第 26 页。
② 华建新：《王阳明诗文选》，中州古籍出版社 2020 年版，第 61 页。
③ 王阳明：《王阳明全集》，吴光等编校，浙江古籍出版社 2011 年版，第 1753 页。
④ 华建新：《王阳明诗文选》，中州古籍出版社 2020 年版，第 149 页。
⑤ 王阳明：《王阳明全集》，吴光等编校，浙江古籍出版社 2011 年版，第 1697 页。
⑥ 吴艳玲：《一代心学大师的思想起点和精神归宿——解读〈王阳明全集〉失收诗二首》，《广州大学学报（社会科学版）》2004 年第 7 期。

邃庵时,写下"势挟惊风振孤石,气喷浊浪摇空城"(《游焦山次邃庵韵》)①,"惊风"的侵蚀是当地名胜瘗鹤铭脱落沉江的重要原因,同时风之惊也是王阳明伤古情思的外化表现。

又因风常与霜雪雨等其他天气状况组成恶劣天气,使得"风"意象常成为一种不稳定的环境烘托②,因此文士笔下的"风"亦可寄托王阳明生活境遇的波折之悲。正德元年(1506)王阳明为南京言官戴铣直言上疏,惨遭下狱贬谪的下场,这一人生坎坷使王阳明感触到了生活的下限,对于"风"的书写也发生了很大的变化:由前期耽迷任侠骑射下的来去无由转向仕途失意后的沉郁蕴藉。时值严冬,王阳明在锦衣卫大牢里写下"惊风起林木,骤若波浪汹"(《不寐》)③,这里的"惊风"不仅指怒号的外物之风,也表现出诗人当时跌宕起伏、愤懑难解的心境。王阳明初至龙场,写下"迎风亦萧疏,漏雨易补缉"(《初至龙场无所止结草庵居之》)④,显得萧疏的不只是被风吹过的草庵,更有王阳明的心境。王阳明初抵贵州龙场的生活状况是十分艰辛的,"深谷多凄风,霜露沾衣湿"[《采薪二首(其一)》]⑤中的"凄风"喻示了他坎坷的生活境遇。谪期满后,又过三年,王阳明迁官归省,遍历故乡山水,在这段时期里仍能感受到贬谪遭遇对诗人的隐殇,使其常怀忧郁之态。"霏霏洒林薄,漠漠凝风寒"[《四明观白水二首(其一)》]⑥与"藤萝半壁云烟湿,殿角常年风雨寒"[《四明观白水二首(其二)》]⑦中的"风"意象代表的寓意是一致的,风的寒冷是最直接的体感,诗人在那一刹那想起了自己曾遭受的迁客之悲,并抒发了对时局艰辛的苍凉感。综上可观,王阳明虽强调"不为外物所累",却并不认为人应当"毫无感知",其仍主张依从自然本性。本部分分析王阳明诗歌中的"风"意象,并从中解读到诗人的自然性情,"情"外化为"风"且"风"饱含"情",王阳明从文士角度写下的"风"意象实则便是他面对不同生活经历与人生境遇时的情感表现。

---

① 王阳明:《王阳明全集》,吴光等编校,浙江古籍出版社2011年版,第1748页。
② 李超、文晓华:《宋词中"风"意象初探》,《名作欣赏》2018年第18期。
③ 华建新:《王阳明诗文选》,中州古籍出版社2020年版,第104页。
④ 华建新:《王阳明诗文选》,中州古籍出版社2020年版,第119页。
⑤ 华建新:《王阳明诗文选》,中州古籍出版社2020年版,第137页。
⑥ 华建新:《王阳明诗文选》,中州古籍出版社2020年版,第52页。
⑦ 华建新:《王阳明诗文选》,中州古籍出版社2020年版,第56页。

二、以风表志:儒者之"风"

诗人笔下的"风"意象除了呈现普通情思之外,还展露诗人之志,由此体现王阳明不仅是一位具有普通情思的文士,还是一位积极入世的儒者。从儒者角度审视外在之风,笔下的"风"意象多豪迈激越,投射出王阳明坚贞正直的品质、积极进取的追求与治学兴儒的祈愿。

风常有扫尘埃之效,尘埃存于世亦存于心,王阳明借"风"扫除心灵的浮埃,从而展现自身正直坚贞的品质。"载拜西北风,为我扫浮霭"(《双峰》)①是王阳明在1501年游历九华山时写下的,"浮霭"指诗人在刑部任主事期间发现一些冤假错案后产生的满腹心事,能扫浮霭的"西北风"喻示了王阳明对真理与公正的诉求。谪居龙场时,王阳明写下"直干历冰雪,密叶留清风"(《猗猗》)②,表面写竹松的生存状况,实则隐喻自己与道友如松柏的气节,这里的"清风"意象带给王阳明的除了神清气爽的体感,更是唤醒了他清高坚守的品性。

除了扫尘埃之效,风亦有破浪的喷薄力量。疾风排云而上,展现了王阳明积极进取的追求。弘治九年(1496)王阳明第二次会试下第后,写下"抟风自有天池翼,莫依蓬蒿斥鹓鶵"[《次魏五松荷亭玩兴二首(其二)》]③,"抟风"背后喻示的奋进精神正是诗人暂时失意后的自我勉励。两年后王阳明登大伾山时,写下"千古河流成沃野,几年沙势自风湍"(《登大伾山》)④,这里的"风"有去沙势之豪放气度。这时的诗人刚顺利入仕后的第一件公差,心中自然翻腾起了对人生理想的强烈渴望,风湍沙势的入世精神由此而生。王阳明在若耶溪送友时写下"长风破浪下吴越,飞帆夜渡钱塘月"(《若耶溪送友诗并序》)⑤,"长风"意象宏伟豪迈,虽为赠序却依然展现了王阳明自身渴望立功的豪迈气度。又如"吾方坐日观,披云笑天风"[《登泰山(其三)》]⑥,这里的"笑天风"格外值得思考,全诗的前半部分借"穷崖""危泉""巉削""颠崖"等意象极

---

① 华建新:《王阳明诗文选》,中州古籍出版社2020年版,第21页。
② 华建新:《王阳明诗文选》,中州古籍出版社2020年版,第123页。
③ 华建新:《王阳明诗文选》,中州古籍出版社2020年版,第8页。
④ 华建新:《王阳明诗文选》,中州古籍出版社2020年版,第10页。
⑤ 王阳明:《王阳明全集》,吴光等编校,浙江古籍出版社2011年版,第1701页。
⑥ 华建新:《王阳明诗文选》,中州古籍出版社2020年版,第38页。

写泰山之险峻,隐晦地透露出王阳明对时局的不满,后文却笔锋一转,"赤水问轩后,苍梧叫重瞳",赤水和重瞳皆为古代圣贤,诗人在风中拨云长笑,确立了自己在浊世应当以轩辕、舜等圣哲为标杆的信念,故而这里的"天风"必然是凛冽清凉,启人内醒的。1507 年王阳明赴谪居地时,曾因遭遇刘瑾暗算而生遁隐之心,后在荒寺老道的启发下坚定了渡过难关的信心,可以强烈地感受到经历此般磨难后的王阳明变得愈加坚定。他写下"夜静海涛三万里,月明飞锡下天风(《泛海》)①,王阳明形容自己手拿锡杖,身驾天风,在月光下穿越三万里海涛。这里的"风"意象一扫狱中的积郁,变得气势磅礴,其实风并没有大变,只是诗人对风的阐释发生了变化。结束谪居生活,王阳明回故里探寻山水奥妙。在此期间他常有对时局、自身命运的隐忧,但更多的是渴望建功立业、复兴儒学的雄心伟志,这也暗示了诗人较少沉溺个人情思。"云根奇怪起双峰,惯历风霜几万冬"(《钓台山石笋双峰》)②,这首诗是诗人从四明白水前往钓台山所作,在两地所做的几首诗中都提及"风",但游历四明时诗人提及的"风寒""风雨寒"与在钓台山时吟诵的"惯历风霜"是截然不同的,四明山的寒风还只停留在迁客之悲的层面,而此处的带霜之"风"喻示了周遭的磨难,"惯"字与磨难结合反射出王阳明咬定青山不放松的坚韧,并且该诗中诗人以石笋双峰托物言志,表达了自己强烈的建功立业的雄心。

　　王阳明笔下的"风"除了喻示坚贞品性与进取精神,还用来表达治学以兴儒的祈愿,例如"冰雪能回草木死,春风不化山石顽"[《琅琊山中三首(其一)》]③,结合前文"六经散地""丛棘被道"的儒学现状,可以推想"山石"正是象征了儒道式微的时局,而意图化山石的"春风"则是象征了王阳明复兴儒学的祈愿。"难化"却仍要化,折射出王阳明治学兴儒的坚定意志。风来去无踪,穿梭广厦与牧野,其中停留广厦的造物之风正是诗人治学热忱的外化表现。在前往贵州谪居地路途中,王阳明曾在长沙讲学,登岳麓兴诗意,写下"安得清风扫微霭,振衣直上赫曦台"(《望赫曦台》)④,"清风"喻示良知之学,"微霭"喻示贬谪之殇与积郁之思,能够扫微霭的清风正是体现了王阳明从宦海沉浮中重新找到了治学救世的勇气与坚守。由此可观,王阳明虽喜自然之风,但不意味着他沉溺自然,他常以山水点化门生,在天地灵秀间积蓄力量,研磨心性,寻

① 华建新:《王阳明诗文选》,中州古籍出版社 2020 年版,第 117 页。
② 华建新:《王阳明诗文选》,中州古籍出版社 2020 年版,第 58 页。
③ 华建新:《王阳明诗文选》,中州古籍出版社 2020 年版,第 71 页。
④ 王阳明:《王阳明全集》,吴光等编校,浙江古籍出版社 2011 年版,第 1712 页。

觅真正的儒者之"风",这时的"风"不仅寄托王阳明的普通情思,亦彰显其坚贞心性的重塑与入世情怀的复苏,是王阳明之志的外化表现。

三、以风述心:逸者之"风"

王阳明诗歌中的"风"意象不仅具象化展现了诗人的情与志,还喻示了诗人的心之向往与心之升华,在"幽谷风""高风""长风"等诸多意象中可以感受到诗人向往隐逸之境,追慕圆融之界,由此可观王阳明不仅是一位托风传情的文人墨客与借风表志的入世儒者,还是一位以风述心的隐逸之士。从一位旷达超脱的文人角度捕捉到的"风"意象多寄托王阳明的出世之思与圆融心性。

风不仅能游走于高堂广厦,亦能于牧野山林留痕,故"风"可寄寓王阳明出世隐居之思与超逸飘然的心性。弘治十四年(1501)王阳明写下"高林日出三更晓,幽谷风多六月秋"[《化城寺六首(其二)》]①,这时的他刚结束多处的平反事件,游历九华山是散心之举,这里的"幽谷风"多有洗涤心灵之效,结合篇末诗人"夜深忽起蓬莱兴,飞上青天十二楼",可以看到清冽空灵的幽谷之风与九华山浓郁的佛道氛围拂去了诗人因官场黑暗而心生的惶惑与浮躁,使其充满了对天人一体的圣贤气象的向往,可以强烈地感受到王阳明渴望奔赴仙境道家的情思。在"千古陶弘景,高风满湘阿"(《万松穴》)②中可以感受到"高风"对王阳明气度的影响与影射:诗人置身于松林,松林之风高旷清新,激发了他的归隐之思。王阳明在贬谪贵州龙场驿的途中两次前往常德,"惟余洞口桃花树,笑倚东风自岁年"(《晚泊沅江》)③写于此时。这里的"东风"意象承载了物是人非后诗人的感慨与出世隐居的思索。诗人晚泊沅江,听野老谈起桃花源仙境的往事而引发诗意,得道成仙的七位仙人已经无从考据,唯有沿溪两岸的桃花树还在东风里盛开着,"东风"作为桃花树岁岁年年盛开着的凭证,抒发了诗人物是人非的慨叹。结合王阳明盘桓桃花源所写的其他诗作,可以看出诗人在常德桃花源盘桓多时,对八仙往来、桃川仙源、道教丛林这些充满隐逸气息的景点与"多淳朴少宦情"的民风十分向往。人世倥偬,但桃花却一直盛开在"东风"里,对比之中触动了王阳明出世归隐的情绪。正德九年(1514)王阳明寄信同邑乡贤冯兰,写下"席有春阳堪坐雪,门垂五柳好吟风"[《寄冯雪湖

---

① 华建新:《王阳明诗文选》,中州古籍出版社 2020 年版,第 15 页。
② 王阳明:《王阳明全集》,吴光等编校,浙江古籍出版社 2011 年版,第 1751 页。
③ 王阳明:《王阳明全集》,吴光等编校,浙江古籍出版社 2011 年版,第 1707 页。

二首(其二)》]①,"吟风"既可理解为在风中有节奏地作响,又可理解为咏风,柳下咏风颇有闲适之趣。冯兰致仕后归故里,自建庄园,常事垂钓,生活闲适潇洒,王阳明对这位心境悠远的隐士赞慕不已,由此可观冯兰的生活环境与精神境界在一定程度上正是诗人的理想境界,王阳明亦十分向往柳下吟风的隐居生活。"风"中蕴含的隐逸情怀在正德十六年(1521)王阳明于庐山白鹿洞书院讲学时所吟做的诗中同样凸显,"长风卷浮云,褰帷始窥面"(《白鹿洞独对亭》)。② 长风浮云、白鹿凌空,一幅充满了道家祥瑞之气的画面油然而生,"长风"意象正是王阳明寄情道家的有力展现。

逸者笔下的"风"除了具有清新超脱、引人出世的特点,还具有澄明通透、使人平和的特点,澄明通透乃是心定之状,何以心定? 正是因为王阳明将佛教的"无我之境"融入儒家的"孔颜之乐",达到了普通情思、入世热忱与道佛灵醒相交合的圆融化境,呈现"心之本体原自不动"之状。弘治十一年(1498),王阳明登秦望山,写下《游秦望用壁间韵》,篇始王阳明怀古伤今的普通情思已在文士笔下的"风"中展现,而王阳明何以成大家? 正是因为他不会沉溺在个人情思的维度,而是常用圆融变通的智慧来指引自己走出困顿,在格取外物的同时体悟到一种澄澈自得的心灵境界,篇末"夜深风雨过溪来,小榻寒灯卧僧屋"③,夜来的风已经无法引起诗人的心湖波动,只余"小榻寒灯"的澄明莹澈之境。正德八年(1513),王阳明借滁州琅琊山的优美环境展开了声势浩大的讲学活动,山水人文之灵秀激发了诗人的超然情思,他写下"草露不辞芒屦湿,松风偏与葛衣轻"(《龙潭夜坐》)④,王阳明认为"松风"是轻盈的,物轻盈源于心轻盈,这时的诗人在滁州经历了对心学未来的彷徨与聚众讲学的充实,并悟出了"静坐以悟"的心学之法,他对于心学以及人生之理有了进一步的思索,松风吹拂之下的心境过而不滞,空明澄澈,充满圆活的智慧。逸者笔下的"风"中蕴含的圆融心性在嘉靖三年王阳明在绍兴家中赋闲讲学的诗歌中达到至臻之境:圆月夜王阳明与众弟子喝酒赋诗,写下"高歌度与清风去,幽意自随流水春"(《夜坐》)⑤,与歌声同存的"清风"意象自在超然,曾经戎马倥偬、宦海沉浮的王阳明,如今清风高歌,内心是何其的恬淡逍遥,联系颈联表述的心外无物

---

① 华建新:《王阳明诗文选》,中州古籍出版社 2020 年版,第 248 页。

② 华建新:《王阳明诗文选》,中州古籍出版社 2020 年版,第 98 页。

③ 王阳明:《王阳明全集》,吴光等编校,浙江古籍出版社 2011 年版,第 1697 页。

④ 华建新:《王阳明诗文选》,中州古籍出版社 2020 年版,第 78 页。

⑤ 华建新:《王阳明诗文选》,中州古籍出版社 2020 年版,第 200 页。

之理,不难看出这时的王阳明做到了入世与出世的合一,已达自足之境。正当师生们宴饮正欣之际,四山云霭遮住月光,不免令人不悦,然而"须臾浊雾随风散,依旧青天此月明"[《月夜两首(其一)》][①],浊雾喻示人性之恶欲,拂去浊雾的清风喻示了能够摒弃恶欲的通达心性,经历了文士之风阶段的情随境迁与儒者之风阶段的汲汲入世,晚年的王阳明逐渐领悟心之奥妙,这时的诗文已入化境,做到了理学情怀与诗人性灵的贯通。[②] 总而观之,王阳明从逸者角度审视自然,心底深处的隐居之愿得以浮现,澄明平和的圆融智慧得以迸发,故而看似记"风"实则述"心"。

四、结语

文士笔下的"风"、儒者笔下的"风"及逸者笔下的"风"展现的是王阳明从不同视角对外在之风的三重审视,这三重审视看似并无关联,但实则相互贯通:从王阳明自身理论建设来看,"心之本体原自不动",可以说逸者部分的"不动之心"是一个基础。王阳明虽强调"致良知""不为外物所累",却并不认为人应当"毫无感知",所谓"致中和",只是使"喜怒一循于理",即依从自然本性。当喜则喜,当悲则悲,由此便有文士笔下的"风",这在王阳明诗歌中的表现便是其在遭遇贬谪时也是会产生悲伤情感的,只是不拘泥于悲伤而已。不仅如此,孔颜之乐的圆融境界在很多"景明"诗中亦有呈现,"逸者"部分一旦涉及官场的黑暗,就容易回归文士的自然性情中去,由此可见文士笔下的"风"与逸者笔下的"风"是紧密贯通的。王阳明看似达观随寓,文士之"风"随波于外在变化,但实则是自身统摄外物,"生人不努力,草木同衰残",他将天地万物皆纳入自身,不断扩大自身心性的内涵与张力,这也是他看似心随境迁却积极入世的心理基础[③],这个心理基础打破了文士之"风"与儒者之"风"之间的壁垒;王阳明认为养心并不是要"沈空守寂",而是要经得住磨炼,才能成就圣贤的事业[④],由此儒者之"风"与逸者之"风"亦可贯通,消除相互壁垒的三重风展现了王阳明将普通情思与儒道佛三教思想合一的通达境界。同时可以将王阳明从三重身份落笔的"风"合称为文学之"风",文学之"风"是外在之风经过阳明内

---

① 华建新:《王阳明诗文选》,中州古籍出版社 2020 年版,第 202 页。
② 刘再华:《王阳明文学论略》,《求索》1997 年第 6 期。
③ 刘再华、朱海峰:《王阳明贬龙场期间诗文的精神境界》,《中国文化研究》2012 年第 2 期。
④ 赵平略:《王阳明的文学思想与创作》,《贵阳学院学报(社会科学版)》2013 年第 3 期。

心投射思考后的产物,故而王阳明从不同身份落笔的"风"可以对应为王阳明作为文学之人的不同部分:文士笔下的"风"即王阳明的情,儒者笔下的"风"是王阳明的志,逸者笔下的"风"实则便是王阳明的心。情、志、心相辅相成、三位一体,贯通成为王阳明大写的"人",王阳明看似在观风,实际上是在观己身,由此外在之风进阶为内心之"风",达到物我合一的圆融境界。

论王阳明的"狱中诗"创作

金柯婷*

　　王阳明诗歌研究是王学研究的深入与拓展,对于研究王阳明本身乃至重估明诗的价值具有重大意义。王阳明的诗歌创作以正德元年(1506)十二月为界点,分为前后两个时期。又根据创作地域分布的不同,可细分为前归越诗、山东诗、京师诗、狱中诗、赴谪诗、居夷诗、庐陵诗、庐山诗等类。其中,狱中诗作为王阳明后期诗歌的开端,是其人生转折与为学历程及思想变化节点的投射,也是现存唯一能够探究王阳明狱中心境的文献和依据。

　　王阳明"因言获罪",于正德元年(1506)腊月被投入诏狱,身份上由兵部主事转变为阶下之囚。政治上的失意带来了王阳明精神上的探索,他在狱中写下了十四首反映其当时心境的诗歌,即《不寐》《有室七章》《读易》《岁暮》《见月》《天涯》《屋罅月》《别友狱中》。其中《有室七章》属联章诗,包括七首狱中诗,而非部分学者认为的一首。故王阳明下锦衣狱所作之诗,凡十四首。笔者对王阳明"狱中诗"创作进行解读,探析当事者作为"人"在困厄处境下的心境。

一、无尽愁思

　　创作"狱中诗"时的王阳明尚未"龙场悟道",故他在锦衣狱的心境大体与一般文人无二。锦衣狱又称"诏狱",《明史·刑法》三卷按:"锦衣卫之狱,太祖尝用之,后已禁止,其复用亦自永乐时。"[①]锦衣狱是个十分可怕的地方,狱中

---

　　* 金柯婷,绍兴文理学院人文学院本科生。

　　① 张廷玉,等:《明史》,台湾商务印书馆1986年版,第496页。

"狱禁森严,水火不入,疫疬之气,充斥囹圄",用刑也极为残酷,"至汉有侍卫司狱,凡大事皆决焉。明锦衣卫狱近之,幽系惨酷,害无甚于此者"。① 一旦进入锦衣狱大牢,很难能活着离开,例如这场弹劾风波的主角之一戴铣就死于狱中。基于此,王阳明在囹圄中的愁思便不难理解。王阳明将这种"愁"记录进了《有室七章》和《屋罅月》。

《有室七章》

有室如簏,周之崇墉。窒如穴处,无秋天冬!(其一)

耿彼屋漏,天光入之。瞻彼日月,何嗟及之!(其二)

倏晦倏明,凄其以风。倏雨倏雪,当昼而蒙。(其三)

夜何其矣,靡星靡粲。岂无白日?寤寐永叹!(其四)

心之忧矣,匪家匪室。或其启矣,殒予匪恤。(其五)

氤氲其埃,日之光矣,渊渊其鼓,明既昌矣。(其六)

朝既式矣,日既夕矣。悠悠我思,曷其极矣!(其七)②

此七首诗系阳明仿《诗经》而作,继承了《诗经》"怨"的传统。题目既定为《有室七章》,即表示王阳明这七首诗的主题是针对幽拘之所的感发。前三首诗侧重于对监狱环境的描写,把室比作"簏"和"穴处",颇具压迫之感。"周之崇墉"引自《诗经·皇矣》篇的"崇墉言言",极言牢房围墙之高。在第二首诗里,"瞻彼日月"袭自《诗经·雄雉》"瞻彼日月,悠悠我思","何嗟及之"袭自《诗经·中谷有蓷》"啜其泣矣,何嗟及矣"。这里王阳明用"日月"借指正德皇帝,希望皇帝可以幡然醒悟,还其清白。诗三描写监狱环境之差,连风雪都无法遮蔽。逼仄、封闭的监狱空间,带来了王阳明的忧虑与不安。于是到第四首诗时,他笔头一转,开始直言自己的情绪。"夜何其矣"化用自《诗经·庭燎》的"夜如何其",本是赞颂君王勤政的,在此则具有了讽刺意味。感受到时局黑暗的王阳明能做的只有期盼白日的光明,自然也就愁思无尽了。"寤寐永叹"袭自《诗经·小弁》"假寐永叹,维忧用老",以此写出愁之深切。奸臣当道,浮云翳日,江山社稷岌岌可危,王阳明却无能为力。他只能用诗抒发自己难以消解的苦闷之情。

---

① 张廷玉,等:《明史》,台湾商务印书馆 1986 年版,第 499 页。

② 王守仁:《王阳明全集》,吴光等编校,上海古籍出版社 1992 年版,第 674 页。

《屋罅月》

幽室不知年,夜长昼苦短。但见屋罅月,清光自亏满。

佳人宴清夜,繁丝激哀管;朱阁出浮云,高歌正凄婉。①

宁知幽室妇,中夜独愁叹!良人事游侠,经岁去不返。

来归在何时?年华忽将晚。萧条念宗祀,泪下长如霰。

"感慨忠爱,得三百篇之神"②,施邦曜这样评价这首诗。诗中,王阳明借用"幽室妇"的形象传达自己的"忠爱"之情。他把自己比作"幽室妇",君主正德皇帝则为经年不返的良人。良人外出交游去了,独留"妇人"守空房。据史料记载,"皇帝忘国家之事,出游无度,有如匹夫"③。正德皇帝在位期间纵情逸乐,经出掖门,不听劝谏。基于此,王阳明将朱厚照比作"事游侠"的良人自是极为恰当的。在监狱里的"思妇"王阳明,不知道君主何时能醒悟过来,自己又何时能够离开这幽牢。月有阴晴圆缺,人也有悲欢离合。王阳明顾月自怜,想到了自己此刻凄凉的处境,担心等正德皇帝醒悟过来已为时晚矣。他又想到宗庙社稷,君主只顾玩乐,不理朝政,让人担忧。所以忧国忧民的王阳明自然"泪下长如霰"。此时的王阳明身陷囹圄,全诗洋溢着愁似弃妇却又甚于弃妇的悲切之情,充满被"弃"的"怨愤"。④

二、自我宽慰

不同于《有室七章》和《屋罅月》呈现的无尽悲切,《不寐》和《见月》传达的情绪则相对积极。王阳明选择用自我宽慰的方式消解自己的痛苦。

《不寐》

天寒岁云暮,冰雪关河迥。幽室魍魉生,不寐知夜永。

惊风起林木,骤若波浪汹。我心良匪石,讵为威欣动!

滔滔眼前事,逝者去相踵。崖穷犹可陟,水深犹可泳。

焉知非日月,胡为乱予衷?深谷自逶迤,烟霞日悠永。

---

① 王守仁:《王阳明全集》,吴光等编校,上海古籍出版社1992年版,第676页。

② 王守仁:《阳明先生集要》,施邦曜评辑,王晓昕等整理,中华书局2008年版,第978页。

③ 《朝鲜王朝实录·中宗实录》卷三十八,十五年三月十一日条。

④ 华建新:《王阳明诗文选》,中州古籍出版社2020年版,第111页。

匡时在贤达，归哉盍耕垅！①

短短一首《不寐》，王阳明三次宽慰自己。严寒的季节和可怕的环境使得王阳明身心俱疲，遭受"魑魅"陷害的他处于一种极度高压状态。面对这次如同"惊风"和"波涛"般猝不及防的灾难，王阳明先是借用《诗经》里的"我心匪石，不可转也"来宽慰自己，石可转，我心不可转。既然心不可转，那么"讵为戚欣动"！这是王阳明给予自己的第一次心理安慰，他告诉自己不要在意生活的悲欣。王阳明后悔进谏吗？他不后悔。他没有做错，他无愧于心。过去的遭遇挥之不去，于是他只能再次宽慰自己，"崖穷犹可陟，水深犹可泳"，天无绝人之路，没有什么是过不去的。可是在这样的处境下，又岂能凭借三言两语就释怀呢？"焉知非日月，胡为乱予衷"，明代的钟惺这样评价这句诗："二语解来亦浅，但觉其感叹甚深，使人也恻。"②王阳明满腔热血却无法实现，现如今时局动荡，他不仅束手无策，还连自己的生命安全都不能保证。想到此，王阳明不免心烦意乱。他只能再想办法来宽慰自己，于是他想到了归隐。王阳明通过幻想隐居生活，来让自己从压抑的情绪中跳脱出去。但是真有这么容易吗？于此时的王阳明而言，归隐田园又岂是易事？所以这一切也只是他不切实际的幻想罢了，他自己其实也明白。最后的一句"匡时在贤达，归哉盍耕垅"，又透露出他多少的无奈和心酸啊！

《见月》

屋罅见明月，还见地上霜。客子夜中起，旁皇涕沾裳。
匪为严霜苦，悲此明月光。月光如流水，徘徊照高堂。
胡为此幽室，奄忽逾飞扬？逝者不可及，来者犹可望。
盈虚有天运，叹息何能忘！③

夜半时分诗人在幽深囹圄间惊心而起，看见简陋的卧榻前有一抹白月光与自己为伴。本该将清辉泼洒向夜晚的正堂大厅的皎洁明月，却流落到与卑微的尘埃一起匍匐于地，对此，王阳明不禁心生感叹。这里阳明以月光自喻，自怜空有报效朝廷之雄心，然而命运的转折却常常令人始料不及。与李白的床前月光不同，王阳明此作以近乎"感时花溅泪"的敏感情绪表达了对人生与

---

① 王守仁：《王阳明全集》，吴光等编校，上海古籍出版社 1992 年版，第 674 页。
② 《王文成公文选》，钟惺评，明崇祯六年刻本。
③ 王守仁：《王阳明全集》，吴光等编校，上海古籍出版社 1992 年版，第 675 页。

命运的迷惑，因而被日本阳明学者东正堂认为是狱中诗里最优秀的一首。王阳明不明白自己为何会陷入如斯境地，他为自己因直言入狱一事而不解，他不平，他悲伤。不过他终归不是一般人，并没有一挫到底，而是很快调节了自己的情绪，选择振作。"逝者不可及，来者犹可望"是对"往者不可谏，来者犹可追"的化用，王阳明以此来鼓励自己，使自己振作起来。虽说此时的他生死未卜，但是仍然寄希望于"来者"。王阳明告诉自己，盈虚有数，叹息并不能改变什么，只是徒增伤悲罢了。最后一句，王阳明了然"盈虚有天运"的同时，依旧无法得到超脱，反而流露出一种无力之感。因为"盈虚"并非单指王阳明的遭遇更蕴含了朝代的盛衰，在狱中的王阳明明白此种盛衰乃是天命轮转，他没有能力去改变。这于忧时感世的王阳明而言是心酸的。

三、渴望归隐

如果说《见月》里的王阳明尚存无力之感，那么《岁暮》《天涯》二诗所呈现的王阳明，已经能够将这种无力之感转换为对归隐的渴望。虽说该阶段的王阳明还没能领悟"心外无物、心外无事、心外无理"，但他却不再限于用诗抱怨监狱环境，而是试着借诗思索他的家乡以及仕与隐的问题。家乡是狱中王阳明的精神寄托，他将对家乡的思念之情记录在《岁暮》和《天涯》两首诗作中。

《岁暮》

兀坐经旬成木石，忽惊岁暮还思乡。高檐白日不到地，深夜黠鼠时登床。峰头霁雪开草阁，瀑下古松闲石房。溪鹤洞猿尔无恙，春江归棹吾相将。

《天涯》

天涯岁暮冰霜结，永巷人稀罔象游。长夜星辰瞻阁道，晓天钟鼓隔云楼。思家有泪仍多病，报主无能合远投。留得升平双眼在，且应蓑笠卧沧洲。[①]

《岁暮》《天涯》皆有提及"思乡"这一情感，但是体现的心境却有所不同。

《岁暮》一诗，王阳明先从思乡描写自己的凄惨处境，接着笔锋一转，开始畅想归隐后的生活。需要注意的是，深陷囹圄的王阳明并不是第一次想到归隐，前面说的《不寐》就对归隐有所提及，但它只是一笔带过。然而在《岁暮》

① 王守仁：《王阳明全集》，吴光等编校，上海古籍出版社 1992 年版，第 675 页。

中,王阳明却使用整整二分之一的篇幅来叙写自己想象中的隐居景象。显然,《岁暮》里王阳明的隐居之情甚于《不寐》。因为《不寐》所说的渴望归隐,更多出于无奈的选择,所谓"匡时在贤达,归哉盍耕垄"极有可能是王阳明的一时"怨愤"之言。《岁暮》呈现的王阳明形象较《不寐》而言,更多了一份豁达,一份洒脱。王阳明能够从"还思乡"的悲观情绪中脱离出来,可以说是非常了不起的。

《天涯》呈现的思乡之苦甚于《岁暮》。与《岁暮》一开始就点出思乡主题不同,《天涯》通过虚实结合的方式写景以引出思家之情。王阳明在《天涯》中,"思"的不单是"家",更多的是"国"。他从"思家"转向"思国",想到自己报国无门,从而郁结于怀。"报主无能合远投"是王阳明对自我的理性反思,因为自己和自己所在的党派缺乏斗争经验,所以反被奸佞陷害。这种现实的残酷,使得他更加向往与世无争的田园生活,于是他通过选择归耕陇上以保全独立的人格。故在诗的最后,王阳明再一次提出了对归隐的渴望,但是这里的渴望归隐是建立在四海升平的基础之上的。他真正的心愿并非归隐,而是天下太平!王阳明突破了个人命运的局限,将全诗上升到天下国家的高度,这是何等的气魄!

四、自得其乐

《读易》和《别有狱中》是王阳明自得其乐心境的呈现,这种境界是普通落难文人很难达到的。

《读易》

囚居亦何事? 省愆惧安饱。

瞑坐玩义易,洗心见微奥。

乃知先天翁,画画有至教。

包蒙戒为寇,童牿事宜早;

蹇蹇匪为节,虩虩未违道。

遯四获我心,蛊上庸自保。

俯仰天地间,触目俱浩浩。

箪瓢有余乐,此意良匪矫。

幽哉阳明麓,可以忘吾老。[1]

---

[1] 王守仁:《王阳明全集》,吴光等编校,上海古籍出版社 1992 年版,第 675 页。

这首诗是诗人在狱中读《易》"洗心"感受的真实描述。像当年周文王因于羑里而演《周易》一样,王阳明被执于锦衣狱,亦沉浸于《周易》的演习之中。《周易》的一笔一画都蕴含着极其高明的道理。因居枯牢,瞑坐玩易,使王阳明获得了心灵的净化,开始适应监狱生活。"玩"字就是王阳明对监狱生活的适应的完美体现,若非情绪上的自适与放松,又如何能玩?且"见微奥"一事又需要人专心致志才能达成,若其无法自在自适,当然也无法专心。王阳明在这样困顿的环境中依旧保持本心,是《易》让他"洗心",认识到宇宙浩然,向往"箪瓢之乐"。他用不断自省的方式传达自己此时的内心所想,王阳明读易非为占自己命运的吉凶,而是将它作为表明心志的手段。"玩易"使得王阳明对自己"因言获罪"一事有了更进一步地梳理,同时给逆境中的自己指示了一条通过退隐以心安自全,以至于可以乐以忘忧的途径,因此深得他的心许。此时的王阳明选择遵从内心,更加坚定要超越眼前俗务羁绊的决心,已经能够做到自得其乐。

《别友狱中》

居常念朋旧,簿领成阔绝。嗟我二三友,胡然此簦盍!
累累囹圄间,讲诵未能辍。桎梏敢忘罪?至道良足悦。①
所恨精诚眇,尚口徒自瞆。天王本明圣,旋已但中热。
行藏未可期,明当与君别。愿言无诡随,努力从前哲!

由诗题可知,此诗应为王阳明离开锦衣狱前所作。故与《读易》相较,《别友狱中》之乐更甚。入狱后的王阳明时常思念亲朋,但苦于高墙的拦隔,彼此之间丧失了音讯。好在有狱中的朋友们陪着他,这些朋友无疑给他的监狱生活增添了一抹亮色。即使身处囹圄,王阳明依然没有停止讲学论道。在他看来,正德皇帝本质还是圣明的,自己只是暂时无法得到他的赏识。虽说王阳明并不确定自己之后能否再被任用,但是出狱一事仍使他激动不已。在最后,王阳明同时对自己和朋友进行劝勉:希望不随波逐流,罔顾是非,而是要尽力追随往哲先贤,潜心于学。

艰苦的环境并不能阻止王阳明求学问道,他从至道中获取足够的喜悦。他12岁立志做"圣贤",并为此付出了极大的努力,不停地思考探索。尽管如此,王阳明依然遗憾自己不够至诚。他注重实践,认为"流于口耳"于学问无

① 王守仁:《王阳明全集》,吴光等编校,上海古籍出版社1992年版,第676页。

益。幸好正德皇帝开恩,他获得了出狱的机会,从而有了践行学问的可能。"行藏"出自《论语·述而》的"用之则行,舍之则藏",王阳明不在乎荣华富贵,只求"从前哲"。监狱磨炼了他的心性,出狱前的王阳明对自己的这段经历已然释怀。他的心绪也随着要离开而感到鼓舞,而此诗的情感呈现,全凝聚在了"努力从前哲"一句。出狱意味着新生,是心性的涅槃。最后的这句话,王阳明不但是写给狱中的友人的,更是一种自励,全诗充满喜悦与希望。

五、结语

概而论之,王阳明的伟大在于他对本心的不停磨炼。通过对王阳明"狱中诗"创作的分析,我们可以发现还未悟出心学理论的王阳明其实跟一般文人并无太大差异,他表现了一般人遭受磨难时会有的忧虑、不平,也跟一般文人一样忧国忧民,诗中的自我调适与隐居倾向虽不能说是普遍现象,但也是文人心境的一种转换过程。入狱之痛、爱国之心、思乡之情、仕与隐构成了王阳明狱中诗的主体基调。

幽拘的锦衣狱大牢成为王阳明心志的炼狱,见证了他从内心脆弱到意志坚强,从渴求情的依归到对痛苦的内在超越的过程。正如赵永刚所言,面对生存危机,王阳明有一套自己的处困之道。[1] 尚未成为"圣人"的王阳明,凭这套处困之道将恶劣的环境变为自己独立思考、超脱悟道的最大助力。狱中的王阳明肉体虽被囚禁,情感思绪却是自由的。出狱后的他"有归隐之图"[2],无疑与他在狱中的静思与领悟有关。

---

① 赵永刚:《龙场悟道与王阳明生命价值体系重建》,《特区实践与理论》2018 年第 4 期。

② 王守仁:《王阳明全集》,吴光等编校,上海古籍出版社 1992 年版,第 253 页。

论张岱《快园道古》中的王阳明形象塑造

谢盈盈*

张岱(1597—1689),一名维城,字宗子,又字石公,号陶庵、陶庵老人、蝶庵等,晚年号六休居士,浙江山阴(今浙江绍兴)人,祖籍四川绵竹(故自称"蜀人"),明清之际史学家、文学家。《快园道古》是张岱于其晚年历经沧桑后追忆往昔人事的作品,平淡中不乏韵致,具有较高的文学与文化价值。书中,张岱多处写到明朝杰出的思想家、文学家、军事家、教育家王阳明。笔者结合《快园道古》中的相关文本及时代背景,讨论张岱写卜王阳明的多层原因,浅析其笔下王阳明的形象及人物塑造手法,并探究张岱于作品中记述王阳明的价值意义。

一、张岱《快园道古》书写王阳明的缘起

张岱在《快园道古》一书中反复提及王阳明,笔者认为这一过程无外乎经历了关注、认同、追崇三个阶段。

首先,于耳濡目染间生发的关注基础。于王阳明自身而言,其在当时的社会上有着不可忽视的地位,这可以从皇帝、其弟子、百姓三个视角出发进行分析。

武宗在位,适逢西北边关三次告急的"养兵千日,用兵一时"之际,王阳明出班上奏,面陈口述《陈言边务八目疏》;世宗皇帝亦始终对王阳明有着极高的

---

* 谢盈盈,绍兴文理学院人文学院本科生。

评价：自筹将士组织剿匪，设立三县根绝盗贼之患，前无古人后无来者的天下奇才……

从其所收弟子来看，王阳明在全国范围内设立书院、学院，广收弟子，培养出文武双全的卢尚德、冀元亨等。《快园道古》中便有对冀元亨的记载：

> 冀元亨以通濠事下狱，臬司逮其妻李氏与二女，俱不怖，曰："吾夫平生尊师讲学，岂有他哉！"狱中治麻枲不辍，暇诵书歌诗。事旦白，守者欲出之，李氏曰："未见吾夫，吾出安归？"臬司诸僚妇召见之，辞不赴。已，洁一室就见之，则以囚服见，手不释麻枲。问："尔夫何学？"曰："吾夫之学不出闺门衽席间。"闻者悚然。①

由此可见，冀元亨亦是个沉着冷静、朴实好学的人才。王阳明的不少弟子在当时也有着极高的成就，因而更是从侧面提高了其社会影响力。

而在当时老百姓的眼中，王阳明的地位更是他人无法比及：四省剿匪，添设三县，为民谋利，给四省许多生活于盗匪剥削之下的百姓带去新生活的转机，为他们的生活谋得和平安宁……

除此之外，张岱十分敬佩之人徐渭等，亦十分推崇阳明心学，这对其有着一定程度的影响。徐渭（1521—1593），汉族，绍兴府山阴（今浙江绍兴）人。初字文清，后改字文长，号青藤老人等，明代中期文学家、书画家、戏曲家、军事家。徐渭年轻时与张岱的高祖张天复（字复亨，号内山）是同学，二人关系要好，因而张岱从小就听闻了许多徐渭的逸闻趣事。徐渭师从王阳明的嫡传弟子季本，因而徐渭可以算是王阳明的再传弟子。徐渭对王阳明有着极高的评价，大力赞誉他的心学和政治功绩等，在作品中表现出明显的"拥王贬朱"倾向，并把王阳明同孔子、周公相提并论，可见其对王阳明的评价之高。

不可否认，生活在明末清初的张岱，其所处环境皆与阳明息息相关，阳明的思想于耳濡目染之间逐渐加之于张岱，使其对王阳明有了初步的关注。

其次，由高度的价值体认促成的推崇。张岱的人生经历可以说是一场热闹红火的戏——曲终人不见，江上数峰青，终是一场浮华一场梦。张岱自幼生长在鼎食之家，衣食无忧。在经历"甲申之变"前，他到处游山玩水，赏灯作画，极尽奢华之事。从其前半生一贯的生活作风来看，他对于阳明心学的认同集中体现为以下几个方面。

---

① 张岱：《快园道古》，《张岱著作集》，浙江古籍出版社 2013 年版，第 20 页。

一是反对程朱理学与八股制度。张岱对程朱理学下的八股取士深恶痛绝，他认为，科举以四书义理为核心，结合八股制度所彰显的世界是一个狭隘而扭曲的世界，思想的禁锢使得明朝士人阶层不具备面对危机的能力，面对敌寇的来袭只能一筹莫展，认为八股取士是明朝衰败的根本原因之一："八股一日不废，则天下一日犹不得太平也……濂洛关闽、百家众说、阴阳兵律、山经地志、浮屠老子之文章，无所不习，而顾不得与空疏庸腐、稚拙鄙陋者为伍。"

二是主张无善无恶本体论，反对封建礼教。从张岱前半生一贯的生活作风上来看，他认同王阳明《四句教》中的"无善无恶心之体"，反对礼教的约束，追求享乐。与此同时，张岱在《一卷冰雪文》中提出艺术创作和做人都要有"冰雪之气"："故知世间山川、云物、水火、草木、色声、香味，莫不有冰雪之气。"，这也正是王阳明所说的蕴含在万事万物中的"良知"。

三是将"三不朽"作为人生目标。"三不朽"之说出自《左传》，张岱曾说过，"甲第科名，至艳事也。黄榜一出，深山穷谷无不传其姓氏，而身殁之后，除立德、立功、立言，则鲜有传于身后者矣。"如此见识，已不拘泥于当时汲汲于功名的大多数读书人。张岱晚年笔耕不辍，想必正是为了完成"三不朽"中的"立言"这一行为，即通过历史著述来弘扬士人气节、传递民族正气。

此时，张岱对于阳明心学的高度体认促成了其对王阳明的推崇，为其之后于作品中抒写王阳明埋下了伏笔。

四是将王阳明确立为偶像与精神寄托。前期属于精于鉴赏的高级文人及越中名士的张岱，其遗民生活真正将他从这种"小资情怀"中抽离出来。明朝灭亡、清朝入关的经历，使得张岱深感亡国之痛，幡然醒悟。他认为，明代只有王阳明达到了"三不朽"：张岱作《三不朽图赞》赞扬学者的高尚情操时，把王阳明放在了首位，称阳明之学源于孔孟，良知之说，祖述孟子，而世人聋瞆，訾为异端。阳明之功，正本清源，振溺挽倒，不亚于大禹之出民鱼鳖，拯救了世道人心，虽然一路被世人讥讽为异端，但依然能坚持自己的言行。因而张岱一生都以王阳明为偶像，并努力向其靠拢。他在战乱中潜入山林，反思过往之荒唐，只一门心思著书，用心于学问之道。

张岱后半生在身心承受着巨大痛苦的同时仍旧咬牙坚持，只为完成其未尽使命——修撰《石匮书》，同清廷做无尽的斗争。在此书中，亦饱含着张岱对王阳明的赞誉：所谓武以事功封伯爵，文以学问祀孔庙。明朝以功封伯爵之文臣三人，以学问从祀孔庙之学者四人，王阳明独占其二，王阳明之英才绝世，可管中窥豹。有明一代，文臣用兵制盛，未有如守仁者。在王阳明逝世后，其学遭到攻击，被斥为伪学。明亡后，甚至有人将亡国之罪归诸阳明学。关于此，《石匮书》中的一段话引人深思，可以认为是替阳明辩诬："（阳明先生）致良知之说行，而人犹訾天下无学术矣；平宸濠、平思田之功成，而人犹訾天下无事功矣。馋口鑠张，易白为黑，阳明先生犹不免，而况其他乎！"

综上，张岱的一生，从绚烂归于平淡，这之中王阳明对他的人生所产生的影响不容小觑。故而着笔墨于王阳明，于作品中记录王阳明的生平琐事与功绩，传达对他的赞誉等。

二、《快园道古》中的王阳明形象塑造

统计发现，张岱于《快园道古》一书中对王阳明生平相关事迹的直接记载共 11 处。相比于其他作品，其在此书中对王阳明的塑造，突出表现为以下几点特征。

首先是趋于打破神异化的祛魅化、真切感。试将《快园道古》相较于同出现于明代的与王阳明相关的文学作品《王阳明年谱》（以下简称《年谱》）和《皇明大儒王阳明先生出身靖乱录》（以下简称《靖乱录》）来分析，此二者皆成书于《快园道古》之前，且后者以前者为依据展开创作，其中丰富的神异色彩可谓是"一脉相承"。

《年谱》由钱德洪等人编订，成书于嘉靖癸亥（1563），被认为是记载了王阳明生平事迹的重要史料，后收入《王文成公全书》。书中，自王阳明出生，到建功立业，以至于次次向神灵祈祷的过程，均不乏神异化的表现。王阳明一生于宦海中沉浮，时常陷入难以跳脱的困境，作家此时便在描绘中增添了"神"的扶持，助王阳明化险为夷。

明末通俗小说家冯梦龙的《靖乱录》亦是如此。其在《年谱》的基础上，加之作者自身偏于主观的个性化理解，于书中倾洒出更为丰富的神异化笔墨，包括神云送子后的神僧指点，偶遇相士的人生三阶段预言等，均让读者沉浸于其明显的神异化与道学气中，不禁将王阳明视为"千古圣人"。

古代史家在叙述历史时，常常通过超现实的想象来诠释某种难以解释的人生现象或社会现象[①]，此二者亦是如此。作者在写作时将史家笔法与文学手法融而为一，展现出充满虚幻性的神异色彩。而张岱却打破了当时惯有的

---

① 华建新：《论〈王阳明年谱〉的文学手法》，《宁波广播电视大学学报》2011 年第 1 期，第 117 页。

神异化写法,坚持用洒脱谐谑的文字记述王阳明的相关事迹,"入理既精,仍通嘻笑",有意显示出作品的祛魅化与真切感,这是其于《快园道古》中塑造王阳明形象的一大特点。

其次是超脱直言铺陈的侧面烘托。除却直接铺陈之外,张岱在抒写王阳明相关故事,塑造其人物形象的过程中,还穿插了一些关于王阳明弟子、父亲、皇上等相关人物的描写,从王阳明的生长环境、生活背景等多处进行侧面烘托,由此更为凸显其形象。如书中几处对于明武宗的记述:

> 武宗在宣府迎春,借诸剧戏饰,大车数十辆,令僧与妓女数十人共载。妓女各执皮球,车驰,妓女交击僧头,或相触而堕。上大笑以为乐。①

> 武宗朝,以国姓朱,禁天下畜猪,杀猪者罪无赦。凡民间小豭皆弃之,沟渠市河为满。②

当时社会的腐败混乱显而易见。也正是在这种社会环境中,王阳明得以发挥其儒将潜质,既破山中贼,屡立战功,又破心中贼,不断对地方进行教化治理,为民谋利,得到老百姓的推崇,在明代有了不可动摇的地位。

最后是客观陈言,隐含赞誉。张岱从王阳明小时候赋诗、拜师的故事开始客观叙述,虽未直接吐露自己心中对王阳明的赞誉和推崇,但其文字集合起来,又处处表现出王阳明的过人之处,可谓"不着一字,尽得风流"。如:王文成十一岁时,祖竹轩公携还京师。过金山寺,与客饮酒赋诗,文成从旁赋曰:"金山一点大如拳,打破维扬水底天。醉倚妙高台上月,玉箫吹彻洞龙眠。"客大惊异。复命赋"蔽月山房"诗,文成随口应之曰:"山近月远觉月小,便道此山大于月。若人有眼大如天,还见山小月更阔。"③

此处看似客观陈言,但从"客大惊异""随口应之"等处不难发现,张岱亦认为王阳明年纪轻轻就有了极高的文学造诣,机智聪颖,是当时难得的才子,故而在字里行间隐含着对阳明的高度赞誉。

①　张岱:《快园道古》,《张岱著作集》,浙江古籍出版社 2013 年版,第 168 页。
②　张岱:《快园道古》,《张岱著作集》,浙江古籍出版社 2013 年版,第 169 页。
③　张岱:《快园道古》,《张岱著作集》,浙江古籍出版社 2013 年版,第 114 页。

三、《快园道古》中王阳明的文学形象

通过上述塑造手法,张岱在《快园道古》中将一个活灵活现的王阳明形象完整地呈现在读者眼前,描绘出一个可称为"真豪杰""真英雄"的独特个体。

(一)大智大勇,沉着冷静

书中,张岱记下这样一段话:

> 王阳明曰:"凡人,言语正到快意时,便截然能忍默得;意气正到发扬时,便翕然能收敛得;忿怒嗜欲正当腾沸时,便廓然能消化得,非大勇者不能。"①

从王阳明一生的轨迹来看,这段话说的其实也正是他自己。他认为,稳定的情绪不是天赋,而是一种能力,是一种通过智慧和修行就可以获得的能力,而能够做到情绪稳定是一个人最高的修养。毋庸置疑,王阳明的一生坎坷无数。然而他能够"在事上磨",在历事中练心,从而在危机面前沉着冷静应对,"方能立得住;方能静亦定,动亦定"。

(二)谦逊好学,机变聪慧

张岱在《快园道古》的机变部中记录了一些与此相关的故事来体现其特点,如:

> 王文成与宁王战,值风不便,兵少挫,急令斩先却者头。知府伍文定等立于铳炮只见,方督各兵死战,忽见大牌书:"宁王已擒,毋得纵杀。"一时惊扰,贼兵大溃。次日,贼既穷促,宸濠欲潜遁,见一渔船隐在芦苇之中,宸濠大声叫渡,渔船移棹请渡,竟送中军,人皆不晓。②

宁王朱宸濠叛乱之际,双方军队殊死奋战,情况危急。而王阳明迅速想出对策,发出"宁王已擒,毋得纵杀"的假牌,瞬间击溃贼兵大队,令朱宸濠落荒而逃。

(三)积极反思,屡立战功

书中载:

---

① 张岱:《快园道古》,《张岱著作集》,浙江古籍出版社 2013 年版,第 75 页。
② 张岱:《快园道古》,《张岱著作集》,浙江古籍出版社 2013 年版,第 82 页。

> 王阳明先生行于衢,有二人相诟,甲曰:"你没天理。"乙曰:"你没天理。"甲曰:"你欺心。"乙曰:"你欺心。"先生闻曰:"小子听之,斯两人谆谆然讲道学也。"门人曰:"诟也,焉为学?"先生曰:"汝不闻乎?曰天理,曰欺心,非讲学而何?"曰:"既讲学,又焉诟。"曰:"夫夫也,惟知求诸人,不知反诸己故也。"①

此处不难看出,王阳明有着敏锐的道学感知,并认为君子不能够只知道求之于人,而更应当反过来检查自己,时时进行自我反省,于自身寻找原因。也正是在这样的反思之下,他得以屡立战功,不断前进。

综上,可见张岱对王阳明刻画细微,于书中生动体现了王阳明个性活泼、立体丰满的人物形象,使其人物在历史长河中愈发熠熠生辉。

四、《快园道古》书写王阳明的价值及影响

通过上述分析,我们知道张岱在《快园道古》一书中对于王阳明的抒写并非源于一时兴起,而是层层影响的不断推动作用使然。在形象塑造上,张岱用其特殊的笔法与视角,为读者展示出一位与众不同的、更具个人人格和魅力的王阳明,这无疑对当时乃至至今均有着重要的价值意义。

首先,《快园道古》中对王阳明形象的塑造推动了文学创作上道学风气的转变。统观《年谱》与《靖乱录》等书不难发现,明代与阳明相关的大部分作品均饱含神异色彩,它们借助"天""神"等平民化、宗教化的社会信仰,致力于表述带有伦常性的普遍道理,从而传播阳明心学,将王阳明塑造成为具有"道学"光环的一代"儒学大师""圣人",由此来实现作家们"文以载道"的文学创作观念。而张岱并不认同当时社会风行的明教内容,在《快园道古》中将道学之气往其"名士气"的方向极力扭转,对王阳明的塑造一改其他相关作品里的道学特点,转而以简单平实的语言进行客观描绘,这才构筑出真正的文学家眼中的王阳明。从这一点上看,张岱在《快园道古》中对于王阳明的塑造是对当时社会文学创作上的道学风气的颠覆。

其次,张岱能够借《快园道古》中的王阳明发挥其所追求的创作的教育功能。张岱曾在《快园道古》自序中透露出其撰书目的:"余与石梁先生出口虽异,其存心则未始不同也。"他在序言中认为自己作书的心意与陶奭龄是相通

---

① 张岱:《快园道古》,《张岱著作集》,浙江古籍出版社 2013 年版,第 71 页。

的,同是想借书中的善人善行对后辈起到教育的正面作用,但陶奭龄风格未免过于呆板,令后生小子"如端冕而听古乐,则唯恐卧去"。因而张岱想一改前人正经庄严之态,以嬉笑怒骂方式长人学问,发人知识,其特点正是"入理既精,仍通嘻笑;谈言微中,不禁诙谐"。由此可见,张岱虽是沿用了"世说体"的体裁,但却不仅仅满足于仿作一部当世的《世说新语》,他更想在此基础上有所突破,践行自己的文学见解。① 前文提到,张岱笔下的王阳明是个大智大勇、沉着冷静,谦逊好学、机变聪慧,积极反思、屡立战功之人,因此书中所载王阳明的片段对当时乃至现今的读者们均有着强烈的教育作用。

最后,《快园道古》中王阳明的相关经历与历史事件可以实现作品之于明代的记录功能。明清易代之际,涌现了一大批为明朝守节的遗民,张岱就是这些移民中的一员。② 他以生者之身份为其出生的明朝守节,虽在政治上默默无闻,却将其思想倾注于笔墨之中,在文学创作中留下带有鲜明遗民色彩的作品。在《快园道古》的整理弁言中,佘德余先生认为"这是一部效法《世说新语》体例的撰述,名为'道古',实为谈今,取材广博,内容涉及明代生活各个方面,上至帝王将相,下至艺匠、僧道、娼优,其中多名人文士事迹的记载,包括张岱的亲属、先世及乡人的言行轶事。"同时他评价这本书虽然不尽字字真实,但在总体上有着较高的史料价值,由于用简单明了的语言突出了当时社会生活中人和事的本质特征,故而具有非常强的文学价值。而王阳明作为明代杰出思想家、文学家、军事家以及心学的集大成者,作为明代具有重要影响的代表,其人生轨迹在一定程度上能够记录明代的社会实况。因而张岱在《快园道古》中,通过对王阳明及其所处环境的描写,展现出了明代的生活图景,发挥了其之于明代的记录功能。

五、结语

综上所述,《快园道古》一书虽然相比于张岱广泛流传的"两梦"——《陶庵梦忆》与《西湖梦寻》,并没有得到后世足够的重视,但其在文学和文化价值上,亦有着不逊于其他作品的重要性。张岱于此书中写下了对当时社会包括张岱自身均有着重大影响的王阳明,通过祛魅化、真切感的表达,以及巧借他人、侧

① 岳莹:《明"世说体"对张岱〈快园道古〉影响略论》,《青年文学家》2018 年第 18 期,第 67 页。
② 李宇豪:《张岱〈快园道古〉中的遗民情怀》,《宁波广播电视大学学报》2021 年第 1 期,第 41 页。

面烘托、客观陈言、隐含赞誉等手法，刻画出大智大勇、沉着冷静、谦逊好学、机变聪慧、积极反思、屡立战功的王阳明形象，从而推动了文学创作上道学风气的转变，借此揭示王阳明形象所具备的教育功能与其之于明代的记录功能，传达张岱的人生志趣，实现其作品"长人学问"的目标，展现了明代的生活图景。

江南文人的"自画像"

——论赵柏田小说中的王阳明形象塑造

陈铭秋[*]

作家赵柏田的《岩中花树——王阳明自画像》是一部有着独特讲史韵味的历史小说,小说并没有按部就班地采用时间顺序叙述王阳明的传奇人生,而是通过泛海、至圣、夜宴、明心这四章内容跳跃地将王阳明一生中的重要时刻展现出来。在创作过程中,赵柏田花了很长时间探究该如何平衡历史真实与小说叙事的尺度,最终他编织出了一部第一人称与上帝视角相交错的、心理描写与自我独白相交绘的、历史真实与艺术虚构相交织的具有极大自我特色的历史小说——它有扎实丰富的史料文献,但不是历史研究;有人物形象,但不是传记;有精妙的细节与情景,但不是小说;有节制的想象,但不是虚构。赵柏田先生将人物、场景、事件、历史、文化、精神、传统、学理都纳入到一种独特的构思之中,并以百般的耐心拾掇起那些散乱的资料线头,给读者塑造了一个不同于"立德立功立言"传统阳明形象的别具一格的江南文人"自画像",从而完成对传统历史小说的颠覆,形成一种新颖的艺术创作。

一、如何塑造:独具匠心的叙事策略

《岩中花树——王阳明自画像》在叙事策略上独具匠心,其创新性主要体现在三个方面:一是使用了第一人称与上帝视角相融合的叙述视角;二是运用

---

* 陈铭秋,绍兴文理学院人文学院本科生。

了心理描写与自我独白相交织的心理刻画;三是以螺旋式的艺术跳跃取代平铺直叙的写作顺序。

(一)叙述视角:全知视角下的第一人称

采用第一人称叙述王阳明的一生无疑是这部小说的一大亮点。在目前15部研究王阳明的历史小说中,只有两部作品具有以第一人称来叙事的独到性,一部是申维先生所著的《知行合一王阳明》,另一部就是赵柏田先生所著的《岩中花树——王阳明自画像》。这两部作品虽然都采用第一人称叙述,但却存在很大不同。《知行合一王阳明》将"我"的视角贯穿始终,并按照时间顺序从生到死地介绍了王阳明的传奇一生,即申维笔下的"我"仅仅只是作者用"我"的口吻来讲述历史,没有加入主观意识,作者只是站在旁观者的角度采用第一人称来讲述历史事实。

而赵柏田并非如此,他注重对小说向内的把握和重建,因此努力让自己以16世纪的眼光、心灵和感觉去阅读那些16世纪的稿本。他说:"历史小说——如果有这样一种文学样式的话——并不只是小说家用他那个时代的方法去诠释过去年代的人和事,它更重要的责任,乃在于把握,甚至创造一个内部的世界……我给自己规定的一项功课,是到了夜晚最安静的时分让自己假想置身于那个时代,并写下一些幻想性的片段……这个作品因此有了我期许中的某种黑夜的气质。"①这使得赵柏田先生笔下的第一人称"我"是带入了个人主观情感的、有"灵魂"的"我"。

此外,赵柏田的第一人称视角是站在上帝视角下写的,即采用全知视角并用第一人称讲述历史故事。举些例子,书中写道:"我接下来的境遇经由冯梦龙、查继佐等后世文人的极力渲染和夸大,已经成了一则惊心动魄的传奇故事。"②"谁也不会想到我与黄绾会成为儿女亲家——那是我死去多年后的事……"③赵柏田先生很巧妙地用第一人称将后来的历史文献融入小说中,用上帝视角打破了时间的限制。赵柏田把自己假置于那个时代,所以小说不免附有作者的气质。比如,"我看天都快黑了他还不肯歇步,只得让他上了船""当我走下讲台,才觉得站久了的双脚像灌了铅一样沉重……"④这些"我"都

---

① 赵柏田:《岩中花树——十六至十八世纪的江南文人》,万卷出版公司2020年版,第142页。
② 赵柏田:《岩中花树——十六至十八世纪的江南文人》,万卷出版公司2020年版,第23页。
③ 赵柏田:《岩中花树——十六至十八世纪的江南文人》,万卷出版公司2020年版,第74页。
④ 赵柏田:《岩中花树——十六至十八世纪的江南文人》,万卷出版公司2020年版,第110-111页。

是作者把自己当作王阳明想象出来的心理、身体状态,"讲台""灌了铅"等现代语素的使用也拉近了读者与历史人物的距离。

虽说书里称这是自传,但这个"我"不是在客观的讲述历史,而是有很大一部分主观的情感色彩,这也是热奈特所谓的"同故事"①现象。在研究王阳明的历史小说中,《岩中花树》的艺术表达角度无疑是非常独特的,这正是该作品的一大创新之处。这样的处理不仅更能抓住读者,将他们带入情境,更是使这本历史小说为历史写作中将古典汉语转向现代汉语提供了一个对接点。②

(二)心理刻画:心理描写与自我独白相交织

王阳明的成就被人们熟知,但我们无从知晓他在成圣道路上的心理变化,赵柏田正是利用了这一点,把自己假置于那个时代,通过心理描写与自我独白相交织的艺术表达将作者的个人情感倾注在历史伟人王阳明的身上。

赵柏田将自己投入到那个历史环境中,去想象"我"在与好友湛若水相识交流,与诸煜成婚,受杨一清排挤打压,被奸佞小人诬陷等一系列心理活动。大量的心理活动刻画、细腻的自我独白剖析,无疑使枯燥的历史故事、遥远的历史人物"活"了起来。比如在"我"与素未谋面的妻子诸煜的大喜之日那天,"我"内心在想:"我像一个木偶一样在婚礼上被人牵来牵去。我看着周围一张张喜气洋洋的脸,可那喜气都是与我不相干的。我看着眼前这个已经成为我妻子的蒙着红盖头的女人,心里却浮上一种陌生而奇怪的茫然情绪。"③这里作者将"我"奉父母之命与自己素不相识的女子成婚时的陌生、奇怪、恐慌的心理刻画得淋漓尽致。此外,作者还给这位遥不可及的历史人物王阳明增添了许多感知觉,"那雨就像一条条狂暴的鞭子,抽在脸上生疼生疼的"④"我沉默无语,难言的伤悲让我晚饭也难以下咽"⑤。小说细腻的心理描写与自我独白,似乎让读者明白,原来这位庄严、高大的圣人也会拥有喜怒哀乐、冷暖饥饱,但其特点就在于小说中的"我"能在一次次与自己的心灵对话后,使自己的灵魂不断洗涤与升华,从而走上至圣的道路。

①　[法]热奈特:《叙事话语新叙事话语》,王文融译,北京:中国社会科学出版社1990年版,第172页。

②　何瑾:《广播文艺作品播音中的主客体差异化处理——〈让良知自由——看见王阳明〉的声音编排特色》,《中国广播电视学刊》2015年第7期。

③　赵柏田:《岩中花树——十六至十八世纪的江南文人》,万卷出版公司2020年版,第39页。

④　赵柏田:《岩中花树——十六至十八世纪的江南文人》,万卷出版公司2020年版,第5页。

⑤　赵柏田:《岩中花树——十六至十八世纪的江南文人》,万卷出版公司2020年版,第6页。

这些心理描写无疑是作者发挥了自己的主观能动性,但通过这些生动的心理刻画,似乎拉近了读者与这位 16 世纪文人心与心的距离,让读者认识了一位与传统历史传记记载中大相径庭的圣人,也将可望而不可即的圣人王阳明拉下神坛,从而使得作品塑造出了一个独特的阳明形象。

(三)写作顺序:以螺旋式的艺术跳跃取代顺叙

除叙述视角及心理刻画外,文艺形式是小说的另一大创新。在研究王阳明的历史小说或传记中,几乎都是按照时间顺序从王阳明的生叙述到死,而《岩中花树》不同,赵柏田突破了传记的传统写法,没有按照时间顺序来叙述介绍王阳明的一生,而是根据艺术的跳跃把王阳明的一生用螺旋式的艺术结构呈现给读者。这样的呈现是片段式的而非完整的,它把王阳明一生中的“高光”时刻呈现出来,而不是从生到死无重点地讲述。赵柏田选择了正德四年(1509)、嘉靖元年(1522)、嘉靖五年(1526)、嘉靖七年(1528)这四个时间点来叙说往事,以建构起王阳明一生的编年史。

第一章“泛海”的首句“那张雨中的脸,到了我生命的临终一刻还会再想起”①便奠定了跳跃式叙事的基调。第一章写他在困厄中超脱生死一念,迎来人生中一次重要的觉悟。“至圣”一章的时间跨度最长,从出生写至江西平叛,写他如何经由“黑窣窣”的心灵暗夜,经由事上磨炼,去达至生命的圆满,描述的是思想与精神变迁的过程。第三章的“夜宴”,王阳明于绍兴城内天泉桥之碧霞池畔大举宴会,发生在他退居乡里时嘉靖三年(1524)的中秋之夕。这一中秋夜的聚欢歌唱里,传达出的是不为天地牢笼所缚的狂者精神,而是讲良知如何如同一棵树从萌芽到长大的故事,在一场场心智的碰撞中成长。末章“明心”,实为一个肺结核病人的临终呓语,王阳明一生以“心应事应物,直至鞠躬尽瘁,死而乃已。附录一中的“书信录”,依序抄录自王阳明写给弟子、友人、家人的信函,直接追溯阳明本人遗言,真实、具体地反映出他内心的翻腾与纠葛,正可作为前四章的延伸、解释和补充。②

对于使用这样前卫的文艺形式来讲述历史人物,赵柏田先生说:“我要让我的主人公在我安排的范式中说话。我让他絮絮不休地说话,说他的父亲,说他的妻子与儿子,说他的军功与学术,说他的忧郁,说他自以为是的意志力的胜利,或许历史上的王阳明并不是这般饶舌,但这个故事安排的‘秩序’要求他

---

① 赵柏田:《岩中花树——十六至十八世纪的江南文人》,万卷出版公司 2020 年版,第 3 页。
② 赵柏田:《岩中花树——十六至十八世纪的江南文人》,万卷出版公司 2020 年版,第 145 页。

这么做。"①可以说,与其他 14 部作品相比,赵柏田的这部历史小说创新性更强,且具有强烈的叙事性。所以说在 15 部研究王阳明的小说中,《岩中花树》是最具小说感的一部历史小说。

二、形象塑造:从圣人到文人形象的颠覆

如前所揭,《岩中花树》以独特的叙事策略打破了王阳明历史小说的枷锁,塑造了一个独特的阳明形象——江南文人形象,完成了对阳明圣人形象的祛魅。

(一)对圣人形象的祛魅

以往王阳明留给我们的形象一直是明朝著名的思想家、哲学家和军事家,是"立德、立功、立言"的"真三不朽"者。他被许多弟子称为"完人""全人",从而使得小说和戏曲中他的形象出现被神异化的倾向。明末通俗小说家冯梦龙就特意在小说《靖乱录》中彰显了王阳明的神异色彩,还描绘了许多神奇的梦境,更神奇的是这些梦境在王阳明之后的人生中都被逐一证实。当然,小说中神异性地刻画人物对后世传播王阳明的圣人形象产生了很大的影响,其过人的文治武功再加上神奇的人生经历使王阳明被带上了光环,从而王阳明被捧上了高高在上的神坛。

然而赵柏田的小说所塑造的形象是对以往王阳明圣人形象的祛魅,他认为:"历史学家的职责之一就是要让往昔复活,即使其真实可见,我的至高无上的理论是艺术史家必须让读者看见往昔的人物的实际面貌。"②小说中也提及了王阳明神异的出生经过,"我祖母说,我还在母亲肚子里的时候,有一天晚上她梦见一大片五彩的祥云落在我们家屋顶。于是我一睁开眼睛来到这个世界就有了王云这个名字。我到了五岁还不会开口说话,急坏了我母亲。她断定我是在她肚子里藏得太久把脑子捂坏了"。③ 在这里,神异色彩似乎并不会给读者带来距离感,反而给人一种长辈们封建迷信、夸大其词的感觉。书中提及当"我"五岁还不会说话时,祖母和母亲把江湖郎中请到家里为我摸骨,搭脉,察看舌苔,这原本是一件奇特的事,而在"我"眼里"这些人大多是有名无实的骗子"④。

① 赵柏田:《岩中花树——十六至十八世纪的江南文人》,万卷出版公司 2020 年版,第 144 页。
② 沈郑霞:《用文学话语重构历史真实》,《名作欣赏》2016 年第 18 期。
③ 赵柏田:《岩中花树——十六至十八世纪的江南文人》,万卷出版公司 2020 年版,第 32 页。
④ 赵柏田:《岩中花树——十六至十八世纪的江南文人》,万卷出版公司 2020 年版,第 34 页。

在赵柏田笔下王阳明的圣人光环消失了，我们看到的不过是一个会为柴米油盐发愁，懂得喜怒哀乐，明白饥寒暖饱的普通的江南文人形象。为了复活往昔，还原历史真实，作者所刻画塑造出来的王阳明离我们很近，更像是一个凡人，而不是世人眼中的"完人"形象。

（二）对阳明形象的重塑

赵柏田一扫王阳明原来的圣人形象，在小说中重塑了一个朴素真实的文人形象。明代可谓是中国历史由衰至乱、而乱而治的充满着剧烈变动的时代，而社会的激变给王阳明思想学术的研究提供了广阔的天地，同时也使他的个人遭际如风中转蓬流转不定，故赵柏田在小说中呈现出王阳明颠沛奔波的生活面貌以及平凡而伟大的精神肖像。

在"泛海"一章里，读者看到的是一个茫然探索世界的普通、懵懂少年形象。他会因为受声誉日隆的父亲的影响轻松升迁到礼部右侍郎的位置而满足虚荣心；他会和平凡人一样在无聊乏味的工作中幻想自己未来的生活；他会鼓起勇气大骂正德皇帝朱厚照是个不折不扣的顽主加流氓……"至圣"一章，读者看到的是一位头角峥嵘的有志青年形象，从一个不愿出世的孩子开始讲述王阳明的求道历程，即王阳明思想与精神的蜕变。这章的心理描写大多是对于求道的思考与不解。第三章"夜宴"，呈现给读者的是一位不为天地牢笼所束缚的狂者形象。这章塑造的王阳明，他会为人至中老年还未获得子嗣而苦恼，会为老来得子而喜悦，会大宴门人聚会欢唱……在末章"明心"中，读者看到的是一个伟大的灵魂，始于狂，成于圣，终止于垂老的寂寞。在这章里，对王阳明的描述，与冯梦龙等前人笔下诡诈、多智、勇猛的王阳明形象俨然不同，这里描述的，乃是一个内省的、细腻的、行将就木的老人的形象，带着生命的苍凉，和燃烧至最后一息的激情。

四个时间节点、四个章节，分别塑造了王阳明的四种形象：一是普通懵懂的少年形象；二是头角峥嵘的有志青年形象；三是不受束缚的狂者形象；四是内省细腻的老人形象。它不像其他小说特地突出王阳明"明圣学、悟良知、讲知行"的经历，刻画其"三不朽者"的形象，这四种形象似乎和普通人的成长过程也相吻合，不仅描写王阳明成圣过程的心路历程还讲了其妻儿家常，突出其普通的江南文人形象，与读者亲近了许多。这些使得一个史无前例、独一无二的阳明艺术形象跃然纸上，一代儒学宗师王阳明从一个不食人间烟火的圣人摇身一变成为接地气的江南文人。

三、小说的艺术价值及意义

在 1995 年前后,赵柏田就开始尝试写王阳明,以各种不同的形式去写。但当他提笔写下"距今 489 年前,亦即 1507 年春天,明朝的一个京官被逐出了北京城,他就是王阳明"这样一个陈述句式,煞有介事却平淡乏味,打断了他无比激切的叙事欲望。于是,放下笔,一沉淀就是十年。在《岩中花树》的附录二里,赵柏田说他要感谢两位西方作家:尤瑟纳尔和史景迁。

在浩如烟海的资料记载里,历史与小说之间的争论似乎一直没有停歇。美国中国学研究专家史景迁极度追求叙事艺术,但他也面临着双重责难——小说家不愿承认他为同行,而历史学家斥责他不够严肃,对待严谨的历史事实,想象胜过了考据,诗化取代了论证。[①] 历史学家汪荣祖先生严厉批评史景迁:"无论写历史或是写小说,都讲究叙事,两者之间的界线由于'后学'的冲击,似乎日渐模糊。"但小说家钱锺书先生认为"史必证实,诗可凿空",且在史景迁的言论中,也随处可见他确信历史事实可以得到确认的思想。小说家写历史也未尝不博览史料,认真对待历史,只不过把自己置身于当时的朝代去感受人情世故,并加以揣摩以写得更逼真。

赵柏田花了十年时间寻找历史与文学的平衡点,思考该怎么将历史故事讲得生动有趣而不失真实。尤瑟纳尔和史景迁作为两位助产士,改变了这个迟到了十年的文艺婴儿诞生的相貌。[②] 十年改变了什么?至少改变了一部小说的开头:"那张雨中的脸,到了我生命的临终一刻还会再想起……"[③]在自序中,赵柏田写道:"小说家和历史学家从各自的领地出发向着对方走去,相会于幻想与事实、历史与虚构的中间地带,那便是叙事的国度……我希望让人物和事件更多地呈现出它们原来的样子,但也希望读者读着我的书觉得好看,这之间的两难的确曾让我犹豫,并让我在犹豫中放慢了写作速度。但惠特曼的一句话让我找到了方向,这句话是'只要适当说出事实,则一切罗曼史立即黯然失色'。"[④]于是,在书中赵柏田做到了"适当说出事实",他明白要写历史人物,即便有多么丰茂的想象力,也需要以事实来激发和唤醒。他在艺术表达上打

---

① 羽戈:《江南的知识与气质——评赵柏田〈岩中花树〉》,《文化交流》2020 年第 7 期。

② 羽戈:《江南的知识与气质——评赵柏田〈岩中花树〉》,《文化交流》2020 年第 7 期。

③ 赵柏田:《岩中花树——十六至十八世纪的江南文人》,万卷出版公司 2020 年版,第 144 页。

④ 赵柏田:《岩中花树——十六至十八世纪的江南文人》,万卷出版公司 2020 年版,第 1 页。

破传统历史小说的枷锁，找到历史与叙事的平衡点，搭建起历史与小说、非虚构与虚构、历史文献与艺术表达之间的桥梁。

赵柏田说："这些文字起自对历史与叙事的双重热情，起自爱与孤独，起自对一种风格的迷恋……小说以想象取胜，历史以事实资证，伟大的小说中交织着历史形象，而历史又不妨写得如小说一般生动……"[①]这部历史小说构思别出心裁，避免了传记化。

如前所揭，《岩中花树》可以视为对"适当"、对所谓的"度"的探询。实写与虚写的结合，不能说赵柏田做得完美无瑕，但该作品有两点鲜明的特质：一是"历史感"，尽管《岩中花树》使用幽默生动的现代汉语，叙事性强，但依旧是"戴着镣铐跳舞"的，他在达到艺术效果的同时做到了历史真实；二是赵柏田虽然是在西方历史学家的作品中领悟、"解剖"东方的历史人物，但他的精神底色还是中国的。这些原因使赵柏田这部《岩中花树》形成了极大的自我特色，达到"艺术真实"的境界，所以才能使读者如此入迷。

四、结语

赵柏田所绘出的这幅江南文人的"自画像"，携裹着 20 世纪 90 年代中国当代先锋小说向人们提供的现代主义气质，在一些有关生命的恒久而平常的接点上，带着生与死的问题，爱与恨的问题，情与理的问题，形而上与形而下的问题[②]，他试图去证明，王阳明的话是说给当代人听的，试图通过一种新颖的、受大众喜爱的文艺形式让大众倾听王阳明的故事，读懂阳明先生的话。

综上所述，《岩中花树》最打动人的地方在于它真实，毫不遮掩，赵柏田先生把小说家细腻生动的描写和历史学家一丝不苟的谨严完美结合，将王阳明的痛苦、挣扎如实呈现，打破了传统历史小说的枷锁。赵柏田先生的《岩中花树——王阳明自画像》是对王阳明历史小说的一大创新，它贯穿了艺术真实，达到了艺术与真实的平衡。它既用艺术表达代替历史真实，通过想象与情绪把历史对它的束缚最小化；又适当说出事实，就好比"戴着镣铐跳舞"，是对历史与文学之间那个"度"的探寻。

---

① 赵柏田：《岩中花树——十六至十八世纪的江南文人》，万卷出版公司 2020 年版，第 1 页。
② 张念：《明清知识分子的形象谱系》，《文艺争鸣》2007 年第 10 期。

论杨行恭《王阳明传奇》的叙事策略

邵可心 *

　　《王阳明传奇》一书是作家杨行恭所著的一部关于王阳明生平经历的小说。从浅一层看，全书以时间为主要线索记叙了王阳明从出生至离世几十年间所发生的重大事件，这种叙事顺序与一般小说并无过多差异。但是，深入到文本内里看，作家在叙述王阳明人生历程中巧妙运用了多种叙事策略，并将其穿插在整篇小说的大格局中。其一为"拨云见日"的人物出场艺术，刻意营造朦胧效果，在人物正式出场前设置多个悬念，最后抽丝剥茧地揭露人物真实身份；其二为雅俗共赏的人物对话艺术，突破大众对传统小说的认知，在不同情境下适当运用"俗"词与"雅"词，既生阳春白雪之感，又融下里巴人之意；其三为歌谣氤氲的情节推动方式，在叙事过程中穿插了多种不同类型、风格的歌谣，并依托歌谣来暗示人物身份，缓和或烘托氛围，从而推动情节深入发展。

一、"拨云见日"的人物出场艺术

　　很多小说在介绍人物出场时往往不会增添赘词，不去刻意营造朦胧的效果，而是更多地选择直接点明人物身份。而杨行恭的《王阳明传奇》在叙事过程中则反其道而行。他巧妙地采用了一种"拨云见日"的叙事策略，从而取得了设悬引人的效果。正如黎筝所说，"不同于'开门见山'的出场方式，以'拨云见日'方式出场的人物在进入读者视野之前往往要走很长的一段路。作者或

---

　　* 邵可心，绍兴文理学院人文学院本科生。

借其他人物之口进行铺垫,或用离奇曲折的情节设置悬念,先虚后实,为人物的出场营造氛围和声势,引起读者浓厚的兴趣。"①

如在红云出场时,作家先是写到王阳明面前出现一盏香茶,"恰巧侍儿离去,一个姑娘的背影,步履从容稳健,大家闺秀的风范"②,笔落此处,却避而不写姑娘名姓,只言第二天王阳明注意到放下茶盏的手"白净嫩润,指指如若葱白"③,而阳明顺眼一扫,只见"一个侧影,全身素淡"④,笔锋至此,却仍未揭晓姑娘的神秘面纱,依旧保留悬念,直至又一日晚上,在王阳明研墨之先,一盏茶放在他的眼前,轻声道:"先生,请用茶!"⑤此刻,大部分读者想必多会在心里暗自忖度这位神秘人物总算要出场了,可作家偏不是顺着常理写,直至再一次等到"夜,又一个宁静的夜。暗香浮动玉人来"。⑥作者再次写到洗砚磨墨沏茶,女子坐在一旁拿出一本书来,出于好奇,守仁倾身瞧去,看到书是《鉴略》,这才彻底引起了王阳明的好奇心,主动上前攀话,此番转折,才问出了这位女儿家的名姓——"红云"。以上内容句句暗示,层层铺垫,由"一盏香茶"至"背影""侧影"再至声音、读物,可谓吊足了读者胃口。

而在刘大夫出场时,作家同样匠心独具,先是以环境渲染凄清、落寞的氛围,"雨,如丝如雾。一只木船解缆绳。没有送行的亲友"。⑦再转入"舱内,一个山羊胡子的郎中先生"⑧"这先生是花了高价请来的,每日十两银子"⑨"除了喝茶,捋山羊胡子,只是不断皱动眉头"⑩,文中一直未点明郎中的具体身份,而是以侍从小良的视角去观察、探寻、猜测,甚至于小良的推测大多是负面的,就如"剥皮"、担心会招致不虞之侧等,叫人惊疑不定。经过前文大段描写和对话的铺垫,最终猝不及防进行反转,揭示郎中先生"姓刘,家中世代儒医"的身份,以及接下来对前面反常行为重新进行解释。刘大夫一开始并不知晓王阳明的真实身份,受到两位友人之邀为其进行诊治,而这两位友人提出了截然相

---

①　黎等:《小说人物出场艺术(上)》,《写作》2006年第15期,第17-19页。

②　杨行恭:《王阳明传奇》,湖北人民出版社2001年版,第114页。

③　杨行恭:《王阳明传奇》,湖北人民出版社2001年版,第114页。

④　杨行恭:《王阳明传奇》,湖北人民出版社2001年版,第114页。

⑤　杨行恭:《王阳明传奇》,湖北人民出版社2001年版,第115页。

⑥　杨行恭:《王阳明传奇》,湖北人民出版社2001年版,第115页。

⑦　杨行恭:《王阳明传奇》,湖北人民出版社2001年版,第52页。

⑧　杨行恭:《王阳明传奇》,湖北人民出版社2001年版,第52页。

⑨　杨行恭:《王阳明传奇》,湖北人民出版社2001年版,第52页。

⑩　杨行恭:《王阳明传奇》,湖北人民出版社2001年版,第52页。

反的要求,一位要求全力救治,另一位则要求暗中杀害,因而才有前文的暗沉基调。大夫惶惶然一路犹豫,暗中观察王守仁,直至察觉其真实身份后,才表明自身身份,并全心救治其肺痨之症。

次要人物的出场尚且如此,王阳明的出场则更是直接在前文设置了陈益稷之案这一事件,以大量言辞渲染其破案难度之高。作家也并未直接写王阳明一出场就破案如神,而是通过写杨一清、杨廷和、刘健等人对案件的束手无策,衬托王阳明最后的高光出场。当时尚且年幼的王阳明能够破案是众人预料度很低的一件事情,从不被看好到率先看破谜团,抓住真凶,这一事件置于小说开篇,直接拔高了王阳明形象,其刚正不阿、机灵聪慧、卓尔不凡的特质便更能深入读者之心。

除王阳明、红云、刘天铭外,还有岑钧、伍文定、冀元亨等人,皆以此法塑造而成。"清代批评家胭脂斋就把人物的首次出场视做塑造形象的第一笔,有拘定人物性格之功"。① 由此可见,运用这种"拨云见日"的人物出场艺术,对于塑造人物形象,吸引读者阅读兴趣极为有效,且在刻画过程中淡而不腻,不显山露水却又动人心魄,在不经意间巧妙地设下悬念,最后倏然揭秘,产生回味无穷的意味。

二、雅俗共赏的人物对话艺术

塑造伟人形象的小说在大众印象中通常是以雅致的面目呈现的,有"曲高和寡"之嫌,易被普通大众束之高阁。而杨行恭的《王阳明传奇》却突破了传统的大众认知,在塑造书中人物时会根据不同语境道出不同特色,在叙事策略上真正实现了"雅"与"俗"二者的融会贯通。

关于"俗",《说文解字》解释道:"俗,习也。""俗"也就是人的本能,因具有普遍性和连续性,一般指立足于民间的世俗、习性。② 正如作家在刻画王阳明面对狡猾多智、善于用兵的詹师富逃亡南平福州时,没有用极其华丽的语言去展现王阳明高深莫测的军事策略,而是选用幽默诙谐的打趣表现王阳明的自信与机警。书中写到王阳明:"跑了第一次,跑不了第二次,跑了和尚,也跑不

---

① 黎筝:《小说人物出场艺术(下)》,《写作》2006 年 17 期。
② 孔祥林:《雅俗共赏角度下钢琴曲〈炎黄风情·走西口〉音乐分析》,《北方音乐》2020 年第 12 期。

了庙!"①这话委实通俗易懂,且巧妙运用了家喻户晓的俗语,增添了作品的民间性,让王阳明的形象变得更为"接地气",他是有血有肉的平凡人,当他胜券在握时也会感到得意,绝非世人想象中超凡脱俗,只钟情于传播高深理学的"神仙"形象。同样,在其他适当语境中,作家也会适时运用相对"俗"的字词刻画人物形象,如在面对山匪时,相互间对话都采用了相对通俗幽默的语言:"告诉你们,前头堡打你们的是流星炮,真正厉害的还是炮里炮,十眼铜炮,三出连珠炮,火兽布地里炮。"②还有护卫大声喝道:"蠢虫!蠢虫!"③玉面虎开口便是:"你们一碟小盘,搭配的,塞塞牙齿。"④将双方在对战前互相的奚落展现得淋漓尽致,生动有趣又引人捧腹,这样"下里巴人"的文字并不拘泥于文学的严谨,能够取得更妙的表达效果,吸引普通大众来进行阅读,达到"共赏"的目的。

关于"雅",《说文解字》解释道:"像形,凡佳之属皆从佳,雅,楚鸟也。""雅"是一种在秦地的鸟,章炳麟认为,秦地为周王朝王畿之地,"雅声"作为王畿之声,成为正统的体现。⑤ 作为一本塑造伟人形象的小说,杨行恭在大多数行句中运用更多的是雅词雅句,当王阳明拜见卧云道长时,二者之间的对话就极为典型地体现了一个"雅"字。卧云言:"此地有茂林修竹,野草闲花;又有清流激湍,映带左右。远观日出沧海,近视村落棋布。朝夕暮鼓晨钟,百鸟争鸣。"⑥然而,"雅"与"俗"之间的关系绝非是对立的,二者实则是对立统一的。如清风和尚言:"《金刚经》说了嘛,趺坐而坐,趺,夫也;而,儿子也,有夫有儿不是妇人是什么?"⑦此番引用了《金刚经》的内容,是谓雅;巧妙做了解释,是谓俗。清风和尚此话正是荒唐中蕴有玄机,雅中带俗,俗中见雅。再者言王阳明与刘养正母子玩斗叶子牌时,开始时皆是以极"雅"的诗句对句,如"渔阳鼙鼓动地来""六宫粉黛无颜色""大珠小珠落玉盘"等诗,着实风雅脱俗,然而毕竟是在玩游戏,四人的对话自然也会逐渐往"俗"的方向过渡,在对过几轮诗后,儿子开始唱反调:"东风不与周郎便,铜雀春深锁二乔。守仁,少夫人要揪你耳朵的。"⑧

① 杨行恭:《王阳明传奇》,湖北人民出版社 2001 年版,第 105 页。
② 杨行恭:《王阳明传奇》,湖北人民出版社 2001 年版,第 256 页。
③ 杨行恭:《王阳明传奇》,湖北人民出版社 2001 年版,第 256 页。
④ 杨行恭:《王阳明传奇》,湖北人民出版社 2001 年版,第 69 页。
⑤ 孔祥林:《雅俗共赏角度下钢琴曲〈炎黄风情·走西口〉音乐分析》,《北方音乐》2020 年第 12 期。
⑥ 杨行恭:《王阳明传奇》,湖北人民出版社 2001 年版,第 69 页。
⑦ 杨行恭:《王阳明传奇》,湖北人民出版社 2001 年版,第 163 页。
⑧ 杨行恭:《王阳明传奇》,湖北人民出版社 2001 年版,第 171 页。

一句"揪耳朵",活泼真实,富有趣味。小说如若只是一味平淡叙事,不增设任何矛盾冲突,也不增设转折,则缺乏了生动性与传神性。而刘养正此处的对句可谓是经典的先雅后俗,制造小矛盾,刻意针对却并不引人厌恶。

朱自清在《论雅俗共赏》中提到:"'雅俗共赏'虽然是以雅化的标准为主,'共赏'者却以俗人为主。"[①]无论欣赏对象为何人,真正引起人情感上共鸣的是"人之常情"。杨行恭在雅与俗的自如转换中恰恰是以"人之常情"为原则的,不同人物之间对话都是符合其迥异的身份的,当雅便雅,当俗便俗,显得不生硬、不刻意,合乎情理才能引起读者情感上的共鸣。试想一个土匪说话文绉绉,一个文人道士满嘴粗俗,可不就违背了"人之常情"吗?由此可见,雅俗共赏的叙事策略能够让情节的发生更合乎情理,引起读者共鸣后,方能吸引其继续深入阅读,探寻阳明先生的内心世界。

三、歌谣氤氲的情节推动方式

杨行恭的《王阳明传奇》在推动情节发展上有一个最大的特点,就是会引用或创造许多不同类型、风格的歌谣,此类歌谣运用在该小说中通常有以下几种不同的作用:一是暗示人物身份,二是缓和当下氛围抑或烘托当下氛围,三是蕴藏深奥道义,画龙点睛。这三种运用都无一例外能够推动情节的深入发展。

例如第十二章"酒疯子智设谜团",开篇便提到"南赣有首歌谣:山高水险怪石多,秀才偏能舞干戈。子房只唱逍遥曲,抚台无奈酒鬼何。"[②]短短一首七绝歌谣,暗藏接下来即将详细提到的三个人物,"秀才"特指伍文定,"子房"是以张子房引出刘养正,"抚台"则说的是冀元亨。除却名字,"舞干戈""逍遥曲""酒鬼何"等词暗示了人物性格、遭遇,相当于提前告知读者伍文定骑马舞剑,武功卓绝;刘养正虽有才智,却总以风月自娱;冀元亨嗜酒如命,无意京试。这便是典型的暗示人物身份。

再如当王阳明假装落水逃脱追杀后,侍从小良跟随王阳明乘上小船。此刻的氛围是极其紧张的,王阳明高烧不退,张郎中漠视病情,疑似东厂的木船尾随不下,小良心里忖度忧虑,如同"热锅上的蚂蚁",翻来覆去地做噩梦,而就

---

① 朱自清:《论雅俗共赏》,《艺术品鉴》2021年第6期。

② 杨行恭:《王阳明传奇》,湖北人民出版社2001年版,第56页。

在如此看似危机四伏的紧张关头，"摇橹的船工突然唱起了情歌：长江水，浪滔天，风高水急好行船。小妹妹子哟，歌是浪里英雄汉，风风雨雨莫牵挂……"①让剧情节奏一下子缓和、松弛下来，制造一种落差感，与原先紧张的情节形成尖锐对比，小良内心兵荒马乱，船夫却像完全没有感受到丝毫危机，依旧悠闲地哼着情歌。这看似突兀的歌谣，却巧妙地给读者的神经带来了片刻放松，否则若是一直处于紧绷的状态下，每走一步都绷得越来越"紧"，极易造成读者审美及心理上的疲惫感，为接下来的转折和情节发展带来更大的难度。而此处歌谣恰到好处地出现，便是典型的缓和当下气氛。

此外，当作家写到王阳明惩罚犯了错误的王艮时，他又在此处巧妙地安排了一个小孩在外唱歌，"人心本自乐，只因私欲多。私欲一萌时，良知远自觉。一觉即消除，人心依旧乐。乐是乐此学，学是学此乐……"②此处歌谣的设计同样十分巧妙，因为当时的王艮已然年近四十，他长跪于书院门外，等不到先生开口，便无法起身。然而，阳明先生何时才会搀王艮起来呢？此处正是缺一个契机。而小孩的出现，小孩所唱歌谣正是这个可贺的契机。当来访的左都御史聂豹询问了小孩名姓，发觉他是王艮之子，小孩所学皆是王艮所授后，不得不慨叹："王艮已登堂入室了！"王阳明这才连忙起身，搀扶起王艮来。试想，如若没有小孩的歌谣，王艮还需要在书院门外长跪多久才可以起身？此处出现的歌谣，设计目的有两点：一是推动情节发展；二是蕴含道理，教育读者。

除了以上提到的一些例子，书中大量歌谣的引用不胜枚举，如在王阳明的临终仪礼上，人们用乐声"夫子良知兮，光照世人"③吟唱送别他的灵魂；在清风和尚告别王阳明时，他仰天大笑唱到"绿野风烟，平泉草木，东山歌酒。代他年整顿，乾坤事了，为先生寿"④；在守仁与冀元亨共度良宵时，他们仰视皓月舒喉而歌"明月几时有，把酒问青天"⑤。这些都不着痕迹地将歌谣融入小说的字里行间，显露出一种浑然一体的气势。

---

① 杨行恭：《王阳明传奇》，湖北人民出版社 2001 年版，第 465 页。

② 杨行恭：《王阳明传奇》，湖北人民出版社 2001 年版，第 499 页。

③ 杨行恭：《王阳明传奇》，湖北人民出版社 2001 年版，第 73 页。

④ 杨行恭：《王阳明传奇》，湖北人民出版社 2001 年版，第 73 页。

⑤ 杨行恭：《王阳明传奇》，湖北人民出版社 2001 年版，第 178 页。

论场景式历史小说《王阳明》的艺术特色

徐依楠[*]

豫章心月的场景式历史小说《王阳明》较好地实现了历史真实与艺术真实的统一。具体而言，该作品的历史真实体现在作家发掘了大量真实可靠的历史材料，叙事契合了当时社会的文化背景，同时又比较充分地做到了与历史人物的情感沟通。其艺术真实一方面体现在作家巧妙地使用了戏剧文学的创作手法如营造矛盾冲突、运用情节突转以及靠人物对话推动情节发展等；另一方面体现在成功写"活"了人物对话，具体表现在人物语言充分个性化，人物对话生活化、日常化以及对话语言诙谐幽默。历史真实与艺术真实的统一既对真实还原王阳明形象起了积极作用，又使得小说更加形象生动，读起来富有趣味。

一、还原真实历史

作为历史小说，遵循历史真实的创作原则至关重要。有学者将历史小说的历史真实归纳为三个维度：第一维是历史小说所取的历史材料的真实；第二维是历史小说与文化的契合；第三维是情感的沟通。① 场景式历史小说《王阳明》的创作显然符合这三个维度的要求。也正因如此，场景式历史小说《王阳明》的叙事相对于其他王阳明题材历史小说更显真实可贵。

从第一个维度即材料的真实性来看，场景式历史小说《王阳明》中除了史

---

* 徐依楠，绍兴文理学院人学院本科生。

① 蔡爱国：《论当代历史小说真实性的维度》，《华中科技大学学报（社会科学版）》2007年第3期。

料确有记载的神异之事，王阳明经历的事情并未被添加上神异色彩。小说中有两件事的叙写较好地体现了这一点。第一件事是王阳明童年考察边境之事。许多小说中写王阳明离家出走一个多月去居庸关实地考察。譬如袁仁琮的长篇小说《王阳明》写王阳明十五岁便独自去居庸关考察，回来甚至还写了奏疏。王程强的长篇小说《王阳明》三部曲同样写十五岁的王阳明独自一人跑到塞外，随鞑靼师傅巴特尔深入草原考察边境情况。但是在这本小说中，王阳明只是陪同父亲去边关办事，并不存在独自一人离家出走去边境考察一说。从王阳明当时的年龄来看，一个尚未成年的孩子一个人离家出走在外一个多月，还是从京城跑到边境之地，这多少有些虚构的成分在，不得不令人怀疑其真实性。因而，场景式历史小说《王阳明》中写父亲要到边境办事顺便带上他前去看看边关景象更显真实。第二件事是王阳明格竹留下病根一事。许多小说中写王阳明因为早年格竹留下病根，身体不好还时常咳嗽。譬如在小说《心之悟——王阳明龙场悟道》中写王阳明在龙场时时常咳嗽还需要希渊采药给他止咳、治疗。但是在场景式历史小说《王阳明》中，王阳明确实因为格竹大病一场，但是并未留下病根致使他身体欠佳。在豫章心月笔下，王阳明的身体是在南赣剿匪时中了瘴气后才陡然变坏的。从史料记载来看，王阳明在龙场时是同行三人中唯一没有病倒的，甚至还照顾另外两个同行的仆人，这就足以证明格竹并未给其身体造成长期的损害。显然不少小说在描写王阳明格竹留下病根时是进行了虚构和夸大的。从以上的两件事情中便可以窥见相对于其他阳明题材小说，场景式历史小说《王阳明》在材料真实的维度上更符合历史小说真实性的要求。

历史小说真实性的第二个维度是历史小说与文化的契合。所谓历史小说与文化的契合，即小说中的情节、人物等符合当时的文化背景。进一步说，作品中想象的部分必须合情合理："情节的发生、发展和终结，必须为所处时代的政治、经济、文化等各种社会条件所允许；人物的性格、命运、他们的追求，他们的生活逻辑，也应该是他们所处的那个时代的产物。"[①]这一维度在小说中亦有所体现。从情节上来看，小说中的情节发展都符合当时的时代背景。比如在描写学馆学习生活的情节中，学生被先生叫到身边背书，背不出书要被先生拿戒尺打手板就很符合当时的社会背景。此外，像王阳明晚年时接到去广西平定叛乱的命令，由于身体和想陪伴家人的缘故便上表请辞，但是当圣旨下来

---

① 金元浦：《文学解释学》，东北师范大学出版社 1997 年版，第 136 页。

定要他去时,他也不得不去。这就符合当时皇命不可违的时代背景。从人物上来看,小说中人物的生活仪礼和思想追求都是属于那个时代的。生活仪礼譬如王阳明前往龙场前与弟子告别时的场景,作家写他们通过拱手来告别。拱手就符合当时人们常用的礼仪。无论是从情节还是人物上看,场景式历史小说《王阳明》都达到了历史小说与文化契合的要求,进而使得小说的真实性有了一定的保障。

第三个维度是情感的沟通,即作家与人物的情感沟通。它是指作家在创作时要发挥自身的主体性,尽可能"锐敏、宽阔、生动"地去体会古人的心灵,要把它当人,要承认他和我们一样也有一个心灵世界。[①] 这在小说中可谓得到淋漓尽致地展现。作家在写王阳明时有很强的代入感,将其刻画得鲜活生动。比如王阳明因要不要收留叶儿而产生的矛盾纠结情绪就是作家生动体会王阳明心理的表现。一方面他想救这个无依无靠的可怜女子,另一方面又觉得在夫人不在时收下一个外乡女子作奴婢愧对夫人。之所以能将这种矛盾心理写活,离不开作家对此时王阳明心理的体验和揣摩。除此之外,作家还将王阳明老来得子的激动心情体悟、刻画得极为真实生动。他又是给接生婆看赏,又是与叶儿望着摇床中的孩子。这些细节都真切地表现着王阳明的喜悦。还很值得一提的是在被委派去广西平定思、田叛乱时的场景中对王阳明的心理刻画。一开始他考虑到自己的身体状况以及想陪在亲人身边的念头毅然决然地推辞,然而圣旨下来一定要他去。临走前,他对身边的人是千叮咛万嘱咐,读者很容易可以从中感受到他对家人的关心和不舍心理。以上提到的这些情感都是极为细微的点,在写作过程中作家稍不留神就会忘记刻画或刻画得有所偏差。而豫章心月却将王阳明的这些情感体悟得极为细致,拿捏得极其到位。这背后自然离不开作家与人物的情感"沟通",只有作家将自己带入王阳明当时的内心,才可能关注到如此细腻生动的情感。与人物的情感沟通也成了小说真实性的又一大保障。

二、巧用戏剧手法

除了实现历史真实,小说的另一大亮点就是借鉴了戏剧艺术的创作手法。场景式历史小说《王阳明》采用了戏剧艺术常见的几种手法:一是矛盾冲突的

① 蔡爱国:《论当代历史小说真实性的维度》,《华中科技大学学报》2007 年第 3 期。

营造,二是情节突转的运用,三是靠人物对话推动情节发展。这些手法的运用使得小说具有了冲突性、生动性和趣味性,为小说的艺术真实提供了保证。

矛盾冲突是戏剧艺术中塑造人物形象的重要手段。场景式历史小说《王阳明》也像戏剧文本一样塑造了诸多的矛盾冲突,对塑造王阳明形象起着巨大作用。矛盾冲突可以分三大类:某一人物与另一人物之间的冲突、人物自身的内心冲突以及人同环境之间的冲突。这三类冲突在小说中均有体现。首先是人物与人物之间的冲突。例如小王阳明捉弄私塾先生时和先生产生的冲突;青年王阳明想学罗成挂帅出征时与父亲产生的冲突;宁王手下找王阳明希望他效忠宁王时产生的冲突等等。这些冲突都体现了王阳明远大的志向和高洁的人格。其次是人物自身的内心冲突。在第九章的第四场景中王阳明遇见了孤苦无依的叶儿,这时他的内心就产生了要不要把她收在身边的内心矛盾冲突。一方面觉得叶儿可怜想收留她;另一方面又觉得夫人不在,自己收下一个外乡女子为奴婢实在不妥。这一矛盾冲突的塑造,一下就将王阳明两种品格同时表现出来了,可谓一举两得:他既爱妻子,照顾她的感受,又拥有怜悯之心,充满善意。人同环境的冲突表现得最明显的就是王阳明同昏庸皇帝统治下污浊的社会环境之间的冲突。也正是因为这个冲突才有了后续一系列的情节:廷杖,入狱,被追杀,贬龙场……这一冲突的设置不仅塑造了王阳明正直、坚贞不屈的形象,更是起到了推动情节发展的关键作用。此外,除了大环境中的冲突,作家也勾勒了许多小环境中的冲突。比如小王阳明在私塾说出自己成圣的志向,其他同学哄堂大笑,甚至有同学讥讽他。小王阳明与此时的环境格格不入,形成了强烈的矛盾冲突。不难发现,小说中矛盾冲突的营造不仅使小说具有戏剧性,而且有利于王阳明形象的塑造。这是实现小说艺术真实的有益探索。

其次是情节突转的灵活运用。情节突转也是戏剧艺术中常用的手法之一,它是亚里士多德在《诗学》中针对戏剧创作总结出的一种创作技法。情节突转指情节产生了出人意料的重大反转。高潮往往由这样一些"突转"因素促成:事件的突然转折、人物命运的突然改变、人物心理的巨变、矛盾双方的互相转化、人物活动场景的突然切换等等。[①] 场景式历史小说《王阳明》中也有数处使用了这样的手法,而"突转"也成了这部小说形成高潮的重要环节。比如小说中写池仲安想要借王阳明之手惩治死对头——已经被王阳明招安的卢

----

① 任太军:《文学作品中"突转"的功能意义》,《时代教育》2006 年第 21 期。

珂,于是在王阳明面前说他坏话。王阳明将卢珂叫来审问后根本不相信卢珂的解释,卢珂不仅挨了板子还被压入了大牢。读到这里时,读者不禁心头一紧,想着王阳明怎么这么糊涂,同时为卢珂的命运担忧。可继续看下去,当读到高睿进监狱探望卢珂,将手上"用计"二字展示给卢珂看时,读者才恍然大悟。卢珂的命运发生了一百八十度的大转弯。正是这个突转促成了此场景的高潮——王阳明用计取得了匪首池仲安和池仲容的信任。这个突转使读者揪起的心也放了下来,明白过来王阳明想要用计骗取匪首池仲安和池仲容的信任。由此可以看出,情节突转在小说中除了能促成高潮,还使得小说更加引人入胜,增加了小说的可读性。

最后是小说的情节发展主要靠人物对话来推动,而这也是戏剧艺术的显著特征。戏剧艺术中,人物对话对情节的推动起了很大一部分的作用。因而有了这一特点的场景式历史小说《王阳明》也明显表现出了戏剧化的特征。小说中人物对话占据了极大的篇幅,每一场景都以对话为主来推动情节的发展。比如王阳明和弟子方献夫的这一段对话:

> 王阳明笑罢,说:"叔贤,你今天来到寒舍有何贵干?又有什么问题吗?"
>
> 方献夫说:"老师,这次我是向您来告辞的……索性告病回乡,专心读书修道去!"
>
> ……
>
> 方献夫恭敬地说,"哦,弟子还有一事向老师禀明。上告乞养病疏之时,我还面见了内阁杨一清大人,当面举荐了老师。正好吏部侍郎王琼大人也在,杨大人和王大人都非常欣赏您……"①

这段对话就通过王阳明与弟子方献夫的对话来推动后续情节的发展:方献夫辞官回家,王阳明将在举荐下升官。在人物对话中推动情节发展相比于直接叙述更显简洁更富趣味。此外,情节之间的衔接过渡也会显得更加自然流畅。同时,通过人物对话来推动情节发展的处理会让读者更有代入感,拉近读者和小说人物之间的距离。这对于实现小说的艺术真实来说不失为一种有益的尝试。

---

① 豫章心月:《场景式历史小说:王阳明(上)》中国方正出版社 2013 年版,第 126-127 页。

三、写"活"人物对话

　　场景式历史小说《王阳明》以人物对话为主,其对话语言也是小说艺术真实的保证之一。作家写"活"人物对话主要依靠让人物语言充分个性化,人物对话生活化、日常化以及对话语言诙谐幽默。人物对话书写的这三个特色使得小说做到艺术真实的同时又能通俗易懂,生动有趣。

　　小说中的人物语言可谓是戏剧场景化的,每一个人物的寥寥数语都充分展现着人物自身的个性,符合人物自身的身份。其中,在第一章第七场中体现得尤为明显:

　　　　家中其他三人纷纷过来保护王守仁,郑氏流着眼泪哀求道:"相公,求你别打了。你我就这么一根独苗,打坏了可怎么办哪!"

　　　　岑氏一把夺过柴火棍,气喘吁吁地说:"要打你就打我,不许打我孙子!"

　　　　王天叙撅着胡子说:"养不教,父之过。'你多年在外坐馆,你教过孩子什么? 一出事就知道打他。"①

　　作家对每个人物的语言描写不过只有一句,却将人物刻画得栩栩如生。同样是保护王阳明心切,郑氏作为女辈、作为妻子只能是用哀求的语言:"求你别打了。"而岑氏作为王阳明的祖母,语言就相对来说更硬气一些:"不许打我孙子。"而王天叙的话直接对王华表示了严厉地斥责,这很符合他作为王华父亲的身份,也表露出了男性的阳刚之气。同时,"养不教,父之过"在他语言中的使用,又符合他作为读书人的身份。除此之外,书中刻画欺凌民女的胖阔少的语言时用了粗鄙的词——"妈的"。这就充分贴合胖阔少的性格,将其粗鄙下流展现在读者面前。相比之下,在小说第十七章第一场景中王银和王阳明的对话中,就常常出现《论语》《礼记》《中庸》等经典著作中的话。或者用来论证自己的观点,或者对其进行解释。这一对话语言就充分符合了他们俩作为读书人的儒雅气质。更有趣的是,王银从一开始出口不逊说自己"对圣人之道颇有心得,现已自觉万物一体,而宇宙在我"②到"学生愿拜先生为师,请先生

----

　　① 豫章心月:《场景式历史小说:王阳明(上)》中国方正出版社 2013 年版,第 16 页。
　　② 豫章心月:《场景式历史小说:王阳明(下)》中国方正出版社 2013 年版,第 466 页。

不要嫌弃学生驽钝"①的转变。在前后这两句语言中可以明显感受到王银的态度变化,他已然被王阳明的学问所征服,失了原先的傲气。由此可见,人物语言反映人物性格变化的同时也使得小说主要人物王阳明学识渊博、循循善诱的形象被塑造出来。

小说中的对话语言还具有生活化、日常化的特点。从人物对话语言的内容来看,有家人之间的调侃,有临行分别的不舍诉说,有师生之间的打趣甚至还有王阳明给仆人和学生讲的笑话。这些都是极具日常生活气息的对话内容,使得小说中的人物对话显示出了生活化、日常化的特点。小说中王阳明与父亲王华的一段对话就很好地流露出了这种日常生活的气息:

> (王华)"你说!为什么要打黄家阿婆的手腕?"
> (王守仁)"谁要她说我弹弓打得一点都不准!我就打给她看!"
> (王华)"你不知道一篮子鸡蛋值很多钱吗?你打了她的手,她上咱家来闹,要我们赔鸡蛋钱!"
> (王守仁)"你先赔她好了。明年过年压岁钱我不要就是了!"②

此外,日常俗语的运用也是小说中的人物对话呈现出生活化、日常化特点的因素之一。文中一些突出的化在人物对话中的日常俗语像"哪有你这样想一口吃成个胖子的"③"他简直是把书念到狗肚子里去了"④"谦之所说,算搔到了痒处"⑤等。这些日常生活中的常用俗语往往含着类比,读者可以轻松地领会话语的含义。同时,日常俗语的运用还使小说具有了一定的日常气息和生活气息。人物的对话语言生活化和日常化以后,便减少了历史小说具有的疏离感和年代感。这就在无形中拉近了文本与读者的距离,增加了小说人物的真实感和饱满度,继而更好地实现小说的艺术真实。

小说中的对话语言还有一大特色即语言诙谐幽默。幽默的对话语言有着自己独特的价值,运用在相对严肃的历史小说中更是有着意想不到的奇妙效果。其中最显著的价值就是可以极大地激发读者的阅读兴趣。小说写王阳明的仆人王欢和王喜在龙场开玩笑时之间的对话就是这方面的典型:

---

① 豫章心月:《场景式历史小说:王阳明(下)》中国方正出版社 2013 年版,第 470 页。
② 豫章心月:《场景式历史小说:王阳明(上)》中国方正出版社 2013 年版,第 15 页。
③ 豫章心月:《场景式历史小说:王阳明(上)》中国方正出版社 2013 年版,第 34 页。
④ 豫章心月:《场景式历史小说:王阳明(上)》中国方正出版社 2013 年版,第 110 页。
⑤ 豫章心月:《场景式历史小说:王阳明(上)》中国方正出版社 2013 年版,第 292 页。

　　　王喜得意扬扬地说:"好! 今晚寡人就在自己的行宫内安歇了。王欢,先去给寡人铺好八宝得胜炕。"

　　　王欢轻轻地踢了王喜一脚,说:"我先给你一脚再说。"①

　　这两人一问一答的语言充满趣味,读着着实令人发笑。幽默诙谐的人物对话无疑增加了小说的吸引力,激发了读者的阅读兴趣。此外,人物对话又是直接体现人物形象的,读者从小说人物的对话中便可以对人物形象有一个直观的把握。而这本小说中更是凭借幽默的人物语言为读者呈现了一个平易近人、颇具幽默感的阳明形象。不同于其他小说将王阳明塑造成不苟言笑的形象,这本小说中的王阳明还会开他人玩笑。比如前来招安受降的人并不完全信任王阳明,于是揣着匕首前来。王阳明发现了便幽默地说:"哎,这位头领,你的匕首把都露出来了,赶紧把它揣好,这么毛手毛脚!"②王阳明这句话一出口就引得在场的人哈哈大笑,一下缓解了紧张的氛围和读者深揪着的心。通过赋予王阳明幽默的语言使其不再是高高在上、不可触及的神坛上的人,其形象自然就更显亲切,更加真实。

----

　　① 豫章心月:《场景式历史小说:王阳明(上)》中国方正出版社 2013 年版,第 104 页。
　　② 豫章心月:《场景式历史小说:王阳明(下)》中国方正出版社 2013 年版,第 608 页。

论 21 世纪王阳明题材戏剧中的"龙场戏"

王嘉宏[*]

伴随 21 世纪以来的"阳明热",戏剧舞台上涌现出了一批以王阳明生平为题材的戏剧作品。自余姚市姚剧保护传承中心在 2007 年创排姚剧《王阳明》之后,王阳明题材戏剧的创排便呈现出"井喷"之势。2015 年贵州师范大学创排了话剧《王阳明》,2017 年江西话剧团创排了话剧《阳明三夜》,同年贵州话剧团与浙江省话剧团联手创排了话剧《此心光明》,2018 年贵州省京剧院上演了京剧《王阳明龙场悟道》,同年绍兴小百花越剧团创排了越剧《王阳明》,苏州也推出了话剧《王阳明下山》,2019 年绍兴文理学院阳明剧社创排了话剧《千古一圣王阳明》,同年漳州市平和县潮剧传承保护中心也创排了潮剧《漳南战役》。在这些戏剧作品中,涉及王阳明被贬龙场以及龙场悟道的主要是姚剧《王阳明》、贵州师范大学话剧《王阳明》、京剧《龙场悟道》、话剧《此心光明》、越剧《王阳明》和话剧《千古一圣王阳明》等六部作品。这些"龙场戏"无疑是"阳明戏"中最引人瞩目的部分,其中王阳明在被贬龙场之后遭遇到来自生活环境、人际关系和个人心理等三方面的不同压力构成了"龙场戏"由浅到深的三重戏剧矛盾:首先,在戏剧舞台方面,通过舞台布景,以灯光、音乐和道具等多种形式凸显了龙场险恶的生存环境,营构了王阳明与龙场,角色与舞台的第一重冲突;其次,在戏剧展开的过程中,通过人物动作与角色对话,展现王阳明与意图迫害他的奸人以及淳朴山民形成的第二重冲突;最后,在舞台与人物设计的基础上,作为故事主角王阳明的内心世界通过其内心冲突展开,观众也得以

---

* 王嘉宏,浙江师范大学人文学院硕士。

了解他如何突破旧我向新我转变的顿悟过程。

一、至暗时刻:"龙场戏"的环境冲突

在 21 世纪王阳明题材戏剧中,王阳明的人生故事得到了极为精彩的呈现,成功地"显现了王阳明宦海的沉浮和历次所建的功勋,也暗示了时间、场地的变化"①。其中,王阳明贬谪龙场的经历,既显示了王阳明宦海浮沉的波折,也呈现出舞台环境的激烈变化,因而始终是此类戏剧关注的焦点,也是"龙场戏"的核心。龙场地处贵州,远离当时的政治经济中心,再加上多山林瘴气,可以说是一处环境恶劣的偏远之地。在舞台上,构建"龙场戏"环境冲突的重要一环,就是在舞美道具上力求对龙场的环境的还原,并表现王阳明与龙场环境的矛盾,以及他对龙场环境的适应过程。在舞台上,对龙场环境的还原主要是通过在灯光、布景、道具这三个方面的精心设计来实现的。

首先在舞台灯光上,由于被贬龙场是王阳明一生中最为黑暗的遭遇,龙场时期也是王阳明内心最为挣扎的时期,因此"龙场戏"多采用暗色调、多变化的舞台灯光,一方面强调了王阳明龙场处境的险恶,另一方面则突出了王阳明内心紧张激烈的冲突变化。例如,话剧《此心光明》力求"让普通观众来认识一位更接近历史真实的王阳明,更好地理解心学要义"②。该剧龙场篇章的灯光使用就非常具有典型性,颇耐人寻味。话剧《此心光明》全剧分引子、少年、青年、中年、老年和结尾六个章节,其中青年一章集中讲述了王阳明的龙场经历。在这一部分的开始,王阳明被贬龙场,他跪于台上,俯身听旨,此时舞台灯光以顶光集中于宣旨的公公身上,使得他苍白的妆容格外显眼,而白到刺眼的太监与跪在黑暗中的王阳明形成了鲜明对比,强调了王阳明遭奸人迫害的事实。之后,为营造王阳明来到龙场后身心的双重打击,舞台灯光由半明半暗的对比变化为如同夜色一样的暗色,只留下两束微光,显示王阳明在黑暗中飘摇的心灵。随着故事发展,王阳明在龙场遇到了长久以来居住在这里的山民,灯光由此转为绿色,既显示山民朴拙的天性,又表现王阳明迎来了在龙场悟道的契机。在短短一幕的龙场遭遇中,灯光经历了由全光变为半光,由半光变为全暗,由全暗转为绿光的复杂变化,一方面显示出王阳明被贬遭遇的曲折,另一

① 石红菊:《婉约柔美,清新流畅——姚剧〈王阳明〉观感》,《东方艺术》2009 年第 S2 期。
② 林翰、周伟华:《创作本土化的一次积极尝试——话剧〈阳明三夜〉创排小记》,《影剧新作》2017 年第 2 期。

方面更是对王阳明的内心世界进行侧写,表现他在遭难过程中不断变化冲突的内心。特别是王阳明遇到山民的时候,因为王阳明为曝尸荒野的人掩埋尸骨,山民于是称他为大善之人,在这个时候,舞台灯光悄然从昏暗转为明亮,由漆黑转为翠绿,这一在灯光上颇为抓人眼球的处理,正是从王阳明被贬以来不断压抑的冲突的释放,是王阳明与龙场险恶环境的冲突的释放,也是王阳明克服这一环境的转机所在。另外,在话剧《千古一圣王阳明》"以'儒家四圣'之一的王阳明的传奇人生为线索。讲述了王阳明成圣之路的艰辛坎坷"①的过程中,灯光的运用同样有其特殊之处,话剧《千古一圣王阳明》在王阳明龙场悟道中以王阳明与其他角色的隔空对话来实现,因而在灯光上采用有别于普通场景的昏暗光线,并且依据出场角色的不同,对灯光的明暗进行更进一步的细微调整,以此来显示王阳明内心对不同角色的亲近程度,并侧面展现王阳明这一角色的价值观念。

其次是舞台布景,由于舞台布景能够给予观众对故事发生背景的第一印象,因此舞台背景可谓是舞台环境的直接构成要素,对于人物与环境冲突的构成有着直接的影响。在贵州师范大学话剧《王阳明》中,布景的变化在相当程度上反映了王阳明心理状态的变化,并对戏剧冲突的发展起到推进作用。剧中,王阳明的悟道以隔空对话的心理侧写方式进行,通过王阳明与剧中不同人物的对话,来推进王阳明的顿悟过程,从而实现这一戏剧高潮,因为这一部分主要以心理侧写为主,而具象的布景会限制隔空对话的展开,因而这一部分在布景上以简明单纯为基调,较少外部的装饰,可以说这与王阳明顿悟时内心的挣扎迷茫是一致的,布景所打造的"空白"的环境使得观众能够将注意力完全放在王阳明在人物对话中展现的内心冲突,从而以缺省突出重点,助推戏剧冲突的自由发展。在王阳明悟道之后,布景由尽可能简单的布景变为木牌标记的"贵阳书院",而书院环境的设置限定了故事发生的地点,使得观众对王阳明思想的转变有了直观的认识,展现了王阳明在顿悟之后找到了实现自己理想的方式,并决心将自己对心学的顿悟传播出去。通过布景的设计,贵州师范大学话剧《王阳明》成功展现了王阳明的内心冲突,并营造了与戏剧发展相一致的舞台环境。此外,在京剧《龙场悟道》中,为塑造龙场环境的险恶,戏剧舞台上还使用了岩石、树木等系列贴近现实的布景,在一个遍布嶙峋怪石的环境中展开王阳明与龙场山民的互动,以此显示出他们身上宝贵的自然天性。

---

① 郑荣健:《话剧〈千古一圣王阳明〉在浙江绍兴首演》,《中国艺术报》2019 年 10 月 18 日。

最后是舞台道具,在塑造王阳明龙场生活环境的过程中,舞台道具是场上人物行动对话过程中直接与之产生互动的部分,因而会直接影响故事的表现效果,也是"龙场戏"舞台环境极为重要的一部分。其中比较突出的便是人物服饰的变化。在话剧《千古一圣王阳明》中,王阳明在去龙场前,龙场悟道之时以及离开龙场之后的服饰都有着相当大的变化。在龙场悟道之前,王阳明身着武士服,整体形象以英武为主,而龙场悟道时的王阳明已换成一身白袍,在气质与形象上更加接近于儒者,这与王阳明在龙场时迷茫的心理状态也十分贴合。在龙场悟道之后,"王阳明在历经生死考验后,终于挣脱了程朱理学的思想束缚,在贵州龙场体悟到'吾心自足',即'良知'本体"[①],服装也变为更为庄重的红边大袍。剧中,王阳明穿着服饰的变化侧面反映了王阳明的成长,作为舞台环境的一部分,成功地通过服饰的变化,将王阳明内心的冲突反映出来。同时,舞台人物的服饰除了能够反映人物的内心变化之外,还能与同场人物的服饰形成对比,加剧舞台的戏剧冲突,如在姚剧《王阳明》中,身着宽袍大袖的王阳明与身着粗布短打的苗民巴龙形成鲜明对比,这样在服饰上使观众形成的第一印象在之后人物对话中会得到进一步的强化,由此使得两个角色由于性格、身份差异而形成的冲突更为突出。

正如编剧李宝群在谈及话剧《此心光明》的创作时所说,创作好历史剧作品,必须"充分占有历史资料,深入到历史生活和历史情境中去,细致深入了解历史及历史人物,唤起体验和想象,燃烧激情和思考,这是创作的基础和前提"[②]。"龙场戏"对舞台环境以及人物形象的尽力还原,正是为了通过灯光、布景、服饰和道具在内的诸多因素,来真实地反映王阳明这一人物在历史具体语境之下的挣扎,展现他与外部环境的剧烈冲突。

二、事上磨炼:"龙场戏"的情节冲突

戏剧作品的戏剧冲突,很大一部分是通过人物之间的对话以及动作展开的,正如亚里士多德将戏剧视作动作的连续,王阳明题材戏剧中"龙场戏"的戏剧冲突,有相当大的一部分是由舞台人物的动作与对白完成的。在"龙场戏"中,王阳明与迫害他的奸人以及龙场本地的乡民之间产生的冲突有很大区别,

---

① 华建新:《论姚剧〈王阳明〉的结构艺术》,《宁波工程学院院报》2012年第2期。

② 李宝群:《走漫漫长路,了一生心愿——创作话剧〈此心光明〉的前前后后》,《中国戏剧》2017年第7期。

也由此形成了两种不同的冲突类型：一是王阳明与意图迫害他的奸人之间的显性冲突，主要是王阳明在遭到刘瑾政治集团迫害时的反抗；二是王阳明与龙场乡民之间的隐性冲突，主要表现为王阳明教化龙场乡民的尝试。

在展现王阳明与刘瑾斗争的部分，"龙场戏"并不是将这一冲突直接和盘托出，而是以侧面人物的言行来渲染环境，对政治压迫的残酷与黑暗予以充分表现，以此将戏剧冲突推向王阳明龙场这一顿悟的高潮。以贵州师范大学原创话剧《王阳明》为例，这部"选择了思想家将自己的见解运用于军事上，不断取得胜利的史实，使全剧危机重重，高潮迭起，具有较大的戏剧张力"①的话剧作品，在狱中除夕的开场时，便通过蒋钦这一人物在狱中的狂呼，将刘瑾带来的朝堂黑暗刻画出来。"陛下啊！幸听臣言，急诛瑾以谢天下，然后杀臣以谢瑾。臣与贼瑾势不两立……圣上不杀此贼，当先杀臣，臣诚不愿与此贼并生。风雨飘摇，雷霆震怒……"②蒋钦死谏而被刘瑾活活打死，既是以具体的人物言行表现出当时士子不屈服于奸佞的高洁品质，又是以一种颇具震撼力的方式揭开了以王阳明为代表的正德年间清明志士与以刘瑾为代表的朝堂黑恶势力之间的冲突。这一种冲突的内核是两个政治集团，两种价值取向之间的矛盾，在戏剧舞台上则具象地表现为以王阳明为代表的士人对刘瑾集团的反抗，而蒋钦之死的安排至少对这一冲突的深化有两点重要作用。首先，只有当主人公王阳明目睹蒋钦之死这样一出彻底的悲剧之后，他才能真正领悟到作为故事背景的正德王朝的腐朽，王阳明会在这样的压力下感到绝望，但同时又是这压力推动他反思刘瑾集团以权谋私的行径，并最终超越这几乎是当时主流的价值观念。另外，对于这一价值冲突来说，唯有通过带有强烈戏剧张力及血腥色彩的蒋钦之死，才能让观众真正领会当时环境的残酷。如果没有这样血与火的底色，那么在此之后王阳明的龙场悟道就显得过于抽象，缺乏了实在的紧迫感，而"龙场戏"的戏剧冲突，乃至戏剧高潮也就无从谈起了。而之后，王阳明在龙场对着自己的"墓碑"发出悲愤的反问，正是在蒋钦之死的基础上进一步推进了戏剧的发展，使得戏剧冲突由王阳明与刘瑾等人的外部冲突，一转而为王阳明内心思想观念的内部冲突。在贵州师范大学话剧《王阳明》中，"龙场戏"对戏剧张力的把控能力体现得十分突出，正是在由蒋钦之死到阳明问道不断深化的戏剧冲突中，该剧才真正"讲述了王阳明历经艰难险阻，在贵州修

---

① 刘平、高扬：《青春 纯粹 淳朴 灵动——第五届中国校园戏剧节观感》，《中国戏剧》2016 年第 12 期。

② 刘欢、崔庆鹤：《王阳明》，《剧本》2017 年第 3 期。

文悟得'知行合一',立功、立德、立言的故事"①。而最终,观众也得以明白王阳明是如何在这样崇高意味的悲剧中,完成了自己人生境界的巨大突破。与之相似的是,在越剧《王阳明》中,王阳明与刘瑾集团的冲突也是"龙场戏"戏剧冲突的主要部分。在剧中,刘瑾安排锦衣卫意图在去往龙场的途中将王阳明谋害,他们拔出刀剑,包围王阳明,可谓是杀机尽显,而王阳明借写绝命诗的时机跳河逃生,同样是惊险刺激的绝处逢生,锦衣卫的刀剑相逼,厉言呵斥,与王阳明的镇定自如,顽强求生形成令观众汗毛倒立的紧张冲突。

在王阳明题材戏剧中,一般将王阳明与宁王之间的生死较量看作王阳明一生中最紧张的时刻,因而"阳明戏"中的智斗宁王被认为是"无处不在的尖峰较量,飞溅着灿烂思想的火花,是知行合一的生动体现"②。但实际上,"龙场戏"中,王阳明对乡民施以教化的行动同样极富戏剧张力,只不过在舞台表现上,它不像王阳明与宁王之间那样以冲突性强的人物动作展开冲突,而更多地表现为对白台词上的针对,思想观念上的碰撞,因而显得更为内敛。

其中,最能展现王阳明在龙场施行教化过程的是姚剧《王阳明》。在姚剧《王阳明》中,与一般"龙场戏"将讲述重点放在王阳明悟道过程上不同,它引入了苗民巴龙这一角色,通过王阳明与巴龙的一系列互动,将王阳明在龙场施行教化的过程生动地展现出来。特别是其中王阳明领悟的"心即理"的新思想与巴龙代表的山民的愚昧之间,形成了不下于王阳明与宁王生死交锋的戏剧冲突,这一幕戏也堪称"龙场戏"的经典。剧中,王阳明在悟道的过程中遭逢巴龙的刺杀,两人由此展开一场精彩的论辩。巴龙出于山民混沌的道德观念,将收钱杀人视为挣钱养家的正常行当,并无可以指摘之处,"你与我无冤又无仇,却有人把你当作眼中瘤,赏我白银三十两,叫你刀下一命休"。而面对巴龙的刀锋,王阳明并没有像对待寻常杀手那样刀剑相向,而是一眼看到以巴龙为代表的山民在道德方面的混沌,并决心在龙场启发民智。他直面巴龙,在表达对他的欣赏的同时,痛陈遗憾:"痛快痛快,你直言直语说情由,称得上一条汉子血气有,可惜只值三十两,全不分是非善恶昏了头。"以此为由头,王阳明具有的心学新思想与龙场这一蛮荒之地的愚昧展开了全面碰撞,王阳明对巴龙循循善诱的教化,正可以看作是心学思想在龙场传播的缩影。最终,王阳明通过

① 杜安、袁恺雯:《青年为什么要看这出剧?——原创话剧〈王阳明〉解读》,《当代戏剧》2017 年第 2 期。

② 欧阳逸冰:《探寻人心人情的人物形象塑造途径——2018 年话剧新作札记》,《中国戏剧》2019年第 4 期。

"脱衣脱裤"的层层试探,用"人不可无耻"的理由,解释说巴龙尚且知耻,仍可救得,戏剧抓住了"耻"这一个人乃至社会道德的核心,并成功地在舞台上以小见大地展现了王阳明使蛮夷知耻的过程。可以说,在王阳明与巴龙几句小小对白的背后,包含的是在未开化的蛮荒之地推行教化,使得天下人知耻的伟大理想,一旦想通这一关节,自然能感受到"龙场戏"的戏剧张力所在。也正因如此,王阳明最后才会发出"天下强盗窃贼能杀得完吗"的疑问,并提出剿灭心中之贼乃至天下无贼的愿景。除此之外,京剧《龙场悟道》同样将王阳明与龙场山民的互动作为表现的重点,它对王阳明心学思想与山民愚昧之间冲突的表现虽然不像姚剧那样集中,但整体而言要更加完整。通过王阳明与山民间送药疗疾、结庐安生等一系列情节,全面表现了王阳明受到山民们的帮助,并从山民身上领悟到"人人皆可成圣"的道理,再最终将所悟施之于民的过程,其中既有对龙场环境的克服,又有对自身观念的超越。相比而言,姚剧《王阳明》主要表现了王阳明与山民新旧思想的冲突,而京剧《龙场悟道》的戏剧冲突无疑更为全面。

三、顿悟成圣:"龙场戏"的心理冲突

独白是戏剧或电影中角色独自抒发感情或是表达愿望的话,这些由故事中的人物直接讲述,用以表达其内心世界的话,正是研究戏剧作品人物内心的重要材料。在"龙场戏"中,王阳明内心的矛盾冲突不仅是"龙场戏"中戏剧冲突的关键,也是展现"龙场戏"思想深刻性的重要部分。

在"阳明戏"中,独白手法的使用并不罕见。尤其是在"龙场戏"中,王阳明内心的矛盾冲突是相关戏剧着重表现的一个部分。如何展现王阳明的龙场悟道,如何可视化地展现王阳明的内心世界是一个难点问题。在多部"阳明戏"中,编导采取了隔空对话的方式,形成另一种意义上的"独白",即通过虚构王阳明与其他不同人物的对话,来表现王阳明在心中与不同思想观念的交锋。这一做法的意义在于,通过人物对话可以很好地表现"龙场戏"的戏剧冲突,不仅可以将枯燥的悟道过程戏剧化,同时还增强了戏剧的舞台张力,激发观众的兴趣。例如,在话剧《千古一圣王阳明》的龙场悟道部分,王阳明与父亲王华、妻子诸玉、政敌刘瑾、圣人朱熹分别展开隔空对话,才真正完成了他最终的悟道。事实上,与他们的隔空对话,可以视作王阳明内心的自问。比如王阳明一生都希望超越的父亲王华,身为状元的王华代表着那个时代读书人所能取得

的最高成就,他与王阳明之间的对话,自然在某种程度上代表了王阳明对当时官僚制度的反思,也表明了王阳明对这一现实的超越。话剧《千古一圣王阳明》的第一幕便以王华斥责王阳明"状元并非人生第一等事"这一说法而展开争论,这场争论虽然以少年王阳明被责罚而结束,但其余韵却一直延续到王阳明龙场悟道的戏中。在与父亲的争辩中,王阳明否认了将功名视作读书唯一目的的价值取向,并开始探寻个人成为圣贤的可能性,亦即意识到"良知"的重要性。因而,在话剧《千古一圣王阳明》龙场悟道的场景中,王阳明与父亲王华的隔空对话,正是他对黑暗朝堂环境反思之后的结果,是其内心思想与传统观念激烈冲突的体现。此后,王阳明与妻子诸玉、政敌刘瑾的论辩,实际都是这一冲突的深化。通过这三场隔空对话,王阳明质疑王华被迫害的下场,质疑刘瑾当权的荒谬,并最终坚定了自己开拓圣人之道的决心。在这三场冲突之后,王阳明内心的冲突矛盾已然由"做出改变"转为"如何做出改变",而这正是朱熹这一圣人角色在王阳明龙场悟道中出场的意义所在。"心学的核心理论'心即理',强调'我心即理'的理念,强调人的主体作用,对'我心'的自我认识和自我体验给予极大的自由空间"①,这对于主体性的强调,正是王阳明龙场悟道最为重要的领悟,而这一领悟是在王阳明与朱熹隔空对话的过程中实现的。根据史实,王阳明早年确实曾经服膺于朱熹的理学思想,因而话剧《千古一圣王阳明》在龙场悟道中加入了朱熹这一人物,正是表现王阳明内心理学与心学挣扎的最好做法。通过王阳明与朱熹的隔空对话,二人"知行合一"与"知先行后"的观念分歧清晰地展现出来,而王阳明悟道的关键,也即阳明心学诞生的过程,得以在戏剧舞台上以一种合理的方式展现出来。

在人物内心独白的书写中,贵州师范大学话剧《王阳明》则完美地展现了时代历史变迁过程中,社会、文化和思想的巨变。该剧对王阳明在龙场的顿悟进行了一场颇有深意的内心描写。在这一过程中,崔冼、刘瑾等人物悉数登场,各自为自己的人生理想慷慨陈词。这些场面正如戏中所用的比喻,将大明朝这辆"马车"上各色人物的想法都展露无遗。其中,崔冼坚信救国先需忍辱,要等到位极人臣再重整乾坤,而刘瑾则在描述荣华富贵的理想之外,也道尽了一代大阉背后的辛酸,加上慕青等人对如何救国的思考,这纷纭的多样化思想,可谓是正德年间风云激荡社会景象的真实缩写。通过刘瑾等人的阐述,腐朽封建王朝里的忠臣、逆党、豪侠,这各个阶层都描绘了自己的救国图景,王阳

---

① 曾献平:《异端的先声——评姚剧〈王阳明〉绕不过的话题》,《文化艺术研究》2010 年第 S1 期。

明在对之进行反思的基础上提出自己的思想,这使得龙场悟道具有了更加广泛的社会价值。在理解王阳明内心的过程中,只有对王阳明思想诞生的时代背景有充分的认识,我们才能真正理解"阳明先生在这如漫漫玄夜的世道中的挣扎"①。

在"龙场戏"中,将王阳明内心的冲突在舞台上全面展现出来,不仅是因为戏剧对冲突性的要求,更是为全面呈现王阳明深邃思想而做出的努力。在王阳明题材的戏剧中,剧作者们一般"按照了'立德、立功、立言'三个层面展开故事情节,反映了当代人对王阳明人物形象的理解和把握"②。正因如此,"阳明戏"为了表现当代思想与王阳明思想的碰撞,势必在对王阳明遭遇的人生困境的重写之中,呈现出王阳明思想新的面貌。以历史剧的标准来说,它还需要进一步地书写具有冲突性质的历史事件,一如"龙场戏"通过人物内心的独白展现历史上阳明心学引发的思想革命那样,通过戏剧舞台的冲突,来呈现历史深处的汹涌暗流。事实上,"圣心满光明,光明即良知。这些无法物化生产的东西,只可以用艺术去创造,去表现"③。而在王阳明题材戏剧中,"龙场戏"通过在舞台上刻画故事主角王阳明的内心冲突,可以说在戏剧艺术空间里为探索人心光明,寻找精神寄托做出了有益的尝试。

四、结语

"龙场戏"是王阳明题材戏剧的核心,也是此类戏剧所具有的独特魅力的集中体现,在"龙场戏"中,创作者成功地将舞台环境与故事情节、人物内心充分结合,呈现出了由外部环境到内心世界这样一个由外到内的深化过程,构建了一个立体的戏剧冲突层次,完美体现了戏剧这一艺术形式的独特魅力,为新世纪的戏剧,特别是历史剧的创排实践提供了宝贵的探索经验。

---

① 黄斌:《漫漫玄夜怎守仁,良知在心自阳明——话剧〈阳明三夜〉剧作创意谫论》,《影剧新作》2017 年第 2 期。

② 华建新:《论姚剧〈王阳明〉"真三不朽"形象的塑造》,《宁波大学学报》2012 年第 3 期。

③ 吴巧娜:《"此心光明"——原创越剧〈王阳明〉创排前后》,《东方艺术》2018 年第 16 期。

从思想与文学的视域走进王阳明的精神世界

——第二届全国大学生"知行合一传习论坛"综述

孙拉拉* 卓光平**

2021 年 10 月 29 日至 31 日，由阳明心学大会组委会和绍兴文理学院主办，绍兴文理学院人文学院、越文化研究院和人文社科处共同承办的"思想与文学：走进王阳明的精神世界——第二届全国大学生知行合一传习论坛"在浙江绍兴隆重召开，来自全国的专家学者、学生代表、媒体记者出席了本次论坛活动。绍兴文理学院党委书记汪俊昌教授、绍兴市委宣传部常务副部长石剑晗同志出席开幕式并致辞。汪俊昌书记指出，举办本次论坛旨在进一步挖掘阳明心学的丰富内涵和时代意义，推动阳明文化的创造性转化和创新性发展，推进知行合一思想在当代大学生群体当中的传承。石剑晗部长希望"全国大学生王阳明知行合一传习论坛"作为"2021 阳明心学大会"的分论坛之一，能为阳明心学研究注入青春的活力，使阳明文化资源"活起来"，让阳明思想在当代青年大学生中延绵传承。绍兴文理学院副校长寿永明教授主持了论坛开幕式，人文学院党委书记高利华教授就论坛筹备工作做说明，专家代表、杭州师范大学人文学院教授史光辉教授和学生代表、南京大学哲学系博士钟纯分别做主题发言。

本次论坛共收到全国 19 个省市 45 所高校 126 篇论文，其中博士生论文 21 篇，硕士生论文 54 篇，本科生论文 51 篇。相关论文涉及王阳明心学思想研究、阳明学及阳明文化传播研究、王阳明诗文创作研究、王阳明题材戏剧研

---

* 孙拉拉，绍兴文理学院硕士研究生。

** 卓光平，绍兴文理学院王阳明研究中心主任。

究、王阳明题材小说研究、王阳明文学传记研究等方面,做到了文、史、哲的打通与覆盖,深入挖掘了阳明心学的丰富内涵和时代意义。此次论坛充分彰显了当代青年大学生对阳明文化的积极传承与传播,而论坛积极推动阳明文化资源的"活起来"也受到了《光明日报》客户端、《中国青年报》客户端、《文汇报》客户端、《杭州日报》客户端、浙江新闻客户端、浙江之声、《绍兴日报》《绍兴晚报》、绍兴新闻联播和越牛新闻等十余家主流媒体的宣传报道。

一、王阳明心学思想研究

王学明被后世誉为"真三不朽"者,其心学思想是中国儒学发展史上的一个高峰。本次论坛有 30 余篇论文聚焦了王阳明心学思想研究这一专题。"知行合一"一直是王阳明心学思想研究领域一个重要的命题,浙江大学哲学系博士余柯嘉、南京大学哲学系博士赖雅真、中央民族大学哲学与宗教学学院博士杨大龙、苏州大学政治与公共管理学院博士吴卿、中国人民大学哲学系硕士叶晴、绍兴文理学院人文学院本科生赵健发等参会者便是从该角度深入地探讨了王阳明的心学思想。叶晴认为王阳明对"知行合一"的讨论蕴含着两种意思。一种是把知作为行的前提,行为知的结果,这种想法在王阳明之前已有;另一种则突出了王阳明思想的独特性,即认为知与行为同一件事。叶晴认为前者是从宏观角度承认知行上的时间差,后者指向的是主体做一件事时的内在意识。关于"意念"与"良知"的关系,叶晴认为良知就是意念之本体。良知是与意念发动的"行"相互构建,再进一步构成现实行为的欲望和倾向。赖雅真认为道德价值和认识实践均是知行的本体显现,两者共同完善王阳明的心学体系。王阳明的知行观是从反思现实以及在程朱知行观的基础上,形成区别于宋儒的独特的知行观。以道德实践观之,知行合一展现了本心良知开显之道德境界;以认识实践观之,知行合一展现"虚灵明觉"之心与意向投射之"世界"的存在关系。杨大龙将王重阳功行思想与王阳明知行观作比较,指出两者对性命反思的逻辑起点和性命追求的至高境界上有差异。相比王重阳内外双修的性命观,王阳明的知行观更强调以良知为核,统帅性命。以先天的良知为逻辑起点,由良知成就德行,最终实现成圣成德的目的。余柯嘉从工夫论角度出发,认为"知行合一"是人追寻的理想生存状态。她认为阳明对"万物一体之仁"的具体解释吸收了二程对"仁"的阐释,阳明认为"一体之仁"的实现必自心始,重申了"万物一体"的实然与应然共存的现象,并强调人"整合"万物之责任，指将"亲亲之爱"推拓至对万物的爱。其次，她从"行"的维度印证阳明工夫所构建的通向"一体之仁"的路径，即从明德、亲民到"格致诚正"再到"致良知"来实现"一体之仁"。吴卿在当代德育的背景下来谈"知行合一"，指出王阳明从"体用一源"的原则出发，以"致良知"为起点，将道德作为一种生活的态度，强调个人通过道德行为唤起自己内心道德自觉的同时，还要以道德自觉来指导和修正自己的行为。

从儒学传统中研究王阳明心学的参会者有南京大学哲学系博士钟纯、武汉大学中国传统文化研究中心硕士杨永涛、中山大学哲学系硕士张乾礼、西北大学中国思想文化研究所博士秦晓、贵州大学哲学与社会发展学院硕士蒋佳俊等。钟纯从心学与经学双向互动的视角诠释了阳明心学与经学的关系，指出了"以心释经"与"以经证心"双向的诠释进路。他认为"以心释经"的解经模式是通过化繁为简以体证圣人作经之意，并说明了王阳明"尊经即尊心"的经学观。而王阳明的《五经臆说》则直接表面了"六经"的诠释价值是为"吾心"服务。除此之外，他指明阳明的经学观是立足于心学，并以"因经得心""由经明心"等运作模式来阐发心学要义。张乾礼指出儒家对"三年之丧"的孜孜以求以及对"短丧"的批驳背后蕴含着孝的意识，此孝是从"心"而发，故以"礼以情显"为先秦儒家言丧论孝的基本思路。以此为铺垫，王阳明将"孝"与"良知"并合，由"形式"意义上的行孝发展至自我心灵的成长与完善，可见王阳明对孝的理解和接续性诠释表现为"理不离心"之脉络。杨永涛以"头脑"为例，分析该词汇的思想渊源、解释流变，进而探讨该词汇所反映的儒学道德本义之流变。杨永涛指出"头脑"一词的思想渊源来自诸子学视域下的"心"论，后经朱熹阐发，"头脑"论喻代表了"太极"的道德本体义，陆九渊虽未点出"头脑"一喻，但其"发明本心"的道德意识奠定了基本的心学格局，王阳明的"头脑"论喻，贯通了治学、教学方法、修养工夫等方面，也体现在他从"诚意"到"致良知"的思想历程的变化之中。秦晓聚焦王阳明对《孟子》中"必有事焉"的解读，从内容、目的和启示等方面对其进行了探究和分析。内容层面，秦晓指出有三层含义，即时时去集义，将"事""物"与"诚意""致知"打通，彰显"知行合一"的思想、反映出王阳明"心即理"的思想主张。目的层面，秦晓认为王阳明对"必有事焉"的心学诠释体现了儒家道德理想主义。启示层面，王阳明对"必有事焉"的诠释和对"事"论的阐发体现了儒家天人合一的境界，这对当今社会发展有参考价值。蒋佳俊指出儒家对爱有等差表现为人与动物、人群内部以及人伦要求上的差别。王阳明根于人固有良知，认同爱有等差，并将此体现在"一体之仁"的境界中。

北京师范大学博士张艳丽、同济大学哲学系博士闫伟、渤海大学哲学硕士杜国华、陕西师范大学哲学与政府管理学院硕士杨宁宁等参会者是从王阳明"已发""未发"思想来研究王阳明心学。张艳丽认为未发已发问题是心性论命题中的一个重要概念。王阳明以良知统贯未发已发，从心之本体上讲未发即是良知本体。良知指称心之本体，阳明的"心之本体即性即理"则是不断回归心灵的自信。从心之发用层面上讲，人们依良知而行能够达到"已发之和"，由"未发之中"发展到"已发之和"是人们所期待的一种理想状态，但后天的发用不能达到"和"的理想状态，从而引出了对未发之中的两种不同解释。正因为此种情况，因而需要统贯未发已发的修养工夫。闫伟指出宋儒在"中和"问题上存在矛盾，王阳明《传习录》以"良知"贯通心之"未发"与"已发"，对心之"未发"与"已发"进行了新的阐释。同时以"致中和"作为心性修养的实践工夫，认为要在心之"未发"层面上戒慎恐惧、戒私去欲；心之"已发"层面上静坐息虑、省察克治。然而王阳明虽纠正了程朱"未发"与"已发"的矛盾，但是其自身也存在"未发"与"中"，"已发"与"和"分离的思想症结。杜国华指出王阳明是以良知缉摄已发未发，并进而探讨了良知与已发未发的关系。杜国华认为阳明的"中和一体"，是即把未发之中等同于良知，人人皆有，也承认良知是已发之和。王阳明对已发未发的析解是其对修养工夫的重视。

二、阳明学及阳明文化传播研究

阳明心学在明朝中后期逐渐深入人心，影响了当时的许多士人和普通民众，因而自明清以来，阳明学一直方兴未艾，而且阳明学还传播到东亚各国，并产生了深远的影响。本次论坛有30篇论文聚焦了阳明学及阳明文化传播研究这一方面。武汉大学哲学学院硕士都兰雅、大连理工大学人文与社会科学学部哲学系硕士徐泽平、苏州大学政治与公共管理学院博士唐哲嘉等参会者侧重研究明代学者对阳明心学的融合与创新问题。都兰雅以晚明大儒冯从吾对王阳明教说的理解为个案，探究冯从吾对阳明心学的诠释取径与融合面向。都兰雅指出冯从吾为学入德的开端是王阳明"个个人心有仲尼"之诗，其内涵是每个人平等地具有"良知"。都兰雅指出冯从吾从本体内容与工夫境界两个层面将"善"分为"性善"义和"至善"义，认为本体和功夫的融会是调和朱、王学说的关键，要将功夫纳入本体之中而成为本体之用，由本体所具的道德能动力说明二者合一的关系。徐泽平指出王艮主张人是形气与人之天理的结合,这与王阳明的良知理论一脉相承。王艮身体观的特色之处在于关注到身体与天地万物之间的感应联系,其中占主导地位的是人的身体,而端正身的关键在于"诚心"。徐泽平认为王艮尊身与尊道是同一的,从王艮身体观的理论意义出发,认为王艮主张身尊道尊的身体观是兼顾了天理和现实,实现了内外之道。除此之外,王艮的身体观使形气的地位提升,私权获得关注,认为私权和公道并不冲突。唐哲嘉指出林兆恩一方面从三教合一的立场出发,希望以"归儒宗孔"的学说;另一方面又感于儒学发展的僵化而重新整理儒家道统,以求彰显儒学正统。其次,唐哲嘉认为林兆恩结合韩愈和朱熹形成了以"心性"为核心的道统谱系,即伏羲—神农—黄帝—尧—舜—禹—成汤—文王—武王—周公—孔子—曾子—子思—孟子。再次,唐哲嘉指出林兆恩的道统论的内核是贯穿了"心即道"的道统架构,其传道的本质在于传心。最后,林兆恩"非非儒"的道统批判论从人性学说的角度,批判了荀子性恶论、扬雄的性混善恶论、韩愈的性三品说,又从学术方法的角度,批判了汉儒注经的方式及宋儒对孔子学说片面继承的问题。

中国人民大学历史学院博士胡晓明则是站在明清时期的历史背景下,梳理了当时学者对阳明心学的不同态度。胡晓明认为王阳明心学不是明代经学衰微的原因。明代唐顺之的"本色论"是王阳明心学的持续发展,明代焦竑的思想也继承了王阳明心学主观唯心主义体系,肯定了人的品格和意志。到了明清以后思想界评价王阳明不以孔子是非为是非,引发清代学者的热议。清代唐鉴称王阳明心学"阳儒阴释"的问题,清代皮锡瑞、清初颜元、李塨等均反对阳明学,但与此同时汤斌、毛奇龄、方东树、曾国藩等人亦遵奉阳明心学。清朝以降,王阳明心学亡国论的言论影响了王阳明心学在清朝的传播和发展。

山东大学儒学高等研究院硕士王金、西南大学中国古代史硕士李双利、赣南师范大学历史学硕士张志鸿则是分别从现代技术、文学、史料等方面来观察阳明心学的传播。王金利用 Citespace5. 7. R3 软件进行文献分析,以 783 篇有效文献作为知识图谱的分析对象,用直观形式展示国内 21 世纪以来王阳明研究的状况。王金从发文量、代表作者、研究机构及被引文献等对国内王阳明研究的外部特征进行分析,又选取关键词作为对象,从共性分析、时区分析和聚类分析三方面对国内王阳明研究的内部特征进行分析。最后得出研究的趋向和展望,认为王阳明研究在打破学科壁垒,但在多学科交叉融合研究以及加强定量研究方法的运用上有待提高。李双利认为阳明心学因依靠个人良知去评判,依靠"知善知恶"的天生良知去反省,这一思想影响到文学领域,使得自讼文产生。自讼文即通过自我省察从而对自己道德或行为上的过错进行自我谴责。但这只能停留在道德层面,因而需要将内在自省与外在功过联系起来,于是出现了功过格,但它将内在的心与外在的行为割裂开了。之后,证人社、省过会等通过外在监督使成员彰善纠过的民间结社大量出现。张志鸿指出明清赣南阳明碑刻尚存100余通,其碑文落款处书写群体可分为撰文书丹者和刻工。根据撰文丹者身份可分为王阳明自身、官员、弟子所书写以及其他未署名具体身份却与王阳明息息相关的碑刻。而对刻工的记录和讨论较少,作者调查研究认为明清赣州的刻工来源应该是多元化的。

河南大学文学院博士生苏冉、武汉大学中国传统文化研究中心硕士马志坚、贵州大学哲学与社会发展学院硕士孟红、山东师范大学文学院本科生扈永明、绍兴文理学院人文学院硕士汤佳雯等参会者,他们关注阳明文化对周边国家的影响。苏冉指出阳明学进入朝鲜时间较早,但其在朝鲜长时间被当做"异端"和"斯文乱贼"。而日本对阳明学表现出狂热的喜爱,甚至在近代成为一种思潮。相较朝鲜和日本,俄罗斯接触阳明心学的时间更晚一些。马志坚指出岛田虔次因受西方近代哲学关于自我意识的影响,十分认同王阳明将本心作为一切根本,认为这是对人自我意识的高扬,并进一步发掘此种自我意识中所包含着的以天下责任为己任的人道精神。因而马志坚提倡应重视阳明学内在的自我意识的线索。孟红主要从日本神道文化传统、九州学派神道儒学传统以及"神儒共体"下的冈田武彦阳明心学三个方面来阳明心学在日本的发展轨迹。冈田武彦破除西方功利性思维,以阳明心学"神儒共体"的思想还原东方道德性的"共生共存"的理念尤其值得关注。扈永明指出朝鲜阳明学和日本阳明学都是基于自身国家情况和文化传统对中国阳明学进行改造。朝鲜阳明学强调"实",日本阳明学对"知行合一"进行了日本化的改造,更强调"行"。

三、"文学世界中的王阳明"研究

王阳明不仅是思想家、哲学家,也是文学家、书法家,还是充满传奇的军事家。王阳明不仅自己创作了600余首诗歌,而且自明末就不断出现以王阳明生平传奇为题材的文学作品。在本次论坛上,就有50余篇论文聚焦了"文学世界中的王阳明"这一话题,其中有关王阳明诗文研究的论文有15篇,王阳明题材文学创作研究的论文则有30余篇。

首先，在王阳明诗文研究方面，兰州大学文学院博士生董豪以李白为对象，指出王阳明不仅在言仙、言酒、言侠化用李白诗中的词句，同时也学习李白的"体气高妙"的诗风，从而在对李白的拟仿和推崇中，王阳明完善了诗学主张，表达了其对积极进取、狂者精神、"真"性情的赞许之情。若说董豪是站在历史向度上向上探寻王阳明诗作与先辈李白的联系，那么绍兴文理学院人文学院本科生王佳莹、王旭泷、卢富清、杨洋、浙江工业大学人文学院硕士李泽昕、大连大学文学院硕士南效男等参会者则是向内聚焦于王阳明的诗文，其中重在探究王阳明诗歌中意象所蕴含的独特意旨，其中分别涉及"水""曾点""风""寺庙""花""月""舟船"等意象。王佳莹注意到在王阳明近 300 来首诗作中均出现水的意象，于是联系王阳明的现实经历和心理境况，大致将王阳明诗歌中的"水"分为三种情感意蕴：以水言志，表达修心成圣、经世济民的抱负与勇敢无畏、旷达乐观的精神；以水咏愁，流露出稼穑之艰、壮志难酬、漂泊之苦、别离之思、时逝之悲等忧绪；以水静心，书写旷逸淡泊之性和归隐之思。而王旭泷则基于王阳明诗作中十五首"曾点意象"的诗歌，梳理了王阳明诗作中"曾点气象"的逻辑意蕴，将其概括为以下四个层次："曾点意象"与郊游之嬉、"曾点意象"与教育之乐、"曾点意象"与"狂者胸次""曾点意象"与"王者气象"。杨蕙冉指出王阳明以文人墨客、载道之士、隐逸之士这三种不同身份对外在之风予以关注，因而王阳明诗作中的"风"就具有了以下三层含义：文士之"风"、儒者之"风"和逸者之"风"。文士之"风"表情，儒者之"风"言志，逸者之"风"明心，情、志、心相辅相成、三位一体，贯通成为王阳明大写的"人"。杨洋观察到王阳明 750 首诗作中有 138 首涉及"寺庙"，因此以寺庙为分析对象，从自然风景之美，禅情画意之韵、归隐避世意念时隐时现的呈现、良知心学之体悟三个方面体悟王阳明在其中投射的心境。

其次，王阳明题材文艺创作涉及小说、传记、纪录片、越剧、话剧等多种题材，相关作品都引起了参会者的广泛关注。绍兴文理学院人文学院本科生余文艺、邵可心、林成龙、苏其昉、硕士生李双燕、宁夏师范学院文学院硕士张士钦等参会者对此进行了深入的探讨。余文艺抓住王阳明人生之中的关键时刻"龙场悟道"，通过安之忠、林锋《王阳明——一颗心的史诗》、王程强《王阳明龙场悟道》、许葆云《王阳明 龙场悟道》这三部小说，把握不同作家笔下对"龙场悟道"的描写差异，从而在差异中寻找其中共同体现出的王阳明精神本质。邵可心则集中探讨了杨行恭《王阳明传奇》的叙事策略，指出该小说在时间为线索的叙事下，隐藏在内里的叙事策略："拨云见日"的人物出场艺术、雅俗共赏的人物对话艺术和歌谣氤氲的情节推动方式。都是对叙事策略的研究,林成龙则是以度阴山的《知行合一王阳明》、杨东标的《此心光明:王阳明传》、王程强的《厉害了!王阳明》以及梅寒的《知行合一:王阳明传》为例,对新世纪王阳明题材文学传记的叙事策略作了一定分析。李双燕是从纪录片《王阳明》古今交错、史论融合的特殊叙述视角出发,体悟王阳明的成长历程。张士钦关注越剧《王阳明》如何在创作主题、情节设计、舞台展示这三方面,做到在守正的基础上创新。苏其昉抓住原创校园话剧这一热点,以贵州师范大学的《王阳明》、绍兴文理学院的《千古一圣王阳明》以及宁波财经学院的《大儒王阳明》为例,从传奇人生的艺术书写、圣贤形象的舞台塑造、心学思想的戏剧阐释三个方面来对王阳明题材校园话剧进行了探究。

此次思想与文学:走进王阳明的精神世界——第二届全国大学生"知行合一传习论坛"是 2021 年阳明心学大会四个分论坛之一。论坛召开期间还举办了首届全国大学生"阳明颂"决赛,同时还成立了大学生阳明文化传承基地,这为今后大学生的王阳明研究与交流搭建了一个重要平台。此次论坛活动闭幕式由贵州大学教授龚晓康做学术总结,绍兴文理学院党委宣传部部长梁瑜教授作闭幕式致辞。龚晓康教授指出此次论坛活动的召开不仅极大地锻炼了青年大学生的学术研究能力,还切实地推动阳明文化在青年中的传播。梁瑜部长指出此次论坛一大亮点是参会论文选题的丰富广泛,涉及了王阳明心学思想研究、王阳明诗文创作研究、王阳明题材文艺创作研究、阳明后学研究以及阳明文化传播研究等方方面面,真正做到了文、史、哲各专业的打通和覆盖,这不仅促进了不同专业的本、硕、博大学生的交流沟通,同时也显示了阳明心学在当代青年中的广泛影响。相信本次活动的举办,一方面让更多的青年大学生逐步走近王阳明,进而深入研习阳明心学和传承阳明精神;另一方面也促进更多的青年学子们将阳明精神内化于心,外化于行,真正做到知行合一。